케이팝은
흑인음악이다

SOUL IN SEOUL: AFRICAN AMERICAN POPULAR MUSIC AND K-POP by Crystal S. Anderson

published by an agreement with the University Press of Mississippi, 3825 Ridgewood Road, Jackson, MS39211. Website: www.upress.state.ms.us

방송문화진흥총서
221

Soul

in

Seoul

Crystal
S. Anderson

케이팝은
흑인음악이다

현진영에서 BTS까지, 그리고 그 너머

크리스털 앤더슨 지음

심두보 · 민원정 · 정수경 옮김

LΓ2
ᄆᄂ

한국어판 서문

대부분의 해외 팬들이 케이팝을 처음 접했을 때를 기억할 텐데, 저에게는 사실 그런 기억이 두 번 있었다고 할 수 있습니다. 한번은 동료가 "The Korean Usher"라는 제목으로 이메일을 보내왔습니다. 비의 "Rainism" 유튜브 동영상 링크가 들어 있었지요. 비의 춤과 노래를 보며, 관능적인 목소리와 춤으로 유명한 미국 흑인 R&B 가수 어셔Usher의 스타일을 모방했다고 느꼈습니다. 어셔의 노래 몇 곡을 좋아했지만 그렇다고 팬은 아니었기에, 비에 대해 더 파고들지는 않았지요. 이후에 비가 《더 레이트 쇼 위드 스티븐 콜베어The Late Show with Stephen Colbert》에 출연해 댄스 배틀dance-off을 하고, 영화 《닌자 어쌔신》에서 주연을 맡았을 때 그를 알아볼 수 있었습니다. 당시만 해도 소셜 미디어, 유튜브, 트위터, 스포티파이가 인기를 끌기 전이어서 비와 케이팝 음악을 소개하는 미디어 생태계는 없었습니다.

케이팝을 만난 두번째 기억은 전 세계 팬들을 한국 드라마 세계로 이끈 《꽃보다 남자》를 시청한 때였습니다. 친구 집에서 열린 모임에서 케이팝을 좋아하는 한 여성을 만났습니다. 거실 화면에 한국 드라마가 나오자 그는 "아, 저 사람 밴드를 알아요."라고 했습니다. 김현중이었습니다. 《꽃보다 남자》의 주인공 중 한 명으로 보이밴드 SS501

의 멤버였지요. 이번에는 조금 더 관심이 생겨 구글 검색을 해봤습니다. 처음 본 영상은 "U R Man"으로, 밴드 멤버 세 명이 발표한 곡이 있었습니다. 뮤직비디오를 보자 MTV의 전성기가 떠오르며 제 안에 있던 80년대 소녀가 노래에 반응했습니다. 뛰어난 제작 수준, 세련된 스타일, 정교한 조명과 소품 배치, 그리고 다양한 세팅을 보니 제가 어린 시절 좋아하던 뮤직비디오가 기억났습니다. 게다가 SS501 멤버들의 댄스는 엔싱크N Sync나 뉴 에디션New Edition과 같은 1990년대 보이밴드가 아닌 템테이션스The Temptations나 글래디스 나이트 앤드 더 핍스 Gladys Knight & the Pips와 같은 1960년대 흑인 그룹들의 춤을 연상시켰습니다. 기억하기 쉬운 음악과 퍼포먼스의 결합을 보며 저는 케이팝의 바다에 빠졌고, 결국 케이팝을 학문적으로 연구하기에 이르렀습니다.

이 두 번의 만남은 이 책의 접근 방식에 여러모로 영향을 주었습니다. 흑인 대중문화가 케이팝에 미친 영향을 발견하는 것만으로는 충분하지 않습니다. 케이팝이 지닌 글로벌한 매력의 비결은 전 세계 리스너들이 언어를 초월해 케이팝과 맺는 정서적 관계입니다. 케이팝이 얼마나 많은 조회수와 스트리밍 횟수를 기록했고, 얼마나 많은 "좋아요"와 상을 받았는지는 기억하지 못할 수도 있습니다. 하지만 케이팝이 전 세계 곳곳에 있는 다양한 관객들에게 어필한다는 사실은 중요한 의미가 있습니다. 동시에 흑인음악 요소가 케이팝에 녹아들었다는 사실은 한국 가수들이 언어를 초월해 흑인음악 문화와 친연성을 가지고 있음을 가리킵니다.

이러한 한국 대중음악의 한 장르가 흑인 문화상품의 영향력과 융합된다는 것은 무엇을 의미할까요? 언론은 "케이팝의 그늘"에 주목하는 경향이 있고 팬 중 일부는 부정적인 문화전유와 도용의 사례들을 자꾸 들춰내지만, 필자의 케이팝 연구는 누구나 공감할 만한 진정성에 근거를 둔 복잡한 문화적 역동성을 밝힙니다. 케이팝이 흑인 대중음악을 인용하는 방식은 일관됩니다. 그 인용은 주류 청중에게 어필하기 위해 흑인음악이나 퍼포먼스의 가치를 희석하지 않는다는 점에서 진정성을 갖습니다. 또한 최근의 흑인음악 스타일뿐만 아니라 옛 장르에도 관여한다는 점에서 케이팝의 의도성과 진정성을 확인할 수 있습니다. 게다가 케이팝 아티스트와 프로듀서가 흑인 창작인력과 작업을 함께함으로써 흑인음악과 퍼포먼스의 기반인 문화 간 협업을 반영하고 있다는 점에서도 진정성이 드러납니다. 동시에 케이팝은 한국 문화를 가시화함으로써 그 가치를 대외적으로 드높입니다. 글로벌 팬들은 한국 문화가 케이팝이 지닌 음악적 매력의 주요 요소임을 줄곧 인정해왔습니다. 이 책은 이러한 문화적 역학관계를 밝히고자 합니다. 이는 또한 흑인음악가들을 역사에서 지워버린 대가를 치르고 있는 록 음악과 달리, 흑인음악 문화의 기여를 분명하게 드러냄으로써 케이팝 역사를 포괄적으로 인식할 수 있도록 진지한 관심을 불러일으키고자 합니다.

많은 면에서 이 책은 독자들, 특히 한국의 독자들에게 던지는 "러브콜"입니다. 한국 아티스트들을 새로운 프로젝트에 초대하듯, 이 책은 한국 독자들이 케이팝의 의미를 다시금 생각해보도록 합니다. 흑인음악의 감성적 의미를 따르면서도 한국 문화의 본질적인 요소를 전 세계 청중들에게 전달하는 케이팝이 어떤 의미를 갖는지 생각해 보았으면 좋겠습니다. 그동안 케이팝이 상업적 가치를 높이는 데 주력했다면, 이제 한국 독자들은 그 창조적 가치를 깨달을 때입니다. 어쨌든, 인기순위 1위 곡을 기억하는 사람보다 처음 케이팝을 접했을 때를 선명히 기억하는 사람이 분명 더 많을 테니까요.

크리스털 앤더슨

차 례

일러두기

1. 이 책은 미시시피대학교출판사University Press of Mississippi에서 2020년에 출간한 *Soul in Seoul: African American Popular Music and K-pop*을 완역한 책이다.

2. 외국의 인명, 지명 등의 원어 표기는 국립국어원 외래어 표기법을 따랐다. 단 "아레사 프랭클린"과 같이 국내에서 익숙하게 쓰이는 인명의 경우는 일상적으로 통용되는 용례를 좇아 표기했으며, "훵크 funk"나 "씬scene" 같은 단어의 경우도 국내에서 통용되는 표기를 따랐다.

3. 원문에서 인용된 외국인 저자의 이름은 한글과 영어를 병기하되 첫 등장 시에만 성과 이름을 모두 쓰고 그다음부터는 성만 표기했다. 외국인 아티스트의 경우, 두번째부터는 영어 부기 없이 한글로만 이름을 표기했다.

4. 모든 주석은 옮긴이의 주석이다.

들어가며

2017년 7인조 보이밴드 BTS가 미국 주류 문화에 진입하면서 케이팝이라고 알려진 현대 한국 대중음악은 세계적으로 더욱 주목받게 되었다. BTS는 원래 방탄소년단Bangtan Sonyeondan의 약자지만, "Beyond the Scene" 즉 마주한 현실의 장면scene을 끊임없이 넘어beyond 나아간다는 뜻을 지니고 있다. 한글 가사로 이뤄진 "DNA" (2017)가 빌보드 핫 100 차트에 진입한 이후, BTS는 아메리칸 뮤직 어워드American Music Awards에서 공연했으며《더 레이트 레이트 쇼The Late Late Show》,《지미 키멜 라이브!Jimmy Kimmel Live!》,《더 엘렌 쇼The Ellen Show》등 미국의 여러 텔레비전 프로그램에 출연했다. BTS는 활발한 소셜미디어 운영으로 많은 상을 받기도 했다. 이 같은 성과는 BTS와 미국 음악, 특히 힙합과의 밀접한 관계에 따른 결과이기도 하다. 미국에서 인기를 얻기 전인 2014년에 BTS는《BTS 아메리칸 허슬라이프BTS American Hustle Life》라는 자체 제작 리얼리티 쇼에 출연했다. 쇼는 BTS가 미국을 방문해 현지 래퍼들에게 멘토링을 받는 모습을 담고 있다. 이러한 경험을 통해 BTS는 힙합 문화와의 연계성을 더 확고히 했으며, 이는 훗날의 성공에 발판이 된다.

음악을 만들며 BTS는 청춘의 역경과 꿈, 계급차별 문제 등 수많은 사회정치적 이슈를 자신들의 곡에 담았다. [...] 진정성 함양의 시도는 그룹의 초기 활동에서부터 분명히 드러났다. BTS는 2014년 미국 LA에서 래퍼 쿨리오Coolio와 워렌 지Warren G.의 도움으로 힙합 정신을 더욱 확고히 했다(Ming 2017).

"속사포 같은 랩, 트랩이 가득한 딜리버리"(Tamar Herman 2017b)를 특징으로 한 BTS의 "Mic Drop"(2017)은 음악 프로듀서 스티브 아오키 Steve Aoki와 래퍼 디자이너Desiigner와의 콜라보로 만든 리믹스 버전으로 미국에서 높은 평가를 받았다.

BTS의 음악에 드러나는 미국 힙합의 영향은 미국 흑인 대중음악이 케이팝 전반에 미친 영향에 비하면 극히 일부에 불과하다. 『케이팝은 흑인음악이다』는 현대 한국 대중음악이 미국 흑인 대중음악의 음악 및 공연적 요소를 어떤 방식으로 차용했는지, 한국 밖의 팬들이 이러한 인용을 어떻게 해석하는지를 살펴보고자 한다.

1990년대 한국의 세계화 열망과 함께 등장한 케이팝은 오늘날 한국 음악을 대표한다. 케이팝은 또한 한국 음악에 외국, 특히 미국 흑인 대중음악 요소를 결합한 음악이다. 케이팝을 이렇게 정의하는 것은 비주얼을 강조하는 아이돌 그룹뿐만 아니라, 한국 R&B와 힙합을 위시한 여러 장르의 아티스트들도 케이팝 우산 속에 포괄하는 것이다. 많은 케이팝 아티스트들은 미국 흑인음악인 R&B의 곡 구성과 보컬 스타일을 차용해 상호텍스트성[1]을 갖는다. 장르 혼합을 특징으로 하는 케이팝의 음악 전략은 글로벌 R&B 전통을 더욱 확장한다. 케이팝의 음악언론music press으로 기능하는 전 세계의 팬들은 이러한 차용 관행을 진정성 있는 행위로 평가한다. 케이팝 아티스트들은 미

---

1 상호텍스트성은 텍스트 간의 관계를 뜻하는 개념으로, 프랑스 기호학자 줄리아 크리스테바Julia Kristeva가 처음 사용했다. 하나의 텍스트는 다른 텍스트들과 영향을 주고받는 가운데 그 의미가 생성되고 변화함을 가리킨다.

국 흑인음악 뮤직비디오의 퍼포먼스를 차용함으로써 아시아인의 제한적인 재현을 전복한다.

이러한 상호텍스트성은 케이팝을 글로벌 R&B 전통의 한 지류로 만든다. 한국의 팝그룹들은 미국 흑인음악이 시도한 글로벌 크로스오버 수행 전략이라는 문화작업을 통해 R&B 전통에 참여한다. 한국의 R&B와 힙합 아티스트들은 전통적인 흑백 인종 구도를 넘어서는 진정성과 혁신적인 음악 미학을 추구하며 글로벌 R&B 전통을 공유한다.

케이팝을 글로벌 R&B 전통의 일부로 바라본다면 케이팝의 음악 미학에 더 큰 관심을 가질 수 있고, 팬들이 수행하는 진정성 평가를 이해할 수 있다. 이를 통해 케이팝과 그 문화에 대한 다양한 영향력을 인식할 수 있을 뿐만 아니라 미국 흑인 문화가 지닌 전 지구적 영향력을 재확인할 수 있다. 케이팝이 주로 아이돌의 멋진 비주얼과 정교한 안무로 주목을 받기는 하지만, 음악성이야말로 전 세계 팬들을 끌어들인 가장 중요한 매력 포인트이며 미국 흑인음악의 영향력을 펼치는 현장이다. 팬들은 케이팝의 단순한 소비자가 아니라 케이팝의 전 지구적 확산에 주된 역할을 하는 비평 콘텐츠 생산자이다. 문화유통의 전 지구성과 쌍방향성을 인식하게 되면 균질화 혹은 일반화의 틀로만 케이팝을 바라볼 수 없게 된다.

케이팝, 상호텍스트성, 그리고 음악 미학

케이팝은 미국 흑인음악과 한국 음악 간의 혼종성hybridity에서 비롯된 상호텍스트성을 발현한다. 『케이팝은 흑인음악이다』는 무엇보다 음악에 관한 책이다. 이 책은 음악 비평과 노래 해설을 통해 케이팝이 R&B 전통을 어떤 방식으로 수용하고 또 발전시켰는지를 보여준다. 그럼으로써 이 책은 가사 분석과 음악인류학을 넘어 케이팝 연구에 대한 새로운 접근을 추구한다.

1990년대 이후 700개가 넘는 그룹과 솔로 가수들이 데뷔했다는 사실에서 드러나듯 케이팝 장르가 지닌 다양성을 고려할 때 확실히 케이팝을 종합적으로 검토할 필요가 있다. 이 책은 케이팝 우산 아래 상당한 경력을 가졌거나 혹은 수년간(때로는 수십 년간) 음악을 발표해온 한국의 팝, R&B, 힙합 아티스트들에 초점을 둔다. 이들의 음반목록에 대한(덜 알려진 음반과 홍보용 트랙을 포함한) 포괄적 검토는 미국 흑인음악의 보컬 스타일과 다양한 곡 구성에 영향받은 여러 그룹과 가수들에 대한 전체상을 제공한다. 이 책은 케이팝 아티스트들이 오랜 시간에 걸쳐 미국 흑인 대중음악을 어떤 방식으로 인용해왔는지를 설명한다. 이러한 인용은 음악적 요소에 대한 주도면밀하고 의도적인 참고이자 기존 음악 전통에의 참여이기도 하다. 이는 케이팝과 이문화異文化 간 상호작용을 문화전유cultural appropriation가 아닌 다른 방식으로 설명하는 것이다. 인용실천은 문화적 희석 혹은 모방을 넘어 케이팝과 흑인음악 간에 이뤄진 교류의 다양한 방식을 잘 포착하는 개념이다.

이 책은 케이팝에 대한 팬의 서술뿐 아니라 대중음악에 대한 음악 저널리스트들의 분석을 포함한다. 『대중음악 듣기: 나는 어떻게 근심 없이 레드 제플린을 사랑하는 법을 배웠는가?*Listening to Popular Music: Or, How I Learned to Stop Worrying and Love Led Zeppelin*』(2007)에서 그래칙Theodor Gracyk은 예술과 일상적으로 상호작용하는 것을 중시하는 "일상의 미학"에 대해 말한다.

> 미학적 태도에 대한 전통적 분석이 오브제에 대한 무심한 응시를 강조한다면, 새로운 미학은 어떤 상황에서도 우리가 미학적 보상을 찾게끔 유도한다. 우리는 어떠한 감상 경험에서도 미적 가치를 찾을 수 있어야 한다(38).

전 세계의 케이팝 팬들은 그들이 이미 알고 있거나 혹은 경탄한 노래에 감상평을 씀으로써 "상황에 대한 유도된 인식directed awareness of a situation"을 표현한다. 문화 생산에 대한 이러한 태도는 『대중음악의 이해*Understanding Popular Music*』(2001)에서 셔커Roy Shuker가 문화 연구의 영역 내에 위치시킨 대중음악 연구로 맥락화된다. 대중음악 연구는 "'문화'를 연구대상으로 간주하는 것에 더해 분석을 행하는 장소로 바라보는 문화 연구"(Grossberg, Nelson, and Treichler 1992: 5)의 수행 방식을 따른다. 케이팝에 대한 나의 분석은 문화 연구의 해석 및 평가적 방법론을 활용한다. 이러한 방법론을 통해 이 책은 이마니 페리Imani Perry의

『거리의 예언자: 정치와 힙합 시인*Prophets in the Hood: Politics and Poets in Hip Hop*』(2004)과 마크 앤서니 닐*Mark Anthony Neal*의 『흑인 삶 본질의 노래: 리듬앤블루스의 나라*Songs in the Key of Black Life: A Rhythm and Blues Nation*』(2003) 와 같은 대중음악 연구서와 궤를 같이한다.

케이팝의 인용실천은 케이팝 가수들이 미국 흑인 가수들의 스타일과 창법을 모방하는 상호텍스트성을 보여준다. 이러한 실천은 상호작용과 풍부한 표현력에 기반한 흑인 문화 특유의 상호텍스트성을 반영한다. 머피(John P. Murphy 1990)는 다음과 같이 말한다.

언어적 환경에서 창의성이란 완전한 독창성(그런 것이 가능한지 모르겠지만)에 의한 것이 아니라, 기존 자료를 변형해 반복과 변주를 하는 데서 비롯된다(9).

케이팝이 미국 흑인 대중음악을 인용하는 방식(특히 R&B 장르의 음악 요소 모방에 드러나는)에도 차이는 있으나 유사한 역동성이 발견된다. 이 책 『케이팝은 흑인음악이다』는 일련의 케이팝 아티스트들이 특정 R&B 가수들의 스타일에 관여하는 방식을 살펴봄으로써 이들이 어떻게 독특한 스타일의 R&B를 발전시키는지 살펴본다. 이러한 작업은 케이팝에 미친 R&B 장르의 영향력을 보다 선명하게 보여줄 것이다.

이 책은 상호텍스트성과 음악 계보에 주안점을 두고 음악을 설명한다. 이는 가사 분석과 음악인류학 연구를 넘어 케이팝 연구의 지평을 넓힌다. 가사 분석은 한국 밖에 거주하는, 한국어에 능통하지 못한 대다수 팬에게 상당한 난제이다. 대개의 케이팝 가사는 영어 구절이 섞여 있지만 기본적으로 한국어로 되어 있다. 번역을 찾아보지 않는 팬들도 있지만, 대부분은 수준과 정확성이 천차만별인 번역에 의존한다. 하지만 가사 이해가 음악을 경험하는 유일한 방식은 아니다. 그래칙(Gracyk 2007)은 다음과 같이 말한다.

음악이란 노래의 주제를 이해하는 것 이전에 듣는 보상을 위해 설계된다. […] 노래의 메시지에 관심을 두지 않거나 그 의미를 알지 못하더라도 청자의 반응 자체가 광범위하게 규정된 미학의 일부다(62).

이 책은 "사람들이 음악을 텍스트가 아닌 사운드로 즐기기에" 음악의 사운드를 우선시하라는 카츠(Mark Katz 2004)의 요청에 호응한다. 이는 관객들이 원곡의 연주 버전을 즐기는 것과 같은 이유다.

이 책은 미하엘 푸어Michael Fuhr의 『한국의 세계화와 대중음악: 케이팝의 분석Globalization and Popular Music in South Korea: Sounding Out K-Pop』(2016)과 같은 음악인류학적 접근과도 결을 달리한다. 카츠(Katz 2014)는 형식적인 음표와 이미지 재현에 초점을 맞추는 음악인류학 연구에 대해 다음과 같이 평한다.

많은 음악인류학자들에게 있어서 음악 공부란 음표에 집중하는 일이다. […] 음표는 백인 남성이 주도한 서구의 고전음악 전통으로부터 나온 것으로 악보의 형태로 형상화된다(24, 25).

하지만 청중은 대중음악에 대한 형식주의적 접근에 익숙하지 않을 뿐더러, 일부는 고전음악의 연구방법론을 대중음악에 적용하는 것에 의문을 제기한다. 더욱이 청중이야말로 케이팝 문화의 핵심 요소이기에 청중의 수용 방식을 중심으로 한 음악 분석이 더욱 타당하다고 할 수 있다. 즉, 이 책은 팬들의 감정적인 반응을 포함해 분석한다.

대중음악은 신체와 감정의 음악이며, 그 영향력의 측정은 단순히 형식적인 품질을 고려하는 것에 그쳐서는 안 된다(Katz 2014: 22).

하지만 음악인류학적 접근은 음악 경험의 이런 차원을 간과한다.

음악 미학의 영향력에도 초점을 맞춘다는 점에서 이 책은 미국 흑인 대중음악에 대한 여타의 사회사적 접근과도 구별된다. 이 책의 접근 방식은 "미학적 평가를 포함해 음악에 대한 모든 비평은 사회적·정치적 가치를 염두에 둘 수 있고, 그래야만 한다"는 그래칙(Gracyk 2007)의 말을 반영한다. 닐은 자신의 저서 『음악이 말하는 것: 흑인 대중음악과 흑인 공공문화*What the Music Said: Black Popular Music and Black Public Culture*』(1999)에서 흑인 대중음악을 사회사적 관점으로 정의한다.

소울 음악은 초공동체hypercommunity의 형성을 이끈다. 이 초공동체 안에서는 공간과 공동체에 대한 물리적·형이상학적 개념과 그러한 개념 형성의 기초가 되는 모든 정치적·사회적 의미가 소울 음악이라는 미적 감수성으로 귀결된다. 따라서 소울 음악은 미국 흑인의 경험으로부터 생겨난 대중적 사회운동을 중시하는 이상적인 예술적 매개물이 되었다(40).

닐은 흑인 대중음악을 시민평등권 운동에서의 역할과 관련해 정의한다. 그렇게 함으로써 그는 대중음악의 주요 의미가 본질적으로 사회적 혹은 정치적이라는 생각에 힘을 보탠다. 마찬가지로 조지Nelson George는 자신의 책『리듬앤블루스의 죽음The Death of Rhythm and Blues』(1988)에서 R&B의 "죽음"을 기업 확장의 경제적 효과와 연결 짓는다.

크로스오버crossover는 흑인음악, 그리고 종국에는 음악 자체에 대한 모든 논의를 지배하게 되었다. 그 과정에서 R&B 세계를 움직였던 많은 요소가 사라졌고, 그중 일부는 영원히 사라졌다(147).

그러한 크로스오버는 흑인 독립음반사의 쇠락으로 이어졌다.

다양한 형태의 크로스오버가 있었고, 이들 각각은 상호 영향 과정을 거쳐 흑인음악 비즈니스가 수행되는 방식을 바꿔버렸다. 70년대 초반부터 중반까지 거대 음반사와의 계약 열풍은 최고의 공연자들과 작곡가들뿐만 아니라 관리 인력까지를 포함한 인재 유출을 초래해 독립음반사의 몰락을 야기했다(George 1988: 147, 148).

조지는 흑인음악이 흑인 공동체를 넘어 주류 대중에게 어필하게 된 것을 경제적 측면의 변화와 연결 짓지만 음악 자체의 미학은 간과한다. 흑인 대중음악 연구에 대한 사회사적 접근은 중요하다. 하지만 이 책『케이팝은 흑인음악이다』는 흑인음악의 음악적 혁신이 끼친 영향은 물론 그 음악적 혁신이 선 세계 대중에게 어떻게 수용되는가에 초점을 둔다.

음악에 대한 팬의 관여

케이팝을 R&B 전통의 일부로 바라보는 데 있어서 음악은 한 부분일 뿐이다. 비평적 생산을 통해 케이팝 언론의 일원으로 참여하는 팬들은 케이팝의 R&B 인용에 진정성을 부여한다. 이 책에서는 지구촌 전체 팬덤의 부분집합인 영어로 비평을 쓰는 팬들에 초점을 맞췄다. 팬의 비평적 생산을 중시한다는 점에서 이 책은 팬의 태도와 행동에 집중하는 기존의 팬덤 연구와 동아시아 대중문화 연구에 새로운 관점을 제공할 것이다.

　상호텍스트성 개념은 청중이야말로 연주자들의 영향력을 분명히 드러내는 존재임을 밝힌다. 재즈의 경우를 들어보자.

　청중에게 친숙한 음악을 끌어내 재작업함으로써 재즈 연주자는 청중을 음악 과정에 참여시키고, 그 음악의 원천을 알아보는 청중에게 의미를 부여한다(Murphy 1990: 9).

팬 비평을 주된 주제로 다루는 주류 음악 출판물, 온라인 한국 엔터 테인먼트 플랫폼 및 개인 블로그 등은 많은 학자가 이 주제를 다루기 훨씬 이전부터 케이팝에 대한 대규모의 비평적 수용 문헌을 만들어 냈다. 필자의 연구는 영어로 글을 쓰는 지구촌 팬들, 혹은 한국이 아 닌 곳에 사는 팬들을 중심으로 한다. 그들 대부분은 한국어 사용자가 아니며 영어를 사용할 수밖에 없다. 다양한 국적의 회원들을 가진 몇 몇 온라인 팬클럽은 회원들이 영어를 사용할 것을 고집한다. 몇몇 케 이팝 매체는 다양한 언어의 댓글이 달릴지언정 영어를 공용어로 사 용한다.

그러한 팬들은 케이팝의 단순 소비자에 그치지 않고 개별 그룹들 의 음악적 궤적까지 꿰뚫고 있다. 비록 음악에 관한 기술적 지식은 부 족할 수 있지만, 그들의 비평은 케이팝을 외부의 영향과 지속적으로 연관 짓고 있으며 미국 흑인 대중음악의 스타일 및 아티스트와의 연 결성을 인정한다. 이 중요한 활동은 인터넷상에서 이루어지기에 접 근이 쉬우며, 따라서 케이팝에 대한 인식에 영향을 준다. 셔커는 자신 의 책 『대중음악의 주요 개념*Popular Music: The Key Concepts*』[2] (2017)에서 상 호텍스트성과 관련해 청중이 지닌 중요성을 다음과 같이 언급한다.

많은 소비자가 적어도 묵시적 혹은 무의식적으로 자신이 선호하는 해독을 받아들이지만, 모든 청중이 반드시 그러하지 않다는 것을 명

---

[2] 이 책은 한국에서 『대중음악 사전』(로이 셔커, 장호연·이정엽 옮김, 한나래, 2012)이라는 제목으로 출 간되었다.

심할 필요가 있다. 특히나 하위 그룹은 그러한 텍스트를 재해석하여 다른 방식으로 자신들만의 의미를 만들어낼지도 모른다(348).

그러한 청중은 대중적이고 상업적인 매체에 음악에 관한 글을 쓰는 이들과 함께한다. 이들은 피터슨과 베넷(Richard Peterson and Andy Bennett 2004)이 "프로듀서, 음악가 그리고 팬 무리가 그들의 공통된 음악 취향을 공유하고 자신들을 다른 사람들과 구별 짓는" 곳으로 묘사한 "음악 씬scene"의 한 요소이다. 학술지 『더 저널 오브 파퓰러 뮤직 The Journal of Popular Music』(n.d.)의 웹사이트는 "비평가, 언론인, 업계 종사자의 통찰과 전문지식"뿐만 아니라 비전문가들이 "음반 및 공연을 광범위한 역사적·음악적·문화적 맥락 속에 위치시켜 분석하는 비평" 또한 중시한다. 팬 비평의 중요한 기능은 팬 비평가들을 다른 팬들과 구별 짓고, 이들을 주류 미디어에 음악적 논평을 제공하는 전문가의 반열에 가까이 위치시키는 것이다. 팬 비평가들은 "동시대 레코딩 리뷰, 아티스트의 프로필과 인터뷰, 라이프스타일과 가십"에 대해 글을 쓰는 일반 작가들과 마찬가지로 비평적 음악 커뮤니티라 할 "음악언론"을 구성한다. 인터넷이 케이팝 확산에 큰 영향을 미침에 따라 음악언론이나 음악 씬은 주류 미디어와 케이팝 전문 미디어에 글을 쓰는 비평가들뿐만 아니라 개인 블로그에 글을 쓰는 사람들 모두를 아우른다. 음악과 청중 간의 이러한 연결은 대중음악에서 특히 중요하다. 무어(Moore 2012)는 인기 있는 음악은 "항상 특정 청중의 귀에 의해" 만들어졌으며 "잠재적인 청자와 공감할 수 있을 때만 대중의 사랑을 받았다"는 점에 주목한다. 팬 비평은 팬들이 자신이 들은 것을 묘사하고 이에 어떻게 반응했는지를 표현한 것이다. 결과적으로 이 책은 팬들이 자신들의 해석 담론 속에서 케이팝의 인용 관행을 어떻게 인식하는지를 검토한다.

이러한 팬 비평가들 또한 초국가적 공동체를 대표한다. 아넷(Sandra Annett 2011)은 애니메이션을 예로 들어 초문화 공동체가 "언어 능력과 사회적 지위가 동등하지 않은, 다양한 관점을 가진 참여자들이 협업을 통해 자신들이 즐기는 미디어에 대한 의견을 여러 사람과 토론하며 상호 교환할 수 있도록 해준다"(174)고 말했다. 이러한 애니메이션 팬들과 마찬가지로, 영어로 비평을 쓰는 지구촌 케이팝 공동체는 국경을 넘나드는 공동체를 형성한다. 팬들의 비평적 생산에 초점을 맞추면 특정 국가나 지역을 뛰어넘는 초문화 팬덤과 케이팝에 관한 연구가 가능해진다. 일부 학자들은 특정 지역이나 국가에 집중함으로써 팬덤의 초문화성을 경시하기도 한다. 예를 들어, 추아Chua Beng Huat와 이와부치Koichi Iwabuchi는 편서『동아시아 대중문화: 한류 분석East Asian Pop Culture: Analysing the Korean Wave』(2008)에서 "한류의 지역별 수용과 소비뿐 아니라, 이를 여타 동아시아 대중문화의 수용과 소비와 비교함으로써 더욱 체계적으로 분석하는 방식"(7)을 사용한다. 마찬가지로『케이팝: 한국 음악산업의 국제적 부상K-pop: The International Rise of the Korean Music Industry』(2015)에서 최정봉과 말리앙카이Roald Maliangkay는 "다양한 연령, 성별, 민족 또는 국적을 가진 팬들은 케이팝에 대해 서로 다른 관심과 기대를 지니고 있다. 해외 팬들의 주요 관심 영역은 그들

자신의 지역과 문화적인 환경이다."(7)라고 결론짓는다. 하지만 동아
시아 지역의 팬들에게만 초점을 맞추면 지역공동체 연구만큼이나 중
요한 전 세계 관객들의 "공동 생산"을 간과하게 된다.

　필자의 연구는 팬 행동을 묘사하기보다 케이팝 팬들의 상상적 글
로벌 공동체가 만든 비평 형태의 문화적 생산에 초점을 두는 다른 학
자들과 보조를 맞춘다. 젠킨스Henry Jenkins는 자신의 저서 『텍스트 밀렵
꾼: 텔레비전 팬과 참여문화Textual Poachers: Television Fans and Participatory Culture』
(2013)에서 팬의 문화 생산을 "팬들이 팬 공동체의 특별한 관심사와
소통하기 위해 만드는"(279) 팬 활동의 5단계 중 하나로 정의한다. 최
정봉(Choi 2015)은 케이팝 팬들을 "한류 현상을 기획하고, 관리하고
촉진시키는"(42) 콘텐츠 프로듀서와 동일시한다. 케이팝 팬 비평가
는 적극적인 청자일 뿐 아니라 한국의 온라인 엔터테인먼트 매체나
개인 블로그에 음악 리뷰를 게시하는 해석적 비평의 생산자이다. 이
러한 팬 생산물의 효시는 팬들이 제작한 팬진fanzine 및 소식지 등의 매
체였다. 피터슨과 베넷(Peterson and Bennett 2004)은 이러한 매체가 "연
주자, 공연, 제작 기술 등에 대한 정보를 특정 음악 애호가들에게 제
공하는 커뮤니케이션 채널이자 중요한 자원으로 오랫동안 기능해왔
다"(11)는 점에 주목한다. 이러한 매체 활동은 노래의 음악적 영향을
인식하고 개인 아티스트의 스타일을 묘사하는 팬들의 능력을 보여준
다. 이는 팬들이 아티스트의 작품과 활동에 폭넓은 지식을 가지고 있
기에 가능한 것이다.

　필자의 연구는 팬들이 비평을 통해 케이팝에 진정성을 부여하는

방식에 초점을 맞춤으로써 동아시아 팬덤 연구에 새로운 방향을 제시한다. 그동안의 동아시아 팬덤 연구는 팬덤 활동의 대상에 대한 팬들의 태도에만 집중하는 경향이 있었다. 케이팝에 관한 몇몇 연구는 케이팝 팬들의 행동 이면에 있는 동기를 밝히기 위해 민속지학지 혹은 질적 방법론에 의존한다. 정선Jung Sun은 자신의 저서『한국의 남성성 및 초문화 소비: 욘사마, 비, 올드보이, 케이팝 아이돌*Korean Masculinities and Transcultural Consumption: Yonsama, Rain, Oldboy, K-pop Idols*』(2011)에서 가수 비의 싱가포르 팬들이 "비의 전 지구적 남성성이 드러내는 혼종성을 포용하고, 발전된 미디어 기술을 사용해 비의 무국적 이미지를 생산하고 소비하며, 또한 비의 해외 콘서트를 적극 향유하기 위해 국가 및 문화적 국경을 종종 넘나들기도 한다"(76)고 주장한다. 이러한 논의는 비 팬의 행동을 특정 사고방식의 전형으로 설명하는 것으로서, 정선은 그러한 행동을 "부상하는 '아시아 문화공동체cultural Asia'의 기반이 되는 신흥 부자들의 새로운 라이프스타일에 의해 추동되는 것으로 이해할 수 있다"(75)고 주장한다. 이러한 접근은 케이팝 음악에 대한 팬들의 행동을 설명하지만, 이 책은 팬들의 비평적 생산, 즉 음악에 있어서 팬이 관여한 결과물을 해석하고자 한다.

세계화의 혼란

세계화는 하나로 정의되지 않는다. 케이팝을 글로벌 R&B 전통의 한 지류로 바라봄으로써 우리는 케이팝에 영향을 미친 요소가 다양하다는 점과 함께 미국 흑인 문화 생산의 초국적 영향력을 인식할 수 있다. 미국 내 인종 지형과 연관된 흑인 대중음악이 케이팝에 미친 영향을 검토하는 것은 서구 혹은 미국 문화라는 일반화된 문화 세계화 개념을 넘어 케이팝 형성에 대한 새로운 차원의 분석을 추가하는 것이다. 초국적 미국학의 방법론은 주로 정치·경제적 측면에 집중하는 기존의 한국학과 달리 더욱 다양한 영향 관계를 탐구한다. 이는 또한 미국이라는 국가의 경계를 뛰어넘는 흑인 문화의 영향력이라는 새로운 관점을 제시한다.

이 책은 초국적 미국학이라는 분석 틀을 활용해 미국이라는 토양의 문화 산물인 R&B 음악이 케이팝에 영향을 미치는 방식을 분석한다. 필자는 케이팝에 대한 외국 음악 문화의 영향, 특히 미국의 대표적이고 특유한 음악 전통이자 미국 문화의 초국성을 상징하는 흑인 음악의 영향을 강조하려 한다. 미국학회American Studies Association 회장인 피시킨(Shelly Fisher Fishkin 2005)은 2004년 정기학술대회에서 미국학의 초국가적 전환을 강조하며 미래를 다음과 같이 예견했다.

이제 우리는 영토와 인구의 가장 특징적인 면모에 천착함으로써 영속적이고 안정적인 '미국'을 개념화하고자 했던 그간의 작업보다, 인구, 사유, 텍스트 및 제품의 초국적 이동에 참여하는 행위자로서의 미국에 더 초점을 둘 필요가 있다(24).

이러한 전환은 미국 문화산업이 외국 문화와 교류하는 형식을 이해하는 데 영향을 미친다.

우리는 미국에서 비롯된 문화작업이 미국 이외의 장소에서 작용하는 양상을 이해해야 한다(Fishkin 2005: 33).

이 전환은 인구의 이동뿐 아니라 흑인음악과 같은 문화상품의 이동에 따른 것이다. 미국 흑인음악은 그 자체로 혼종적 산물이다. 미국 주류 문화의 영향을 받으며 성장해온 동시에 그에 반발하며 제 모습을 갖춰왔다. 결과적으로 이는 미국 문화 내 상호작용의 복잡한 형식을 드러내는 동시에 미국 문화와 다른 문화 간 교류의 흥미로운 모델이 되었다. 미국 흑인 대중음악은 국외로 이동하며 다른 문화에 오랜 영향을 미쳐왔다. 잭슨Kennell Jackson은 저서『흑인의 문화적 교통: 글로벌 퍼포먼스와 대중문화의 교차로Black Cultural Traffic: Crossroads in Global Performance and Popular Culture』(2005)의 서문에서 흑인 문화의 이동이 다른 지역의 문화에 얼마나 의미 있는 영향을 미칠 수 있는지 언급한다. 그는 식민주의의 결과로 국제적 확산이 이루어진 아프리카 미술 미학에 주목한다.

아프리카 미술은 서구의 여러 미술에서 인체의 표현에 대한 패러다임을 혁명적으로 변화시켰다(21).

마찬가지로 R&B 장르는 1990년대 이후 한국 대중음악의 외양과 사운드를 바꿔놓았다. 이는 미국 음악 전통의 유입에 따른 결과였다.

서양 미술이 아프리카 미술 미학의 영향을 받은 것과 마찬가지로, 케이팝 뮤직비디오에는 안무, 스타일링, 그리고 시각적 요소에 있어서 미국 흑인음악의 영향이 분명하게 드러난다. 뮤직비디오는 음악 홍보용으로 제작되는 것이지만, 레일턴Diane Railton과 왓슨Paul Watson은 『뮤직비디오와 재현의 정치Music Video and the Politics of Representation』(2011)에서 뮤직비디오는 "고유의 생산과 약호의 방식, 재현의 관습과 함께 복잡한 유통방식을 지닌 뚜렷한 미디어 형식"이자 "문화적 정체성이 생산, 각인, 협상되는 핵심 장소"(10)라고 주장한다. 뮤직비디오는 케이팝 연구에서 특히 중요한데, 이는 케이팝이 아티스트의 외모에 집중할 뿐만 아니라 전 세계 관객이 소비할 수 있는 이미지 작업을 통해 언어의 장벽을 뛰어넘기 때문이다.

케이팝에 대한 분석을 초국적 미국학의 맥락 속에서 다룸으로써 이 책『케이팝은 흑인음악이다』는 기존 한국학 계열의 한류 연구와는 다른 관점을 추구한다. 초기의 한류 연구는 드라마와 영화에 초점을 두었고 케이팝에 대해서는 거의 다루지 않았다. 앞에서 언급한 바 있는 추아와 이와부치의 영향력 있는 편서『동아시아 대중문화: 한류 분석』은 한국 텔레비전 드라마와 그것이 동아시아 지역에 미치는 영향에만 집중한다. 김도균과 김민선의『한류: 한국 대중문화의 영향, 아시아와 그 너머Hallyu: Influence of Korean Popular Culture in Asia and Beyond』(2011)는 한국 텔레비전과 영화의 영향력을 동아시아 이외의 지역인 중동

까지 포함해 다루지만 한국 대중음악에 관해서는 단 한 장^章도 다루지 않는다. 한국학의 다른 연구들은 음악 자체보다 케이팝의 경제적 효과에 중점을 둔다. 이상준과 논스(Lee and Nornes 2015)는 한류 연구가 점차 "경제자유화, 규제 완화, 자본·상품·서비스·노동의 전 세계적 이동 증가와 같은 추세를 둘러싼 경제적 경험"의 맥락에서 케이팝을 다루고 있다고 지적한다. 싸이의 "강남스타일"과 같은 케이팝은 "기성품 수출"의 대표적인 예다.

> 디시털 시대 세계화 시장에서 "강남스타일"은 휴대폰에서 화장품은 물론 가전제품에 이르기까지 한국 상품의 수출을 촉진하는 "쿨한" 문화 브랜드가 됐다(Nye and Kim 2013: 34).

이러한 연구 경향에서 케이팝은 전 세계적으로 판매되거나 정치적으로 활용되는 자동차나 휴대폰과 다르지 않은 상품을 의미한다. 이와는 대조적으로 필자의 연구는 문화적 생산으로서의 케이팝에 대해 다루며, 전 세계 팬들이 케이팝의 의미를 만들어내는 방식에 중점을 둔다.

또 다른 접근법은 케이팝을 한국 중심의 정치적 맥락에서 바라보는 것이다. 오인규(Oh 2013)는 케이팝이 독특한 세계화 과정을 구현한다고 주장한다.

> 현지화 과정에서 보이밴드와 걸그룹은 과거 다른 국가에서 들어보지 못한 특별한(즉 한국만의) 발전을 이룬다(401).

여기에서 케이팝은 문화상품을 생산하여, 동아시아를 시작으로 전 세계적으로 전파하는 것을 특징으로 한 한류의 정치적 목표를 위한 수단으로 기능한다. 이러한 전파는 한국 영화, 텔레비전, 음악으로부터 패션, 요리 및 다른 문화 요소로 확장되었다. 1990년대 경제 위기 이후 한국은 한국 문화 홍보를 목적으로 한 문화산업을 개발했다. 한국 정부는 한국 문화의 홍보를 위해 한류를 활용한다. 그 결과, 학자들은 케이팝과 같은 문화상품을 광범위한 정치 프로젝트의 일부로 간주한다. 일부 학자들은 자유시장 시스템에 따라 작동하는 문화상품을 분석하기 위해 신자유주의 체제 연구를 활용하기도 한다(Yoon 2009). 케이팝의 착취적 산업 관행에 집중하는 학자들도 있다. 이들은 장기 계약과 장시간 노동, 아티스트의 착취로 야기된 법적 소송 등에 주목하며, 케이팝을 단순한 소모품으로 치부한다. 다른 연구들은 케이팝을 소프트파워의 도구로 인식해, 케이팝과 한류의 정치적 의미에 초점을 맞춘다. 나이와 김윤아(Nye and Kim 2013)는 소프트파워를 "당신이 원하는 것을 다른 사람도 원하게 만드는 매력"이자 "강요하지 않고도 다른 사람들을 끌어들이는" 것으로 설명한다(31). 케이팝의 전 세계적 확산은 정치·경제적 의미를 지니지만, 우리는 한국학 연구에서 일반적으로 사용하는 접근 방식으로는 포착되지 않은 요인이 케이팝에 어떤 영향을 미치는지를 이해해야 한다. 문화 생산의 형식과 내용에 대한 진지한 검토 없이는 외래문화가 케이팝에 관여하는 다양한 방식을 분석할 수 없다. 미국 흑인음악은 세계화 전략을 주도해온 서구에서 비롯되었다고 할 수 있지만, 동시에 그러한 전략에 대한 대안을 제공하는 또 다른 세계적 전통에 속한다.

미국 흑인 대중음악이 전 지구에 미친 영향력을 검토하는 것은 흑인 문화에 대한 우리의 인식을 미국이라는 경계를 넘어 확장한다. 블루스와 재즈에서 소울과 힙합에 이르기까지 흑인 대중문화는 미국 문화에 지대한 영향을 미쳤다. 이는 인종화된 사회를 살아온 미국 흑인들의 역사적·문화적 산물이다. 흑인에 의한 문화 생산은 미국을 넘어 전 세계에 상당한 영향을 미치는데, 이 과정에서 다양한 관객들은 다종다양한 의미를 생성한다. 이처럼 문화의 전 지구적 영향 관계를 탐구함으로써, 이 책『케이팝은 흑인음악이다』는 미국 흑인 대중문화의 세계적 이동에 관한, 그리고 동아시아 음악 문화에 미친 영향에 관한 기존 연구를 보완할 것이다. 스털링Marvin D. Sterling은 자신의 저서『동쪽의 바빌론: 일본에서 댄스홀, 루츠 레게, 라스타파리를 연주하기Babylon East: Performing Dancehall, Roots Reggae, and Rastafari in Japan』(2010)에서 "일본인들이 자메이카 문화를 공연하는 다양한 방식을 젠더, 계급, 민족, 지역, 국가, 초국가의 관점에서" 검토했는데, 이를 "인종, 특히 흑인에 관한 국제적 맥락"(23)에서 다루었다. 콘드리Ian Condry는『일본의 힙합: 랩과 문화적 세계화의 길Hip-Hop Japan: Rap and the Paths of Cultural Globalization』(2006)에서 힙합의 확산이 다른 종류의 세계화를 대표한다고 말한다.

코카콜라, 디즈니, 나이키, 맥도널드 등과 같이 다국적기업에 의해 주도된 문화적 세계화 상징들과는 달리 일본의 힙합은 청년 세대

간 언어의 문화적 이동으로 발생하는 즉흥적 문화작업에 주목하도
록 한다(12).

더불어 이 책 『케이팝은 흑인음악이다』는 『전후 영국의 흑인 대중음
악*Black Popular Culture in Britain Since 1945*』(eds. Jon Stratton and Nabeel Zuberi
2014), 그리고 『영국은 어떻게 블루스를 받아들였는가*How Britain Got the
Blues: The Transmission and Reception of American Blues Style in the United Kingdom*』(Roberta
Freund Schwartz 2007)와 같은 저서들과 함께 미국 밖 R&B에 관한 연
구라는 문제의식을 공유한다.

『케이팝은 흑인음악이다』는 대중음악 연구, 팬 연구 및 초국적 미
국학의 맥락에서 케이팝을 글로벌 R&B 전통의 한 지류로 살펴본다.
이를 통해 이 책은 케이팝의 음악적 미학, 팬들이 인정한 케이팝의 진
정성, 균질적 세계화의 붕괴에 주목한다. 이어지는 장에서는 혼종성
에 초점을 맞추어 케이팝을 재정의한다. 케이팝은 미국 흑인 대중음
악을 인용하는 관행 속에서 발전해왔으며, 자발적 음악언론으로 기
능하는 팬들은 이를 음악적 진정성의 관점으로 평가한다. 다음 장에
서는 한국의 팝, R&B, 힙합 아티스트들이 R&B의 다양한 음악적 요
소들을 차용하여 상호텍스트성을 구현하는 방식에 대해 살펴본다.

* * *

이 책은 1장 "Listen to the Music': 미국 흑인 대중음악과 케이팝"으
로 시작한다. 1장은 미국 흑인 대중음악을 인용함으로써 드러나는 혼

종성에 초점을 두고 케이팝을 재정의한다. 케이팝 음악언론의 일원으로 활동하는 팬들은 그 혼종성에 진정성을 부여한다. 필자는 케이팝이 1990년대 한국 사회의 세계화 열망, 그리고 한국과 외국 음악 문화, 특히 미국 흑인 대중음악을 결합한 혼종성을 통해 부상한 한국 대중음악의 한 양식이라고 주장한다. 이러한 정의는 노래, 춤, 여타 음악 이외의 활동에서 두드러지는 '아이돌'을 뛰어넘는 것으로서 케이팝 아티스트들의 다양성을 포착하는 데 유용하다. 역사적으로 한국인과 미국 흑인들 사이의 인적 교류는 매우 제한적이었다. 그러나 케이팝의 가장 눈에 띄는 점인 혼종성은 미국 흑인음악으로부터 주된 영향을 받았다. 케이팝은 특징적인 보컬, 혁신적인 기악법, 눈길을 사로잡는 안무와 스타일링을 포함하여 음악과 공연 요소에서 미국 흑인음악 전통을 차용한다. 이러한 인용은 R&B 장르의 모방뿐만 아니라 여러 장르와 스타일을 혼합하는 한국적 음악 전략을 통해 R&B 전통을 강화함으로써 상호텍스트성을 드러낸다. 전 세계 팬들은 리뷰라는 형식의 비평적 문화 생산을 통해 케이팝의 인용에 진정성을 부여한다. 이러한 방식으로 팬들은 케이팝 음악언론의 일부로 기능한다.

2장 "'널 부르는 노래': 케이팝 그룹들"은 한국의 팝그룹들이 R&B 요소를 모방하여 중독성 있는 노래를 만드는 방식을 살펴본다. 한국 아티스트들은 여러 다양한 장르를 R&B 음악에 녹아들게 하고, 자신들의 음악 경력 전반에 R&B의 음악 요소를 사용함으로써 궁극적으로 R&B 전통을 강화하는 상호텍스트성을 드러낸다. 한국 팝그룹은 횡크^{funk}, 클럽, 어번 R&B의 요소를 사용하여 R&B 전통을 계승한다. god(지오디), 2PM, 원더걸스 등과 같은 '아이돌' 그룹은 같은 한국 기획사에 속해 있지만, R&B 요소를 인용하되 제각기 다른 결과물을 만들어낸다. 더욱이 한국과 미국 흑인 프로듀서들은 각기 다양한 R&B 요소를 케이팝에 불어넣는다. 동시에 샤이니, 신화, 동방신기 같은 그룹들은 개별 노래뿐만 아니라 음악 커리어를 통틀어 팝 장르와 R&B를 혼합함으로써 R&B 전통을 강화한다. 또한 아이돌은 미국 흑인 음악의 공연 안무와 스타일 요소를 인용한다. 남성 팝 아티스트 비는 1990년대 R&B 가수들의 역동적인 퍼포먼스를 모방하고, 걸그룹 원더걸스는 1960년대 미국 흑인 걸그룹의 복고풍 스타일을 흉내 낸다. 케이팝 우산 아래에 있는 다른 유형의 아티스트들과 달리 한국 아이돌은 미국 흑인음악 프로듀서 베리 고디^{Berry Gordy}가 미국 흑인들이 인종적 경계를 뛰어넘어 성공하도록 이미지와 음악적 수준을 높이기 위해 창안한 시스템과 유사한 캐스팅 및 트레이닝 시스템을 거친다. 한국 기획사 CEO들은 한국 아티스트들의 글로벌한 이미지를 위해 이러한 고디의 성공 방식을 이용한다. R&B의 영향을 받은 음악과 흑인에 의해 개발된 프로모션 전략의 결합을 통해 한국 팝은 전 세계적 R&B 전통의 일부가 되었다.

케이팝 그룹들이 팝 맥락 안에서 R&B의 미학적 요소를 받아들인다는 점은 잘 알려졌지만, 3장 "'Soul Breeze': 한국 R&B 그룹과 솔로 가수들"은 한국의 R&B 아티스트들이 R&B 특유의 곡 구성과 가스펠 보컬을 모방해 상호텍스트성을 펼치고, 다양한 R&B 장르와 스타일을 수행하여 R&B 전통을 드높인다는 점을 드러낸다. 한국 팝과 한국 R&B의 음악적 출발점은 같다. 플라이 투 더 스카이Fly to the Sky나 포맨4MEN 같은 그룹들은 '아이돌' 그룹에서 완벽한 R&B 뮤지션으로 전환했다. 브라운 아이드 소울Brown Eyed Soul 같은 한국의 R&B 보컬 그룹은 소울의 기악법을 차용하고 있으며, 빅마마Big Mama의 보컬에서는 여성 가스펠의 영향을 확인할 수 있다. 한국의 다른 R&B 아티스트들은 R&B의 다양한 하위 장르를 모방하고 혼합한다. 박효신은 R&B 남성 보컬 스타일을, 린은 여러 장르를, 자이언티Zion.T.는 R&B와 힙합을 혼합한 스타일을 구사한다. 음악적 인용 외에도 휘성은 미국 흑인음악 뮤직비디오 속 역동적인 퍼포먼스 스타일을 차용하고, 빅마마는 뮤직비디오가 흔히 재현하는 전통적인 여성상에 이의를 제기하는 미국 흑인 여성 가수들의 관행을 따른다. 이러한 상호텍스트성을 통해 한국의 R&B 아티스트들은 흑백이라는 단순한 인종 이분법을 넘어 전 세계 R&B 전통 속에서 보컬의 진정성을 확보한다.

한국의 R&B 아티스트와 마찬가지로 주류 음악에 진입한 힙합 그룹들도 케이팝 우산 아래에 있다. 제4장 "'다시 쓰는 이력서': 한국의 주류 힙합 가수들"은 힙합 그룹들이 샘플링과 R&B 보컬을 통해 R&B 전통을 모방하고, 힙합 요소와 여러 라이브 악기 및 다양한 장르를 혼합하는 방식을 살펴본다. 다이나믹 듀오Dynamic Duo는 샘플링과 R&B 보컬을 주로 사용하는 반면, 에픽하이Epik High와 음악 프로듀서 프라이머리Primary는 힙합에는 흔히 사용되지 않는 스타일과 라이브 연주를 절충한다. 한국의 주류 힙합 아티스트들은 미국 흑인 힙합의 폭력적 담론뿐 아니라 긍정적 삶을 격려하는 경향 또한 차용한다. 남성 힙합 아티스트 박재범은 장난기 넘치는 남성적 스왜그[3]와 여성의 조신한 이미지를 모두 시현하고, 여성 힙합 아티스트 윤미래는 미국 흑인 여성 래퍼들의 능동적 이미지를 그려낸다. 이들 한국 힙합 아티스트들은 혁신적인 음악적 미학을 고양함으로써 세계화된 R&B 전통에 참여한다.

미국에서 BTS의 인기가 높아진 것도 케이팝이 글로벌 R&B 전통의 일부로 지속해 기능하고 있기 때문이다. 이 책은 케이팝이 미국 흑인 대중문화와 한국 음악산업 전략에 공히 관련된 상호텍스트성을 드러내는 인용실천에 관여하고 있음을 설명한다. 이러한 인용실천은 케이팝의 음악언론으로 기능하는 팬 비평가들로부터 진정성을 인정받는다. 케이팝의 음악적 요소와 팬 비평가들의 반응을 검토함으로써, 우리는 글로벌 R&B 음악 전통의 일부인 케이팝이 균질적 세계화 기획을 교란하고 있음을 확인할 수 있다.

---

3 스왜그는 영어 "swag"를 한국어로 발음한 것으로, 힙합 뮤지션의 잘난 척과 허세를 부리는 태도를 가리킨다.

1장

"Listen to the Music"[1]
미국 흑인 대중음악과 케이팝

---

1   미국의 록밴드 두비 브라더스Doobie Brothers의 1972년도 히트곡으로 미국 빌보드
     핫 100 차트에서 11위에 랭크되었다.

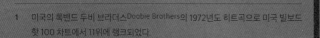

BTS가 2017년 미국 대중문화의 심상 속으로 진입하기 전인 2012년, 한국의 래퍼 싸이의 "강남스타일"은 유튜브 최초로 10억 회 이상의 조회수를 기록하며 케이팝을 전 세계에 알렸다. "강남스타일"은 2022년 현재 44억 회 이상의 조회수를 기록 중이다. 싸이는 아이튠즈 뮤직비디오 차트에서 1위에 오른 최초의 한국인 아티스트가 되었다. 그는 또한 MTV 유럽 뮤직 어워드MTV Europe Music Awards에서 최우수 비디오상Best Video Award을 수상했다. 비디오의 인기에 힘입어 싸이는 버락 오바마 미 대통령을 위한 공연을 포함해 여러 TV 토크쇼에 출연하는 등 미국에서 홍보 활동을 펼쳤다. 2012년 11월 18일에 열린 아메리칸 뮤직 어워드의 폐막 공연은 기념비적이다.

그룹 블랙 아이드 피스Black Eyed Peas의 멤버인 윌아이엠will.i.am이 "강남스타일"이 수백만의 조회수를 기록했다고 소개하며 공연 시작을 알렸다. 싸이의 공연은 이제는 너무나도 잘 알려진 인트로와 함께 펼쳐졌다. 무대의 중앙에서 싸이는 댄서들에 둘러싸여 "말춤"을 추며 노래를 불렀다. 노래가 끝나갈 무렵 무대가 갑자기 어두워졌고 싸이는 "해머 타임Hammer Time"이라고 중얼거렸다. 이윽고 조명이 켜지더니 1990년대 미국 흑인 래퍼 엠씨 해머MC Hammer가 싸이 옆에 등장했다. 둘은 싸이의 "강남스타일"과 엠씨 해머의 1991년 히트곡 "2 Legit 2 Quit"의 믹스에 맞춰 춤을 추고 서로의 시그니처 안무를 함께 선보였다. 공연을 보고 놀란 사람들도 있었겠지만, 사실 싸이에게는 가뿐한 일이었다.

아메리칸 뮤직 어워드에서 해머 타임 무대를 만든 것은 평생 해머의 팬이었던 싸이에게 그리 까다로운 일이 아니었다. 싸이는 CNN에 출연해 "사실 나는 20년 전에 엠씨 해머의 안무를 연습했다. 그러니 나는 20년 동안 그 춤을 춘 셈이다."라고 말했다(Schwartz 2012).

어떤 이들은 이 공연을 아메리칸 뮤직 어워드에서 행해진 일회성 쇼라고 간주했을 수도 있지만, 엠씨 해머의 "2 Legit 2 Quit"과 싸이의 "강남스타일" 공연은 미국 흑인 대중음악과 케이팝 사이의 매우 강력한 연결성을 시사하는 것이었다. 싸이의 코멘트는 그가 한국 연예인임에도 불구하고 엠씨 해머의 음악을 잘 알고 있었음을 보여준다. 엠씨 해머는 전성기 동안 명성을 떨치기는 했으나 그의 인기는 마이클 잭슨Michael Jackson과 같은 당대 최고 수준은 아니었다. 따라서 엠씨 해머에 대한 싸이의 지식은 매우 놀랄 만한 것이다.

싸이의 성공은 힙합이 케이팝에 지대한 영향을 미쳤음을 보여주지만, R&B의 전반적인 영향력은 더 크다. R&B는 힙합과의 연결성이 확연히 드러나는 한국 가수들에게만 영향을 준 것이 아니라 R&B에 전념하는 가수와 팝 지향적인 음악인들에게도 영향을 미쳤다. 비(정지훈)는 2009년 영화《닌자 어쌔신》의 주연으로 미국에서 알려졌지만, 동아시아에서는 이미 대스타였다. 그가 2006년 매디슨 스퀘어 가든에서 공연했을 때 미국 언론은 그를 미국의 주요 R&B 가수 두 명과 견주어 한국의 저스틴 팀버레이크Justin Timberlake, 혹은 한국판 어셔라고 불렀다(Sontag 2006).

당시 비의 소속사였던 JYP엔터테인먼트의 박진영 대표는 비의 음악을 만들 때 의도적으로 R&B 요소를 더 많이 넣었다고 했다. 유명한 아티스트이기도 한 박진영은 '아시안소울The Asiansoul'이라는 예명으로 메이스Mase, 오마리온Omarion, 타이레스Tyrese와 같은 미국 R&B 아티스트들을 위해서도 작곡과 프로듀싱을 해왔다(H.-J. Shin 2009: 515).

한국의 다른 몇몇 아티스트들도 비를 따라 미국에서 성공을 거두고자 했는데 그들 중 다수는 R&B 장르를 활용했다. 비는 미국에서 어느 정도 성공을 기두었지만 다른 한국 아티스트들은 그만큼의 성과를 올리지 못했다.

세븐은 소울풀한 목소리로 유명하다. 한 온라인 비평가는 그의 2016년 앨범《I AM SE7EN》에 대해 다음과 같이 썼다.

"Good Night"에서는 테크노 하이라이트로 강조된 부드러운 R&B 그루브로 전환한다. 다른 사람들이 잘 짚어냈듯이, 이 곡의 매력 포인트는 세븐의 트레이드마크인 비브라토와 레디Reddy의 감미로운 랩 피처링이다. 보컬 작업은 환상적인데, 세븐은 다른 사람들과 마찬가지로 플라스틱 소울[2]을 구사한다(eric_r_wirsing 2016).

원더걸스는 미국 10대들의 관심은 끌지 못했지만, 이들의 히트곡 "노

---

2   플라스틱 소울은 정통 흑인 소울이 아닌 백인 뮤지션의 소울 음악을 지칭한다.

바디"(2007)가 R&B를 차용했다는 사실은 주목할 만하다.

디스코 시대로부터 영감을 받아 모타운Motown의 올드스쿨 사운드를 현대적으로 혁신한 이 싱글은 케이팝 붐을 되살려, 결과적으로 가장 인기 있는 한국 노래 중 하나가 되었다(Herman 2017a).

R&B 가수와 팝 가수 모두를 아우르며 R&B는 케이팝에 분명한 영향을 미쳤다.

미국 흑인 대중음악인 R&B가 케이팝에 미친 영향을 이해하기 위해서는 케이팝이 트렌디한 10대 음악이라는 인식을 바꿀 필요가 있다. 혼종성에 중점을 두고 케이팝을 정의하면 미국 흑인 대중음악을 인용하는 방식이 드러난다. 세계 팬들은 이러한 케이팝의 혼종성을 진정성 있는 것으로 인정한다. 이 정의는 노래하고 춤추는 공연자 혹은 '아이돌'을 뛰어넘어, 케이팝 아티스트들의 장르를 초월하는 다양성을 포착한다. 케이팝의 특징인 혼종성은 주로 미국 흑인 대중음악의 영향을 받았는데 이는 한국 음악 전략에 스며들어 있다. 그 결과 케이팝은 R&B 장르의 차용으로 상호텍스트성을 반영하고, 한국 대중음악의 미학을 적용하여 R&B 장르를 더욱 발전시킨다. 전 세계 팬, 혹은 대한민국 외부에 있는 팬들은 음악 비평을 통해 케이팝의 인용 방식에 진정성이 있음을 인정한다. 그리고 그들은 이를 통해 케이팝 음악언론의 일부로 기능하고 있다.

케이팝의 정의

케이팝이 '아이돌' 중심으로 이뤄졌다는 대중적 인식은 케이팝의 우산 아래에 있는 아티스트들의 다양성을 포착하지 못한다. 필자는 케이팝을 '아이돌'의 범위를 넘어 또 다른 특징을 공유하는 광범위한 케이팝 아티스트를 포괄해 정의한다.

케이팝의 대중적 정의

케이팝에 대한 일반적인 인식은 케이팝의 한 측면에만 초점을 맞춤으로써 결과적으로 케이팝의 음악성을 전체적으로 조망하지 못한다. 어떤 이들은 오로지 '아이돌'에만 집중해 케이팝 우산 아래에 있는 가수들의 다양성을 간과한다. 다른 이들은 케이팝의 주요 팬층이 10대라는 점에만 주목함으로써 케이팝이 가진 여러 세대에 걸친 매력을 무시한다. 또 다른 이들은 케이팝의 상업성만 강조하여 케이팝이 지닌 음악적 혁신성과 창의성을 가벼이 여긴다.

어떤 이들에게 케이팝은 한국의 모든 대중음악을 의미한다. 『타임 Time』지의 코스그로브(Ben Cosgrove 2014)는 "케이팝의 개척자: 김시스터즈, 미국을 사로잡다K-pop Pioneers: The Kim Sisters Take America"라는 헤드라인 기사를 통해 이 그룹을 "원조 케이팝 그룹"이라고 칭한다. 이러한 분류는 케이팝이라는 용어를 1990년대 이후의 한국 음악을 가리키는 데 쓰기보다는 20세기 한국 대중음악 전체로 소급하는 것이다. 김창남(2012)은 "케이팝을 단순히 한국 대중음악의 동의어로 성급히

결론짓는 일은 바람직하지 않다. [...] 아시아와 유럽을 비롯해 국제적으로 주목을 받는 케이팝은 특정 시기, 특정 장르에만 국한된 것이다."(9)라고 주장한다.

케이팝을 생각할 때 사람들은 '아이돌'을 떠올리는 경향이 있다. 아이돌은 노래하고 춤추고 열광적인 팬층을 만드는 것에 그치지 않고, 이제는 영화와 텔레비전 드라마에서 연기도 하고 음악 프로그램의 사회도 보고 광고에 출연하며 패션 잡지 화보 촬영을 하는 등 음악 외의 활동도 한다. 기획사에 의해 선발된 어린 연습생들은 수년 동안 광범위한 교육을 받는다. 일부는 데뷔하고, 나머지는 보컬 및 춤실력뿐만 아니라 외국어 능력과 연기 등의 다른 특기들을 계속 연마한다.《워싱턴포스트 Washington Post》의 베번(David Bevan 2013)은 케이팝을 "예비 공연자들을 선발한 후, 매우 치열한 훈련 프로그램을 통해 글로벌 팝 상품으로 준비시키는 [...] 과학적 방식에 기반한 예술 형식"으로 정의한다. 이 훈련 프로그램은 지나치게 긴 전속 계약과 어린 연습생들에게는 과도하게 강압적인 방과 후 연습, 데뷔 후 가족을 만나기 어려울 만큼 고된 홍보 일정 등으로 인해 비판을 받아왔다. 비판자들은 또한 케이팝 아이돌을 외모와 퍼포먼스로 규정한다. 반면, 최정봉과 말리앙카이(2015)는 케이팝을 "높은 수준의 음악적 보수주의를 갖춘 데 더해, 아이돌의 비주얼과 퍼포먼스를 특징으로 하는 대중음악의 새로운 기준"(1)이라고 설명하고 있다.『뉴요커 New Yorker』의 존 시브룩 John Seabrook은 시선을 사로잡는 안무에 주목한다.

대부분 한국인인 공연자들은 윙크와 손동작을 결합한 복잡한 안무를 바탕으로 아시아풍의 매혹적인 춤사위를 선보이지만, 힙합 벌스, 유로팝 코러스, 랩, 덥스텝 브레이크[3] 등 서양 음악 사운드를 구사한다(Seabrook 2012).

또 다른 이들은 아이돌을 기반으로 케이팝을 하나의 장르로 간주한다. 푸어(Fuhr 2016)는 세계적으로 통용되는 이미지를 바탕으로 케이팝을 설명한다.

가사의 다언어적 유연성, 전방위적 아이돌 시스템에 의해 만들어진 다차원적 매력의 아이돌 스타, 공연에 초점을 둔 작곡, 후크송, 일명 뽕끼라 불리는 트로트풍의 멜로디, 안무, 뮤직비디오 등과 같은 다양한 방식과 그의 조합으로 형성된 것(118).

푸어가 지적한 이러한 요소들은 외국어 구사가 가능하고 퍼포먼스와 외모가 중시된 '아이돌'의 특징이다. "훈련 프로그램을 통해 연습생을 육성하고, 데뷔 후에도 커리어를 개발하는 데 필요한 인프라를 제공할 수 있는 몇몇 자본력을 갖춘 기획사들"이 성공한 아이돌을 배출한다(Fuhr 2016: 76).

그러나 단순히 아이돌로 케이팝을 정의하면 케이팝 우산 아래에

3 　덥스텝 브레이크는 브레이크댄스에 자주 활용되는 일렉트로닉 댄스뮤직(EDM)이다.

있는 다른 장르의 솔로 아티스트나 그룹을 간과하게 된다. 예를 들어 『빌보드Billboard』지의 허먼Tamar Herman, 벤저민Jeff Benjamin, 켈리Caitlin Kellie 가 선정한 "2017년 베스트 케이팝 송The Best K-pop Songs of 2017" 리스트 에는 EXO(엑소), BTS, 레드벨벳 같은 아이돌 이외에도 악동뮤지션, 로꼬, 아이유와 같은 비非아이돌 가수들이 포함되어 있다. 악동뮤지션 은 남매 싱어송라이터 듀오로 아이돌 양성소로 유명한 "3대 기획사" 중 하나인 YG엔터테인먼트 소속이지만, 댄스에 의지하지 않으며 퍼 포먼스 중심의 음악을 하지 않는다. 로꼬는 한국계 미국인 래퍼인 박 재범과 래퍼 사이먼 도미닉이 설립한 독립 힙합 레이블 AOMG를 대표하는 래퍼다. 아이유는 2018년 『뉴욕타임스 매거진New York Times Magazine』의 "음악이 나아가는 길을 말해주는 25곡25 Songs That Tell Us Where Music Is Going" 기사에 소개되었다. 웨버(Lindsey Weber 2018)는 아이유를 "케이팝에서는 보기 드문 싱어송라이터로 음악 차트에서 1위를 하는 가수"라고 설명했다. 동아시아 음악을 소개하는 온라인 사이트들은 음악 팬들이 비非아이돌도 케이팝의 일부로 인식하고 있음을 보여준 다. 일본 대중음악 애호가를 위한 온라인 커뮤니티인 제이팝아시아 jpopasia는 빅마마, 브라운 아이드 소울, 린과 같은 한국 R&B 아티스트, 하우스룰즈와 같은 한국 일렉트로닉 그룹, 자우림이나 넬과 같은 록 밴드 및 어반자카파와 스탠딩 에그와 같은 인디 그룹에 대해 자세한 소개글을 올린 바 있다. "지상 최대의 아시아 미디어 위키"라고 자부 하는 웹사이트 제네라시아generasia에서 케이팝을 검색하면 유사한 범 위의 아티스트들이 소개된다. 케이팝을 아이돌에만 초점을 맞춰 정의하면 비평가와 관객 모두에게 케이팝 아티스트로 인식되고 있는 이와 같은 아티스트들을 배제하게 된다.

더욱이 케이팝 내에서 팝과 다른 장르의 음악 간 경계는 생각 이상으로 유동적이다. 팝그룹들의 곡에는 유명 래퍼들이 자주 피처링을 한다. 팝그룹 SS501의 멤버 김현중은 2013년 발표한 자신의 솔로 앨범《ROUND 3》작업에 래퍼들을 초빙했다. 이 앨범의 대표곡 "Unbreakable"은 박재범이 피처링을 맡았다. 박재범은 2017년 미국의 랩 거장 제이지Jay-Z가 운영하는 매니지먼트사 락네이션Roc Nation과 계약했다. 한국의 R&B 아티스트들 또한 래퍼들의 피처링 도움을 받는다. 여성 R&B 그룹 빅마마의 "천국"(2007)은 MC몽이 피처링을 맡았다. R&B 그룹 브라운 아이드 소울의 나얼은 베테랑 힙합 그룹 다이나믹 듀오의 "출첵"(2007)에서 피처링을 했다. 다른 장르의 여러 아티스트들도 종종 함께 작업한다. 힙합 트리오 에픽하이의 타블로가 한 인터뷰에서 말했듯 가수들 자신도 케이팝의 유동성을 인정하고 있다.

팝도 우리에게 영향을 준다. 이 시대의 케이팝도 그렇다. 많은 사람이 그 점을 알면 놀랄 것이다. 우리는 심지어 원더걸스로부터도 영향을 받는다. JYP엔터테인먼트가 만든 많은 곡도 우리에게 영향을 준다. 내가 좋아하는 장르라든가 그런 건 아니지만, 그 음악에는 "와, 꽤 멋진걸." 하게 되는 요소가 많다(S. Y. Kim 2011).

또한 한국 드라마는 전 세계 관객들에게 다양한 케이팝을 소개하는 창구로 기능한다. 대부분의 한국 드라마에는 여러 장르의 아티스트들이 참여한 사운드트랙이 있다. 2016년 최고 시청률을 기록한《태양의 후예》에 나오는 메인 테마곡은 타샤라는 예명으로도 알려진, 힙합 3인조 MFBTY의 멤버이자 힙합 아티스트인 윤미래가 불렀다. 이 드라마의 사운드트랙에는 팝 보컬 케이윌, R&B 보컬 린, 록밴드 엠씨더맥스의 곡들도 수록되어 있다.

'아이돌'에만 근거한 케이팝 정의는 10대 청소년들만이 케이팝의 청중이라고 생각하는 경향을 강화한다. 푸어(Fuhr 2016)는 케이팝을 "10대 지향적, 스타 중심적인 엔터테인먼트 기업의 대량 생산품"(59)으로 묘사한다. 김창남(Kim 2012)은 케이팝 아티스트들이 "10대 청소년 사이에서 인기를 누린다"(9)는 점에 주목한다. 주류 언론과 온라인 매체들은 한국 남성 팝그룹을 미국의 10대 여성 팬층에서 인기를 끈 보이밴드들에 견줌으로써 이런 시각에 동의한다. 미국의 소셜 뉴스 커뮤니티 사이트 "레딧Reddit"의 케이팝 갤러리에 올라온 "한국인들은 케이팝을 사랑하는 외국인들을 어떻게 생각하는가?"라는 제목의 유튜브 비디오에 달린 댓글을 보면 많은 사람이 케이팝을 10대를 위한 음악이라고 생각한다는 사실을 확인할 수 있다.

20대 중반의 미국인인 당신이 직장 동료들에게 원디렉션One Direction을 얼마나 좋아하는지 고백한다면 이상하게 받아들이지 않겠어요? 바로 그런 거죠. 마찬가지로 케이팝도 대부분 청소년 관객들에게 호감을 사요.

10대들이 인구통계학적으로 케이팝 팬층의 다수를 차지할지 몰라도 이들만이 이 음악을 듣는 것은 아니다. 수십 년간 활동해온 몇몇 케이팝 그룹은 10대부터 팬이 되어 성인이 되어서도 여전히 따르는 팬들을 가지고 있다. 언론 공개는커녕 홍보도 거의 하지 않았으나, 2012년 4년의 공백 끝에 신화가 데뷔 14주년 기념 콘서트를 서울에서 열자 2만 석 규모의 객석이 매진될 정도였다. "삼촌 팬"의 등장에 주목한 하재린(Ha 2015)은 "대부분 30대인 성인 남성들이 젊은 여성 아이돌의 팬클럽 활동에 적극적으로 참여한다"(44)고 말한다. 한국 대중음악의 글로벌 팬 행사인 KCON도 매년 "30세 이상 케이팝 팬들의 비밀스러운 사생활Secret Lives of K-pop Fans Over 30"이라는 주제로 성인 팬에 대해 토론하고 있다.

어떤 사람들은 아이돌 그룹의 음악 외적 활동에 집중함으로써 케이팝을 창의성이 결여된 상업적 기획이라고 규정짓는다. 존 리(John Lie 2014)는 케이팝을 고급 예술high art의 반대편에 있는 것으로 바라본다.

상업적 목적으로 만들어진 케이팝은 예술의 기능과 동떨어져 있다 (아마도 그게 케이팝의 전략일지도 모른다). 그런 의미에서 케이팝은 예술가란 "진과 미"의 추구자라는 유럽 낭만주의 이상과 분명하게 모순된다. [...] 케이팝은 심도 있는 예술적, 정치적 열망을 추구하기보

다는 이익의 극대화를 추구하는 성격을 띤다는 점에서 기능적이다
(176).

미국 공영 라디오 방송 NPR National Public Radio의 제이스(Zoe Chace
2012)는 케이팝 음악 생산 과정을 공장 체제에 비유하면서 "한국은
자동차를 생산하듯 음악을 제조하기로 했다. […] 한국의 음악산업
대표자들은 인기곡 공장에서 젊은 가수들을 팝스타로 만든 후 아시
아 투어를 돌린다"고 표현했다. 『스핀SPIN』지 기사에서 베번(Bevan
2012)은 케이팝 프로듀서를 "설계자"로, 케이팝을 "미국 및 유럽 음반
시장에 판매할 한국의 가장 대표적인 수출품"으로 묘사한다. 케이팝
의 공산품적 성격에 초점을 맞춘 이러한 비유는 대중음악을 비판한
아도르노(Theodor W. Adorno 2000)의 시각을 담고 있다.

대중음악의 창작에 있어서 특수를 표준으로 번역하는 과정은 이미
계획되어 있다. 이는 작품에 반영되어 청중에게 전달된다. 이를 통해
대중음악은 청중의 자발성을 박탈해, 이들을 조건화된 반응을 보이
는 우중으로 만든다.

아도르노는 상업화가 대중음악의 예술적 속성을 삭제한다고 주장하
며, 대중음악이 단지 무비판적 청자에게만 어필함으로써 "진정한" 음
악의 그늘에 불과하다는 점을 지적한다. 이런 관점에서 케이팝은 오
로지 이윤을 위한 수단에 불과하다.

또한 케이팝은 대중음악의 사회적 책무성이 결여되었다는 이유로 그저 상품으로만 인식된다. 스티븐스(Robert W. Stephens 1984)는 1960년대 소울이 흑인 공동체의 "사회적, 정치적, 철학적 각성"(31)을 반영했다고 주장한다. 펑크Punk 음악은 1970년대 주류 음악의 물질주의와 기업화에 대한 저항을 노래한다. 로즈(Tricia Rose 1994)는 랩 음악을 "미국 흑인의 구어적, 시적, 저항적 전통의 자연스러운 전개"(25)라고 설명한다. 이렇듯 대중음악의 각 장르는 그래칙이 주장한 것처럼 음악의 사회사적 평가 대상이 된다. 이는 "모든 음악 작품에 대한 평가는('미적' 평가를 포함한) 사회적, 정치적 의미를 지닐 수 있고 지녀야만 한다"(49)는 점을 시사한다. 케이팝이 사회정치 운동의 맥락과 함께하지 않기 때문에 사회사적 가치가 없다는 생각은 케이팝에 음악성이 부족하다는 인식으로 향한다.

하지만 케이팝의 상업성이 케이팝의 창의성을 약화시키지는 않는다. 그래칙(Gracyk 2007)은 "고급 예술"과 "하급 예술" 사이의 비교는 특정한 함의를 갖는다고 지적한다.

미적 가치의 탐구는 미술사와 불가피하게 연결되어 있기에 미적 가치란 단순히 고급 예술적 가치일 뿐이고, 이는 결국 엘리트의 가치다(34).

그래칙(Gracyk 2007)은 대중음악도 미학을 가질 수 있다고 주장한다.

대부분의 문화상품은 [...] 평가할 수 있고, 평가되어야 할 미적 차원을 가지고 있다. 어떤 상황에서는 다른 형태의 가치가 우선시될 수 있으며, 그래야만 한다(13).

케이팝이 미술 작품과 같은 방식으로 제작되지 않는다고 해서 미학과 창의성을 지니지 못하는 것은 아니다. 산젝(David Sanjek 1997)은 음악이 상업적이면서도 동시에 창의적, 미학적 가치를 가질 수 있다고 주장한다.

음악 창작자와 시장을 분리해서 바라보는 태도는 상업성이 창의성을 오염시킨다는 논쟁적 개념을 지지하는 자의 편향적 시각을 만족시킨다. 그러나 이러한 태도로는 대중적 표현을 깊이 있게 분석할 수 없으며, 음악을 포함해 어떤 형태의 문화건 간에 그 작동되는 체계를 이해할 수 없다(538).

상업적인 측면에서만 케이팝을 바라보면 케이팝이 어떻게 전 지구적 수준에서 성공을 이루었는지를 파악할 수 없다. 여러 조사에 따르면 팬들이 케이팝을 좋아하는 주된 이유는 음악 자체다. 마드리드모랄레스와 로브릭(Dani Madrid-Morales and Bruno Lovric 2015)은 중남미 케이팝 팬들을 대상으로 한 양적 연구에서 85퍼센트의 응답자들이 가장 좋아하는 음악 장르로 케이팝을 꼽았다고 밝혔다(33). 음악 자체에 대한 팬들의 열정은 실제로 다운로드와 스트리밍을 통해서도 확인된다. 일부 팬들은 유튜브를 활용해 애창곡의 커버를 만들고 음악 자체를 편집하기도 한다. 팬들만이 케이팝 음악을 매력적이라고 생각하는 것은 아니다. 브루노 마스Bruno Mars뿐 아니라 레디시Ledisi와 도 작업했던 미국의 작곡가 클로드 켈리Claude Kelly는 케이팝을 음악적 영양소가 풍부한 토양이라고 생각하는 일군의 미국 작곡가와 프로듀서 중 한 명이다.

슬럼프에 빠져 있던 몇몇 작곡가들은 2000년대 초반까지도 R&B의 관습(꽉 찬 코드 변화, 풍부한 히모니, 그리고 가수의 넓은 음역과 간주에서의 애드리브)을 귀하게 여기던 한국 음악계를 반가운 출구로 인식했다(Leight 2018).

케이팝이 전 세계적으로 확산된 것은 케이팝이 비록 상업적인 음악일지라도 그 음악적 혁신을 통해 청중을 매료해왔기 때문이다.

팝그룹, 10대 관객, 그리고 상업성에 초점을 맞춰 케이팝을 정의하면 케이팝 우산 아래에 있는 광범위하고 다양한 아티스트들을 설명할 수 없다. 자, 이러한 상황에서 우리는 케이팝을 어떻게 설명할 것인가?

케이팝의 새로운 정의
케이팝의 우산 아래에 있는 다양한 아티스트들을 포착하기 위해 필자는 케이팝을 글로벌 시장에 대한 포부를 품고 1990년대 처음 등장해, 한국과 외국의 음악적 요소를 결합한 혼종성을 특징으로 하는 한국 대중음악의 하나로 정의하고자 한다.

케이팝은 한국 대중음악사의 폭넓은 궤적 위에 놓여 있다. 케이팝에 관한 최초의 영문 편서인 키스 하워드Keith Howard의 『한국 대중음악과 한류Korean Pop Music: Riding the Wave』(2006)는 케이팝의 뿌리를 1930년대까지 거슬러 올라가 분석한다. 존 리는 그의 저서 『케이팝: 대한민국 대중음악과 문화 기억상실증과 경제 혁신K-pop: Popular Music, Cultural Amnesia, and Economic Innovation in South Korea』(2014)에서 서양 음악이 도입되기 전 한국의 전통음악에서부터 시작해 케이팝을 분석한다(16). 김창남은 『케이팝: 한국 대중음악의 뿌리와 전개K-pop: Roots and Blossoming of Korean Popular Music』(2012)에서 1960~1980년대의 한국 대중음악을 개괄하며 케이팝에 대한 논의를 전개한다.

케이팝이라는 용어는 동아시아에 진출한 한국 대중음악을 지칭하기 위해 제이팝J-pop의 대응어로 사용되기 시작했다. 케이팝은 1990년대 한국의 정치·경제적 발전이 음악산업의 성장을 추동함에 따라 등장했다. 한국은 한국전쟁 이후 단기간 내에 급속한 근대화를 경험했다. 이런 급격한 변화는 하비와 이현훈(Harvie and Lee 2003)이 설명한 1960년대 수출 주도형 산업정책에 기인한다(260). 1980년대까지 한국은 군사독재 아래 있었다.

군사정부는 창작의 자유를 억압하고 정부의 경제 목표에 부합하지 않는 문화 활동을 시도한 개인과 기업을 엄격히 규제했다(Kwon and

Kim 2014: 425).

이 정권들은 한국의 사회문화적 가치를 훼손한다고 여겨지는 외국 문화의 영향을 경계하고 이를 제한하려고 시도했다. 제프 창(Jeff Chang 2008)은 "1971년 여름 초반 미국의 후원을 받는 독재자 박정희는 남성들에게 장발 단속령을 내렸으며 경찰은 거리에서 강제로 이들의 머리카락을 잘랐다"고 회상한다. 정권 말기로 갈수록 박정희는 예술가, 지식인, 종교계 지도자들을 구금하고 "사회정화운동"을 강화했다. 경찰은 1976년 상반기에만 60만 명이 넘는 남성들의 장발을 단속했으며 불건전한 복장을 검열했다고 보고했다.

수출 주도형 경제 발전에 힘입은 한국은 1980년대에 민주화를 달성했으나 1997년에 이르러 금융 위기의 수렁에 빠졌다. 임현진과 한준(Lim and Han 2003)은 과도한 차입이 금융 위기의 주된 원인이라고 지적한다. "한국 기업들의 과도한 부채에 기반한 재무구조와 단기외채에 대한 과다 노출을 감안하면, 반도체 등 수출 가격 붕괴로 촉발된 수익성 쇼크가 재벌의 연쇄 부도를 일으켰다"(200). 재정 위기는 국제통화기금IMF에 구제금융을 요청할 정도로 심각했다. 경제 위기와 그에 따른 구제금융 요청으로 한국 경제의 문제점이 드러났으며, 한국 정부의 경제 통제 능력에 의문이 제기되었다. 경제 위기는 과거 동아시아의 4룡 경제국 중 하나로 여겨졌던 "한국 모델의 어두운 측면에 관심을 불러일으켰고, 한국의 기적miracle을 한국의 신기루mirage로 바꾸었다"(Lim and Han 2003: 199). 경제 위기는 한국의 국제적 명성을 손상시켜, 투생(Eric Toussaint 2006)은 다음과 같이 말했다.

한국은 모방할 만한 경제 모델이 아니다. [...] 한국의 발전 방식은 칭
찬할 수도 없고, 복제해서도 안 된다(4211).

이러한 재정 파탄은 한국의 경제 구조에 변화를 가져왔으며, 한국 정
부는 음악을 포함한 문화산업의 발전과 진흥을 통해 국제적 명성을
회복하고자 했다. 성상연(Sung 2010)은 아시아에서 시도된 국가 이미
지 메이킹을 대중문화와 연결 짓는다.

대중문화를 소비함으로써 사람들은 마음속에 특정한 이미지를 만
들어낸다. [...] 사람들이 인터넷에서 뮤직비디오나 영화, 드라마 등
무엇이든 볼 수 있게 된 오늘, 국가 이미지를 형성하는 데 있어서 대
중문화의 역할은 더욱 커지고 있다(28).

이러한 이미지 작용의 혜택을 받은 음악산업 중 하나가 케이팝 산업
이다. 한국 정부는 케이팝 산업 발전의 중요한 행위자 역할을 했다.
권승호와 조지프 김(Kwon and Kim 2014)은 한국 정부가 1993년에서
2012년까지 "문화산업진흥기금을 통해 자국 산업의 성장을 촉진"하
기 위한 정책을 기획했다고 지적한다(5). 이 기간에 한국의 일반 기업
들은 음악 생산과 이윤 추구를 결합한 연예제작사로 변모했다. 경제
위기 이전 방송사들이 음악 제작을 주도했던 환경은 1987년 언론기

본법 폐지와 함께 시작된 TV 시장 확대에 기반한 음악 시장의 다양화 국면으로 나아갔다. 이는 또한 국내 연예기획사들의 산업적 발전의 기회를 마련했다(Shin and Kim 2013: 262). 신현준(Shin 2009)에 따르면 정부의 문화산업진흥정책의 혜택을 받은 연예기획사들은 디지털 플랫폼을 통해 음악 생산과 TV 활동을 다양화했다. 반면 음반 판매에만 의존한 레코드사들은 승자 독식 국면의 희생자가 되었다(511). 1990년대 이래 이러한 정치·경제적 상황은 케이팝 음악산업이 출현할 수 있는 환경을 조성했다.

한국 연예기획사들의 성장은 연예인이 되고자 하는 청소년들에게 새로운 길을 제시했다. 급속한 근대화와 경제 발전은 1970년 이후에 태어난 세대, 즉 "신세대"에게 색다른 경험을 안겨주었다. 레베카 김(Rebeca Y. Kim 2015)은 이들이 부모 세대와 어떻게 다른지 다음과 같이 설명한다.

신세대는 전쟁, 가난, 군사독재에 대한 기억 없이 성장했다. 이들은 대도시의 부유한 중산층 가정에서 외동이로 자라거나 한 명 정도의 형제만 두었다. 이들은 또한 유례없는 경제성장과 소비주의적 개인주의 속에서 성장했다(157).

이들을 구별 짓는 특징 중 하나는 "젊은 시절 민주화 투쟁으로 30년 이상 지속된 군사독재 정권을 무너뜨리고 민주주의를 건설한 매우 적극적이고 열정적인 집단으로 역사에 남을 386세대"와는 대조적인 정치적 무관심이다. 1997년 금융 위기는 이들 신세대의 경제적 안정감에 타격을 입혔다.

인터넷 통신망에 접속할 수 있을 정도로 풍요로운 시대에 자란 신세대는 자신들의 아버지가 직장에서 쫓겨나고 가정이 무너지는 것을 목격했다(S.-Y. Park n.d.).

신세대를 뒤이은 "88만원 세대"도 경제적 격변으로 위기를 겪었다. "88만원"은 20대 한국인의 평균 소득을 의미했다. 이들 젊은이의 미래 전망은 이전 세대와는 완전히 달랐다.

"금수저"를 입에 물고 태어난 사람은 최고의 대학에 들어가 좋은 일자리를 확보하지만, "흙수저"를 물고 태어난 사람은 열악한 복지의 저임금 직종에서 장시간 근무한다(Fifield 2016).

언론은 한국 사회 내 심화하는 빈부격차를 풍자하기 위해 젊은 세대들이 "봉건주의적 조선 시대까지 거슬러 올라가는 5세기 동안 지속된 계급 체계"(Ock 2017)를 빗대어 "헬조선"이라는 신조어를 만들었다는 점에 주목했다. 한국의 경제적 번영에도 불구하고 이러한 불평등 상황은 지속·확대되었다. 이런 환경에서 일부 한국 젊은이들은 암울한 상황으로부터의 도피처로 연예계를 꿈꾼다. 오인규와 이효정(Oh and Lee 2013)은 한국 젊은이들이 한국인이라는 자부심을 느낄 수 있다는 이유에서 케이팝 스타가 되기를 열망한다고 주장한다. 이들은 한(恨)의 정서를 품어온 "한국 사회가 국내 경쟁에서 비슷한 성취를 한 사람보다 해외 무대에서 이룬 경제적 성공과 스포츠 경기에서의 승리에 더 많은 사회적 정당성을 부여한다"(Oh and Lee 2013)는 생각을 전제로, 이를 "한국적 글로벌 열망"으로 정의한다. 한국의 젊은 이들은 세계 무대에서 성공한 영웅적인 한국인이 되고자 케이팝 스타를 꿈꾼다. 케이팝 아티스트들에게 한국인이라는 정체성은 뚜렷한 의미가 있다.

특정한 역사적·경제적 맥락에 놓인 케이팝은 세계적 열망 또한 확고히 드러낸다. 한국의 연예기획사들이 세계시장을 목표로 문화상품을 만들 때 정부도 이들을 지원했다. 1990년 대통령령에 따라 문화공보부로부터 분리·신설된 문화부가 이후 문화체육관광부로 성장했다. 문화체육관광부의 미션은 "국가 브랜드 제고를 통한 국민의 자긍심 고취"와 "한류를 통한 문화영토 확대"를 기반으로 "문화국가로서의 브랜드를 수립"하는 것이었다(MCST n.d.). 문화체육관광부는 한국콘텐츠진흥원을 포함한 여러 기관을 산하단체로 두고 있다(KCCA n.d.). 2009년에 설립된 한국콘텐츠진흥원은 "콘텐츠 산업을 수출 산업으로 발전시키기 위한 다양한 해외 진출 프로젝트의 추진"을 사명 중 하나라고 밝히고 있다(KCCA n.d.). 한국 정부는 유럽과 일본에서 열린 엑스포에 정부 보조금을 지급하고 해외 공연을 조직했으며, 한국 연예기획사들의 해외 콘서트를 지원했다(KCCA n.d.). 정부로부터 지원을 받은 한국 기획사들은 케이팝을 한국의 국제적 이미지를 제고하기 위한 노력과 연결했다.

더욱이 이러한 세계적인 열망은 케이팝 프로모션에 영향을 미쳤
다. 대부분 대중음악이 자국의 국경 안에 머문다는 점을 고려할 때,
미디어 테크놀로지는 케이팝의 국외 확산을 촉진했다.

상대적으로 저렴한 비용으로 보급되는 디지털화된 음악과 뮤직비디
오 덕에 큰 투자 없이도 국경 밖 대중에게 도달할 가능성이 생겼다
(Lie 2012: 353).

오인규와 박길성(Oh and Park 2012)은 소셜미디어의 출현도 주효했다
고 주장한다.

유튜브는 케이팝이 아시아 지역에서 지속적인 인기를 유지하며 2차
사용자와 팬덤을 확대하는 데 중추적인 역할을 해왔다(372).

소셜미디어로 인해 해외 청중들의 관심이 높아졌다. 초기에 동아시
아의 소수 지역에 한정되었던 케이팝 공연은 동아시아 내의 여러 장
소로, 그리고 유럽과 북아메리카 및 남아메리카까지 확장되었다. 아
시아 밴드들이 자국 밖에서 순회공연을 거의 하지 않았던 2000년에
1세대 케이팝 그룹 H.O.T.가 중국에서 콘서트를 열었다. 음악산업이
더 발전했던 일본의 아티스트들도 일본 밖에서는 거의 공연을 하지
않던 때였다. 후일 한국 기획사들은 일본, 중국, 대만, 인도네시아, 태

국, 프랑스, 미국에서 소속 아티스트들을 내세운 "패밀리" 콘서트를 열게 된다. 동방신기와 같은 일부 팝그룹은 일본 시장만을 공략해 일본어 앨범을 제작하고, 슈퍼주니어-M과 같은 그룹은 한국과 중국을 동시에 공략하기 위해 두 언어로 된 앨범을 출시한다. 이러한 국제적 열망은 특정 국가의 팬들을 위한 인터뷰와 영상 메시지 형태의 콘텐츠 제공을 통한 전 세계적 팬층의 확보와 유지로 이어진다. 국내 기획사들은 다양한 언어 옵션이 적용된 바이럴Vryl[4]과 네이버캐스트 등 소셜미디어 플랫폼을 활용해 전 세계 팬들이 콘텐츠를 이용할 수 있도록 하고 있다. 이러한 독특한 프로모션 전략이 성과를 거두면서 케이팝은 전 세계 다양한 국가에서 탄탄한 하위문화로 자리 잡았다.

케이팝의 전 세계적 확산은 다른 나라들로부터 비판과 반발을 불러일으키기도 했다. 일본에서는 한일 간의 오랜 역사적 적대감을 배경으로, 한국 문화상품이 일본 문화상품을 내몰 것이라는 두려움과 맞물렸다. 일본 관료들은 케이팝 확산에 눈살을 찌푸렸고 몇몇 일본 연예인들은 한국의 대중문화가 일본 시장을 잠식하는 데 대한 두려움을 강하게 드러냈다.《코리아타임스》의 박시수(Si-soo Park 2014)는 케이팝과 한국 드라마가 "일본 내 극우 정치인과 활동가들의 도전에 직면하고 있다"며, "케이팝 관련 상품을 파는 한국 상점 앞에서 일장기를 흔들며 혐오 메시지를 연호"하는 "반한 시위대"의 표적이 되었다고 주장했다. 또 다른 예로, 케이팝은 2016년 한국의 사드THAAD(고

---

4 SM엔터테인먼트가 2015년 11월에 선보인 소셜네트워크서비스. 사진과 영상을 매개로 해 소통하는 SNS로 기대를 모았으나 고전을 면치 못하다가 소리 소문 없이 사라졌다.

고도미사일방어체계) 미사일 배치에 대한 중국의 반발에 따른 정치적 분쟁에 휘말렸다.

중국은 최근 몇 주 동안 자국 내에서 영업하는 한국 기업 롯데의 쇼핑센터 일부를 철수시킬 목적으로 롯데가 중국의 국내법을 위반했다고 주장하기 시작했고, 한국 상품의 온라인 거래를 차단했다. 중국은 엔터테인먼트, 소비재, 여행과 관련된 한국 기업들을 퇴출시켰다 (Mody 2017).

이러한 반발에도 불구하고 케이팝은 계속해서 전 세계적으로 확산되고 있다.
세계주의적 열망 외에도, 케이팝은 한국과 외국의 음악 문화가 어우러진 혼종성을 특징으로 한다. 존 리(Lie 2014)와 같은 일부 학자들은 케이팝에 한국 문화가 없다고 주장한다.

케이팝은 한민족의 것도, 대한민국의 것도 아니라는 점에서 정통성이 없다. 한국의 전통음악과 다를뿐더러 한국 대중음악의 오랜 전통과도 상이하다(176).

그는 케이팝의 한국적 정체성을 전통 한국 문화에 대한 근접성에 기반해 정의한다. 더욱이 존 리(Lie 2014)는 케이팝 속 한국 문화의 존재란 그저 브랜드일 뿐이라고 격하했다.

브랜드 코리아의 산물로서 케이팝이 적당한 가격에 맵시 있으면서도 기능적인 최신 삼성 휴대폰만큼 완벽하다고 한다면 그것은 거짓 칭찬이다(178).

그러나 케이팝은 한국의 특정한 문화적·경제적 변화로 인해 가능해진 한국 문화의 몇몇 핵심 요소들을 특징으로 한다. 케이팝 노래들은 주로 한국어로 되어 있는데, 언어는 문화의 가장 중요한 표식이다. 이상준과 논스(Lee and Nornes 2015)는 "국제 통용어가 아닌 한국어는 한민족 사이에서만 쓰이는 언어"(7)라고 시석한다. 케이팝 노래에는 다양한 길이의 영어 구절이 포함되어 있지만, 영어로만 된 케이팝 노래는 여전히 드물다. 한국어는 케이팝이 지닌 글로벌 매력의 요소이기도 하다. 필자는 블로그에 올린 "케이팝의 '케이'The 'K' in K-pop"(2012)에서 전 세계 팬들이 한국어를 케이팝의 주요 매력으로 지적하며 한국어의 아름다움을 거론하고 있다고 쓴 적이 있다.[5] 케이팝에 관한 관심은 최근 한국어 열풍에 불을 지피는 데 일조한다. MLA(현대언어학회) 회장인 로즈메리 필Rosemary Feal은 한국어 강좌 등록률이 크게 높아진 것은 케이팝을 포함한 한국의 대중문화 덕분이라고 말한다.

영화와 음악 등 한국 대중문화가 젊은이들의 마음을 사로잡았다는 사실에는 의심의 여지가 없다(Gordon 2015).

---

5   저자 크리스털 앤더슨의 블로그는 다음과 같다. https://highyellow.me/about/

케이팝 속 한국어는 한국 문화에 관한 관심으로 이어진다.

게다가 대다수의 케이팝 창작자는 한국인이다. "강남스타일"의 인기와 더불어 싸이가 한국인이라는 점이 더욱 주목받았다. 싸이의 세계적 성공은 한국 아티스트로서는 전례 없던 일이다. 또한 싸이의 성공에 힘입어 한국인들과 한국계 미국인들은 꿈에도 생각하지 못했던 자부심을 품을 수 있었다. 싸이는 한국인 가수로서 느꼈던 사명감에 대해 다음과 같이 말했다.

한국의 모든 사람이 나를 금메달리스트나 된 양 응원하고 있으니 나는 조국에 대해 책임감이 있다(Rashid 2012).

미국에서 싸이의 인기는 아시아 남성들에 대한 고정관념과 연관되는데 이는 싸이의 한국적 정체성의 또 다른 기의記意로 작용한다. 싸이의 코믹한 퍼포먼스와 통통한 외모는 다음과 같이 평가된다.

할리우드와 텔레비전이 지속적으로 재현한 인종적 고정관념의 복사판이었다. 《아직은 사랑을 몰라요Sixteen Candles》의 롱덕동Long Duk Dong[6]이나 《행오버The Hangover》의 레슬리 초우Leslie Chow를 떠올려보라. 싸이와 마찬가지로 그들은 "우스꽝스러운 아시아 남성"의 전형적 유형이다. 우스꽝스럽고, 성적인 매력이 없는 무기력한 남성 말이

---

6 이 영화에 등장하는 중국인 교환학생 이름 "롱덕동"은 우스꽝스러운 아시아계 남성을 가리키는 일반 명사로 사용되기도 한다.

다(Pan 2012).

싸이는 아시아인이라는 이유로 역풍도 경험해야 했다. 아사카와
(Asakawa 2012)는 싸이의 아메리칸 뮤직 어워드 공연에 논란이 있었
던 점을 상기한다.

몇 분 만에 트위터에서 반발이 일었다. 대부분의 메시지는 한국어 노
래가 "아메리칸" 뮤직 어워드에 등장한다는 아이러니함에 대한 즉
각적인 반응이었다. 일부 트윗은 노골적으로 인종차별적이었다.

한국 아티스트들의 인종적 정체성은 기존의 문화정치에 저항하기도,
혹은 이를 강화하기도 한다.

또한 케이팝은 관객의 참여에 의존하고, 이를 독려하는 독특한 한
국식 제작 전략을 구사한다. 케이팝 아티스트들은 종종 외국의 뮤지
션들과 협력한다. 오인규(Oh 2013)는 기획사들이 "서구(특히 스웨덴,
미국, 영국)의 작곡가들에게 곡을 의뢰한다"(399)고 언급했다. 유니버
설 뮤직 퍼블리싱 그룹Universal Music Publishing Group의 스웨덴 출신 음악
프로듀서인 펠레 리델Pelle Lidell은 동방신기의 "주문"과 소녀시대의 "소
원을 말해봐" 등 여러 케이팝 히트곡들을 작곡했다. 그는 또한 유럽
작사가들과 SM엔터테인먼트 경영진이 함께 작업하는 음악 캠프를
기획했다(Lindvall 2011). 케이팝은 미국 음악 프로듀서들과 DJ들로부
터도 도움을 받았다. 하지만 음악의 사운드는 결국 한국 프로듀서들

의 책임이다. SM엔터테인먼트의 베테랑 음악 프로듀서인 유영진은 외국 음악 요소를 어떻게 활용하는지 다음과 같이 설명한다.

나는 외국 작곡가들의 노래를 받아서 그냥 사용하지 않는다. 그들의 노래는 멜로디와 가사, 구성 면에서 지나치게 단순하기에, 한국에서 성공하기 위해서는 새로운 요소를 곡에 추가할 수밖에 없다 ([INTERVIEW], "Yoo Young Jin" 2010b).

아울러 케이팝은 관객을 활용하는 특유의 프로모션 전략을 펼친다. 기존에는 오프라인에서 팬층이 형성되고 팬 활동이 이루어졌던 반면, 케이팝은 소셜미디어의 팬 접근성을 활용한 새로운 전략을 구사한다. 한국의 기획사들은 트위터, 인스타그램 등 소셜미디어 플랫폼을 통해 팬들을 초대해 그룹 멤버들과 소통할 수 있게 하는 등 국내외 청중에게 직접 다가간다. 많은 케이팝 그룹들이 트위터와 인스타그램 계정을 가지고 있다. 국내에서는 공식 팬클럽을 통해 팬들의 관심을 북돋운다. 팬클럽의 공식 회원들은 팬미팅, 콘서트, 굿즈 구입 등에서 특전을 누린다. 대부분의 공식 팬클럽이 해외 팬들에게 개방되어 있지는 않지만, 해외 팬들은 자체 온라인 팬클럽을 통해 트위터 계정이나 페이스북 페이지 관리에서부터 케이팝 아티스트와 직접 교류하는 이벤트를 기획한다. 예를 들어 소녀시대는 2011년 SM 타운 라이브 월드투어SM Town Live World Tour 중 뉴욕을 방문했을 때, 미국 내 비공식 팬클럽인 소시파이드Soshified가 기획한 팬미팅에 참가했다(KisforKARENx3 2011). 또한 한국 기획사들은 팬들이 유튜브 등 플랫폼에 자료를 올리고 리믹스할 수 있도록 허용하고 커버곡과 커버 댄스 경연대회 등 여타 팬 활동을 지원한다. 이처럼 케이팝은 아티스트와 팬들이 지속적으로 소통하도록 하는 전략적인 협업을 특징으로 한다.

케이팝의 또 다른 특징은 한국과 외국의 음악적 전통을 혼합하는 것이다. 그중에서도 특히 한국과 미국 흑인음악 문화를 연결 짓는 혼종성이 두드러진다.

케이팝과 미국 흑인음악 문화

케이팝은 여러 외국 음악 문화의 영향을 받았지만, 케이팝의 혼종성은 주로 미국 흑인 대중음악에 기인한다. 역사적으로 제한적이었던 흑인과 한국인 간의 교류는 케이팝의 미국 흑인음악 문화 인용을 통해 확대되었다. 케이팝의 혼종성은 미국 흑인 대중음악의 차용을 더욱 촉진한다.

흑인과 한국인의 상호작용

흑인과 한국인의 인적교류는 한국전쟁에 참전한 미국 흑인 병사들과 아프리카계의 유입으로 한국 내 흑인 공동체가 형성되고 흑인과 한국인 혼혈이 태어나면서 이루어졌다. 1970년대 한국 미디어는 미국 흑인 문화와 아프리카계 혼혈 연예인이 인기를 얻었던 무대로, 그리고 1980년대와 1990년대에는 재미교포를 통한 흑인음악 유입의 통로로 기능했다.

흑인과 한국인 간의 제한적인 교류의 역사는 케이팝에서 관찰되는 음악과 공연에서의 인용과 연관된다. 미국 흑인 문화의 한국 유입은 제2차 세계대전 이래 한미 관계사와 불가분의 관계에 있다. 38선을 기준으로 해 조선민주주의인민공화국(북한)과 대한민국(남한)으로 한반도를 분할한 미국 주도의 연합국은 분단이 한국인과 한반도에 미칠 파장에 대해서는 거의 신경을 쓰지 않았다. 홀콤(Charles Holcombe 2011)은 38선이 "미 국방부 사무소 벽에 붙은 지도에 선을 그은 것에 불과하며 기존의 문화·지리적 조건을 반영하지 않았다"(295)고 지적했다. 미국은 분단 이후에도 한국 문제에 지속적으로 관여했다. 미국은 남한 내 반공주의자들을 지지했는데, 그들 중 일부는 일본강점기에 해외로 망명한 독립운동가들이었다(Holcombe 2011: 296). 미국은 1965년까지 14년간 끌어온 한일국교 정상화에 중요한 역할을 했다. 이 과정에서 미국은 한국 정부의 일본 어선 나포 사건의 중재자 역할을 했고, 한일회담의 주역인 정치인 김종필 제거를 막았으며, 한일협정의 성사를 위해 청와대를 지원했다(Cha 1996: 134, 138). 미국 측의 개입이 한국인들로부터 긍정적인 반응만을 불러일으키지는 않았다. 한국인들은 때때로 미국의 행동을 국가 주권 침해로 간주하고 반미 감정을 키웠다. 모비우스(J. Mark Mobius 1966)는 1965년 한일협정 협상 당시 한국인들이 "미국인들은 한국 국민의 감정과 열망에 대한 이

해가 부족"하고 "미국 정책 입안자들은 '아시아인의 감정'을 이해하
지 못한다고 느끼고 있다"(247)는 점을 지적했다. 학생운동 세력 또
한 독재정권을 지원하는 미국을 비난했다. 전두환 정권(1980~1988)
시기 학생운동권은 미국의 개입이 남북 분단에 직접적인 영향을 미
쳤다고 확신했다. 노태우 정권(1988~1993)과 김영삼 정권(1993~1998)
당시 반미감정은 통일과 남북관계에 대한 미국의 태도에서 기인했다
(Oh and Arington 2007: 336, 341).

한미관계의 맥락 안에서 미국 흑인들은 모호한 위치를 차지한다.
우선 이들은 미군의 일원으로 한국에 왔다. 그들은 한국전쟁과 이
후 미국의 군사·외교적 개입에 참여했고, 일부는 이러한 참여를 미
국 사회 내에서 자신들의 입지를 다지는 기회로 보았다. 그린(Michael
Cullun Green 2010)은 "대규모(혹은 목소리 큰) 흑인 대중이 미국의 개
입을 옹호했다"며 "미국 외교정책에 대한 냉전적 사회 합의에 근거
해 애국적 열망을 드러냈다"(121)고 말했다. 이런 식으로 국가와 연
대함으로써 일부 흑인 병사들은 백인의 인종적 시선으로 한국인들
을 바라보았다. 그들은 서부 개척시대 북미 원주민에 대한 고정관념
에 기대어 북한 사람들이 "기이하고 이질적이고 비문명적인 아시아
적 전술"을 사용했다고 믿었고, 동맹국인 남한 사람들은 "야만적이
고 교활하며 배은망덕"하다고 간주했다(Green 2010: 125). 흑인 병사
들은 인종 담론적 용어를 사용하며 국가와 동맹을 맺었다. 반면 미국
흑인 중 일부는 한국인을 미국 내 인종주의적 분리주의의 희생자와
동일시했다. 그린(Green 2010)은 "미국 흑인들은 전쟁 초기 이 전쟁을

제국주의적이고 인종차별적인 행위로 규정지었다. […] [한 신문 기고
자는] 많은 한국인이 북한군에게 저항하기를 꺼리는 것처럼 보였다
며, 미국의 개입이 '인종선color line으로 구분된 새로운 세계 전쟁'을 촉
발한 것은 아닌지"(120) 의문을 제기했다.

한국 내 흑인 커뮤니티는 미군의 주둔으로 생기기 시작했다. 따라
서 한국 내 흑인 인구의 일부는 흑인과 한국인의 혼혈이다. 안지현
(Ahn 2014)은 "한국적 맥락에서 볼 때 아메라시안Amerasian은 현대 한
국의, 특히 한국전쟁 이후 한미 인종 관계를 상징한다"(395)고 지적하
며 흑-한 한국인 혼혈도 이 범주에 포함했다. 이들 혼혈은 단일민족
국가인 한국 사회에서 인종적 다름을 대표한다. 그들의 존재는 미국
의 인종정책이 낳은 흑인에 대한 고정관념 및 차별대우와 연결된다.
메리 리(Mary Lee 2008)는 1970년대 군사훈련소의 풍경에 주목한다.

한국인들은 백인들이 오랫동안 취한 인종차별적인 태도에 길들여져,
자신들이 무엇을 하는지 의식하지 못한 채 차별적 태도를 지니게 되
었다(69).

남한에 주둔한 미국 흑인 병사와 아프리카계 이민자들도 그러한 차
별주의를 인식했다. 한건수(Han 2003)는 한국 내 아프리카계 이민자
들에 대한 인식에 관해 다음과 같이 말한다.

이들 이주노동자들은 한국 사람들의 강한 인종주의를 지적한다. 이

들 대부분은 피부색으로 인한 차별을 경험했다. 아프리카 사람이라고 소개할 때마다 한국 사람들은 아프리카를 빈곤, 기근, 부족 간 전쟁과 연관 지었다(168).

이는 오늘날 흑인을 대하는 태도에서도 그대로 드러난다. 해준(Dave Hazzon 2014)은 『그루브코리아Groove Korea』에 기고한 글에서 "한국에서의 경험은 흑인이 다른 인종보다 하위에 있다는 인식으로 인해 얼룩졌다. 흑인들은 폭력적이고 무지하고 가난하며, 미국 흑인은 진짜 미국인이 아니기에 한국 학생들에게 영어를 가르치기에 부적절한 사람들이라는 인식 말이다."라고 말했다. 이러한 태도는 한국의 텔레비전 프로그램에서 블랙 페이싱black facing[7]이 지속해서 등장하는 것으로 확인된다.

미국 내에서도 흑인과 한국인 사이에 상호작용이 있었다. 1965년 이민법 개정에 따라 뉴욕, 시애틀, 로스앤젤레스 등 대도시와 미국 남부 및 중서부에 한국을 포함한 아시아계 이민자들이 대거 유입되었다. 1992년 자동차 운전기사 로드니 킹을 잔혹하게 구타한 백인 경찰관 네 명이 무죄 평결을 받은 사건을 계기로 발생한 LA폭동은 한국인과 흑인 간 묵은 갈등의 발화점이었다. 폭동은 흑인 커뮤니티 내에 있는 한인 상가의 약탈로 이어졌다. 이 폭동을 미국 흑인과 한인 이민

---

[7] 흑인으로 분장해 흑인을 희화화하는 관습. 대표적으로 1980년대 코미디 프로그램의 〈시커먼스〉를 들 수 있다. 최근 의정부고등학교의 흑인 패러디에 대해 한국에서 활동 중인 아프리카계 연예인 샘 오취리가 이를 문제시하여 논란이 된 바 있다.

자들 간 긴장 관계의 상징적 사건으로 바라보는 일부는 이를 라타샤 할린스Latasha Harlins 사건[8]과 연결 짓기도 한다. 미국 흑인과 한국인의 관계를 부정적인 측면에서 특징짓는 사람들과 달리 어떤 이들은 LA 폭동을 계기로 이루어진 연대와 협력에 주목한다.

미디어는 인종 문제가 투영된 문화적 상호작용에 있어서 대안적 장을 열었다. 안지현(Ahn 2014)은 2006년 슈퍼볼 우승 당시 MVP로 선정된 피츠버그 스틸러스 선수 하인스 워드Hines Ward를 둘러싼 언론 보도의 의미를 분석한다.

한국 TV에서 흑인이 명예를 얻고 존경을 받은 것은 처음이었기 때문에 하인스 워드 사례는 한국 미디어 속 인종적 의미의 재구성을 이해하는 데 있어서 핵심적이다. [...] 한국 언론이 한-흑 혼혈인 하인스 워드를 국가 영웅으로 내세운 순간은 미디어 실천뿐 아니라 인종 정치의 측면에서도 기념비적이었다(397, 398).

케이팝의 영역 안에는 가수 인순이와 래퍼 윤미래처럼 명성을 얻은 한국인과 흑인 간 혼혈이 있다. 가나 출신의 샘 오취리Sam Okyere는 "한국에서 가장 유명한 흑인"으로 불려왔다. 인종차별과 맞닥뜨렸음에도 불구하고 오취리가 한국어를 배운 것은 루오(Benny Luo 2017)가

---

8   1991년 3월 16일, 미국 캘리포니아주 로스앤젤레스의 주류 판매상인 한인 이민자 두순자가 자신의 상점에서 15세 흑인 소녀 라타샤 할린스를 권총으로 사살한 사건으로, 1992년 LA폭동에서 한인 타운이 피해를 입게 된 원인 중 하나가 되었다.

말한 대로 한국인의 달라진 인식과도 관련이 있다.

그는 《섬마을 쌤》이라는 한국의 리얼리티 쇼에 출연 제의를 받았다. 그때 그는 언어가 장벽을 깰 수 있다는 것을 처음으로 깨달았다. 한국인들과 한국어로 소통할 수 있다는 사실이 언어의 힘을 느끼게 해주었다.

이러한 흑인과 한국인 간의 상호교류가 케이팝의 핵심인 혼종성의 맥락으로 작용하고 있다.

케이팝과 미국 흑인 대중음악의 혼종성

케이팝과 미국 흑인 대중음악은 여러 요소를 끌어들여 새로운 음악을 만든 혼종적 음악 양식이다. 케이팝에 미친 음악적 영향은 여러 가지가 있는데, 미국 흑인 대중음악의 영향이 가장 두드러진다. 이는 미국 흑인음악의 뚜렷한 개성과 혼종성에 기인한다.

한국에서 미국 흑인과 한국인 간 상호작용은 제한적이지만, 미국 흑인 문화의 영향력은 무시할 수 없다. 주한 미군의 영향으로 1960년대에 미국 흑인 대중문화가 한국으로 유입되었다. 문화교류의 핵심은 문화의 이동이다. 그린블랫(Stephen Greenblatt 2010)은 문화이동을 "풍부한 자원을 바탕으로 한 끊임없는 문화작업 속에서 텍스트, 이미지, 문화상품, 아이디어가 이동, 위장, 번역, 변형, 각색 및 재창조되는 쉼 없는 과정"(4)이라고 부른다. 문화는 사람, 물건, 아이디어에 실려 변형되며, 다른 문화와 접촉하여 그 문화를 변화시킨다. 문화이동은 또한 한 나라에 유입되는 텍스트와 아이디어의 유형에도 영향을 받는다. 한국으로 유입된 미국 문화는 그 다양한 특성으로 인해 독특한 성격을 갖는다. 미국 문화의 이동에 주목한 엘리엇(Emory Elliott 2007)은 "다양한 인종의 사람들이 유동적이고 초국적인 문화경계 속에서 살아가면서 정치·문화적 접촉과 교류를 통해 미국 특유의 문화를 발전시키고 있다"(10)고 말한다. 전 지구적 맥락에서 특유한 민족문화에 대한 관심은 "과거에는 무시되거나 지워졌던 디아스포라 간의 상호관계와 주목할 만한 문화적 상호침투가 만들어내는 새로운 세계"의 중요성을 부각한다(Elliott 2007: 13).

케이팝 음악은 미국 문화 중 흑인음악 문화의 영향을 크게 받았고, 이는 엘리엇의 표현을 빌리면 "문화적 상호침투"의 사례다. 미국 문화의 이동으로 흑인 문화 또한 이동하게 된 것이다. 주한 미군은 AFKN과 같은 군 매체를 통해 할리우드 문화뿐만 아니라 미국 흑인 음악도 소개했다(Lie 2012: 343). 미국 흑인음악은 1960년대 미국 팝씬을 지배했다. 『빌보드』지는 당시 미국 흑인음악이 주류 음악 차트인 핫 100를 장악함에 따라, 1963년과 1965년 사이에 R&B 차트를 중단했다. 1950년대 이래 흑인음악의 약진과 한국 내 미국 문화의 확산에 따라 미국 흑인음악의 요소들이 한국 대중음악의 발전에 이바지했다. 1964년 BBC 프로그램《투나잇 쇼Tonight Show》에 출연한 걸그룹 코리안 키튼즈The Korean Kittens[9]는 주한 미군부대 공연에서 레이 찰스Ray Charles의 "What'd I Say"와 같은 노래들을 부름으로써 성가를 드높였다. 김창남(Kim 2012)은 미국 흑인 소울 음악이 1960년대 후반부터 한국 대중음악에 뚜렷한 영향을 미쳤다고 말한다.[9]

미국 흑인음악이 한국 대중음악의 역사 전반에 영향력을 미쳤다는 점에 주목해야 한다(33).

이러한 영향력은 미국 흑인 대중음악과 퍼포먼스가 유입되면서 비롯되었다. 잭슨(Kennell Jackson 2005)은 이러한 퍼포먼스가 "관객들의 참여를 유도함으로써 더욱 성공적으로 된다"며 "퍼포먼스는 의외의 장소에서 예기치 않은 결합을 이루며, 이질적인 요소를 취하여 의도되지 않은 새로운 형태를 만들어낸다"(5)고 말한다. 흑인 퍼포먼스 문화는 참가자가 자신의 문화를 포기할 필요 없이 함께 어우러지도록 이끈다. 혼종화를 이끄는 문화적 이동은 미국 흑인음악의 한국 유입과 그에 따른 케이팝의 전 세계적 전파를 설명한다.

또한 미국 흑인음악 문화는 재미在美 한인들을 통해서도 한국에 유입된다. 재미 한인으로 구성된 솔리드 같은 R&B 그룹은 아시아계 미국인들이 한국에서 흑인 대중음악의 소개자 역할을 하고 있음을 보여주는 주요 사례 중 하나다. 미국 음악계에서 소외된 일부 아시아계 미국인들은 음악 활동을 위해 미국을 떠나 동아시아로 향한다. "가장 영향력 있는 케이팝 아티스트 50인"(2010)이라는 글에서 솔리드는

---

9   1963년 4인조(윤복희, 서미선, 김미자, 이정자) 여성 보컬 그룹으로 데뷔해 1976년까지 활동한 걸그룹. BBC 방송 《투나잇 쇼》에 한복을 입고 나와 공연을 하는 등 영국과 미국에서 인기를 끌었다.

"한국 대중음악계에 꾸준히 유입된 교포 음악인의 원조"라는 평가를 받았다. 초기 힙합 그룹과 1세대 아이돌 그룹 멤버들이 미국에서 태어났거나 상당 기간 거주했다는 점을 고려할 때, 재미 한인은 힙합을 한국에 소개하는 데 중요한 역할을 했다.

[미국 내] 흑인음악의 광범위한 영향력을 고려할 때 힙합과 댄스 테크닉을 현장에서 배운 한국계 미국인들이 이를 직접 한국으로 전파한 것은 단순한 우연이 아니다(Lie 2012: 357).

케이팝의 혼종성은 개별 문화들이 융합되면서도 일정 수준에서 고유성을 유지한다는 점을 드러낸다. 필자의 책 『중화 연결성 너머: 현대 아프로-아시아 문화 생산Beyond the Chinese Connection: Contemporary Afro-Asian Cultural Production』(2013)에서 필자는 혼종성에 결부된 유동성과 변화성을 강조했는데, 이는 여러 종류의 문화가 회합하면 정돈되지 않은 혼탁하고 비균질적인 결과물을 낳기 때문이다.

문화적 융화는 각기 다른 문화 간의 대화를 끌어낸다. 그러나 여전히 남아 있는 문화적 차이는 모든 문화적 상호작용이 일방적 흡수의 결과로 이어지지 않는다는 현실을 강조하기에 중요하다(34).

이러한 원리는 흑인 대중음악과 같은 혼종 문화에서도 반복된다. 20세기 미국 흑인음악이 블루스에 기반을 두고 있다고 지적하는 리

파니(Richard Ripani 2006)는 흑인음악이 "블루스, 재즈, 컨트리, 로큰
롤, 가스펠, 리듬앤블루스와 같은 장르뿐 아니라 음조, 음계, 리듬, 화
성, 악곡의 형식 등 미국 대중음악의 보편적인 스타일과 요소들을 조
합"(4)한 음악이라고 말한다. 동시에 리듬앤블루스는 유럽 음악의 전
형적인 "음계, 화성, 형식적 요소 및 스타일을 흡수했다. 엄밀히 말해
서 리듬앤블루스에는 아프리카도 유럽도 아닌 두 지역 모두의 전통
이 혼합되어 있다는 것에 의심의 여지가 없다"(Ripani 2006:4).

흑인 대중음악이 다른 음악 전통에 영향을 준 사실이 음악사에서
다루어지지 않았다는 점을 고려할 때, 민속문화가 음악에 미친 영향
을 제대로 인식하는 일도 중요하다. 루디나우(Joel Rudinow 1994)는
비평가들이 "음악 장르이자 스타일로서 블루스의 원천이 미국 흑인
음악이라는 점을 인정하지만, 지배문화는 이를 조직적으로 거부한
다"고 말한다. 해밀턴(Jack Hamilton 2016)은 루디나우의 견해에 동의
한다. 그에 따르면 "60년대 미국 음악이 표면적으로는 장르적 구분
을 했으나 이는 실상 인종적 구별이었다는 것이 대중의 인식이었다.
백인의 록 음악과 흑인의 소울 음악." 그는 음악이란 인종이 아닌 민
족성의 영향 아래 형성된다는 인식이 부족한 탓에 이러한 이분법이
생겼다고 바라본다.

로큰롤 음악의 백인화 과정에 대한 일반적 논의에는 커다란 문제가
있다. 록 담론의 역사에는 인종 논의에 대한 뿌리 깊은 혐오가 있다
(Hamilton 2016).

한국에 유입된 미국 흑인 대중음악은 역사적·문화적 상황의 특정한 배열에서 발생한 독특한 성격을 띠고 있다. 미국 흑인들에 의해 생겨난 이 음악 장르는 1920년대부터 1950년대까지는 "인종 음악race music" 혹은 "인종 음반race records"과 같은 딱지를 붙여 흑인음악이라는 점을 명시했다. 리듬앤블루스라는 용어는 흑인 관객들에게 인기를 끌다가 점차 비흑인 관객들도 소비한 특정 장르의 음악을 가리키기 위해 1950년대에 사용되기 시작했다(Stephens 1984: 21). 리듬앤블루스를 기반으로 한 미국 흑인 대중음악은 20세기 중반에 R&B, 훵크, 디스코, 어번 컨템퍼러리[10], 힙합, 그리고 수많은 장르로 확산되며 대중화되었다. 워드(Brian Ward 1998)는 R&B, 블랙팝, 소울, 훵크, 디스코를 리듬앤블루스 계열에 포함하고 있다(2). 조지Nelson George는 R&B를 후일 소울, 훵크, 디스코, 랩으로 불리게 되는 "흑인음악 장르의 합성"으로 바라본다(George 1988: X). 리파니(Ripani 2006)는 리듬앤블루스란 "서로 다르지만 연결된 스타일과 장르의 조합으로 생각하는 것이 더 정확하다"고 말한다. 워드, 조지, 그리고 리파니는 모든 흑인음악 장르가 특정한 음악적 요소들을 공유하고 있다는 점에서 리듬앤블루스라는 포괄적 개념 안에 있다고 본다. 우리가 R&B를 "본질적으로 흑인음악"이라고 묘사할 때 의미하는 바가 바로 이러한 음악적 미학이다.

---

10 어번 컨템퍼러리는 1970년대 초중반 뉴욕의 라디오 DJ 프랭키 크로커Frankie Crocker가 다양한 흑인 음악을 묘사하면서 사용한 용어이다. 어번 컨템퍼러리 라디오 방송국은 R&B, 팝 랩, 콰이어트 스톰, 어번 어덜트 컨템퍼러리, 힙합, 라틴 팝, 치카노 R&B, 치카노 랩 등 흑인음악을 중심으로 라틴 음악과 카리브 음악을 포함한 레퍼토리를 제공하나, 지나치게 블루스적인 장르는 제외한 것으로 알려져 있다.

리듬앤블루스는 흑인 대중의 의식 변화를 흡수했는데, 깔끔한 서사적 표현 양식보다는 특정 음악 도구와 연주 기법으로 이를 반영했다 (Ward 1998: 6, 14).

이러한 요소들은 다른 음악 장르에 영향을 미치면서도 독특함을 유지했으며, 비흑인 뮤지션들의 참여를 이끌었다. 『마그네틱 매거진 *Magnetic Magazine*』에 실린 그래픽[11]은 많은 대중음악 역사가들이 알고 있는 사실을 한눈에 보여준다.

일렉트로닉 댄스뮤직, 혹은 클럽 음악은 미국 흑인음악 씬에서 유래한 1960, 1970, 1980년대의 훵크, 디스코, 힙합으로 거슬러 올라간다("Stop Calling EDM EDM" 2015).

R&B가 미국 흑인 대중음악으로 지칭될 때 "흑黑, black"은 단순히 인종을 지칭하는 것이 아닌 하나의 문화를 의미한다. 이는 규약을 잘 이해하고 구체화한다면 누가 음악을 만드는지 여부는 중요하지 않기 때문이다.

켈리(Robin Kelley 1997)는 소울과 같은 흑인 문화 개념을 일종의 담론으로 규정하는데, 이를 통해 "흑인은 특정한 역사적 순간에 자기 공동체의 특유한 상징과 실천에 대해 소유권을 주장할 수 있다"고 한

---

11 다음 링크에서 해당 그래픽을 볼 수 있다. https://www.magneticmag.com/2015/10/stop-calling-edm-edm-here-is-a-proper-definition/

다. 또한 소울은 "인종에 대한 언급 없이 흑인성blackness에 대하여 이야기하는 방식이기에 다른 인종의 사람들도 소울을 전유할 수 있다"(25, 26)고 말한다. 리츠(David Ritz 1970)는 소울 음악의 핵심적인 요소는 긍정성의 개념이라고 주장한다.

흑인 대중음악은 기본적으로 개방적이고 긍정적이다. 흑인성이라는 본질을 희석하지 않고서도 흑인 대중음악은 흑인 영역의 너머에 도달한다. 배제보다는 통합을 희구한다. 마침내 모든 사람이 "들을 만하네."라고 느끼기를 원한다(46).

미국 흑인 대중음악은 서구에서 만들어졌지만, 서구의 음악과는 다른 미학을 가진 독특한 형식이기도 하다. 램지(Guthrie Ramsey 2004)는 "미국 흑인음악은 확실히 많은 면에서 서구적이지만 분명한 차이를 가진 음악이다."(19)라고 주장한다. 미국 흑인 대중음악을 서양 음악이라고 표현하는 것은 실수일 수 있다. 지리적으로 서구에서 생산되었지만, 그것은 유럽의 전통과는 다른 음악 구조로 되어 있기 때문이다. 20세기 중반 이래 흑인음악 스타일은 리파니(Ripani 2006)가 말하는 블루스 음계를 활용했는데 이는 단순히 "음표 변화를 통한 서양 음계의 변형이 아니라 음조의 매우 상이한 배치로 인식되어야 한다"(135).

인용실천과 상호텍스트성

케이팝의 혼종성은 결국 미국 흑인음악에서 영향을 받은 것이기에, 그 인용실천은 R&B 전통의 모방 및 강화에 따른 상호텍스트성을 반영한다. 케이팝은 R&B 특유의 음악 및 퍼포먼스 요소들을 모방한다. 결과적으로, 한국 대중음악 미학의 기반인 장르 혼합은 R&B 전통을 강화한다.

상호텍스트성과 모방

케이팝은 R&B 음악 특유의 보컬과 기악법을 따라 한다. 가스펠에 바탕을 둔 R&B 보컬은 두왑doo-wop12, 하모니 구성harmonization, 남녀 보컬 전통의 토대를 형성했다. 리듬에 의해 주도되는 R&B 기악법은 당김음과 오프비트off-beat 악구를 특징으로 하고, 훵크, 소울, 디스코, 어번 컨템퍼러리 등의 장르로 발전해왔다.

케이팝의 인용실천은 R&B 전통의 모방을 기본으로 한다. 미국 흑인 문학 이론가인 헨리 루이스 게이츠(Henry Louis Gates 1998)의 의미화 이론은 수정 혹은 변형을 통한 반복을 요점으로 한다. 이는 전통과 그것의 계승과의 관계를 반영하는 "비판적 의미화" 개념을 통해 포착된다.

---

12 두왑은 가스펠에서 유래한 보컬 하모니와 간단한 악기 연주로 이루어진 R&B의 일종이다. 리드보컬 한 명과 여러 명의 백보컬로 멤버가 이루어지는데, 보조 역할을 하는 백보컬들이 "두", "왑"이라는 의성어를 자주 내 두왑이라는 이름이 생겼다.

그것은 텍스트를 전통과 연결해 정의함으로써 우리가 전통을 읽는 방식을 근본적으로 변화시킨다. 흑인 작가들은 서로의 작품을 읽으며 각자의 텍스트를 수정한다. 그렇게 함으로써 그들은 전통의 언어에 유창해진다(124).

전통을 알아야 즉흥적 개작을 할 수 있다. 음악에서도 유사한 작동이 일어난다. 음악가들은 앞선 이들의 전통에 의지한다. 그들의 지식은 과거 작품을 인용할 때 드러난다.

케이팝의 상호텍스트성은 미국 흑인음악의 보컬 스타일, 기악 구성, 비주얼, 공연 미학의 인용을 통해 드러난다. 우리는 다른 사람의 아이디어를 참조할 때 출처를 인용해야 함을 잘 알고 있다. 문화 생산에도 같은 원칙이 적용된다. 셜록(Steve Sherlock 2014)은 다음을 제안한다.

사회적 행위자들은 일상생활에서 문화상품을 습관적으로 인용한다. [...] 다른 사람의 말은 역사적으로 축적된 의미 및 가치와 더불어 대화의 주제로써 인용된다. 이런 방식으로 과거의 말은 비로소 평가되어 사용 가능해진다(3).

다른 문화와의 만남 속에서도 문화적 소재는 그 미적·정서적 의미의 손상 없이 전달될 수 있다. 템포는 곡의 분위기를 결정한다. 보컬 연주는 기쁨 혹은 슬픔을 의미화한다. 미국 흑인 대중음악은 사람들이 어디에서 즐기든 그 의미가 같게 해독되게끔 특정한 음악 요소를 부호화한다. 하지만 타 문화권에서 문화 자료를 해독할 때에는 다른 의미를 초래할 수 있다. 나카시스(Constantine V. Nakassis 2013)는 이를 "같음과 다름의 놀이"라고 부른다. 왜냐하면 "무언가를 인용하는 것은 그것을 어떤 방식으로든 어느 정도는 재생산하는 일"일 뿐만 아니라 "어떠한 인용 행위도 둘 간에 뚜렷한 다름과 차이를 새기는 일"(56)이기 때문이다. 한국의 아티스트와 제작자들이 미국 흑인음악 전통에 관여하여 음악을 만들 때, 그것은 문화적 의미를 추가로 획득하며 특정한 문화작업을 다른 맥락에서 수행하는 것이다. 또한 인용실천은 문화 교류의 뉘앙스를 포착하는 데 실패한 문화전유와 같은 개념에 대한 대안이다. 쿠퍼(Brittany Cooper 2014)는 마이클 맥도널드 Michael McDonald와 브루노 마스와 같은 아티스트들을 예로 들며 인용실천과 단순한 모방 간에는 차이가 있다고 주장한다.

그들의 인용은 매우 의도적이다. 따라서 그들의 음악을 들으면 그들이 누구를 어떻게 소환하는지, 그리고 어떻게 리믹스하는지 등을 알 수 있다. 그들은 당신이 그들과 다른 사람의 음악 간의 직접적인 연결고리를 보기를 원하며 그것은 전유appropriation와는 다르다.

의도성은 출처에서 새로운 맥락으로의 인용을 가능하게 하며 나카시스가 언급한 "같음과 다름의 놀이"를 함의한다. 쿠퍼는 음악 내부의 작업에 주목함으로써 무엇이 인용되고 그 인용이 의미하는 바가 무엇인지를 이해할 수 있다고 말한다. 그 자체가 혼종적인 미국 흑인음악은 자연스럽게 인용을 허용한다.

필자는 비록 케이팝이 다양한 음악 전통을 인용한다고 해도, 케이팝에 가장 큰 영향력을 미친 것은 미국 흑인음악 전통이라고 생각한다. 한국 "빅3" 연예기획사 중 하나인 SM엔터테인먼트의 설립자 이수만은 다음과 같이 말한 바 있다.

우리는 흑인음악을 기반으로 케이팝을 만들었다(Lie 2012: 357).

BTS의 소속사인 빅히트엔터테인먼트(현재 하이브)의 방시혁 대표는 "흑인음악이 기본이다. 하우스, 어번, 피비알앤비PBR&B[13] 등 여러 장르를 할 때도 흑인음악이 기본이라는 점에는 변화가 없다"(Do 2017)고 설명한다. 케이팝이 미국 흑인음악의 영향을 받은 데는 미학적인 요소가 크게 작용한다. 대중음악에는 미학이 없다고 주장하는 이들은 미학이라는 용어를 더 '예술적인' 형태의 음악을 위해 유보하는 경향이 있다. 하지만 미학은 우리가 의미를 부여하는 사물이나 감정적인 반응에 결부된 형식적이고 구조적인 요소들을 아우른다. 음악에서 형식적이고 구조적인 요소들은 멜로디, 비트, 템포, 가사뿐 아니

---

13 하우스 음악은 디스코에 단순한 비트와 멜로디의 전자음악 사운드가 더해져 탄생한 장르로, 부담 없으면서 세련된 댄스음악이라 할 수 있다. 미국 시카고의 웨어하우스Warehouse클럽에서 시작됐기에 하우스라는 명칭이 붙었다는 설이 있다. 어번은 어번 컨템퍼러리의 약자로 1장의 각주 10을 참조하기 바란다. 피비알앤비는 R&B를 기반으로 일렉트로닉, 록, 힙합 등 다양한 장르의 요소가 결합된 얼터너티브 R&B 장르로서, 몽환적이고 감성적인 멜로디 라인이 특징이다. 2010년대 초반 미국의 힙스터 하위문화에서 인기를 끈 맥주 브랜드 팹스트 블루 리본Pabst Blue Ribbon에서 따와 이름 지어졌다.

라 이들이 반영된 음악 스타일의 관행을 포함한다. 음악적 의미는 멜로디와 훅을 통해 떠올리는 연상과 연결된다. 특정한 음표나 보컬런 vocal run[14]에 연관되는 감정은 음악학자들의 기보법을 뛰어넘는다. 마이어(Leonard Meyer 1956)는 음악의 의미는 "개념, 행동, 감정 상태, 성격 등 음악 외적 세계"(1)를 가리키는 방식을 통해 드러난다고 주장한다. 대중음악도 마찬가지로 이러한 특징을 지니고 있다.

케이팝은 R&B에 기반한 흑인 대중음악의 가장 눈에 띄는 점, 즉 가스펠 전통에 영향 받은 보컬을 인용한다. 가스펠 전통은 손뼉을 치며 만드는 소리, 주고받는 가창 형식, 멜로디 반복 등을 포함한 미국 흑인 종교음악의 기법을 흡수했다(Stephens 1984: 22, 23, 27). 레그(Andrew Legg 2010)에 따르면 흑인 대중음악의 보컬은 "가스펠 창법의 관습과 테크닉(목을 긁는 듯한 소리, 슬라이드[15], 울부짖음, 비명을 지르는 듯한 소리, 샤우팅)"(104)에서 유래한다. 감성적인 창법은 종종 멜리스마melisma[16]와 같은 기법을 통해 표현된다. 멜리스마는 "한 음절에서 많은 음을 부르는 기술"로서 "개성이 드러나는 애드리브의 한 형태로 인식된다"(Ripani 2006: 57). R&B 기반의 흑인 대중음악은 베르너(Craig Werner 1999)가 말한바 "가스펠 충동"이라고 할 만한 가스펠의 감성도 접목했는데, 이는 "삶의 고단함이 희망, 구원, 속죄의 약속

---

14 보컬런은 빠르게 이어지는 멜로디 라인으로, 정확하게 음정을 구사하기 위해서는 숙련된 가창력이 필요하다.

15 슬라이드는 한 음에서 다른 음으로 소리의 정지 없이 부드럽게 연결하는 창법을 가리킨다.

16 멜리스마는 가사의 한 음절에 많은 음표가 주어지는 장식적인 선율법으로, R&B 보컬이 이러한 창법을 많이 구사한다.

으로 바뀔 수 있다는 믿음"(28)과 연결된다. 피츠제럴드(Jon Fitzgerald 1995)에 따르면 모타운 레코드사의 노래는 "공동체 의식을 확장하는 듯한 '제창' 코러스, 주고받는 보컬, 핑거스냅을 곁들인 120비트의 댄스 템포, 피아노와 즉흥적 블루스 리드보컬이 표현하는 반복적 화음의 배경음악, 보통 사람의 감정과 경험을 극화하는 H-D-H(모타운의 작곡 및 프로덕션 팀 홀랜드도지어홀랜드Holland-Dozier-Holland)의 재능을 핵심 요소로 하는데, 이 모든 것은 흑인 교회음악에 기초했다"(4). 이러한 특징은 곧 "특정한 서사 내용이 아니라 주로 음색을 통해 풍부한 질감과 섬세한 의미를 표현하는" 사운드로 흑인 보컬을 정의한다. 이러한 유형의 보컬은 수행하기 쉽지 않아, 리파니(Ripani 2006)는 "미국 흑인 공동체 밖의 사람은 만들어내기 어려운 보컬 스타일로 [...] 남아 있다"(190)고 주장했다. 따라서 케이팝의 흑인 보컬 인용은 일정 정도의 재능을 요구하는데, 흥미롭게도 많은 케이팝 아티스트들이 이러한 재능을 지니고 있다.

위와 같은 보컬 요소는 여러 R&B 음악에서 찾아볼 수 있다. 골드블랫(David Goldblatt 2013)은 1950~1960년대 아카펠라 그룹의 보컬 스타일인 두왑을 "보컬 리듬앤블루스" 그리고 "완벽한 발성 능력"으로 묘사한다.

두왑은 이전의 대중음악에서는 들을 수 없었던, 아카펠라 창법이 끝없이 이어지는 보컬 중심의 장르다(102).

여기서 보컬은 서사적 의미를 지니지 않은 "의미 없는 단어와 음절" (Ripani 2006: 69)의 배치에 의존한다. 두왑의 구조는 리듬앤블루스의 보컬 구성을 흉내 낸다.

두왑은 전형적으로 테너 두 명, 베이스 한 명, 바리톤 한 명, 그리고 추가로 보컬의 강도를 변화시키기 위해 팔세토[17] 창법을 구사하는 테너 한 명으로 구성된다(Goldblatt 2013: 102).

크루닝 창법은 낮고 부드러운 목소리로 노래하여 감성을 전하는 솔로 스타일로, 어떤 악기 소리에도 묻히지 않는 가수의 뛰어난 보컬 역량에 의존한다. 흑인 보컬 전통에서 하모니는 리드보컬을 두드러지게 하는 구성이다. 이는 1960~1990년대 R&B 그룹의 "리드보컬이 멜로디를 부를 때 다른 가수들은 백보컬로서 멜로디를 보완하는 하모니를 제공하는 경우에서"(Ripani 2006: 159) 잘 드러난다. "콰이어트 스톰quiet storm"[18] 아티스트들의 노래는 이전의 R&B와 비슷하게 느린 템포지만 좀 더 세련되고 소울풀한 보컬을 특징으로 한다. 이런 보컬 기법은 미국 흑인 전통과 연결된 표현적 레퍼토리를 구성하는데 이는 "흑인 가수와 청중이 같이 교감하는 흑인성과 그에 수반한 정동情動, affect인 충만한 영혼, 감정적 깊이, 성적 에너지 등에 근거한다"

---

17 팔세토는 두성을 사용하는 보통의 고성부보다 더 높은 소리를 내는 창법을 말한다.

18 부드럽고 로맨틱하게 부르는 재즈 스타일의 R&B. 스모키 로빈슨Smokey Robinson의 1975년 앨범 *A Quiet Storm*에서 유래했다.

(Richard Rischar 2004: 410). 보컬은 가창에만 국한되지 않는데, 이는 "뮤지션들의 사운드(제임스 브라운James Brown[19]의 '웁스whoops'와 같은)가 음표보다 더 중요하기" 때문이다(Cloonan 2005: 79). 많은 이들이 힙합 MC들의 가사에 집중하지만, MC들은 특유의 보컬 표현 방식도 중요하게 생각한다. 코브(William Jelani Cobb 2007)는 "음조를 통한 모험주의는 힙합 MC의 또 다른 조상인 라디오 DJ들이 수십 년 동안 실천해온 빨리 말하기, 바리톤 스타일로 다양한 음색을 내는 2행시의 유산이다."(45)라고 말한다. 보컬 스타일은 여러 R&B 장르를 아우르는 핵심 요소이다.

케이팝이 인용한 R&B 장르의 특징적인 요소는 보컬 이외에도 곡 구성을 들 수 있다. 리파니(Ripani 2006)에 따르면 모든 R&B 장르는 "블루스 시스템"으로부터 일정 정도 영향을 받았다. "블루스 시스템"은 블루스 음계를 중심으로 한 독특한 음색의 조합, 하모니에서 두드러지는 멜로디, "오프비트 악구", 그리고 자유분방한 즉흥 연주 등의 요소로 구성된다. 1960년대의 팝 음악 사운드는 리듬을 결합함으로써 크게 바뀐다. 피츠제럴드(Fitzgerald 1995)는 리듬을 중심에 둔 모타운 사운드가 대중음악을 혁신했다고 말한다.

홀랜드도지어홀랜드 팀은 리듬을 구조의 지위로 격상했다. [...]

---

19 제임스 브라운(1933~2006)은 엘비스 프레슬리, 척 베리와 함께 로큰롤 명예의 전당에 헌액된 최초의 아티스트이다. 거의 모든 흑인음악에 관여했다고 평가받는 그는 소울이라는 장르를 완성했고, R&B를 유행시켰으며, 훵크 장르를 창시했다. 마이클 잭슨, 프린스, 믹 재거 등은 자신들에게 가장 큰 영향을 미친 인물로 제임스 브라운을 첫손에 꼽는다. 1992년에 그래미 어워드 평생공로상을 받았다.

H-D-H는 기억하기 쉬운 리듬이나 화성적 모티브를 지속해서 끄집어내 이를 한 편의 노래나 특정 파트에 사용했다(5).

훵크 음악은 R&B 보컬과 리듬 위주 음악의 독특한 상호작용을 보여준다. 빈센트(Rickey Vincent 1995)는 훵크의 음악적 미학을 곡 구조의 통합으로 설명한다.

훵크는 음악적 믹스다. 이것의 가장 대중적인 형태는 댄스 템포의 리듬앤블루스 스타일 음악인데, 악기들의 리드미컬한 상호작용으로 극적인 복합성에 도달한다(13).

이 구조 속에서 베이스 기타는 리듬을 이끌고, 호른은 멜로디를 책임지며, 퍼커션과 키보드는 리듬과 리드 악기 기능을 맡는다(Vincent 1995: 17). 복잡한 리듬과 멜로디 간의 역동성으로 인해 훵크 음악은 댄스음악으로도 적합하다. 빈센트는 "리듬앤블루스 전통과도 직접적인 관련이 있는 훵크 음악은 땀에 젖을 정도로 쉬지 않고 춤을 추게 만드는 댄스 오락의 한 형태가 되었다"(93)고 지적한다. 훵크에서는 리듬이 여러 방식으로 배치된다. 몰츠비(Portia K. Maultsby 2006)는 훵크 음악이 리듬을 혁신적으로 사용하는 데서 비롯되었다는 점에 주목한다. 이는 훵크의 선구자인 제임스 브라운에게서 잘 드러나는데, 그는 "드럼 비트와 두 마디 베이스 라인two-bar base line, 주고받는 기타 연주, 키보드와 호른 리프, 그리고 가스펠 스타일의 보컬 간의 맞물림을 특징으로 하는"(297) 음악 미학을 도입했다. 슬라이 앤드 더 패밀리 스톤Sly and the Family Stone[20]의 베이스 연주자 래리 그레이엄Larry Graham 은 리듬의 혁신가였다.

그는 베이스 기타가 지닌 리듬과 음색에 기반해, 기타 줄을 당기고, 튕기고, 치고, 때리며 베이스를 타악기처럼 연주했다(Maultsby 2006: 297, 298).

R&B 기악법의 다른 유형들도 즉흥적인 리듬 연주에 집중한다. 셋 잇단음표 스윙triplet swing은 1970년대 그룹 팔러먼트Parliament의 곡 "Flashlight"에 등장하는데, 리파니(Ripani 2006)에 따르면 1980년대에 가수 재닛 잭슨Janet Jackson과 제작자 지미 잼Jimmy Jam, 테리 루이스Terry Lewis가 이를 혁신적인 리듬으로 대중화했다.

이 새로운 사운드는 훵크와 디스코 리듬이 극대화된 신디사이저, 퍼커션, 음향 효과와 랩 음악 감성에 어우러짐으로써 생겨난 것이다 (Ripani 2006: 130).

이러한 기악법은 녹음된 음악 일부를 새롭고 혁신적인 방식으로 재사용하는 샘플링을 통해 힙합으로 발전했다. 이러한 반복은 블루

---

20 슬라이 앤드 더 패밀리 스톤은 1966년에서 1983년 미국에서 인기를 끈 밴드로 훵크, 소울, 록을 주요 장르로 한다.

스의 특징인데, 샘플링은 블루스의 반복 악구로서 기능한다(Ripani 2006: 139, 140). 디스코는 리듬에 여러 요소가 결합하여 만들어진 독특한 사운드다. 많은 사람은 디스코를 "허위적 세련미를 치장하기 위해 달콤한 신디사이저나 필라델피아 사운드 스타일의 현악 연주를 추가하고 몇 개의 피상적인 프레이즈[21]를 얹고, 흑인 댄스음악의 복합적 리듬이 인공적인 비트의 빠른 전개로 단순화된"(Ward 1998: 426) 디스코의 후기 버전과만 연결 짓는다. 그러나 조지(George 1988)는 디스코를 흑인 문화의 적통으로 규정한다.

디스코는 흑인 댄스음악이 자연스럽게 변화하면서 시작되었다. 디스코텍은 하우스 파티처럼 녹음된 음악에 맞춰 춤을 추는 곳으로 유럽에서 시작해 미국에서 인기를 끌었다. 초기 디스코텍에서 연주된 대부분의 음악은 흑인 아티스트들의 음악이었다(153).

샤피로(Peter Shapiro 2005)는 해럴드 멜빈 앤드 더 블루노트Harold Melvin and the Blue Notes의 "The Love I Lost"를 디스코 장르의 원조로 간주한다.

그들(갬블Gamble, 허프Huff, 멜빈Melvin)이 댄스음악의 전형을 고안해냈다. 하이햇 심벌즈의 쉭쉭 소리, 쿵쾅거리는 베이스 사운드, 절정으로 치닫는 감정, 흥겨운 호른, 날아가는 듯한 기타 소리, 달콤한 백보

---

21 프레이즈phrase란 작은악절로, 선율을 자연스럽게 나누는 2~8개 마디의 소절을 말한다.

컬에 대조되는 거친 목소리를 가진 리드 싱어 테디 펜더그래스Teddy Pendergrass의 열정적인 가스펠 스타일의 보컬(145).

피켄셔(Kai Fikentscher 2006)는 밴드 MFSB의 앨범 *Love is the Message* (1973)를 "소울과 훵크 뮤지션으로 구성된 진정한 오케스트라", "필라델피아 사운드의 시작을 알린 멋진 음악", "디스코 비트"(321)로 잘 알려진 가장 영향력 있는 디스코 레코드로 꼽는다. PIRPhiladelphia International Records (필라델피아 인터내셔널 레코드사)의 독특한 음악 스타일도 디스코 장르 형성에 영향을 미쳤다. 케니 갬블Kenny Gamble과 리언 허프Leon Huff가 설립한 PIR는 필리 사운드Philly Sound를 창시한 것으로 유명하다. 필리 사운드는 소울과 훵크의 결합으로 탄생한 감미로운 스타일의 사운드로, "현악기와 호른의 풍성한 편곡, 팽팽한 리듬 트랙, 서사가 풍부한 가사를 통해 전달되는 극적인 가스펠 보컬을 특징으로 한다"(Ward 1998: 418). 오제이스O'Jays, 해럴드 멜빈 앤드 더 블루 노트, 스피너스Spinners, 배리 화이트Barry White와 같은 아티스트들이 필리 사운드를 대표한다.

많은 사람이 힙합을 예술성이 부족하다고 비난하지만, 뚜렷한 음악적 요소를 가지고 있는 힙합은 R&B 장르에 혁신을 가져왔다. 다큐멘터리 프로그램《힙합의 진화*Hip-Hop Evolution*》(2016a)에서 래퍼이자 프로듀서 커티스 블로Kurtis Blow는 초기 힙합은 1960년대 스타일의 소울과 훵크 음악 스타일을 지향하며, 1970년대에 인기를 끌던 유로디스코 음악 스타일과 달라지기 시작했다고 설명한다. 초기 R&B 곡에서 가장 멋진 부분을 랩으로 부른 MC들은 자신만의 새로운 스타일로 예전 음악을 재해석했다. 이러한 음악적 혁신은 테크놀로지의 발전으로 가능했다. 코브(Cobb 2007)는 E-mu SP12 드럼이 판도를 바꾸었다고 말한다.

이 기기로 사용자들은 전자 드럼 트랙을 만들 수 있게 되었을 뿐만 아니라, 샘플링을 통해 이전에 녹음된 소리를 재생할 수 있었다. [...] 로매어 비어든Romare Bearden[22]의 콜라주가 미술에 이바지한 것만큼이나 신세대 프로듀서들은 이 기기를 통해 기존의 사운드 조각들을 조합하여 완전히 새로운 음악을 만들어냈다(52).

비어든의 콜라주 비유는 적절하다. 힙합 아티스트들의 샘플링은 아무 생각 없는 모방이라기보다는 오히려 높은 수준의 음악성과 의도를 보여주는 것이었다. MC마다 곡 구성을 달리했으며, 웨스트코스트 랩은 이스트코스트 랩과는 전혀 다른 사운드를 만들어냈다. 사이프러스 힐Cypress Hill과 같은 그룹들은 "겁에 질린 심령의 밑바닥에서 터져 나오는 어둡고 짙은 사운드를 추구했다. [...] 비트는 음역의 심연으로부터 뒤틀려 올라갔고 샌프란시스코만의 심해에서 연주되는 베이스 드럼 소리처럼 계속해서 울려 퍼졌다"(Cobb 2007: 58). 래퍼 콜드 187움Cold 187um은 스눕 독Snoop Dogg과 닥터 드레Dr. Dre 특유의 느린

---

22 로매어 비어든(1911~1988)은 미국의 흑인 화가이자 작곡가로서 만화, 유화 및 콜라주 등 다양한 방식으로 작업한 것으로 유명하다.

템포의 힙합이 횡크 음악에서 파생된 그루브를 전면에 내세운 것이라고 말한다(Hip-Hop Evolution 2016b). 다른 R&B 장르와 마찬가지로 힙합도 독특한 곡 구성을 특징으로 한다.

상호텍스트성과 즉흥 연주

케이팝의 R&B 인용은 단순한 모방에 그치지 않고 R&B 전통의 향상에 이바지한다. 여러 장르의 혼합을 특징으로 하는 케이팝 미학은 R&B 요소를 새로운 맥락으로 끌어들여 R&B의 지평을 넓혔다. 케이팝이 수행하는 상호텍스트성은 즉흥 연주에 관여한다. 게이츠(Gates 1999)에 따르면 의미화는 차이에 근거한다.

> 작가들은 일반적으로 수용된 텍스트 전통을 다시 쓰면서 서로의 텍스트에 의미를 부여한다. [...] 이러한 의미 수정주의는 성공적일 경우 텍스트 고쳐쓰기의 공간을 만들어내는 데 도움을 준다(124).

재즈와 같은 음악 양식에서 그러한 고쳐쓰기는 기존 악보를 재해석하는 악구의 반복(리프)이나 즉흥 연주로 드러난다. 베르너(Werner 1994)는 이를 "자아의 관계적 가능성을 실현하고, 지속적인 즉흥 연주를 통해 의식을 확장하는"(219) 재즈 충동jazz impulse이라고 부른다. 케이팝은 장르와 스타일의 혼합을 특징으로 하는 음악 미학을 R&B 요소와 접목함으로써 진보해왔다. 케이팝은 한국 대중음악의 전통에서 비롯된 뚜렷한 한국적 요소를 지닌다. 손민정(Min-jung Son 2006)은 한국 여자

가수들이 "신곡을 부를 때에도 전통적인 창법을 활용함으로써 결과적으로 한국 가요의 전형이라 할 트로트 스타일과 비슷해진다는 점"(55)에 주목한다. 일본 음악으로부터 트로트 리듬을 접목했음에도 불구하고 한국의 트로트는 뚜렷한 스타일을 가지고 있다. 마찬가지로 케이팝은 한국의 음악 문화에서 파생된 독특한 음악적 특질을 잃지 않는다. 푸어(Fuhr 2016)는 "뽕(짝)"을 가리켜 "보컬 멜로디의 역할이 중요한 케이팝의 멜로디-하모니 구조를 관통하는 핵심"(103)이라고 말한다. 이신희(Jamie Shinhee Lee 2004)도 케이팝이 종종 "한국인만이 이해할 수 있는 한국식 영어"(434)를 사용한다는 점에 주목한다.

더욱이 음악 비평가들은 여러 음악 장르를 결합하는 성향을 케이팝의 특징으로 설명한다. 배리(Robert Barry 2012)는 종종 첫번째 케이팝 그룹으로 평가되는 케이팝의 선구자 서태지와 아이들의 히트곡 "난 알아요"를 그 본보기로 든다.

처음에는 비스티 보이즈Beastie Boys의 힙합, 록, 펑크가 섞인 듯한 사운드가 들리고, 영국 그룹 소울투소울Soul II Soul의 편안한 비트가 느껴지다가, 데이지에이지D.A.I.S.Y. Age[23] 스타일의 힙합 사운드가 멋지게 어우러진다. 이런 혼종성은 케이팝의 주요 특징으로 꼽힌다.

---

[23] 비스티 보이즈는 1979년부터 2012년까지 활동한 미국의 힙합 그룹이다. 소울투소울은 1988년에 결성되어 현재까지 활동 중인 영국의 R&B 및 레게록 그룹이다. "da inner sound, y'all"의 약칭인 데이지에이지D.A.I.S.Y. Age는 뉴욕의 힙합 트리오 드 라 소울De La Soul이 창안한 개념으로, 유쾌하면서 여유로운 힙합 스타일을 가리킨다. 힙합의 메시지를 중시하는 당대의 다른 힙합 뮤지션 및 애호가들에게 "제대로 된 힙합이 아니"라는 비판을 받기도 했다.

케이팝의 이러한 독특함은 "무엇보다도 지난 10여 년간 의식적으로 선진적인 서구 스타일을 참조했기"(Barry 2012) 때문이다. 플래틀리 (Joseph L. Flatley 2012)는 케이팝의 수많은 댄스곡에 대해 다음과 같이 언급한다.

[케이팝에는] 모든 현대 음악 장르가 동시에 들린다. [케이팝은] 다양한 종류의 일렉트로닉 댄스뮤직(트랜스trance 음악, 일렉트로, 덥스텝 등)을 관습적인 팝의 구조로 편곡한 혼합물이다.

시브룩(Seabrook 2012)은 "힙합 벌스, 유로팝 코러스, 랩, 덥스텝 브레이크" 등 케이팝에 끼친 여러 종류의 영향에 주목한다. 여러 장르를 쉽게 접목하는 케이팝의 속성은 한국적인 특성에 기인하는 듯하다. 이를테면 여러 장르의 혼합은 SMPSM Music Performance24의 특징 중 하나다. 파머(Joe Palmer 2015)는 소녀시대의 "I Got a Boy"를 예로 들며 다음과 같이 말한다.

그들은 이상한 방식으로 구조를 흐트러뜨리고 불쑥 장르를 섞는다. 대중음악은 우리를 안심시키고 편안하게 만들어 체제를 거스르지 않도록 설계된 것이다. 그 반대인 SM은 흥미로운 사례다.

---

24 SM엔터테인먼트 소속 아이돌 그룹이 자주 하는 음악 스타일을 이르는 용어. 사회 비판적인 가사, 꽉 찬 비트, 진한 메이크업이나 강렬한 코디를 곁들인 스타일을 가리킨다.

박길성(Gil-sung Park 2013)은 케이팝의 이러한 제작 방식이 한국의 문화 가치를 창조적 방향으로 이끈다고 주장한다.

케이팝은 혁신적인 음악과 공연을 기획하고 대량 생산하는 것을 특징으로 하는 한국 주도의 "제조된 창의성" 체계를 만들어낸다. 이는 전 지구적 노동 분업의 독특한 시스템이다(16).

이런 방식으로 케이팝은 R&B 전통에 의지하면서도 한국적인 음악 프로덕션 시스템을 만들어왔다.

퍼포먼스의 차용과 재현

케이팝은 음악적인 요소 외에도 미국 흑인음악의 퍼포먼스를 차용함으로써 아시아인의 재현에 다양성을 제공한다. 케이팝 뮤직비디오는 미국 흑인 대중음악의 안무, 무대연출, 스타일링으로부터 영향을 받았다.

미국 흑인 대중음악은 음악과 안무를 특유의 방식으로 혼합해왔다. 레너드와 스트라챈(Marion Leonard and Robert Strachan 2003)은 댄스와 정교하게 결합한 음악의 예시로 1950년대에 "보컬 하모니와 딱 떨어지는 칼군무로 뛰어난 무대를 선보였던 캐딜락스Cadillacs와 오리올스Orioles 같은 두왑 그룹들"(657)을 들었다. 이들의 공연은 세련된 표현에 치중했는데 말론(Jacqui Malone 1988)은 이를 "보컬 안무"라고 칭했다. 20세기 중반 모타운의 전성기 시절, 최고의 안무가 중 한 명으로 알려진 촐리 앳킨스^{Cholly Atkins}가 개발한 보컬 안무는 가히 혁명적이었다.

몸은 목소리와 리듬상으로 다른 무언기를 하고 있다. [...] 움직임은 계속된다. 심지어 마이크 앞에 서 있지 않을 때도 백업 가수들은 정통 재즈 움직임에서 파생된 흥미로운 스텝을 밟고 있다. [...] 앳킨스는 가수들이 마이크에서 멀어져 춤을 추고, 특정 시간에 돌아와 다시 노래를 부르는 이러한 안무를 수학적 과정으로 보았다(Malone 1988: 16).

오직 댄스를 위한 안무와 달리 앳킨스의 안무는 보컬 그룹을 위해 고안되었고 음악에 맞춰 조율되었다. 그는 "예측 가능한 팬터마임으로 노래의 서사를 재연하는 대신, 미국 특유의 풍부한 민속춤 전통에 기반한 리드미컬한 댄스 스텝과 턴, 제스처로 마법을 발휘하는 댄스 루틴에 관심을 가졌다"(Malone 1988: 17). 그런 안무는 음악을 보완하고 그룹의 개성에도 부합한다. 앳킨스가 모타운의 대표적 걸그룹인 슈프림스^{Supremes}를 위해 만든 안무가 "세련된 손동작, 하프턴, 어깨 너머로 던지는 시선" 등을 조합한 "여성적인 스타일"이었던 반면, 여성 리더 나이트^{Knight}와 그녀를 지원하는 남성 백업 멤버들로 구성된 혼성 그룹 글래디스 나이트 앤드 더 핍스의 안무는 "탭댄스가 아니었지만, 일류 탭댄서들만이 보여줬던 최고 수준의 정밀함과 멋, 우아함, 무결점의 품위를 지녔다"(Malone 1988: 15, 16).

여러 그룹과 협업한 앳킨스의 작업도 독창적이었지만, 모타운의 아티스트로 시작해 후일 팝 아이콘으로 성장한 마이클 잭슨만큼 미국 흑인 대중음악과 안무에 영향을 준 아티스트는 없었다. 해머라(Judith Hamera 2012)는 뛰어난 댄스 퍼포먼스를 보여준 마이클 잭슨을 거장의 반열에 올린다.

그는 뛰어난 음악성과 정확한 수행 능력을 지니고 있었을 뿐 아니라, 여러 장르에서 끌어온 레퍼토리를 잘 결합했다. 마이클 잭슨이 보여수는 "다형체성polycorporeal"은 겉보기에는 힘들지 않은 듯하나 실은 상당한 노력의 결과물이다. [...] 그의 탁월함은 움직임 자체의 복잡성에 있는 것이 아니라 이를 실행해낸 능력에 있다(754).

다른 댄서들도 마이클 잭슨의 퍼포먼스에 영향을 주었다.

그의 움직임은 조세핀 베이커Josephine Baker, 캡 캘러웨이Cab Calloway, 프레드 애스테어Fred Astaire, 진 켈리Gene Kelly, 제임스 브라운, 재키 윌슨Jackie Wilson 등 유명한 안무가들뿐 아니라 이름 없는 거리 댄서들에게서도 배운 것이다(Hamera 2012: 762).

음악과 딱 떨어지는 안무도 한국 아이돌 그룹의 특징이다. SM엔터테인먼트의 음악 프로듀서가 되기 전에 댄서였던 유영진은 음악 제작에서 안무가 지닌 핵심적 역할에 대해 다음과 같이 설명한다.

H.O.T. 시절부터 나는 안무에 대해 나름의 생각을 하고 있었다. 특정한 안무가 떠오르면, 이를 직접 구성해서 안무 감독에게 주곤 했다. 나에게 있어서 작곡은 무대 공연과 음악이 하나가 되는 것이다 ([INTERVIEW], "Yoo Young Jin" 2010a).

일부는 아이돌 안무를 기계적이라고 말하지만, 이는 미국 흑인 댄스의 뚜렷한 영향력을 모르고 하는 소리다. 케이팝 그룹들의 안무는 힙합뿐만 아니라 미국 흑인 특유의 표현적 문화에 기반한 댄스 요소들로부터 영향을 받았다. 샤이니의 태민, 동방신기의 윤호 등 오랜 경력을 가진 케이팝 아이돌은 자신들에게 영향을 준 인물로 마이클 잭슨을 꼽는다.

안무 이외에도 케이팝은 미국 흑인 뮤직비디오의 패션 스타일을 인용한다. 셰인 화이트와 그레이엄 화이트(Shane White and Graham White 1998)는 의상을 "미국 흑인의 독특한 표현 문화의 일부"로 규정한다. 의상은 "흑인 신체의 공적 표현"이자 "헤어스타일, 몸짓, 춤, 그리고 다른 형태의 신체적 치장과 함께 의미를 전달하는 데 영향을 미치는 문화적 핵심 요소"(2)이다. 그러한 비주얼적인 선택은 무커지 (Roopali Mukherjee 2006)가 "게토 패뷸러스 미학ghetto fabulous aesthetic"[25]이라고 부르는 것을 통해 드러난다. 이는 "디자이너 레이블, 모피코트, 황금과 다이아몬드로 꾸며내는" "화려함bling"에 기댄 미학으로

---

[25] 흑인 빈민가에서 시작된 문화 현상으로서, 화려한 치장과 연관된 미학을 가리킨다.

서 MTV를 포함한 미디어 플랫폼뿐 아니라 숀 "퍼피" 콤스Sean "Puffy" Combs와 키모라 리 시먼스Kimora Lee Simmons[26]가 운영하는 흑인 패션 브랜드를 통해 유행했다(600, 601). 밀러(Monica Miller 2009)에 따르면 미국 흑인 뮤직비디오의 패션은 디아스포라 시기 흑인들의 의복 전통을 반영한다.

흑인들은 상황에 맞춰(혹은 그렇지 않을 때라도) 멋을 부리고, 최고의 옷을 차려입고, 맞춤 정장을 입는 것으로 알려져 있다. 현대 문화에서 "멋 부리기"는 힙합 패션계의 거물인 숀 디디 콤스Sean "Diddy" Combs가 햄프턴의 유명한 화이트 파티[27]에서 선보인 최고급 패션에서부터 부활절 일요일의 흑인 교회, 그리고 슈퍼볼 경기가 끝난 후의 락커룸 등 다양한 장소에서 다양한 방식으로 드러난다(1, 2).

미국 흑인 문화에서 비롯된 이러한 다양한 스타일은 한국의 팝, R&B, 힙합 아티스트 등 케이팝 뮤직비디오 전반에 걸쳐 나타난다. 그러나 케이팝의 인용실천은 쉽게 간과되지 않는다. 이를 지속해서 눈여겨보는 케이팝 청중들이 있다.

---

26 숀 퍼피 콤스(1969~)는 미국의 프로듀서, 래퍼, 디자이너 겸 사업가로서 션존Sean John이라는 흑인 패션 브랜드를 창안했다. 키모라 리 시먼스(1975~)는 미국의 패션모델이자 흑인 여성들을 위한 패션 브랜드 베이비팻Baby Phat의 크리에이티브 디렉터였다.

27 힙합계의 거물 숀 디디 콤스(각주 26번의 숀 퍼피 콤스와 동일 인물)가 뉴욕의 최고 부촌으로 꼽히는 롱아일랜드섬 햄프턴에 마련한 자신의 집에서 벌이는 여름 파티로, 모든 게스트들이 하얀색 옷을 차려입고 참석한다고 해 화이트 파티라고 불린다.

케이팝 음악언론

전 세계의 팬들, 혹은 한국 밖의 팬들은 케이팝의 인용실천에 진정성을 부여한다. 이들은 초문화 팬덤의 일부가 되어 비판적인 내용의 리뷰를 구성하는 케이팝 음악언론으로 기능한다. 미국 흑인 대중음악을 인용하는 케이팝의 진정성에 의문을 제기하는 사람들도 있지만, 이들 온라인 비평가들은 케이팝 아티스트들이 미국 흑인 대중음악 전통에 참여하고 있음을 지속적으로 인증한다.

음악언론으로서 케이팝 팬들

팬은 소극적 소비자라는 부정적인 이미지와 달리, 케이팝 팬들은 비평적 콘텐츠의 제작자 역할을 한다. 초문화 팬덤의 구성원으로서, 이들은 케이팝에 비평적 해설을 제공하고 이에 쉽게 접근하기 위해 미디어 기술을 활용한다. 이를 통해 이들은 케이팝의 음악언론으로 자리매김한다.

케이팝의 인기가 높아지면서 주류 음악 출판물과 전문 음악 평론가들이 선호되고, 이에 따라 음악 비평가로서 팬들의 역할은 간과되고 있다. 2011년부터 2014년까지 미국과 한국에서 인기를 끈 노래의 순위를 매긴 "케이팝 핫 100 차트"를 운영했던 『빌보드』지는 이를 2017년에 복간했다. 『빌보드』지는 또한 가장 인기 있는 아티스트를 중심으로 케이팝에 대한 칼럼을 웹사이트에 게재한다. 『스핀』지는 더 넓은 범주의 케이팝과 덜 알려진 아티스트들에 대한 기사를 싣는다.

심지어 미국 힙합과 R&B에 대한 보도로 유명한 『바이브Vibe』지는 딘, EXO의 찬열, 한국계 미국인 래퍼 덤파운데드Dumbfoundead 등과 같은 한국의 R&B와 힙합 가수의 이야기도 다룬 바 있다. 이러한 보도가 많아짐에 따라 진지한 비평가로서 팬의 역할은 축소된다. 더핏(Mark Duffett 2013)은 팬을 '소비자'로만 정의하는 경향에 대해 주목하며, '소비'가 "상업적 과정의 참여를 의미하지만, '소비한다'는 단어는 소화와 소모를 뜻하므로 결국 소진을 함의하기도 한다"(20)고 지적한다. 다른 이들은 팬들을 수동적 존재로 본다. 그로스버그(Lawrence Grossberg 1992)에 따르면, 어떤 이들에게 팬들은 "('진지한' 문화뿐만 아니라 실제 사회적 이슈에 대해서도) 산만하고 쉽게 휘둘리며", "그들이 즐기는 문화가 사실 자신들을 속이고 착취한다는 것을 인식할 능력이 없는", "매우 어리숙하고 가장 덜 비판적인 계층"(51)을 의미한다. 팬덤의 주변화로 인해 팬들은 "보통의 미디어 청중들은 이해할 수 없는 별난 관심사를 지닌 이들로 표현되기도 한다"(Duffett 2013: 45). 게다가 많은 사람은 케이팝을 강박적이고 광기에 찬, 극단적이고 감정적인 사회 부적격자로 자주 묘사되는 10대 여성들만을 위한 음악 정도로 바라본다. 팬덤 내에서는 자연스러운 감정표현이 오히려 장려되고 허용되는 반면, "감정적 친밀감에 대한 욕구는 대개 여성의 영역이자, 광적인 열정의 오염으로 인식됐다"(Duffet 2013: 46). 이런 모든 특징은 케이팝 팬을 저항할 수 없는 힘에 사로잡힌 강박적인 소비자라는 편견으로 그려낸다. 반면 이와부치(Iwabuchi 2010)는 주변화된 정체성 정치(젠더, 성적 취향, 인종, 민족, 계급, 국가 등)라는 관점에서 팬들을 "신자유주의 세계 내 일상성의 독재에 대항하고, 더 참여적인 미디어 문화를 만들어내며, 미디어의 생산과 유통에 대한 글로벌 문화산업의 통제에 저항하는 초국적 수용자 연대"(88)로 바라봐야 한다고 주장한다.

친과 모리모토(Bertha Chin and Lori Morimoto 2013)는 팬들을 소비자, 과잉 감정적 참여자, 자본주의의 희생자로 특징짓는 것은 "초국적 팬덤 활동을 가능케 한 동기와 매력을 분석하는"(97) 데 전혀 도움이 되지 않는다고 주장한다. 한국 밖에 있는 케이팝 팬들은 음악의 디지털화와 유튜브를 포함한 온라인 기술의 발전을 통해 실현된 초문화 팬덤에 참여한다. 에미슨(Michael Emmison 2003)에 따르면 그러한 관객들은 "문화를 소비하는, 혹은 다양한 문화 영역에 참여하려는" 경향을 지니며, "문화 영역을 넘나드는 역량과 자유, 문화 정경 속에서 자신의 위치를 선택하거나 지정할 수 있는 권능"(213)을 가지고 있다. 친과 모리모토(Chin and Morimoto 2013)는 초문화 팬덤의 독특한 특징을 강조한다.

초문화 팬들은 다양한 맥락 속에서 초국적 상품과 맺는 정동의 친밀감으로 팬이 된다(93).

케이팝은 많은 나라에서 하위문화로 기능하지만, 다양한 콘텐츠를 파생하는 역동성을 지닌다. 대부분 여성으로 구성된 케이팝 팬덤은 다양한 연령대, 인종, 민족을 포괄한다. 팬들의 활동은 웹사이트, 포럼, 소셜미디어, 유튜브에서 확인되며 아카이브를 구축하는 수준에 까지 이른다. 그들은 한국 팬들만큼 아티스트에게 접근할 수는 없지만, 감상에서 비평에 이르기까지 다양한 논의를 활발히 생산한다. 우리가 케이팝에 대해 알고 있는 많은 것들은 팬들의 집단 활동에서 비롯된 것이다.

일부 팬 비평가들은 자신의 즐거움을 위해 웹사이트와 블로그에 글을 쓰기도 하지만, 의견을 공유하고자 하는 욕구와 더불어 스타를 알리고자 하는 강한 동기를 지닌다. 케이팝 전반의 애호가이건 개별 케이팝 아티스트의 팬이건 간에, 이들 팬은 대중음악의 흐름을 조망하기에 좋은 위치에 있다. 최초의 케이팝 그룹은 1990년대 초반에 등장했는데, 그 시절을 기억하는 팬들이 아직도 있다. 이들 팬은 자신들이 좋아하는 개별 그룹의 역사를 꿰고 있다. 예를 들어 카시오페이아는 남성 아이돌 그룹 동방신기의 팬 사이트다. 2008년에 "크런치롤 Crunchyroll"이라는 미디어 사이트에서 시작된 카시오페이아는 전업 스태프가 운영하는 사이트로 발전하여 다음과 같은 미션을 표방한다.

가장 핫한 최신 뉴스 제공, 정보의 번역을 통한 언어 장벽 부수기, 팬덤 생활에 활기를 불어넣는 프로젝트 만들기(All About Cassiopeia n.d.).

카시오페이아 사이트에 있는 동방신기의 두번째 아시아투어 콘서트 "O"에 대한 소개 글은 위키피디아와 흡사한 레이아웃에, 공연 배경과 곡 순서를 포함한 상세 내용 및 무대장치 묘사와 관련 뉴스 기사를 제공한다. 이와 유사하게 걸그룹 소녀시대의 팬 사이트인 소시파이드는 정보, 최신 뉴스, 사진뿐만 아니라 음악 평론을 포함한 팬들의 의견을 게재한다. 운영 스태프들이 오로지 소녀시대에만 집중하는 덕택에 사이트는 그룹의 전 시기에 걸친 음악적 변화상을 제공할 수 있다. 소시파이드에 실린 한 리뷰는 소녀시대의 리패키지 앨범[28]을 이전에 출시된 앨범과 비교해 다음과 같이 설명한다.

첫 일본어 음반이 일렉트로닉 사운드를 시도했다면 리패키지 리믹스 앨범은 일렉트로닉 사운드를 더 강화했다. "THE GREAT ESCAPE"의 리믹스 버전은 견고하다. 원곡을 더 짜임새 있게 발전시켰다 (Moonsoshi9 2021).

다른 팬 사이트들은 케이팝을 다른 방식으로 평가한다. 웹사이트 "케이팝 보컬리스트들의 보컬 분석K-pop Vocalists' Vocal Analysis"(n.d.)은 기고자들의 역량을 다음과 같이 홍보한다.

판다유Pandayeu는 수년간 보컬 수업을 받았다. 아민Ahmin은 벨칸토Bel Canto와 SLSSpeech Level Singing[29] 보컬 수업을 수년간 받았고 영국 길퍼

28　리패키지 앨범은 이미 발표된 정규 앨범에 수록곡을 추가하고 새로 포장해 다시 내놓는 앨범을 가리킨다. 정규 앨범을 이미 산 입장에서 손해 보는 느낌도 있으나, 팬 중에는 좋아하는 아이돌의 새로운 화보와 신곡을 제공하는 리패키지 앨범을 소장용으로 추가 구매하는 이들도 있다.

29　벨칸토는 17~18세기 바로크 시대 이탈리아에서 탄생한 가창법으로, 아름다운 소리를 내는 것을 목적

드에 있는 ACM Academy of Contemporary Music(현대음악아카데미)에서 고급 디플로마를, 미국 L.A.에 있는 M.I. Musicians Institute에서 준학사학위를 취득했다. 강사가 청음과 가창에 대한 충분한 경험이 없다면 학위는 종이 쪼가리에 불과하다. [우리] 기고자들의 분석을 실제로 읽어보면 역량을 확인할 수 있다.

잘 조직된 이들 팬 그룹은 케이팝에 대한 지식을 드러냄으로써 케이팝의 인용실천을 검증할 수 있는 자격이 있음을 보여준다.

블로그에 게시물, 기사, 리뷰 등을 게재하는 팬 비평가들은 글로벌 케이팝 팬덤의 하위 그룹으로서 케이팝의 핵심적인 비평가 역할을 한다. 한류 팬을 "한류 생산의 외부에 위치하지만, 한류 현상 작동의 핵심적 세력"으로 규정한 최정봉(Choi 2015)은 글로벌 팬이 "정보 제공자·중개자·유통자일 뿐만 아니라 문화 디자이너·관리자의 역할을 짊어지고 있다"(42)고 말한다. 그들은 케이팝 문화의 창작과 보급에 적극적으로 참여한다. 그 결과 케이팝 팬들은 케이팝을 포함한 한류의 문화 생산을 "관리하고, 촉진하는 진정한 문화 큐레이터"(Choi 2015: 42)라고 부를 만하다. 다른 케이팝 팬들은 프로필, 사진, 최신 정보를 담은 페이스북 페이지와 팬 카페를 운영하고 밴드의 컴백과 기념일 등을 축하하는 팬 프로젝트에 참여한다. 이런 "케이팝 큐레이션" 활동에는 음악 비평 작성이 포함된다. 상당수의 팬은 모든 앨범을

으로 한다. SLS는 세스 리그스Seth Riggs가 고안한, 고음을 효과적으로 내도록 익히는 보컬 트레이닝 과정이다.

들으며 케이팝에 미친 다양한 영향을 검토할 뿐만 아니라 그러한 영향을 아티스트의 전체 디스코그래피와 연결 짓는 능력을 키운다. 이러한 음악적 지식은 오랫동안 아티스트의 수많은 인터뷰, 출연한 방송, 깜짝 공연을 읽고 봄으로써 축적된 결과물이다. 전 세계의 팬들은 유튜브를 통해 자막이 달린 한국 라디오 프로를 접할 수 있다. 대본이 있는 텔레비전 프로그램보다 좀 더 편안한 프로그램에 출연할 때 케이팝 아티스트들은 한국 음악뿐만 아니라 외국 아티스트의 노래도 라이브로 선보인다. 이런 기회를 통해 케이팝 아티스트들은 자신의 음악과 영향력에 관해 얘기한다.

또 다른 팬들은 한국 연예매체에 온라인 리뷰와 기사를 쓴다. 이들 매체는 광고를 통해 수익을 창출한다. 자체 스태프가 정기적으로 콘텐츠를 제작하는 이들 매체는 팬들이 개별적으로 운영하는 팬 사이트와는 구별된다. 1998년에 설립된 숨피Soompi는 최초의 아이돌 그룹인 H.O.T.의 영어 팬 사이트로 시작되어 샌프란시스코와 서울에 직원을 둔 미디어 사이트로 발전했다. 2015년에 숨피는 글로벌 동영상 스트리밍 사이트인 비키Viki에 인수되었다. 올케이팝allkpop, 헬로케이팝hellokpop, 서울비트seoulbeats와 같은 다른 케이팝 웹사이트들은 케이팝 관련 뉴스를 전달하고, 스태프들은 특집기사, 의견기사, 리뷰 등을 작성, 게재한다. 이러한 비평을 통해 각각의 곡은 특정 아티스트의 작품이라는 방식으로 맥락화된다. 이러한 팬 비평가들은 간헐적으로 케이팝을 다루거나 화제가 되는 활동에만 주력하는 주류 매체보다 케이팝 음악과 문화를 더 일관성 있게 다룬다. 리뷰는 팬들이 의견을 표현하는 방식이지만, 앨범의 트랙별 비평 기능이 약한 리액션 비디오와는 다르다. 팬 비평가들은 브래킷(David Brackett 2000)이 말한 것처럼 "음악적 수사학"을 사용해 "각 곡과 장르 관습의 연관성을 검토한다. [...] 곡은 장르와 연관 지어 '이해'되는데, 이는 특정한 방식으로 약호가 작동되었기 때문이다"(26). 이는 청자가 케이팝 음악의 미학적 요소를 우선시함으로써, 자신들이 아는 흑인 대중음악 장르와 연결 짓는 전략이다. 그들은 음악적 수사학을 활용하여 흑인 대중음악의 관습과 케이팝 아티스트들이 이를 적용하는 방식을 동시에 이해한다. 이들 팬 비평가들이 매체에 쓴 글은 많은 사람들에 의해 그 수준을 인정받는다. 이를 통해 이들은 권위를 획득한다.

이러한 리뷰에는 음악에 대한 감정적 반응도 반영된다. 마이어(Meyer 1956)는 음악 자체에 새겨진 감정적 의미와 청자들의 감정렌즈에 스며드는 음악이라는 맥락 사이에서 감정과 음악의 결합이 발생한다는 점에 주목한다(3). 케이팝 팬들은 비평을 통해 음악이 주는 느낌이나 공연이 전달하는 감정을 언급한다. 비록 전문적인 비평가는 아닐지라도 이들의 비평은 중요하다. 램지(Ramsey 2004)가 말한 바와 같이 일반 청중과 팬들도 케이팝을 비평할 수 있는 능력이 있다.

사람들은 음악을 포함해 문화적 표현이 의미하는 바와 타협하고 궁극적으로 이에 동의한다. 그들은 잘 배치된 블루노트, 친숙한 하모니 패턴, 재즈 대가의 소울풀한 솔로 런, 오래된 댄스 스텝을 창의적으로 바꿔내는 사교 댄서, 혹은 주일 아침 수녀님의 쇳소리 섞인 독송에서 연상되는 것을 집단적으로 묘사한다(25).

가사에 대한 지식은 차이가 있을지 모르나, 글로벌 팬들은 미국 흑인 대중음악이 그간 서구의 다양한 음악 장르에 미친 영향력을 잘 알기에 케이팝과의 연관성에 관한 의미 또한 인지한다. 워드(Ward 1998)는 다음과 같은 종류의 음악적 지식(특히 R&B와 관련해)을 중요하게 여긴다.

음반 혹은 공연에서 느껴지는 실제 사운드(목소리의 결, 악기의 톤, 하모니와 리듬의 조합)는 여느 가사만큼이나 의미 생산에 이바지한다(81).

다양한 배경의 팬 비평가들은 리뷰를 통해 자신들의 지식을 드러내며, 케이팝이 미국 흑인 대중음악 전통에 영향 받고 있음을 재확인한다.

케이팝 비평가들과 진정성

케이팝에 대한 팬들의 비판적 평가는 일률적이지 않다. 케이팝의 진정성은 여전히 논쟁적인 주제이다. 일부 팬 비평가들은 케이팝을 미국 흑인 대중음악의 엉성한 모조품이라고 칭하며 케이팝의 인용 관행을 부정적으로 평가한다. 이들은 한국 아티스트들이 흑인음악에 영향을 미친 사회·경제적 현실을 경험했는지 의문을 제기한다. 그러나 케이팝의 인용 관행은 미국 흑인음악의 영향을 잘 보여준다. 결국 이러한 점을 잘 인식하고 있는 케이팝 팬 비평가들은 케이팝에 진정성을 부여한다.

　일부 팬 비평가들은 케이팝이 흑인음악을 인용하는 진정성에 의문을 갖는다. 그들은 케이팝 아티스트들이 흑인이 아니므로 흑인 대중음악을 단순히 흉내 낼 뿐이라고 말한다. 이들 팬은 루디나우(Rudinow 1994)가 말한 "경험적 접근"의 중요성을 강조한다.

　미국에서 흑인으로 사는 것이 어떤 것인지 알지 못하면 블루스를 이해하거나 블루스를 통해 자신을 진정으로 표현할 수 없다. 이는 흑인의 일부가 되지 않고서는 알 수 없는 것이다(132).

케이팝 미디어 사이트인 서울비트가 개최한 흑인 케이팝 팬들을 위한 라운드테이블에서 한 팬은 다음과 같은 의견을 전했다.

　"흑인 연기acting Black"가 자신들을 어느 정도 쿨하고 더 진정성 있게 만들어주고 대중에게 어필할 것이라는 생각은 고립주의적 문화 속에 체계화되어 있는 듯하다. 이는 다른 문화에 대해 일말의 존경심조차 표하지 않는 것이다("Roundtable: Thoughts and Experiences of Black K-pop Fans 2015").

이들 팬은 케이팝 아티스트들이 흑인음악의 영향을 제대로 알려고 하지 않으며, 흑인 원작자들이 마땅히 인정받아야 할 예술·재정적 공헌을 도외시하고 있다고 주장한다. 닐(Neal 2005)은 "누군가는 음악의 생산, 유통, 소비, 그리고 음악에 대한 비평적 편집 행위를 통해 재정적 이득을 챙기는데, 정작 창작을 위해 의지와 영혼을 바친 흑인들은 아무런 이득을 얻지 못한다"(370)고 말한다. 이러한 논평은 테일러(Paul C. Taylor 1997)가 말한 "엘비스 효과"를 떠올리게 하는데, 이는 "전통적으로 흑인들이 수행하던 문화 생산 과정"에 비흑인들이 "참여함으로써 불편한 감정을 자아내는" 것을 가리킨다. 그러한 감정은 흑인 전통에 참여하는 일부 비흑인 예술가들이 사회·역사적 맥락과 의미를 도외시하는 순간에 드러난다. 이러한 비판은 아시아 대중문화가 단지 모방만 한다는 반복된 주장과 비슷한 논지다. 일부 비평가는 "한국 음악산업 전체는 서구 혹은 일본 대중문화의 복사기"라고 낮춰 말한다(Park 2013: 16). 신현준, 모리, 호(Shin Hyun-joon, Mori Yoshitaka, and Ho Tung-hung 2013)는 동아시아 대중음악이 종종 "단순히 유럽과 미국의 모방에 불과한 것으로" 인식되는 경우가 많고 "창작의 장소가 아닌 소비지로만 간주되고 있는 점"(2)에 주목한다. 이러한 "모방론"은 동아시아 국가들의 혁신성을 무시하고, 역사적으로 "서구만이 우월하며, 모든 '후진' 국가들은 유연성과 창의성이 부족하다는 점을 증명하는 데" 이바지해왔다(Rosenstone 1980: 575). 결국 케이팝 아티스트들이 흑인 대중음악을 진정성 있게 생산할 수 없다는 비평은 안타깝게도 반反아시아 담론으로 나아간다.

다른 팬 비평가들은 한국인들이 20세기 미국의 사회경제적 현실을 경험하지 못했기 때문에 미국 흑인 대중음악의 전통을 제대로 이해할 수 없다고 주장한다. 그들은 케이팝 아티스트들이 흑인 대중음악 성장의 토대가 된 문화를 수용하는 데 실패했다고 비판한다. 서울비트에 "애교 힙합: 문화전유의 엉터리 예"라는 글을 기고한 마크(Mark 2013)는 케이팝 그룹이 힙합을 도용하고 있다고 비난한다.

단순히 "쿨"하게 보이는 효과를 위해, 특정한 요소를 원작에 대한 존경심 없이(이를 웃음거리로 만드는 것은 차치하고) 사용하는 것은 문제가 있다. 앞서 이 사이트에서 논의했던 것처럼 케이팝은 진정한 힙합 문화와 단절되어 있고, 힙합이 유래한 맥락에 대한 감수성이 결여되어 있다(n.p.).

이러한 비평은 사회사적 맥락에서 진정성을 평가하는데, 이는 흑인음악 비평에 적용되는 보편적인 잣대다. 마찬가지로 조지(George 1988)는 리듬앤블루스가 원래 "공통된 정치·경제·지리적 토대에서 형성된 흑인 공동체의 핵심적인 요소"로서 사회·경제적 의미가 있다고 주장한다(x, xii). 흑인 대중음악은 주류 관객들에게 인기를 끌면서 "흑인 전통에 투여된 고도로 정치화된 비판의식이라는 유기적 맥락으로부터 분리되었다"(Neal 1999: 86). 이런 관점에서 보면 케이팝은 주류화의 재반복이다.

인용실천은 부정적 함의를 지닌 문화전유 개념의 대안이다. 팬 비평가들은 인용실천을 근거로 케이팝의 진정성을 판단한다. 루디나우(Rudinow 1994)에 따르면 진정성은 "원천과 적절한 관계를 맺는 데서 비롯된 일종의 신뢰다. [...] 그러한 관계 속에서 진정성이 일정 정도 인정받을 수 있다. 이를 통해 특정한 작품은 다른 작품보다 더욱 진정성을 확보한다"(129).

진정성은 정체성에 기반한 것이 아니라 "적절한" 관계가 적용되는 연속체 위에 놓여 있다. 미국 흑인 대중음악의 역사는 비흑인이 그러한 진정성을 획득할 수 있다는 것을 보여준다. 브래킷(Brackett 2000)은 흑인 대중음악이 "지속해서 모양새를 바꾸면서 흑인음악의 정체성을 새롭게 실천하는, 즉 폐쇄성을 거부한 뿌리 깊이 혼종적인"(88) 양식이라는 점을 상기시킨다. 1950년대와 1960년대의 분리주의적인 주류 음악산업과는 달리, 초기 R&B 음악 제작에는 흑인음악 미학을 스스로 익힌 비흑인 아티스트들이 다수 참여했다.

그 곡들은 곡 자체에 풍부한 표현성이 있을 뿐만 아니라 곡 형식의 전형 안에서 풍성한 보컬 장식을 사용함으로써 관객들에게 비록 정의하기는 힘들지만 흑인적 표현이 무엇인지를 보여준다(Rischar 2004: 411).

흑인과 백인 음악가의 협업으로 만들어진 미국 흑인음악은 비흑인들도 흑인음악에 진정성 있게 관여할 수 있다는 것을 보여준다. 다큐멘터리《전설의 스튜디오, 머슬 숄즈 *Muscle Shoals*》[30]는 앨라배마의 수많은

---

30 2013년 그레그 프레디 카맬리어Greg 'Freddy' Camalier 감독이 연출한 다큐멘터리로, 앨라배마주 셰필드시에 있는 "머슬 숄즈 사운드 스튜디오"를 중심으로 미국 대중음악의 역사를 기록했다. 2014년 제10

백인 음악인들이 아레사 프랭클린Aretha Franklin, 클래런스 카터Clarence Carter, 윌슨 피켓Wilson Pickett, 퍼시 슬레지Percy Sledge 등 가장 소울풀한 흑인음악 앨범에 이바지한 바를 잘 보여준다. 이러한 흑인 가수와 백인 연주자 간 협업은 전통의 바깥에 있는 사람들을 배제하기보다 전통 안으로 끌어들이는 흑인음악의 민주적 성향을 드러낸다. 그러한 기질은 미국 흑인음악이 전 세계적으로 인기를 얻고 확산하는 데 기여했다.

흑인음악은 구속되지 않은, 감정에 솔직한 다른 음악이었고 시대에 부합했다. 소울은 흑인 인권운동가들 모임뿐 아니라 백인 남자 대학생들의 사교클럽에서도 연주되었다. 베트남전쟁에 참전하는 군인들의 배낭에도 소울 테이프가 있었으며 22살의 믹 재거는 뉴욕 할렘가의 아폴로 극장[31]에서 밤마다 제임스 브라운의 공연에 심취했다 (Hirshey 1984: xii).

케이팝에 부정적 문화전유가 없다는 주장을 하기 위해 이런 사례를 든 것은 아니다. 오히려 미국 흑인음악의 역사는 문화전유가 비흑인이 흑인음악에 관여하는 데 있어서 유일한 방식은 아니었음을 보여준다.

회 제천국제음악영화제에서 대상을 받았다.

31 아폴로 극장은 뉴욕 할렘에 위치한 극장 및 음악 공연장으로, 미국 흑인 아티스트들의 등용문으로 유명하다. 미국 국가 사적National Register of Historic Places으로 등재되었다.

팬 비평가들은 케이팝에 끼친 미국 흑인 대중음악의 영향을 인식하면서 케이팝과 미국 흑인 대중음악 간의 "적절한 관계"를 깨닫고 흑인 대중음악 전통에 대한 지식 또한 받아들인다. 케이팝 팬 비평가들은 이러한 방식으로 케이팝의 인용실천에 진정성을 부여한다. 무어(Moore 2012)가 "공연의 성공 여부는 관객에게 얼마나 깊은 인상을 주는가에 달려 있다"(220)고 주장했듯, 관객은 가치를 부여하고 진정성을 결정하는 핵심 위치에 있다. 관객은 단순히 동작을 모방하는 공연과, 장르에 대한 깊은 이해를 드러내는 공연을 구별한다. 그들은 음악을 듣고 진정성을 판별한다.

우리는 하나의 곡이 진정성을 어떤 방식으로, 특히 어느 청중을 대상으로 해 표현하는지 관찰해야 한다. '진정성'은 해석의 문제다(Moore 2012: 266).

따라서 진정성은 음악적 요소의 표현 및 청중의 수용과 관련이 있다. 청중이 무엇을 듣는가는 그들의 경험과 장르 관습에 대한 그들의 지식에 의존한다. 음악적 전통과 장르에 대한 지식이 있는 관객과 그렇지 않은 관객들은 다른 결론을 내릴 것이다.

실제로 싸이는 글로벌 팬덤 덕에 세계적인 명성을 갖게 되었으며, 케이팝의 인지도도 함께 높아졌다. 케이팝은 혼종적인 음악이지만, 미국 흑인 대중음악 전통으로부터 가장 큰 영향을 받았다. 한국 대중음악 양식인 케이팝은 1990년대에 등장해 음악 인력, 언어, 제작과 프로모션 전략에서 외국, 특히 미국 흑인음악 스타일을 흡수하며 전 세계 청중들의 사랑을 받고자 노력했다. 케이팝을 정의하는 혼종성은 R&B 전통을 모방하고 동시에 강화하는 상호텍스트성을 통해 드러난다.

2장

"날 부르는 노래"[1] 케이팝 그룹들

1   2008년에 발매된 SS501의 세번째 싱글 앨범 《DEJA VU》에 수록된 곡

2012년 싸이가 "강남스타일"로 전 세계를 매혹하는 동안, 또 다른 전례 없는 이벤트가 케이팝 씬에서 벌어졌다. 원래 멤버를 그대로 유지한 가장 오래된 보이밴드인 신화가 4년의 공백 끝에 컴백을 선언한 것이다. 신화 이전만 해도 군 입대는 보이밴드의 해체를 의미했다. 신화 역시 2008년 멤버들의 군 입대 직전 발매한 아홉번째 앨범을 끝으로 별다른 활동이 없었다. 10년 이상 그룹이 유지되었다는 것만도 대단한 일인데, 재결합까지 할 거라 생각한 사람은 많지 않다. 하지만 신화는 2012년 서울에서 두 차례의 콘서트를 전석 매진시킨 후 열번째 정규 앨범을 발매했다. 신화의 재결합 소식은 다른 베테랑 그룹들을 자극했다. 2년 후, 또 다른 1세대 남성 그룹인 god가 컴백을 선언했다. god는 2005년에 발표한 《하늘 속으로》 이후 9년 만에 새 앨범 《Chapter 8》(2014)을 내고 이틀간의 미국 일정을 포함한 투어를 시작했다. 2016년에는 인기 여성 그룹 S.E.S.가 데뷔 20주년 기념 앨범 《Remember》를 냈다. 한류의 선구자라 할 만한 H.O.T. 멤버들은 2018년 TV 프로그램 《무한도전》 특집 방송에 출연하기 위해 다시 모였다. 이러한 재결합은 한국 팝그룹의 긴 생명력을 의미하는 것에 더해, 한국 아이돌 그룹 특유의 상호텍스트성과 관련해서도 중요한 함의를 지닌다. 한국 팝그룹은 R&B의 음악 및 가창 요소를 인용하는 것뿐만 아니라, R&B와 그 외 다양한 장르를 혼합하는 전통이 있다. 이들은 뮤직비디오를 통해 미국 흑인 퍼포먼스의 안무와 스타일을 차용함으로써 아시아인의 고정적 이미지에 대한 대안을 만들어낸다. 이미지를 개선하고 음악성을 높이려는 노력의 일환으로 케이팝 아이돌들은 흑인음악 프로듀서들의 전략을 따라 했다. 이 과정을 통해 이들은 글로벌 R&B 전통의 일부로 참여한다.

R&B 전통의 차용: 펑크, 클럽, 어번 컨템퍼러리

초기부터 최근의 밴드에 이르기까지, 아이돌들은 R&B로부터 음악 및 가창 요소를 흡수해 대중의 마음을 사로잡는 곡을 만들어냈다. YG엔터테인먼트의 음반 목록을 살펴보면 이들이 R&B 전통을 이어받았으나 이를 색다른 방식으로 수행했음을 알 수 있다. 이들은 펑크, 클럽, 어번 R&B 등 뚜렷이 다른 스타일들을 버무려내 매력적인 트렌드를 만들어냈다. 이에 더해 케이팝 그룹들은 R&B 발라드도 소화했으며, 흑인 R&B 프로듀서들의 작업으로부터 도움을 받았다.

R&B에 기반한 케이팝

초기부터 한국 케이팝 그룹들은 흑인음악을 차용했다. 케이팝은 서태지와 아이들의 리더이자 솔로 아티스트로서 한국 팝 음악의 양상을 바꾼 서태지(정현철)로부터 시작한다. 1992년에 데뷔한 서태지와 아이들은 서태지, 양현석(이후 3대 제작사 중 하나인 YG엔터테인먼트를 창립한다), 이주노로 구성되었다. 서태지는 안무와 힙합 문화 등 미국 흑인음악 요소들을 한국 대중음악 씬에 유행시켰을 뿐만 아니라, 새로운 음악 스타일을 선보임으로써 한국 젊은이들 사이에서 대중음악

이 사회적 성공의 새로운 잣대가 되게끔 이끌었다. 그의 음악 스타일
은 이전 세대와 달랐다. 심두보(Shim 2006: 36)는 서태지와 아이들의
첫번째 히트곡인 "난 알아요"가 역동성과 음악적 실험정신이 부족한
발라드와 트로트에 진저리를 치던 젊은 리스너들을 흥분시켰다는 점
에 주목한다. 서태지와 아이들은 자신들의 곡과 안무에 어울리게끔
브레이크 비트, 샘플링, 랩을 활용했다. 이러한 요소들은 한국 음악에
서 좀처럼 찾아볼 수 없었던 새로운 무대를 만들어냈다.

서태지와 아이들 이전, 무대 위 가수들은 그저 마이크 앞에서 움직
임 없이 똑바로 서 있곤 했다. 이제 손동작을 하고 춤을 추는 것이 무
대 위 가수들의 전형이 되었다. 서태지와 아이들은 이전의 한국 가수
들이 댄스라고 생각했던 것(트로트, 고고, 디스코)과 다른 차원의 춤을
선보였다. 이들은 브레이크댄스를 췄다!(Lie 2014: 78).

서태지와 아이들은 이러한 퍼포먼스와 함께 힙합 가수들의 특징적인
패션 스타일을 선보였다. 이는 1990년대 흑인 젊은이들 특유의 상징
전략과 맞닿아 있다.

보수적인 복장과 얌전한 태도, 유교적 진중함과 성실성은 새롭게 등장
한 도시적 감성과 활력에 자리를 내주었다. 근면과 복종을 상징하는
샐러리맨 스타일의 복장이 아닌 반항적 태도를 지닌 도시 청년(아마도
실업이나 불완전고용 상태에 있는)의 복장이었다. 서태지는 번쩍거리고

헐렁한 옷으로 대표되는 힙합 미학의 아이콘이 되었다(Lie 2014: 78).

미국 흑인음악과 표현 양식을 채택함으로써 서태지와 아이들은 한국 팝그룹과 아이돌의 선구자가 되었다. 이들 뒤에 등장한 팝그룹과 비교해, 서태지와 아이들의 음악은 장르에 구애받지 않았다.

이들은 랩, 소울, 로큰롤, 테크노, 펑크, 하드코어 그리고 심지어 뽕짝[트로트]마저 창의적으로 혼합했다(Shim 2006: 36).

모렐리(Sarah Morelli 2001)에 따르면, 서태지와 아이들은 이후 한국 아이돌 그룹의 특징이 된 "노래 가사가 멈추는 부분에서 랩을 하고, 팝 스타일로 코러스를 하는"(250) 방식의 곡 구조를 만들어냈다. 서태지와 아이들은 한국의 청년 세대가 공감할 만한 가사를 썼을 뿐만 아니라 후에 '아이돌'이 될 세대들에게 영감을 불어넣었다.

고등학교 중퇴자임에도 불구하고 서태지가 사회적 존중을 획득하고 부를 이뤘다는 사실은 부모 세대가 오랫동안 지녀온 엔터테인먼트 산업에 관한 생각을 바꿔놓기에 충분했다. 자녀의 대학 입학을 사회적 성공의 잣대로 여겨온 보통 부모들에게 스타가 되는 것도 출세의 한 방식으로 받아들여졌다(Shim 2006: 37).

성공을 꿈꾸는 수많은 케이팝 아이돌 지망생들에게 서태지는 롤모델이 되었다.

　서태지 이후의 한국 팝그룹들은 서태지가 만든 리듬 중심의 음악 전통(사실상 흑인음악의 전통이다.)을 따랐다. 푸어(Fuhr 2016: 91)에 따르면 한국 아이돌 그룹에 있어서 "곡의 전개"를 지시하는 음악 "작법"의 핵심은 리듬의 사용(즉 리듬을 어떻게 반복하고 바꾸며 섞을 것인가)에 있다. 한국 팝 음악에서 두드러진 리듬 중심의 전통은 모타운 레코드가 선도한 것이다.

　모타운의 곡들은 세션 연주자들과 작곡가들이 그루브를 중시한 덕에 당대의 음악과 달랐다. [...] 결국 음악의 우선순위가 하모니에서 그루브로 바뀌었고, 그로 인해 후대에 더욱 복잡한 리듬 결을 지닌 수많은 음악 스타일이 나타났다(Fitzgerald 1995: 8).

케이팝의 보컬과 래퍼들은 이러한 미국 흑인음악을 차용했다. 아이돌 음악에서 "랩 보컬은 노래의 플로우와 역동성을 결정짓는 요소다"(Fuhr 2016: 91). R&B 스타일의 보컬과 곡 구성은 한국 대중음악에서 쉽게 볼 수 있으며, 대부분의 한국 그룹에서 멤버 중 최소 한 명은 R&B 보컬에 뛰어나다. 예를 들어, 빼어난 비주얼로 유명한 소녀시대(외국에서 SNSD로 잘 알려진)에서 보컬 능력이 가장 뛰어난 멤버 세 명이 태티서라는 서브 그룹을 만들었는데, 이들은 흑인 여성 가수들의 R&B 보컬 스타일을 선보인다. 태티서의 멤버 티파니는 『빌보드』지와의 인터뷰에서 "우리의 목표는 외모적으로 즐거움을 주는 게 아니라, 보컬로서 팬들에게 어필하는 것"이라며, 흑인 여가수 시애라 Ciara와 리아나Rihanna를 본보기로 삼고 있다고 말했다(Benjamin 2014). 케이팝 가수들의 보컬 능력을 의심하는 시선이 있긴 하나,《키스 더 라디오》,《영스트리트》,《심심타파》,《푸른밤》등 리디오 프로그램에 출연해 라이브로 노래한 아이돌들은 자신들이 가창력으로 가수가 되었음을 증명했다.

1996년 문희준, 장우혁, 토니안, 강타(안칠현), 이재원으로 구성된 최초의 아이돌 그룹 H.O.T.도 서태지와 아이들을 따라 흑인음악의 안무와 스타일링을 차용했다. H.O.T.는 잘 알려져 있다시피 3대 제작사 중 하나인 SM엔터테인먼트의 이수만이 기획한 그룹이다. 심두보에 따르면 H.O.T.의 결성에는 서태지의 성공, 지상파 방송국의 약화된 위상, 그와 반비례해 강화된 음반사 및 제작사의 영향력이라는 세 가지 요소가 작용했다고 한다. 이수만은 팬들의 목소리를 스타 제작 과정에 반영코자, 10대 소녀들이 "아이돌로부터 무엇을 원하는지"를 사전 조사해 이를 통해 댄스 실력과 가창력뿐 아니라 외모를 기준으로 아이돌을 기획했다(Shim 2006: 38). 서태지처럼 H.O.T.도 다양한 장르를 소화했다. 1996년 데뷔곡 "캔디"의 뮤직비디오에서 놀이공원에 간 멤버들이 입고 있는 컬러풀하고 펑퍼짐한 옷은 1990년대 흑인들의 도시 패션을 떠올리게 한다. 2000년에 마지막 앨범《Outside Castle》을 냈을 때, 이들의 음악적 분위기는 상당히 어두워졌다. 클래식 음악의 기악법을 특징으로 하는 타이틀곡의 뮤직비디오는 우뚝 솟은 대리석 기둥을 배경으로 검게 차려입은 멤버들을 비춘다.

H.O.T.의 성공으로 새로운 남자 아이돌 그룹들이 대거 등장했다. 이수만은 한국 팝그룹의 캐스팅과 트레이닝 시스템을 창안했고, 다른 제작자들은 이 시스템을 변용해 음악, 퍼포먼스, 멤버 구성에 있어서 다양성을 지닌 그룹들을 양산했다. 한국 팝그룹은 계속해서 미국 흑인 대중음악 요소들을 인용한다.

훵크 곡 구성과 가스펠 보컬: god

최신 유행을 이끈다고 여겨져 온 한국 팝그룹은 미국 흑인음악의 오래된 R&B 장르를 차용해왔다. 1세대 남성 아이돌 그룹 god의 가장 뚜렷한 스타일은 훵키한 곡 구성과 가스펠적인 가창이다.

H.O.T.의 성공 이후 등장한 남성 팝그룹 중 하나인 god의 성공 공식은 H.O.T.와 달랐다. 기획자가 주도적으로 멤버를 캐스팅하는 대신, 멤버 중 한 명인 박준형이 god의 구성에 적극적으로 개입해 자신의 사촌인 대니안과 대니안의 친구 손호영을 끌어들였다. 재미교포였던 박준형과 대니안은 가수가 되기 위해 한국으로 돌아왔다. 오디션을 통해 윤계상과 고교생이던 김태우도 합류했다. 박준형은 "너무 애들처럼 보이는 보이밴드가 되는 걸 원치는 않았어요. 이왕이면 사람들에게 존중받는, 귀 기울일 만한 음악을 만드는 그런 그룹을 구성하고 싶었어요."("Interview with Korea's god" 2001)라고 밝힌 바 있다. JYP엔터테인먼트의 창립자인 박진영의 지도하에 god는 1999년 앨범《Chapter 1》으로 데뷔했다. 이 앨범은 두 개의 히트곡을 냈다. 발라드곡인 "어머님께"는 인기 배우 장혁을 주인공으로 한 뮤직비디오

로 특히 주목을 받았다. 이 뮤직비디오는 장혁이 안개 가득한 호수 한 가운데 나룻배에서 돌아가신 어머니를 회상하며 하모니카를 연주하는 장면으로 시작한다. 흑백으로 촬영된 플래시백은 물건을 팔러 다니는 어머니의 모습과, 같은 반 아이에게 가난하다고 무시당하는 장혁을 보여준다. 이어서 오프닝에 나온 바로 그 하모니카를 선물 받는 장면이 나오며 그는 어머니와 함께 보냈던 행복한 순간을 회상한다. 장혁은 호수 한가운데에서 돌아가신 어머니의 유골을 뿌린다. 이 뮤직비디오에서 god 멤버들은 잠시 등장할 뿐이다. 반면에 팝에 더 가까운 두번째 곡 "관찰"의 뮤직비디오에서는 이 밴드 특유의 유쾌한 장난기가 잘 드러난다("God─Observation" 2012). 여기에서 그들은 지구인의 삶을 관찰하기 위해 내려온 외계인이다. 곧이어 그들은 우주선에서 입었던 메탈 소재 복장을 지구 젊은이들의 힙합 스타일 옷으로 갈아입는다. 이 비디오는 god 특유의 '자동차 운전' 안무와 칼군무를 선보인다.

2001년에 god는 관찰예능 프로그램인 《god의 육아일기》[2]라는 TV 프로그램에 출연했다. god는 자신들의 이름을 내건 리얼리티 쇼에 출연한 최초의 아이돌 그룹이었는데, 이후 '아이돌 출연 프로그램'은 유행이 되었다. 프로그램의 성공으로 인기를 얻은 god는 같은 해에 국내 투어를 시작해 서울올림픽 주경기장에서 공연했다. 그 이전까지 6만 9,000석 규모의 서울올림픽 주경기장에서 공연한 아이돌 그룹은

---

2 《god의 육아일기》는 2000년 1월 9일부터 2001년 5월 12일까지 MBC TV에서 방송된 텔레비전 프로그램으로, 관찰 버라이어티 프로그램의 시초로 인정받는다.

H.O.T.가 유일했다. 서울올림픽 주경기장은 마이클 잭슨이 1996년에 HIStory 투어 공연을 한 곳이기도 하다. 김태우는 큰 무대에서 콘서트를 연다는 것은 의미 있는 일이라고 회상했다.

당시에는 SNS와 인터넷이 널리 보급되지 않았기 때문에 팬들은 자신의 아티스트를 보러 오기 위해 큰 노력을 기울였죠. 그러지 않고서는 팬들과 아이돌이 만날 기회가 없었던 때였어요(Yoo 2015).

god는 JYP엔터테인먼트에 남아 다섯 장의 앨범을 더 냈다.《Chapter 2》(1999),《Chapter 3》(2000),《Chapter 4》(2001),《Chapter 5: Letter》(2002)가 그것이다. 윤계상이 배우 활동에 전념하기 위해 그룹을 떠난 후, 나머지 멤버들은《보통날》(2004)과《하늘 속으로》(2005) 두 장의 앨범을 출시했다. 2005년부터 그룹은 공백기를 가졌고, 2014년이 되어서야 오리지널 멤버 전원이 재결합해 앨범《Chapter 8》을 제작했다. 그중 "Saturday Night"의 뮤직비디오는 멤버들의 여전한 장난기를 잘 드러낸다("[MV]god_Saturday Night" 2018). 비디오는 이제 나이든 티가 나는 네 명의 멤버들이 도시의 밤거리를 배경으로 길 한쪽에 앉아 대화하는 장면으로 시작하는데, 이때 다섯번째 멤버가 목발을 짚고 절뚝거리며 다가온다. 이들은 그날 하루의 일과에 관해 이야기를 나눈다. 이들의 직업은 상사 눈 밖에 난 샐러리맨, 거리의 광대, 운전기사, 폐차장 노동자, 노인들을 대상으로 한 작은 클럽의 DJ이다. 대화 끝에 이들은 클럽에 가기로 의견을 모은다. 클럽에서 god의 히트곡들이 연주되자 이들은 자신들의 데이트 상대는 제쳐두고 소리 지르며 정신없이 춤을 춘다. 이들은 주위의 시선은 아랑곳하지 않고, 이제는 한물간 자신들의 옛 안무를 따라 하며 향수에 빠져 댄스 플로어를 점령한다.

비록 장난기 많은 페르소나를 가지고 있지만, god는 데뷔 이후 계속해서 횡크 음악 기조를 유지해왔다. 박준형은 밴드의 음악적 비전에 대해 다음과 같이 설명한다.

결성 당시부터 저는 우리 음악의 원칙을 이렇게 세웠어요. [...] 70년대, 80년대 같은 횡크 시대의 디스코 음악을 90년대와 21세기까지 가져오는 거예요. 그리고 현재의 팬들이 소화하기 쉬운 비트를 넣었으면 좋겠다고 생각했어요("Interview with Korea's god" 2001).

데뷔 앨범의 첫번째 트랙인 "Intro"(1999)는 갭 밴드Gap Band의 1982년 앨범 The Gap Band IV의 "Outstanding"을 샘플링했다. 갭 밴드의 원곡은 흥겨운 횡크 트랙이다. god는 앨범 전체와 "Intro"의 횡키한 톤을 살리기 위해 "Outstanding"에서 가장 두드러진 마디를 가져왔다. 흑인들의 야외 바비큐 파티에서 흔히 연주되는 흐느적대는 리듬은 한국어 랩이 등장할 때까지 반복된다. 느긋하고 횡키한 느낌의 샘플은 캐주얼한 랩의 빈틈을 메운다. "관찰"은 브레이크다운[3]에서 횡크 음

---

3   브레이크다운은 한 곡에서 여러 악기가 각자 솔로 파트를 연주하는 구간을 가리킨다. 때로는 모든 악기가 벌스를 함께 연주하는 것을 가리키기도 한다.

악의 또 다른 주요 밴드인 오하이오 플레이어스Ohio Players[4]의 1975년 앨범 *Honey*에 실린 "Love Rollercoaster"를 샘플링했다. god가 이 곡을 라이브로 부를 때 밴드 연주자들은 샘플링 부분을 연주한다. "관찰"의 일렉트로닉 리듬은 "Love Rollercoaster"의 코러스 부분 샘플링으로 변화한다. 새로이 삽입된 중독성 있는 기타 사운드는 댄스 리듬을 만들어냈을 뿐 아니라, 원곡에서 사용된 베이스, 드럼, 휘파람의 단조로움을 일렉트로닉 리듬으로 보완해 곡의 깊이를 더했다. 이 샘플링은 "관찰"에 오하이오 플레이어스 특유의 훵크 사운드를 불어넣었는데, 이는 또한 "독특한 베이스 테크닉, 록 테크놀로지(와우 페달, 퍼즈 박스, 에코 챔버, 보컬 디스토션[5] 등)와 블루스록이 가미된 기타 사운드를 훵크에 도입한"(Maultsby 2006: 297) 슬라이 앤드 더 패밀리 스톤을 연상시킨다. 훵크는 기타라는 악기를 근간으로 하지만, 전자악기 사운드에도 혁신을 불러왔다. 1970년대에 이르러 "훵크는 신디사이저로는 표현할 수 없었던 전자악기 사운드 효과를 이용해 흑인 미학 전달의 매개가 되었다"(Vincent 1996: 19). 1980년대 훵크는 신디사이저의 베이스 파트를 활용하되, 초기 훵크 음악의 특징인 복잡한 리듬 패턴을 유지했다(Ripani 2006: 135). 영국 뉴웨이브 듀오 야즈Yaz의 1982년

---

4   오하이오 플레이어스는 1959년에 결성되어 현재까지 활동 중인 훵크 밴드이다. 1970년대에 "Fire"와 "Love Rollercoaster"로 인기를 끌었으며, 선정적인 앨범 표지를 사용하는 것으로 잘 알려져 있다.

5   모두 기타 이펙터의 일종이다. 와우 페달은 발로 조절하는 필터를 통해 특정 대역을 강조하는 기구이며, 퍼즈 박스는 입력된 소리를 강하게 증폭한 후 클리핑을 걸어 날카롭게 찢어지는 듯한 사운드를 내는 도구이다. 에코 챔버는 공연장이나 대형 홀 등에서 소리가 울리는 현상을 모방한 이펙터이며, 보컬 디스토션은 크고 거친 소리를 내는 이펙터로 긴 서스테인과 두터운 배음을 낼 수 있어 록 기타의 두터운 리프 연주에 적합하다.

히트곡 "Don't Go"의 전자악기 시퀀스에 있는 묵직한 신디사이저 연주 사이에도 "Love Rollercoaster"의 샘플이 포함되어 있다. 야즈의 음악은 "디스코와 훵크의 댄스 리듬으로부터 유래한다"(Cateforis 2004: 569).

또한 god는 김태우의 파워풀한 목소리를 통해 가스펠의 영향이 짙게 드러나는 R&B 보컬 사운드를 만들어낸다. 이 밴드의 메인 보컬인 김태우는 스티비 원더Stevie Wonder, 제임스 잉그램James Ingram, 브라이언 맥나이트Brian McKnight 등에게 영감을 받았는데 그중 특히 맥나이트의 영향이 컸다고 말한다(Yoo 2015). 음악가 집안 출신으로 재즈와 가스펠을 공부한 맥나이트는 1970년대에 밴드 레벌레이션 훵크 Revelation Funk와 함께 공연하고 레이 찰스의 백업 보컬을 맡기도 했다. 이후 1980년에 자신의 싱글 "Just Once"를 제작하던 퀸시 존스Quincy Jones에게 픽업되어 1990년대까지 수많은 히트곡을 냈다. 훵크의 중심요소는 "가스펠 스타일로 노래하는 보컬"인데, 김태우의 가스펠 보컬은 god의 훵크 스타일을 완성하는 데 중요한 역할을 했다(Maultsby 2006: 297). god의 2000년 앨범《Chapter 3》에 수록된 "촛불 하나"는 가스펠 스타일의 곡 구성에 담긴 하모니를 특징으로 한다. 악기들이 순서대로 연주되며 노래가 시작된다. 가스펠 오르간은 워킹 베이스 라인6을 수반하고 곧바로 손뼉과 심벌즈가 이어진다. 노래가 계속되며 악기 연주는 점점 더 화려해지고, 수많은 여성 백업 보컬들의 노래

---

6   워킹 베이스 라인은 재즈 베이스 연주의 일반적인 테크닉으로 재즈의 4비트 형식에 많이 사용되며 스윙의 느낌이 강하다. 록, 블루스, R&B, 가스펠, 라틴, 컨트리 등 다양한 장르의 음악에도 활용된다.

와 함께 김태우의 가스펠 스타일 가창과 애드리브가 더욱 강렬해진다. 2014년에 발매된 앨범 《Chapter 8》에 수록된 "하늘색 약속"은 "촛불 하나"를 편곡한 것이다. 이 곡은 인트로의 독백과 함께 흥겨운 기타와 핑거스냅으로 시작한다. 백업 보컬은 더욱 활기차고 김태우의 보컬 스타일은 곡 내내 더욱 강렬하고 화려하다. 곡의 브리지 부분에서 김태우의 보컬은 가스펠 합창 분위기를 띠고, 경쾌한 오르간 소리는 합창단의 하모니와 박수 소리로 이어진다. 훵크와 가스펠 보컬의 이러한 조합은 R&B 장르의 특징이다.

클럽 뮤직과 어번 R&B: 2PM과 원더걸스

비록 아이돌 그룹들이 비슷한 캐스팅과 훈련 과정을 거쳤다 할지라도, 이들은 R&B를 기반으로 하는 흑인 대중음악의 여러 요소를 새로운 방식으로 변형함으로써 음악적 재능을 다각적으로 발휘한다. 2PM과 원더걸스도 god와 마찬가지로 JYP엔터테인먼트 소속이지만, god와는 다른 스타일의 R&B 음악을 구사한다. 2PM이 하이에너지 high energy[7] 클럽 음악을 통해 그룹의 보컬을 다양하게 구사한 반면, 원더걸스는 1990년대 흑인 여성 R&B 그룹을 인용한다.

1세대 케이팝 그룹은 점차 해체되었고, 차세대 아이돌 그룹은 국외 활동을 더욱 활발히 하기 시작했다. 일부는 외국인 멤버를 대거 포함했고, 다른 그룹들은 외국 출신의 창작 인력을 본격적으로 활용하

---

[7] 하이에너지는 1970년대 후반에서 1980년대 중반 뉴욕의 클럽을 중심으로 유행한 댄스음악으로, 16비트를 기본으로 하는 멜로디가 전개된다. 유럽에서 생겨난 유로 비트와 매우 유사하다.

여 '후크송'을 만들어냈다(C.-N. Kim 2012: 107-110). 차세대 케이팝 아이돌 그룹으로 떠오른 2PM은 원래 준케이(김민준), 닉쿤(닛차쿤 호라웻차꾼 นิชคุณ หรเวชกุล), 우영(장우영), 준호(이준호), 찬성(황찬성) 등 다섯 명의 보컬과 택연(옥택연)과 재범(박재범) 두 명의 래퍼로 구성됐다. 신인이라기에는 이들의 이력은 화려했다. 준케이는 이전에 가요제 수상 경력이 있고, 택연, 준호, 찬성은 서바이벌 프로그램에 출연한 적이 있다. 일부 멤버는 미국에서 성장했으며, 리더 재범은 한국계 미국인이다. 같은 소속사 밴드인 2AM과 2PM은 팬들의 하루를 책임진다는 의미를 지닌다. 발라드 그룹인 2AM의 힙합 형제로서의 성격을 띠는 2PM은 하루 중 가장 '뜨거운' 시간이라는 의미로 이름 지어졌다. 이들의 역동적인 곡예와 비보이 스타일의 댄스는 남성적이고 터프한 "짐승돌" 이미지를 굳혔다(S. Jung 2011: 162). 이들의 "짐승" 이미지는 당시 케이팝 씬의 예쁘장한 남자 가수 이미지를 뒤흔들었다.

잘 발달된 근육질의 몸을 무대 위에서 과시함으로써 2PM은 섹시하면서도 거친 남성성을 보여주었다(S. Jung 2011: 165).

2008년 데뷔 싱글인 "10점 만점에 10점"에서 2PM은 공중제비 넘기와 브레이크댄스가 어우러진 칼군무를 보여주며 여성을 유혹하는 멤버들의 상상을 드러낸다. 이 노래의 뮤직비디오는 남녀가 서로 유혹하는 모습을 거의 보여주지 않았던 당시 케이팝 뮤직비디오와는 차별된다. 이 곡은 그룹의 데뷔 앨범인 《01:59PM》(2009)에도 수록되었다. 《Hands Up》(2011) 앨범부터 멤버들은 자신들이 직접 만든 곡으로 제작에도 참여했다. 준케이는 "HOT"를, 준호는 "Give It to Me"를 이 앨범에 수록했다. 멤버들은 계속해서 자신들의 음악을 작·편곡했을 뿐만 아니라 GOT7(갓세븐)과 김태우 등 JYP 소속의 다른 가수들에게도 곡을 주었다. 2PM의 일본 데뷔 앨범 판매량은 자니스엔터테인먼트가 야심차게 제작한 일본 보이밴드 Kis-My-FT2[8]에 버금갈 정도였다. 멤버들은 솔로 앨범도 냈다. 준케이는 세 개, 우영은 두 개의 미니 앨범을, 그리고 준호는 정규 앨범과 미니 앨범을 각각 한 개씩 발매했다. 2PM은 계속해서 《Grown》(2013), 《미친거 아니야?》(2014), 《NO.5》(2015), 《GENTLEMAN'S GAME》(2016) 등의 앨범을 출시했다.

2PM은 멤버들의 풍성한 가창력을 효과적으로 활용해 하이에너지 클럽 음악을 만들어낸 것으로 잘 알려져 있다. god가 훵크 리듬을 일관되게 사용한 것과 달리, 2PM의 트랙들은 파워풀한 리듬의 다양성을 중시한다. 버틀러(Mark Jonathan Butler 2006: 4)는 리듬을 "일렉트로닉 댄스뮤직의 존재 이유이자 가장 두드러지고 흥미로운 특징 중 하나"라고 딱 잘라 정의한다. 이 그룹의 2015년 앨범 《NO.5》에 수록된 "Jump"는 압도적인 일렉트로니카 인트로와 강력한 클럽 비트로 클러버들을 댄스 플로어에 불러들이기에 완벽한 음악이다. 2015년 블로거 Eric_r_wirsing은 "Jump"를 "질풍 같은 신디사이저 비트와 랩으로

---

8   Kis-My-FT2는 2005년에 결성된 7인조 일본 보이밴드로 롤러스케이팅 퍼포먼스와 군무로 인기를 얻었다. 참고로 자니스는 1962년에 설립된 일본의 대표적인 남성 연예인 전문 대형 연예기획사이다.

장착된 확실한 클럽뱅어(클럽을 휘어잡는 좋은 노래)"라고 칭하며, 목 청껏 소리 지르는 코러스와 반복되는 "점프 점프 점프" 및 "댄스 댄스 댄스"라는 구절은 계속해서 귓전에 맴도는 효과적인 훅이라고 말한다. 또한《NO.5》앨범에 수록된 강한 리듬의 트랙 "Magic"은 터질 듯한 호른 사운드와 비트로 리스너들에게 쉽게 각인된다. 자라(Jara 2015a)는 이 트랙이 "폭발할 듯한 브라스 사운드로 가득 찬 횡키한 스윙 리듬으로 노래의 시작부터 흥미를 돋운다"고 지적한다. 벤저민(Jeff Benjamin 2015) 역시 "빵빵 울리는 금관악기와 고전적인 스윙 리듬으로 곡의 템포가 빨라진다"고 썼다. 곡의 자극적인 스타일은 스웨그가 넘치고 영어 가사가 많은 랩과 자연스럽게 어울린다.

다른 노래에서 2PM은 자신들의 보컬 능력을 십분 활용한다. 팬 비평가들은 2PM의 사운드에서 1990년대 R&B 스타일의 세련된 제작 방식을 확인한다. 팬 비평가 Random J(2010)는 앨범《01:59PM》의 "All Night Long"에 활용된 오토튠 작업을 90년대 R&B 가수들과 연결 짓는다.

보코더와 오토튠, 그리고 토크박스를 슬로우잼[9]에 사용하는 것은 나쁘지 않다. 한때 그런 이펙터들을 사용하는 것이 필수였던 시절이 있

---

9 보코더, 오토튠, 토크박스는 모두 이펙터의 일종이다. 보코더는 사람의 목소리를 압축해 목소리와 흡사한 소리의 멜로디를 만드는 장치이다. 2000년대 들어 활발히 사용된 음원 파일 편집 프로그램인 오토튠은 음계를 조정하는 알고리즘을 통해 목소리를 왜곡함으로써 몽환적이고 신비로운 소리를 내는 장치이다. 토크박스는 기타의 이펙터 장치로 개발된 것으로 장치 끝에 매달린 튜브를 입에 물고 소리를 내 이펙터 효과를 낸다. 슬로우잼은 주로 로맨틱한 사랑의 감정을 가사로 담아내는 R&B 발라드를 가리킨다.

었다. 케이시 앤드 조조K-Ci & JoJo[10]가 그런 기기들을 사용했고 블랙
스트리트Blackstreet와 테디 라일리Teddy Riley는 이를 대중화했다.

2PM은 성숙한 보컬로도 높은 평가를 받았다. Eric_r_wirsing(2015)
은《NO.5》앨범에 실린 "Wanna Love You Again"을 "버터처럼 부드
러운 백보컬"을 배경으로, "메트로놈을 뛰어넘는 정확도를 가지면서
도 소울이 충만한 보컬"이 돋보이는 뛰어난 발라드라고 칭찬했다. 자
라(Jara 2015a)도 이 평가에 동의했다.

이번에 2PM은 멤버들의 가성으로 가창력을 뽐낸 느린 템포의 몽환
적인 R&B 트랙을 선보였는데, 이는 바리톤의 랩과 대조를 이룬다. 나
는 "Wanna Love You Again"에서 젊은 친구들의 진정성이 담긴 소울
풀한 목소리가 가장 좋았다.

2PM은 R&B 미학에 관여하는 차세대 아이돌 그룹을 대표한다.
　대부분의 케이팝 아이돌 그룹이 남성 밴드였지만, 한국 대중음악
씬에서 걸그룹들의 비중도 높아지기 시작했다. H.O.T.의 데뷔 1년
후, SM엔터테인먼트는 첫 여성 그룹 S.E.S.를 데뷔시켰다. S.E.S.는
바다(최성희), 유진(김유진), 슈(유수영)로 구성되었다. S.E.S.를 비롯
한 핑클과 베이비복스 등 1세대 걸그룹들은 귀여움은 물론 TLC[11] 같

10　케이시 앤드 조조는 1996년에 데뷔한 미국의 R&B 듀오이다.
11　TLC는 1990년대를 풍미한 미국의 3인조 R&B 걸그룹이다. 멤버인 티보즈T-Boz, 레프트 아이Left

은 1990년대 흑인 여성 그룹들에서 발견되는 도시적 스타일과 도발적인 면모를 강조했다. TLC는 멤버들의 목소리 조화가 두드러지는 그룹이다. 리사 "레프트 아이" 로페스Lisa "Left Eye" Lopes의 친숙한 랩 스타일이 어번 컨템퍼러리 비트를 베이스로 하는 티온 "티보즈" 왓킨스Tionne "T-Boz" Watkins와 로존다 "칠리" 토머스Rozonda "Chili" Thomas의 보컬에 교묘하게 버무려졌다. 이들의 사운드는 스파이스걸스Spice Girls 같은 팝 지향적인 1990년대 음악과 뚜렷이 구분되었다. 레이트(Elias Leight 2018)는 다음과 같이 말한다.

프로듀서 댈러스 오스틴Dallas Austin이 만든, 샘플에 많이 의존한 비트와 로페스의 랩에는 힙합의 DNA가 분명히 드러난다. 이들의 R&B 요소는 여러 명의 백보컬과 왓킨스가 놀라울 정도로 저음으로 구사하는 멜리스마 기법 리드보컬에서 확인된다. 그러한 조합의 결과는 반짝이고 유려했으며, 수십 년에 걸쳐 진화한 R&B의 정수를 보여줬다.

보컬과 랩을 잘 조화시킨 어번 걸그룹 사운드의 대표주자 TLC는 케이팝 여성 아이돌 그룹의 롤모델이 되었다. 구달(Nataki Goodall 1994)은 TLC를 적극적 여성성의 표본이라 지칭했다.

Eye, 칠리Chilli의 앞글자를 따 TLC라는 이름을 지었으며, 걸스힙합 혹은 뉴잭스윙 열풍을 주도했다. 전 세계적으로 8,500만 장 이상의 앨범을 판매하는 등 상업적인 성공을 거두었으며, 비욘세, 아무로 나미에, 양현석, 2Ne1 등 많은 아티스트들에게 음악적 영감을 주었다. 그래미 어워드 4회, MTV 비디오 뮤직 어워드 5회 수상의 기록을 갖고 있다.

[TLC는] 그들 특유의 여성성을 강조하는 데 성공했을 뿐만 아니라 무대도 지배했다(86).

에머슨(Rana Emerson 2002)은 TLC를 독립적인 1990년대 흑인 여성 아티스트들 중 하나로 지목한다.

흑인 여성 아티스트들은 활동적이고 자기 목소리를 내는 독립적인 존재로 묘사되기 시작했다. […] 사회적 발언을 하고 자신의 시각을 표현하는 것은 중요한 의미를 지닌다. 흑인 여성들은 노래와 영상을 매개로 자신들의 목소리를 내고 사회적 발언과 사람 사는 얘기를 할 수 있는 공간을 획득했다(126).

구달(Goodall 1994)은 노래 가사로, 그리고 에머슨은 뮤직비디오를 통해 90년대 흑인 걸그룹들의 독립성을 확인하지만, 필자는 케이팝 걸그룹의 음악 미학에서 그와 같은 적극적 여성성을 재확인한다.

원더걸스는 2007년 2PM, 비, god의 소속사인 JYP엔터테인먼트를 통해 데뷔했다. 10년의 활동 기간에 걸쳐 선예(민선예), 예은(박예은), 선미(이선민), 소희(안소희), 유빈(김유빈), 현아(김현아), 혜림(우혜림) 등 여러 멤버가 교체되었다. 2007년에 원더걸스를 탈퇴한 현아는 다른 여성 그룹 포미닛의 멤버로 활동을 이어갔다. 이후 솔로로 전향해 비스트의 멤버 장현승과 트러블메이커를, 펜타곤의 멤버 후이와 이던과 트리플 H를 결성하는 등 남자 아이돌 멤버와 호흡을 맞췄다. 선예와 소희도 2015년에 그룹을 떠났다. JYP엔터테인먼트의 첫 여성 그룹 원더걸스는 MTV 텔레비전 프로그램인 《원더걸스》를 통해 알려지기 시작했다. 그룹의 데뷔 싱글 "Irony"는 힙합 요소를 활용했다. 허먼(Herman 2017a)은 이 트랙이 "R&B팝 스타일과 반복적인 비트로 채워져 있어 올드한 스타일이기는 했지만, 코러스가 매끈하고 훅이 매력적이어서 좋은 반응을 얻었다"고 평가한다. 원더걸스는 2007년 신디사이저로 채운 트랙 "Tell me"가 담긴 첫 정규 앨범 《The Wonder Years》를 발매했다. 2008년에는 그룹의 최고 인기곡 중 하나인 "Nobody"가 수록된 미니 앨범 《The Wonder Years: Trilogy》를 냈다.

["Nobody"는] 모타운으로부터 영향 받은 올드스쿨 사운드에 모던한 터치를 더하고, 디스코로부터 영감을 가져옴으로써 케이팝 산업을 부흥시켰다. 이 싱글은 한국에서 가장 인기 있는 노래 중 하나가 되었다(Herman 2017a).

원더걸스는 계속해서 《Wonder World》(2011)와 《REBOOT》(2015)라는 두 개의 정규 앨범을 냈으며, 총 네 개의 미니 앨범 《The Wonder Years: Trilogy》(2008), 《2 Different Tears》(2010), 《Wonder Party》(2012), 《Nobody for Everyone》(2012)을 발매한 후, 2017년 해체했다.

원더걸스는 당대의 한국 보이밴드와 달리, 1990년대 흑인 여성 그룹의 어번 컨템퍼러리 스타일을 계승했다. 원더걸스의 2007년 앨범 《The Wonder Years》에 수록된 "이 바보"는 지축을 흔드는 듯한 베이스 라인과 신디사이저 리프로 시작되어 운전하며 신나게 듣기에 좋은 곡이다. 가볍고 발랄한 보컬로 담아낸 벌스[12]는 코러스 하모니와 잘 어울린다. 리듬은 보컬을 압도하지 않고, 감미로운 보컬 벌스와 대조적으로 자신 있게 내지르는 랩 벌스와도 잘 어울린다. 2012년 발매된 앨범《Wonder Party》의 "Hey Boy"도 유사한 어번 바이브를 드러내는데, 도입부의 실제 자동차 소리와 경적 소리는 솔로 보컬 및 기타 릭[13]과 대비된다. 마침내 비트가 시작되고, 싱커페이션[14]을 배경으로 멤버들의 매우 정교한 보컬 런과 "베이비"라는 감탄사가 들린다. 이어서 무반주의 하강 음계 하모니로 구성된 브리지로 이어진다. 원더걸스는 유빈의 직설적인 랩을 고음의 여성 보컬과 종종 병치하는데, 이는 1990년대 흑인 여성 그룹들의 팝 크로스오버를 연상시킨다. 이렇게 '아이돌'은 계속해서 R&B의 여러 스타일을 모방한다.

god, 2PM, 원더걸스는 같은 기획사에 소속되어 있지만, R&B의 요소들을 다양한 방식으로 지속적으로 인용한다. R&B 프로듀싱은 케이팝 음악산업에서 흔한 일이다.

---

12 최근의 대중가요는 "인트로-벌스-프리코러스-코러스-인터루드-벌스-브리지-코러스-아웃트로" 형식으로 구성되어 있다. 벌스는 인트로와 프리코러스 사이에서 이루어지는 메인 보컬의 노래를 가리킨다.

13 기타 릭guitar lick은 한두 개의 음으로 구성된 멜로디 라인을 기타로 연주하는 것을 가리킨다.

14 싱커페이션은 한 마디 안에서 센박과 여린박의 규칙성이 뒤바뀌는 현상을 가리킨다. 훵크 음악은 힘찬 싱커페이션을 이용한 베이스 선율과 드럼 박자에 맞추어 악기의 리듬을 강조하는 장르로 잘 알려져 있다.

케이팝 프로듀서와 R&B: 테디[Teddy], 하비 메이슨[Harvey Mason], 테디 라일리

'아이돌'을 공산품으로 바라보는 비평가들의 시각은 아이돌의 사운드 개발에 있어 중요한 역할을 한 음악 프로듀서들을 간과하는 것이다. 한국인 프로듀서 테디는 힙합에 일렉트로닉 댄스뮤직(EDM)을 접목했고, 미국 흑인 프로듀서 하비 메이슨 주니어와 테디 라일리는 그들만의 뚜렷한 R&B 사운드를 케이팝에 불어넣었다.

아이돌 그룹은 제작에 있어서 한국의 다른 음악 장르보다 프로듀서와 기획사들의 역량에 더 많이 의존한다. 대중음악은 새로운 아이디어를 가진 창작 인력의 유입과 혁신을 통해 발전한다. 음반 레코딩이 등장하기 이전의 음악과 달리, 마그네틱테이프의 사용으로 "기보記譜하기 쉽지 않았던 음악의 매개변수들을 녹음과 믹싱 과정에서 시행착오를 거치며 더 쉽게 처리할 수 있게 되었다. 이로써 작곡가의 기능은 녹음 과정에 통합되었고, 점차 팀워크 방식이 확대되었다"(Wicke, Liang, and Horn 2003: 186). 그 결과, 창의적 인재가 특히 현대 대중음악 씬에 급증했다. 더 많은 사람이 작사, 작곡, 제작, 편곡에 관여하게 되었으며, 한국 문화산업의 핵심이 된 케이팝에서 이러한 트렌드는 더욱 심화되었다. 케이팝 창작자들은 헤니온(Antoine Hennion 1989)이 규정한 현대 음악 창작의 특징을 구현한다.

그것은 아티스트, 작사가, 작곡가, 편곡자, 예술감독, 프로듀서, 음향 엔지니어 등 음악 레코딩 전문가들 간의 협업이다. 사운드, 가사, 곡, 재능 발굴 모두에 같은 방식이 적용된다. 각 맥락에서 끄집어낸 조각들이 합쳐져 하나의 노래로 완성된다(409).

엔지니어, 보컬리스트, 뮤지션, 비트메이커와 함께 작업하면서 노래의 사운드를 결정하는 것이 프로듀서의 역할이다. 1960년대 이래 음악 프로듀서들이 점차 아티스트로 진화했다. 무어필드(Virgil Moorefield 2005)에 따르면 음향적으로 독특한 "월 오브 사운드Wall of Sound"[15] 기법을 개발한 필 스펙터Phil Spector와 비틀스의 음악 프로듀서였던 조지 마틴George Martin은 "현악 4중주와 테이프 루프[16]를 병렬 배치하는 기법"과 "형상과 배경 조작을 통한 혼합 배치"로 새로운 것을 만들어냈다.

그들은 세상을 복제하는 데에 관심이 없었고, 오히려 세상을 새롭게 변형하는 데 관심을 가졌다. 주관성을 수용함으로써, 그들은 제작자를 오퇴르auteur[17]로 바라보는 관점을 강력히 제시했다(xv).

곡의 스타일이나 음악 형식을 만드는 일처럼 전통적으로 편곡자와 작곡가에 할당된 활동에 프로듀서가 참여함에 따라 음악 프로듀서의

---

15 월 오브 사운드는 현악기와 관악기 연주를 따로 녹음해 소리의 층을 쌓듯이 배치하면서 오케스트라 소리를 만드는 편집 기법이다.

16 테이프 루프는 미리 녹음된 자기테이프의 일정 부분을 자르고 끝을 이어서 원 혹은 루프를 만들어 반복 재생하는 기법이다.

17 오퇴르는 프랑스에서 비롯된 단어로, 각본 집필과 연출을 동시에 하면서 자기 소신에 따라 영화를 만드는 감독을 가리킨다. 주관과 카리스마가 강한 아티스트를 지칭하는 것으로 뜻이 확장되어 쓰이곤 한다.

작업은 예술가 수준으로 승화되었다(Moorefield 2005: xv).

케이팝 음악 제작자들은 미국 흑인 대중음악 미학을 일렉트로닉 댄스뮤직에 접목함으로써 청자를 매혹한다. 유영진이 R&B의 영향이 짙은 SMP 사운드를 만든 것처럼, 테디로 알려진 박홍준은 힙합 스타일이 강한 YG엔터테인먼트를 통해 명성을 떨쳤다. 그는 1998년 YG의 힙합 그룹인 원타임¹ᵀʸᴹ의 멤버로 활동을 시작했다. 테디와 대니(임태빈), 진환(오진환), 백경(송백경)으로 구성된 원타임은 1998년 데뷔 앨범과 동명의 싱글 "One Time for Your Mind"로 데뷔했다. 무겁지만 단순한 신디사이저 리프로 시작되는 이 중간 템포의 노래는 벌스 부분에서 대담한 스타일의 랩이 등장하고 코러스의 단조로운 보컬로 마무리된다. 뮤직비디오는 헐렁한 의상을 입은 멤버들의 비보이 댄스를 보여준다. 8년 동안 모두 다섯 장의 앨범을 출시한 원타임은 한국 힙합의 선구자로 인정받는다. 데뷔 3년 차부터 원타임의 음악 제작에 참여하기 시작한 테디는 2000년에 발매된《2nd Round》앨범에 수록된 "One Love"의 작사, 작곡, 편곡에 관여했다. 테디는 원타임의 멤버로 활동하며 YG엔터테인먼트 소속 동료 힙합 가수들의 프로듀싱을 맡았다. 테디는 지누션의 2001년《The Reign》앨범에 수록된, 당시로서는 드물게 영어로만 이루어진 "Hip-Hop Seoul-자(者)"를 공동으로 작사했다. 김진우와 노승환으로 구성된 지누션은 원타임보다 1년 전에 데뷔했다. 지누션의 두 멤버는 12살 때 미국에 이민 간 경험이 자신들의 음악 세계에 상당한 영향을 미쳤다고 말한다.

사이프러스 힐과 같은 미국의 독창적인 랩 아티스트의 음악을 들은 사람은 많지 않습니다. 한국에서는 흔하지 않죠. 우리는 그들과 같은 미국의 독창적인 랩 아티스트와 함께 일하고 있습니다. 이것은 30만 혹은 40만 명의 한국인들이 원조, 즉 진짜를 듣게 된다는 것을 의미합니다. 제가 한국인들에게 보여주고 들려주고 싶었던 것이 이겁니다 (Johnson 2003: 85).

재미교포인 테디도 미국에서 비롯된 힙합 미학을 구현했다.

테디는 YG엔터테인먼트의 힙합 가수들과 자주 협업하는 한편, 아이돌 가수들의 일렉트로닉 댄스뮤직(EDM)에 힙합 감성을 불어넣었다. 어떤 이들은 EDM이 미국 흑인 대중음악과 전혀 무관하다고 생각하지만, 이 장르의 많은 요소가 미국 흑인 대중음악에 뿌리를 두고 있다. 1970년대 미국 대중음악 씬으로 거슬러 올라가보자. 빈센트 (Vincent 1996)는 훵크 음악이 댄스 장르에도 엄청난 영향을 미쳤다고 말한다.

리듬앤블루스 전통과도 직접적인 관련이 있는 훵크 음악은 땀에 젖을 정도로 쉬지 않고 춤을 추게 만드는 댄스 오락의 한 형태가 되었다(19).

1970년대 훵크에서 비롯된 디스코는 "다른 무엇보다도 비트를 강조"했으며 "댄스팝과 힙합에서부터 하우스와 테크노에 이르기까지 다양한 댄스 기반 장르로 성장했다"(Bogdanov 2003: ix). 오늘날 일렉트로닉 댄스뮤직으로 간주되는 무수한 댄스 장르들은 다른 R&B 장르들처럼 리듬을 강조한다. EDM의 한 장르인 테크노는 댄스음악으로 고안된 혼종적인 음악 형태로, 이 역시 미국 흑인음악에 기원을 두고 있다. 누군가는 테크노를 단조롭게 여기겠지만, 테크노 역시 리듬을 중시한다.

> 디트로이트 테크노(시카고 하우스 음악도)는 초기에 베를린, 맨체스터, 그리고 벨기에에서 유행한, 유럽 스타일의 황홀하고 환각적인 음악으로 포장돼 선보였다(Andy Beta 2015).[18]

테크노는 흔히 유럽의 음악으로 분류되지만, 베키올라(C. Vecchiola 2011)는 "디트로이트 테크노는 펑크의 영향을 받은 장르로서, 리듬을 겹겹으로 사용하는 것으로 잘 알려져 있다"(100)고 말한다.

흑인음악은 테크노 발전에 크게 이바지했다. 선구적인 테크노 프로듀서이자 DJ인 에디 폴크스Eddie "Flashin" Fowlkes는 DJ 프랭키 너클스Frankie Knuckles가 음악 장르를 다양하게 활용하는 것에서 영감을 받았다고 말한다.

> 프랭키는 필리 인터내셔널 레코드사의 트랙을 포함해 여러 곡을 자

---

18 디트로이트는 테크노가 시작된 곳이다. 에디 폴크스, 프랭키 너클스, 언더그라운드 리지스턴스 등 상업적으로 성공한 테크노 아티스트들의 활동 공간이었다.

신의 릴투릴 테이프reel-to-reel tape[19]에 직접 편집했다(Hoffman 2005).

진 맥패든Gene McFadden과 존 화이트헤드John Whitehead뿐 아니라 제작 듀오 리언 허프와 케네스 갬블Kenneth Gamble 등이 이끈 필리 인터내셔널 레코드사는 화려한 현악기와 강렬한 금관악기를 특징으로 한 필리 사운드를 개척했다. 케빈 손더슨Kevin Saunderson은 자신들이 음악을 어떻게 믹스했는지 떠올린다.

우리는 모두 같은 음악을 사용했지요. 크라프트베르크Kraftwerk, B-52s, 뉴 오더New Order, 디페쉬 모드Depeche Mode, 알렉산더 로보트닉Alexander Robotnik, 펑카델릭Funkadelic, 심지어 프린스의 음악과 여러 디스코 레코드, 그리고 에디 그랜트Eddy Grant의 음악 말입니다 (Hoffman 2005).

디트로이트는 흑인음악 장르와 리듬을 융합했을 뿐만 아니라, 이질적인 요소들을 새로운 것으로 만들어내기 시작했다. 아이돌 입장에서는 테크노가 초국가적 감성을 지녔다는 점이 중요했다. 미국의 EDM 아티스트들은 유럽 등지에서 공연을 하며 EDM의 초국가적 팬덤을 확장했다. 1992년에 출범한 바이닐 레코드사 서브머지Submerge는 테크노와 일렉트로 음악박물관 Exhibit 3000을 설립하여 디트로

---

19 릴투릴 테이프 시스템은 카세트테이프가 발명되기 직전에 사용되던 녹음 방식으로, 테이프 너비가 최대 5.8센티미터 정도로 커서 사용이 불편했다.

이트 테크노의 존재를 전 지구적으로 드러냈다.

서브머지사의 세계지도를 빽빽이 채운 압정은 고객 우편주문량뿐 아
니라 소속 아티스트의 인기, 그리고 전 세계에 퍼져 있는 소매상을
가리킨다. 이는 곧 EDM이 전 세계적으로 인기를 끌고 있음을 의미한
다(Vecchiola 2011: 108).

EDM이 미국 흑인 문화에 근거했다는 사실은 사회적 함의를 지닌다.
베타(Beta 2015)는 "테크노에 대한 초기 이미지(도심 빈민가 쇠락에 대한
반발, 흑인 인권운동의 산물, 저항의 한 방식)는 이 장르의 기원을 지속적
으로 상기시킨다. 이런 점에서 디트로이트 테크노 음악 밴드 언더그
라운드 리지스턴스Underground Resistance라는 이름은 수사가 아닌 현실에
대한 직설적인 표현"이라고 지적한다.

이러한 EDM의 수용은 R&B 전통의 모방을 상징한다. 테디는 자
신의 힙합 경험을 EDM 트랙으로 만들어 여성 그룹 2NE1의 곡들
을 전 세계적으로 히트시켰다. 2011년 "내가 제일 잘나가"가 그 예
다. 한 비평가는 이 트랙이 "비트가 강렬해서 보컬을 입히지 않아도
소란스러운 클럽에서조차 묻히지 않을 곡이다."([Review] "I Am the
Best" 2011)라고 말한다. 테디는 또한 랩과 테크노를 혼합한 빅뱅의
"FANTASTIC BABY"(2012)의 곡 작업에 주도적으로 참여했다.

이들이 추구한 테크노 사운드는 더 강렬해지고 또 성숙해졌다. 후크

는 더 좋아졌고, 신디사이저 사운드는 더 조화로워졌으며 다이내믹함은 여전했고, 멜로디는 그다음이었다(Rivera 2012).

이 곡에는 랩도 있었고, 샘플링된 힙합에서 들을 수 있는 음악적 기교도 느껴졌다.

한국인 프로듀서뿐 아니라 아이돌 그룹들과 함께 일한 미국 흑인 프로듀서들도 R&B 요소를 인용했다. 다양한 미국 R&B 아티스트들과 작업한 베테랑 프로듀서 하비 메이슨 주니어는 어린 시절 재즈 드러머이자 재즈 쿼텟 포플레이Fourplay의 창립 멤버인 그의 아버지 하비 메이슨 시니어로부터 많은 영향을 받았다. 메이슨 주니어는 어린 나이에 퀸시 존스, 브라더스 존슨Brothers Johnson, 허비 핸콕Herbie Hancock과 같은 전설들을 만나곤 했다. 프로듀서로서 그의 첫 성공작은 브랜디Brandy의 1998년 히트곡 "Truthfully"였는데, 그는 이후 데스티니스 차일드Destiny's Child, 휘트니 휴스턴Whitney Houston, 마이클 잭슨과 작업했다. 2000년에 메이슨 주니어는 1990년대에 케네스 "베이비페이스" 에드먼즈Kenneth "Babyface" Edmonds의 제작 파트너였던 데이먼 토머스Damon Thomas와 함께 음악 제작 회사인 언더독스Underdogs를 설립했다. 언더독스에서 그들은 보아, 샤이니, EXO, 소녀시대를 포함한 SM 엔터테인먼트 아티스트들의 노래를 작업했다. 『빌보드』지의 벤저민(Benjamin 2013)은 샤이니의 "상사병"이 "경쾌한 R&B 박자에 더해 몽롱한 전자음악 느낌"을 갖게 된 것은 언더독스 덕분이라고 평한다.

곡이 시작되고 18초부터 전환이 이루어져 코러스가 진행되는데, 온유, 종현, 키, 민호와 태민이 쿵쾅거리는 피아노 연주에 맞춰 샤이니 특유의 멋진 하모니를 들려준다.

스태크니악(Zander Stachniak 2015)은 메이슨 주니어의 또 다른 작품인 EXO의 "시선 둘, 시선 하나(What If…)"(2015)를 "아름다운 올드스쿨 R&B 곡"이라고 말한다. 또한 "당신이 R&B를 좋아한다면, 이 곡을 당신의 슬로우잼 플레이리스트에 반드시 넣으세요."라고 말한다. 2014년 메이슨 주니어가 작업한 EXO의 《중독(Overdose)》 미니 앨범에 수록된 같은 이름의 싱글은 전자음악과 힙합의 역동적인 리듬을 혼합한 것이다. 노래 초반, 박수 소리가 이끄는 강한 비트는 듣는 사람을 압도하고, 리듬은 느긋하면서도 간간이 터져 나오는 랩 벌스를 강조하며, 보컬은 음향적으로 대조를 이룬다. 이 곡은 프리코러스에 들어서며 더욱 흥미로워진다. 작은 북snare drum과 미세한 전자 효과음이 보컬을 받쳐주어, 일렉트로닉 사운드 정경에서 인간의 자연스러운 목소리가 강조된다. 코러스에서는 묵직한 베이스 연주가 보컬 코러스를 거든다. 관현악 연주를 도입한 곡의 후반부는 마지막 코러스 바로 앞에서 절정에 이르기까지 사운드를 쌓아간다. 영어권 케이팝 사이트 올케이팝의 기고자인 eric_r_wisring은 "중독(Overdose)"을 "춤 추기 좋은 최고의 곡이다. 강조된 전자음이 폭발적으로 연주된다. 코러스는 웅장하고 드라마틱하다. 만약 그런 표현이 있다면 이건 그야말로 클럽 클래식이다."(2014)라고 썼다. 제시카 오크(Jessica Oak 2014)

는 "힙합과 R&B 훅, 일렉트로닉 비트의 강한 리듬이 돋보이는 매우 멋진 어번 팝 명곡"이라고 평한다. 이러한 팬 비평가들은 메이슨 주니어의 전문성이 만들어낸 일렉트로닉 팝 요소가 강조된 리듬을 자주 언급한다.

R&B 프로듀서로서 뉴잭스윙의 선구자인 테디 라일리는 케이팝의 일렉트로닉 사운드를 업그레이드했다. 1989년 데뷔한 미국 R&B 그룹 가이^{Guy}의 멤버로 커리어를 시작한 그는 "16번째 음에서 셋잇단음표 스윙 리듬을 사용하는 뉴잭스윙"을 창시했다. 바비 브라운 Bobby Brown의 앨범 *Don't Be Cruel*에 실린 그의 곡 "My Prerogative" (1988)와 알 비 슈어!$^{Al\ B.\ Sure!}$의 앨범 *In Effect Mode*에 실린 "Off on Your Own"(1988) 등이 좋은 예다"(Ripani 2006: 131). 라일리는 1990년대 R&B 그룹 블랙스트리트의 일원으로서 R&B의 성가를 드높였다. 그는 케이팝 여성 아이돌 그룹 라니아$^{BP\ RaNia}$의 2011년 노래 "Dr. Feel Good"을 제작했을 뿐만 아니라 남성 팝그룹들에게도 R&B 감성을 불어넣었다. 라일리는 다음과 같이 말한다.

케이팝이 이미 뉴잭스윙 트렌드를 따르고 있었기 때문에, 케이팝과 뉴잭스윙을 혼합하기 용이했다(Shephard 2017).

"뉴잭스윙에 필수적인 힙합 비트와 섹시한 R&B 보컬"을 보여준 소녀시대의 "The Boys"부터 라일리가 격찬한 비투비의 "WOW"까지, 여러 트랙에서 이 트렌드를 확인할 수 있다(Lindsay 2012). 케이팝에는 이처럼 R&B 전통의 모방이 있는 동시에 발전도 함께 이루어지고 있다.

팝 장르 믹싱: 샤이니, 신화, 동방신기

아이돌 그룹은 R&B를 인용할 뿐만 아니라 다양한 장르의 대중음악을 혼합하여 R&B 전통을 더 높은 수준으로 끌어올린다. 이러한 믹싱은 실로 케이팝의 대표적 특징이다. 팝그룹 샤이니의 음악은 여러 장르에 걸쳐 있으나 R&B 보컬을 지속적으로 활용한다. 1세대 보이그룹 신화는 20년간 록랩과 댄스를 포함해 다양한 장르를 시도했다. 아이돌 그룹 동방신기는 팝그룹으로서의 확고한 명성에도 불구하고 R&B 발라드를 실험했다.

샤이니는 2PM과 함께 2008년에 데뷔했지만, 두 그룹의 성격은 매우 달랐다. 샤이니SHINee는 "빛을 받는 사람"을 의미한다. SM엔터테인먼트 소속의 이 5인조 그룹은 원래 온유(이진기), 종현(김종현), 태민(이태민) 세 보컬과, 민호(최민호)와 키(김기범) 두 래퍼로 출범했다. 밝은 색상과 트렌디한 스타일을 선호하는 '컨템퍼러리' 그룹을 표방한 샤이니는 활동 초기부터 다양한 R&B 장르와 퍼포먼스 스타일을 보여줬다. 이런 특징은 첫번째 앨범인 《The SHINee World》(2008)의 히트 싱글 "누난 너무 예뻐(Replay)"에 대표적으로 드러나는데, 허먼(Herman 2018)은 이를 "부드럽고 현대적인 R&B 스타일로 만들어진 이별 통보곡"이라고 표현했다. 샤이니는 2010년 "Lucifer"를 발표했는데, 이 뮤직비디오의 정교한 안무는 이후 그룹의 특징이 되었다. "누난 너무 예뻐"와 "Lucifer"의 안무는 재닛 잭슨과도 호흡을 맞춘 적 있는 리노 나카소네[Rino Nakasone]가 맡았는데, 이는 케이팝에서 가장 어려운 안무로 알려져 있다. 재닛 잭슨과 함께 일했던 또 다른 안무가 토니 테스타[Tony Testa]는 샤이니의 "Sherlock·셜록(Clue+Note)"과 "Dream Girl"의 안무를 구성했다. 샤이니는 아시아 음악인으로는 최초로 2011년 런던 애비로드 스튜디오에서 공연했고, 이후 한국 그룹으로는 최초로 런던에서 단독 콘서트를 열었다. 이들은 한국에서 《Dream Gir－The Misconceptions of You》와 《Why So Serious?－The Misconceptions of Me》를 포함한 The Misconceptions 시리즈(2013), 《Odd》(2015), 그리고 《1 of 1》(2016) 등의 앨범을 냈다. 다른 아이돌 그룹 멤버들처럼 샤이니 멤버들도 솔로 활동을 병행했다. 종현은 두 장의 정규 앨범과 한 장의 미니 앨범을 발매했고 이하이와 태민의 트랙뿐만 아니라 샤이니의 여러 노래를 작곡했다. 태민은 세 장의 정규 앨범과 세 장의 미니 앨범을 발매했다. 샤이니는 2011년 일본에서 정식 데뷔한 후 《THE FIRST》(2011), 《Boys Meet U》(2013), 《I'm Your Boy》(2014), 《D×D×D》(2016), 《FIVE》(2017) 등 수준 높은 음반들을 발표했다. 2017년 《FIVE》 앨범의 일본 프로모션 직후, 오랫동안 우울증을 앓던 종현은 그해 12월 스스로 목숨을 끊었다. 일본 투어의 나머지 공연을 마친 2018년 초 샤이니는 일본 컴필레이션 앨범인 《SHINEE THE BEST FROM NOW ON》을 발표했다. 같은 해에 3부작 한국 앨범 시리즈인《The Story of Light》를 출시했다.

샤이니는 팝에 R&B를 사용하는 등 예상외로 다양하게 보컬을 활용하는 것으로 잘 알려져 있다. 2013년 앨범《Everybody》의 "상사병"을 보자. 느린 템포의 리듬을 배경으로 시작하는 종현의 애처로운 솔로 보컬과, 이어지는 온유의 더욱 감미로운 보컬은 완전히 발라드라고는 할 수 없는 이 곡에 흥미로운 대조를 만든다. 때때로 짧은 화음의 프레이즈가 끼어드는 벌스에서는 보컬의 차이점이 두드러진다. 한 곡 내에서 멤버들의 목소리가 이런 식으로 이어짐으로써 클래식한 R&B 사운드의 느낌이 난다. 벌스는 리듬감 있는 브레이크로 채워지고 브레이크다운은 서사적이고 관현악적인 느낌을 준다. 팬 비평가들은 이 트랙에서 독특하지만 본질적으로는 R&B적인 음악 요소를 찾아낸다. 에도가와(Alice Edogawa 2013)는 이 노래에서 브로드웨이 뮤지컬과 R&B의 잔향을 느끼지만, 도로프(Jakob Dorof n.d.)는 이 트랙을 "코러스의 카타르시스를 향해 휘청거리며 나아가는 포르타멘토 신디[20] 사운드와 키가 급격히 변환하는 브리지 간의 내적 불협화음"이라고 평가한다.

샤이니는 2015년 앨범《Odd》에서 다양한 스타일을 시도한다. 그럼에도 불구하고 R&B 요소를 지속적으로 활용함으로써 새로운 맥락을 선보인다. 앨범의 프로모션 트랙인 "View"는 샤이니의 트레이

---

20 포르타멘토 신디는 한 음에서 다음 음으로 미끄러지듯 이동하는 사운드를 만들어내는 신디사이저의 기능을 가리킨다.

드마크인 보컬을 활용했다.

오늘날 케이팝 곡의 90퍼센트가 그러한 것처럼 진짜 마법은 멜로디에 있다. 하지만 샤이니가 "View"를 부를 때, 이 평범한 디스코라이트Disco-Lite 트랙은 실제보다 더 활기차다는 착각을 불러일으킨다("An Annotated Listening: Odd" 2015).

이 곡은 샤이니의 보컬과 옛 흑인 대중음악의 기악법이 잘 어우러진 스윙 스타일의 곡 "Woof Woof"와 대비된다. 아브라카(Alejandro Abraca 2015)는 이 곡이 "브라스, 재즈, 스윙이 혼합되어 새로운 장르를 만들어낸다"고 말한다. 또한《Odd》에는 여러 음악적 요소와 R&B가 혼합된 "Trigger"란 곡이 수록되어 있다. 도입부를 이끄는 불협화음의 일렉트로닉 사운드는 샤이니만의 특징적인 보컬이 돋보이는 편안한 R&B 리듬의 벌스로 나아간다. 코러스에는 일렉트로닉 사운드가 좀 더 강하지만, 벌스에서는 R&B 느낌으로 되돌아간다. 자라(Jara 2015b)는 이 곡을 "묵직한 베이스와 드럼, 화려한 신디사이저, 동양적인 음향효과와 악기에 이르기까지 다양한 배경을 지닌" "네오소울 R&B의 영향을 받은 넘버"라고 표현한다. 이 곡은 앨범 내 흐름에 뚜렷한 변화를 준다.

이 곡은 바로 앞 트랙과는 360도 다르다. "Romance"가 매우 기쁘고 즐거운 분위기였다면 "Trigger"로 음반의 분위기는 어두워진다. R&B

비트와 트랩 요소, 실로폰과 빅 베이스 드롭[21] 등 이 트랙에는 서로 잘 어울리지 않는 사운드가 섞여 있지만, 가사와 묘하게 잘 어울리는 듯하다(Abraca 2015).

《Odd》앨범에는 친숙한 R&B 요소를 새로운 맥락에 집어넣는 샤이니의 경향이 잘 드러난다. 여러 장르의 조합은 SM엔터테인먼트 음악 제작의 특징이다. 유영진은 이러한 경향을 재닛 잭슨의 음악과 연결지어 설명한다.

재닛 잭슨의 음악을 듣고 그녀의 공연을 보며, 나도 한 곡에 다양한 퍼포먼스 요소를 담고 싶었다. 노래의 처음부터 끝까지 한 흐름만 취하기보다는 특정 플로우를 설정했다가 뒤집거나, 음악 도중에 브레이크를 걸거나 박자를 늦추는 것 말이다. 어떻게 보면 한 곡에 다섯 가지 리믹스 버전을 넣는 것과 같다고 할 수 있다([INTERVIEW], "Record Producer Yoo Young-jin" 2010a).

샤이니가 한 앨범에서 여러 장르를 실험했다면, 최장수 남성 아이돌 그룹 신화는 21년의 커리어 내내 여러 장르와 더불어 R&B를 인용했다. 신화의 사운드는 이민우, 신혜성, 김동완으로 구성된 싱어와 에

---

[21] 트랩은 1990년대 중반 미국 남부 멤피스에서 발생하여 2000년대와 2010년대 전 세계에서 큰 유행을 불러일으킨 비트 장르이다. 킥과 스네어를 4분의 4박자에 2분음표로 번갈아 치면서 하이햇은 빠르게 치는 비트로, 청자로 하여금 거친 쾌감을 불러일으킨다. 베이스 드롭은 곡의 빌드업 이후에 시작되는 낮고 커다란 베이스 라인의 음향효과를 가리킨다. EDM과 덥스텝에 주로 사용된다.

릭(에릭 문), 앤디(앤디 리), 전진(박충재)으로 구성된 래퍼 간의 균형을 바탕으로 만들어진다. 이러한 구성으로 신화는 여러 싱어와 래퍼 중 한 명의 파워풀한 R&B 보컬리스트를 내세운 god와는 매우 다른 그룹이 되었다. 신화는 SM엔터테인먼트 소속으로, 1998년 앨범《해결사》로 데뷔했다. 앨범 타이틀 곡 "해결사"는 랩 벌스로 장식된 댄스곡으로, 1990년대 스타일의 R&B 비주얼과 사운드를 차용했다. 뮤직비디오에는 "피 디디[P. Diddy]"라는 예명으로 활동한 힙합 가수 숀 콤스와 미시 엘리엇[Missy Elliott][22]을 연상시키는 반짝이는 트레이닝복 차림을 한 멤버들이 등장한다. 그들은 세기말적 풍경을 배경으로, 흔들리는 거대한 추 위에서 춤을 춘다("신화―해결사" 2010). 신화는 앨범《Only One》(2000)의 히트곡 "All Your Dreams"뿐만 아니라 2집 앨범《T.O.P》(1999)에서도 어두운 콘셉트를 취한다는 면에서 다른 남성 아이돌 그룹들과 달랐다. 청회색을 주된 배경으로 촬영한 이 뮤직비디오에서 멤버들은 하찮은 일에 종사하는 모습을 연기한다 ("신화―All Your Dreams" 2013). 노동자 계급으로 분한 신화 멤버와 부유한 구애자가 한 여성을 둘러싸고 삼각관계로 얽힌다. 같이 어울리던 멤버들은 다른 청년들에게 괴롭힘을 당하다가 결국 싸움에 휘말린다.

신화는 H.O.T.를 따라 만들어졌지만 다재다능함과 정교한 안무로

---

22 미시 엘리엇(1971~)은 미국의 래퍼이자 싱어송라이터로 미국 여성 힙합 아티스트의 대모로 불린다. 그래미 어워드와 아메리칸 뮤직 어워드 수상 경력이 있으며, 2013년 KCON LA 무대에서 지드래곤과 협업하기도 했다.

활동 내내 뚜렷한 획을 그어 이후의 케이팝 그룹들에게 영향을 미쳤다. 앨범 《Hey, Come On!》(2001)의 "Wild Eyes" 뮤직비디오에서는 의자를 활용한 안무를 선보였는데, 이후 샤이니와 BTS 등 후발 케이팝 그룹들이 이를 모방했다.

2002년 《Perfect Man》과 《너의 결혼식》, 두 장의 앨범을 발표하며 신화는 최장수 케이팝 그룹이라는 명성을 얻게 된다. 그러나 그해 신화 멤버들이 SM엔터테인먼트와의 재계약을 거부하면서 케이팝 산업은 충격에 빠졌다. 이후 굿엔터테인먼트에 합류한 신화는 《Brand New》(2004)와 《10th Anniversary-RUN》(2008) 등의 앨범에서 음악 프로듀싱과 안무에 관여했다. 신화는 god처럼 여러 텔레비전 예능 프로그램에 출연했는데, 새로운 아이돌 그룹을 만들기 위한 경연 프로그램인 《배틀신화》(2005)에서는 심사위원으로 참여했다. 멤버들은 그룹 활동을 하면서 솔로로도 활동했다. 혜성이 일곱 장의 정규 앨범을 내는 등 가장 활발한 활동을 하고 있고, 민우가 네 장, 동완이 두 장의 앨범으로 그 뒤를 따르고 있다. 신화는 멤버들이 모두 군 복무를 마친 2012년 자신들의 연예기획사인 신화컴퍼니에서 재회하여 정규 앨범 《The Return》(2012), 《The Classic》(2013), 《WE》(2015), 《UNCHANGING: TOUCH》(2017) 등을 냈다.

신화는 커리어 내내 R&B 요소에 지속적으로 관여하며 동시에 여러 장르를 천착했다. 신화의 초기 앨범들에서는 스탠더드팝 트랙보다는 록과 결합된 공격적인 랩이 더 돋보인다. 데뷔 앨범에 이어 발표한 《T.O.P》 앨범의 열한 곡 중 여덟 곡에는 신디사이저와 일렉트릭 기타가 만들어내는 공격적인 랩과 무거운 사운드가 가득하다. "All Your Dreams"는 랩과 록뿐 아니라 심지어 클래식 음악도 담고 있다. 앨범《Only One》에 수록된 이 곡은 클래식 음악 스타일의 웅장한 오케스트라 서곡으로 시작되다가, 신디사이저가 첨가된 묵직한 록 기타 사운드로 전환된다. 랩 보컬들의 큰 소리는 이어지는 코러스의 하모니에서 살짝 누그러진다. 곡의 끝 무렵에 기타는 신디사이저가 지배하는 시퀀스에게 자리를 내어주고 곡은 점차 일렉트로닉 댄스뮤직의 형태가 되어간다.

이러한 방식이 록과 랩의 혼종은 미국 힙합 그룹 런 디엠씨Run D.M.C.와 에어로스미스Aerosmith[23]의 협연에서 찾아볼 수 있다. 1994년 두 그룹이 협연해 발표한 "Walk This Way"는 당시 미국의 주류 평단으로부터 악평을 받았으나 사실 이 곡은 그보다 10여 년 전 런 디엠씨가 시도한 록과 랩의 융합보다 음악적 완성도 면에서 뛰어났다. 1984년 런 디엠씨의 데뷔 앨범 RUN-D.M.C에 수록된 "Rock Box"는 세션 뮤지션 에디 마르티네스Eddie Martinez가 작곡한 기타 곡을 수록하고 있다. 마르티네스는 런 디엠씨의 1985년 앨범 King of Rock의 타이틀 트랙에도 참여했다. 미학적 영향력을 지닌 런 디엠씨의 록 활용은 힙합의 음향적 지평을 넓혔다.

---

23 런 디엠씨(1983~2002)는 미국 힙합 씬에서 가장 영향력 있는 그룹의 하나였다. 2004년 『롤링스톤』지가 선정한 "가장 위대한 뮤지션"에서 48위에 올랐으며, 2009년 로큰롤 명예의 전당에 헌액되었다. 에어로스미스는 1970년에 결성되어 현재까지 활동 중인 5인조 밴드로 역대 미국 최고의 록밴드로 평가받고 있다. 그래미 어워드와 아메리칸 뮤직 어워드를 여러 차례 수상했으며, 2001년 로큰롤 명예의 전당에 이름을 올렸다.

록과 힙합의 결합은 게토 랩뿐 아니라 록 기타의 굉음에 꽤 잘 어울리는 신선한 사운드를 창조했다. 도시 흑인음악과 로큰롤의 결합을 통해 형성된 시끄러운 하드록 랩은 노골적인 정치적 가사 없이도 음악산업의 기존 권력 지형을 위협했다(Vincent 2004: 482-488).

런 디엠씨처럼 록과 랩 하이브리드를 지속적으로 추구한 신화는 "All Your Dreams"에 신디사이저를 활용함으로써 음악적 혼종성을 더욱 드러냈다.

신화는 무대 위에서 명성을 쌓아가며, 후속 앨범을 통해 록랩 트랙에서 댄스 트랙으로 점차 나아간다. 신화는《Winter Story 2004-2005》(2004)에 수록된 "잠 못 드는 밤 비는 내리고"에서 디스코를 인용한다. 이 곡은 남성 보컬과 대비되는 하모니 가득한 여성 보컬과 풍부한 현악으로 시작하고, 일반적인 벌스-코러스 구조 대신 디스코 리듬을 강조한다. 이 버전은 디스코풍으로 감미로운 랩을 전면에 내세운 김건모의 원곡(1992)과 큰 차이를 보인다. 신화는 앨범《The Return》의 "Be My Love"를 통해 디스코 사운드로 돌아간다. 이 트랙은 1970년대 스타일의 구어체 인트로와 대규모의 디스코 오케스트라를 특징으로 하며, 플루트와 디스코 비트가 강조된 현악 구성을 수반한다. 약 10년 간격으로 발간된 두 트랙은 신화가 디스코 편곡과 R&B 보컬, 그리고 부드러운 랩을 사용하여 노래의 댄스 요소를 어떻게 보완했는지를 잘 보여준다. 한 리뷰는 이 곡이 "디스코 장르에 아주 잘 맞아, 뮤직비디오가 만들어진다면 반짝이는 스팽글 재킷으로 가득 찬 무대를 상상할 수 있다."라고 했다("Album Review—May: Shinhwa" 2012).

《The Return》에서처럼 신화는 이후 다른 종류의 일렉트로닉 댄스뮤직을 시도했다. 배정(Bae 2012)은 이 앨범이 "모던한 댄스 팝의 양식을 받아들이면서도 여전히 신화의 오랜 카리스마를 명징하게 보여준다"고 언급했다. 그는 이어 "으스스한 느낌의 클럽 선율의 인트로, 웅얼거리는 코러스, 오토튠과 덥스텝 등은 그들의 이전 음악과 매우 다르다"고 지적했다. 여러 장르에 관여해왔지만, 신화는 여전히 R&B 하모니 스타일의 다양한 보컬 양식을 고수한다. 세 보컬 중 민우는 신화 보컬의 다양성에 대해 다음과 같이 말한다.

혜성이 메인 보컬이었고 에릭이 랩을 책임졌죠. 멤버들은 각자 다른 음색을 지니고 있어요. 혜성이의 목소리를 들으면 귀가 솔깃해져요. 제가 개인적으로 좋아하는 동완이의 파워풀한 목소리는 댄스곡에서 다양한 스타일을 표현할 수 있어요. 저처럼 에릭도 세련된 목소리를 좋아하죠. 전진은 자신감 있는 목소리를 가진 데다 테크닉도 좋습니다([INTERVIEW], "Shinhwa" 2015).

전형적인 신화 사운드는 "Venus"(2012)와 같은 모던 댄스 트랙에서도 확인된다.

몇 번 더 들어보면 예전 스타일이 드러나기 시작한다. 비트로 나누어지고 멜로디로 균형 잡힌 코러스는 쿵쿵거리는 드럼머신[24]과 전체적인 하모니를 이루어 멋진 사운드를 만든다(Bae 2012).

20년 동안 시도하지 않은 장르가 거의 없지만, 신화는 계속해서 새로운 맥락에서 R&B 요소를 시도한다.

팝 밴드로 더 잘 알려진 또 다른 SM엔터테인먼트 그룹 동방신기도 R&B를 시도함으로써 음악적 다양성을 추구한다. TVXQ는 동방신기의 중국어식 약자로 "동방의 떠오르는 신들"을 의미한다. 일본에서는 '토호신기'로 알려져 있다. 동방신기는 2004년 유노윤호, 최강창민, 김재중, 박유천, 시아(김준수) 등 다섯 명의 멤버로 데뷔했다. 이 그룹은 H.O.T.의 해체와 신화의 SM 이탈에 따른 공백을 메우며 중요한 아이돌 그룹으로 자리매김했다. 데뷔 앨범인《Tri-Angle》(2004)에는 그룹의 음악적, 시각적 다재다능함을 보여주는 세 개의 타이틀 트랙이 있다.

- 곡 중반의 훵키한 댄스 브레이크다운이 특징인 가벼운 팝 트랙 "Hug"
- 리듬과 힙합 요소가 가미된 업템포 댄스곡 "The Way U Are"
- 모차르트의 샘플링과 SM엔터테인먼트의 트랙스TRAX가 연주한 록을 간주곡으로 넣은 혼종적인 트랙 "Tri-Angle"

24　드럼머신은 신디사이저의 일종으로 여러 가지 샘플을 사용해 비트를 만드는 장치이다.

동방신기는 2006년부터 2009년까지《"O"-正.反.合.》(2006)과 《MIROTIC》(2008)을 발매했는데,《MIROTIC》의 타이틀 트랙 "주문-MIROTIC"은 그룹의 최고 히트곡 중 하나가 되었다. 『빌보드』지는 이 곡을 "폭발할 듯한 일렉트로 팝송"이자 "오프비트의 어둡고 끈적끈적한 곡"이라고 평했으며 "리버스 베이스Reverse Bass[25] 비트, 재기 넘치는 신디사이저, 여러 겹의 하모니"로 구성되었다고 묘사했다 ("100 Greatest Boy Band Songs of All Time" 2018). 이 외에도 동방신기는 《Heart, Mind and Soul》(2006),《Five in the Black》(2007),《T》(2008), 《The Secret Code》(2009)를 포함한 몇 개의 일본어 앨범을 발매했다. 2009년 김재중, 박유천, 김준수가 SM엔터테인먼트를 상대로 소송을 제기하고 소속사를 탈퇴했다. 이들은 3인조 그룹 JYJ를 구성해 당시로서는 드문 영어 케이팝 앨범《The Beginning》(2010)을 비롯해,《IN HEAVEN》(2011)과《JUST US》(2014)를 발표했다. 김준수와 김재중은 또한 여러 장의 솔로 앨범을 냈고, 김재중과 박유천은 드라마에도 출연했다. 윤호와 창민은 동방신기로 계속 활동하며,《MIROTIC》발매 3년 만인 2011년에 앨범《왜(Keep Your Head Down)》를 통해 컴백했다. 이들은《Catch Me》(2012),《TENSE》(2014),《RISE AS GOD》(2015),《New Chapter 1: The Chance of Love》(2018)뿐 아니라《TONE》(2011),《TIME》(2013),《TREE》(2014),《WITH》(2014), 《TOMORROW》(2018) 등 여러 일본어 앨범을 발매했다.

---

25 리버스 베이스는 베이스 소리를 거꾸로 재생시킨 듯한 비트로, 초기 하드 스타일의 핵심 요소로 여겨졌다.

역동적인 안무와 눈길을 사로잡는 영상, 그리고 귀에 쏙 들어오는 노래로 잘 알려진 동방신기는 R&B 발라드로도 유명하다. 미국 흑인 가수들이 부른 발라드 곡들이 팝 차트에 오르는 경우가 있지만, 특정 R&B 발라드는 R&B 전문 차트에만 오르고 주로 어번 라디오 방송[26]을 통해 유통된다. 리샤(Rischar 2004)는 아니타 베이커Anita Baker를 예로 들며 다음과 같이 설명한다.

"Just Because"를 비롯한 베이커의 히트곡들이 흑인 라디오에서는 계속 흘러나오지만, (어덜트 컨템퍼러리 방송국을 포함한) 팝 라디오에서는 거의 들리지 않는다(408).

리파니(Ripani 2006)는 흑인 발라드인 '콰이어트 스톰' 스타일이 흑인 대학인 하워드대학교가 운영하는 라디오 방송국 WHUR의 프로그램명에서 유래되었음을 지적한다. 이 스타일은 또한 스모키 로빈슨Smokey Robinson의 노래 "Quiet Storm"의 느리지만 세련된 R&B 발라드와도 연관된다(132). 이러한 R&B 발라드는 1인 보컬리스트의 독백이나 여러 보컬리스트 간의 대화를 포함한다. 콰이어트 스톰 스타일은 독백으로 시작하는 플로터스The Floaters의 노래 "Float On"(1977)에서처럼 여성에 대한 예찬을 곧잘 노래한다. 베이스와 스트링의 미묘한 조화는 곡의 분위기를 이끌고, 이상적인 여성을 묘사하는 멤버들

---

26 어번 라디오 방송은 도심의 흑인 밀집 지역 수용자를 주요 청취자로 하는 라디오 방송을 가리킨다.

의 벌스와 코러스가 번갈아 이어진다. 콰이어트 스톰 스타일의 곡들은 때로 후회의 감정을 드러내는 데 사용되기도 한다. 1971년 치라이트The Chi-Lites의 앨범 (For God's Sake) Give More Power to the People에 수록된 "Have You Seen Her"은 헤어지기 이전 행복한 순간을 되돌아보는 보컬의 긴 독백을 특징으로 한다. 1981년 제임스James의 앨범 Street Songs에 수록된 티나 마리Teena Marie와 릭 제임스Rick James의 듀엣곡 "Fire and Desire"는 옛 연인을 만나는 보컬의 내러티브로 시작되는데, 회한의 감정으로 과거를 회상한다. 1976년 맨해튼스The Manhattans의 음반 The Manhattans의 "Kiss and Say Goodbye"는 한 남자의 관점에서 돌이켜 보는 이별에 관한 노래다. 이 모든 예시에서 곡의 분위기는 보컬에 의해 좌우된다. 치라이트의 노래는 음역이 다른 여러 남성 보컬을 특징으로 하지만, 마리와 제임스의 듀엣은 남녀 보컬이 주고받는 노래 스타일로 인해 매우 다른 분위기를 자아낸다.

동방신기는 특유의 팝을 벗어나 콰이어트 스톰 스타일의 R&B 발라드도 발표했다. "Hey Girl"(2006)은 본격적인 R&B 발라드에 해당한다. 오프닝에서의 피아노 연주는 슬로우잼 비트로 넘어가고, 다섯 멤버의 하모니가 돋보이는 코러스는 전통적인 R&B 발라드에서처럼 곡 전반에 걸쳐 점차 강렬한 하모니를 구축한다. 한 팬 비평가는 이 트랙을 "멋지고, 부드럽고, 매우 섹시한, 귀여운 R&B 넘버로서 남성 보컬의 재능을 제대로 보여준다. 특히 재중과 준수의 목소리는 나를 완전히 사로잡았다."(kawaiineyo 2008)라고 썼다. 듀오로서의 동방신기는 R&B 발라드 기악법에 의존한다. 예를 들어 1970년대 스타일의 섹시한 R&B 기타 리프로 시작하는 "Before You Go"는 퍼커션 외에는 절제된 기악법과 프로그레시브 보컬이 돋보인다. 이 곡의 기타 리프와 기악법은 아이슬리 브라더스Isley Brothers[27]의 1977년 음반 *Go for Your Guns*에 실린 "Voyage to Atlantis"를 연상시킨다. 갤러웨이(Galloway 2017)에 따르면 이 앨범은 아이슬리 브라더스의 사운드 변화를 잘 보여준다. 실제로 이 앨범은 세 명의 어린 아이슬리 형제들이 새로이 그룹에 합류하면서 발표한 것이다. 갤러웨이(Galloway 2017)는 다음과 같이 말한다.

롱아일랜드 대학에 재학 중이던 세 명의 아이슬리 형제의 합류로 아이슬리 브라더스의 사운드는 완전히 달라졌다. 이 변화로 이들은 보컬 그룹에서 밴드로 변모해, 70년대를 주름잡던 코모도스 Commodores, 애버리지 화이트 밴드Average White Band, 어스 윈드 앤드 파이어Earth, Wind & Fire, 오하이오 플레이어스, 루퍼스Rufus, 그리고 팔러먼트펑카델릭Parliament-Funkadelic[28] 등에 대적할 만한 수준으로 발전했다.

---

27 아이슬리 브라더스는 1954년 미국 오하이오주 신시내티에서 켈리, 루돌프, 로널드라는 아이슬리 삼형제가 결성한 밴드이며, 이후 어니와 마빈 아이슬리 형제, 크리스 재스퍼Chris Jasper가 합류했다. 1960~1970대에 소울과 록, 펑크록 등이 혼합된 퓨전 음악으로 큰 인기를 누렸으며, 한때 지미 헨드릭스가 밴드의 리드 기타리스트로 활동한 바 있다.

28 코모도스는 1968년에 데뷔해 현재까지도 활동하고 있는 전설적인 소울 훵크 밴드이다. 전 세계적으로 7,000만 장 이상의 앨범을 판매했으며, 국내에서 "Three Times a Lady"와 "Easy" 등 발라드곡으로 잘 알려져 있다. 애버리지 화이트 밴드는 1972년에 스코틀랜드에서 결성된 훵크와 R&B 전문 밴드로 창립 멤버 6인 중 5명이 백인이었다. 1970년대에 "Pick Up the Pieces"로 전 세계적인 명성을 얻었으며, 현재까지 활동 중이다. 어스 윈드 앤드 파이어는 1970년대 미국의 흑인음악 밴드로, 쿨 앤드

해밀턴(Andrew Hamilton 2003)은 아이슬리 브라더스의 *Go for Your Guns* 앨범에 실린 대표곡 "Voyage to Atlantis"를 "라이브 콘서트에서 귀가 먹먹할 정도의 열광적인 박수갈채를 받는 사랑받는 오프닝 곡"이라고 묘사한다(342). 동방신기의 R&B 발라드는 아이슬리 브라더스가 보여준 보컬 하모니와 R&B 기악법 간의 상호작용과 유사한 패턴을 따른다.

퍼포먼스의 인용

음악적인 면에서의 상호텍스트성 외에도 한국 대중가요는 미국 흑인 대중음악의 안무와 스타일링 요소들을 인용한다. 케이팝의 이러한 이미지는 아시아인의 전형성에 대안을 제공한다.

안무와 남자 아이돌: 비

미국 흑인들은 음악과 댄스가 상호 보완되는 뮤직비디오에 새로운

더 갱Kool & the Gang, 오하이오 플레이어스와 함께 휑크 음악을 대표한다. 그래미 어워드 통산 6회 수상 등의 기록을 가지고 있다. 루퍼스는 1970년에 출범한 미국 시카고 출신의 흑인 혼성 R&B 밴드이다. "Tell Me Something Good", "Sweet Thing", "Do You Love What You Feel" 등을 포함한 여러 히트곡을 냈다. 밴드의 보컬리스트로 활동했던 샤카 칸Chaka Khan은 1978년부터 솔로 활동을 병행해 이후 R&B계의 대표적인 여성 뮤지션으로 자리매김했다. 팔러먼트펑카델릭은 펑크 음악의 개척자 중 한 사람인 조지 클린턴George Clinton(1941~)이 이끌었던 두압 그룹 팔러먼트와 그 후신인 사이키델릭 록 펑크 밴드 펑카델릭을 총칭한다. 뛰어난 음악적 기교, 정치적 논란을 부르는 가사, 이색적인 음반, 인상적인 라이브 공연으로 지미 핸드릭스, 레드 제플린, 제임스 브라운 등에도 영향을 미쳤다. 이 그룹의 음악적 스타일을 가리켜 "P 펑크"라고 불렀다.

미학을 제시했다. 비와 같은 케이팝 남자 아이돌들은 1990년대 R&B 가수들의 공연 미학을 인용하고, 매끄럽고 역동적인 안무를 모방함으로써 매력도 없고 남성성이 부족하다고 여겨지는 아시아 남성에 대한 이미지를 전복시킨다.

처음부터 한국 팝그룹들은 케이팝 우산 아래 다른 어떤 장르보다 비주얼에 의존해왔다. 학자들은 샤이니 같은 남성 팝그룹 멤버들의 "예쁜" 외모에 대해 "전통적인 남성성이 탈각된 미소년의 중성성을 드러낸다"(Kim 2012: 119)고 평한다. 정선(S. Jung 2011)은 남성 아이돌 그룹이 "뽀얀 피부, 비단결 같은 머리, 여성스러운 매너를 가진 예쁘장한 남성"(58)을 중심으로 한 꽃미남 미학을 반영한다고 주장한다. 미디어는 여성 케이팝 아이돌 그룹의 몸매에 집중하는 경향이 있다. 일본에서 "소녀시대 멤버들이 '소원을 말해봐(Genie)'를 공연할 때 카메라는 노골적으로 멤버들의 다리를 겨냥해 꽉 끼는 숏팬츠와 빨간 하이힐 구두를 집중적으로 비추며 몸을 사물화한다"(Jung and Hirata 2012). 이에 더해 미국 흑인음악 문화의 영향을 받은 다른 시각적인 측면도 중요하다. 케이팝의 초기에 서태지와 아이들은 막 떠오르던 뮤직비디오 매체를 활용해 미국 흑인 힙합 가수들의 헐렁한 옷, 트랙슈트, 골드 체인 목걸이 같은 스타일을 모방했다. 확실한 변화였다. 존 리(Lie 2014: 77)는 이들의 첫 TV 출연 당시 기성세대가 이들을 보고 얼마나 당황했는지에 주목한 바 있다. 푸어(Fuhr 2016)는 이 같은 비디오가 "대중음악이 이미지 중심으로 재편되고, 더는 TV 방송국의 옛 기준에 묶이지 않게 되었음을 의미한다. TV 영상 시대가 도래한 한국의 새로운 기준에 어울릴 법한 뮤직비디오들이다."(54)라고 말한다.

아이돌은 노래와 춤 모두에 능숙하도록 요구받기에 안무는 그들의 퍼포먼스에서 큰 역할을 한다. 서태지와 아이들의 인기 이후 뮤직비디오는 브레이크댄스에 영감을 받은 안무와 칼군무를 많이 보여주었다.

여기서 주목할 만한 것이 한국의 비보이 문화다. 독자적인 한국 비보이 크루들이 형성되기 시작한 1990년대 중반부터 한국 비보이들은 기술 난도가 높은 루틴을 수행하기 시작했고 2000년대 들어 국제 대회를 휩쓸었다. 한류 상품이 하나 추가된 것이다(Kim 2012: 72-73).

미국 흑인음악에서 파생된 퍼포먼스 기반의 음악과 정교한 안무는 서태지 이후 아이돌 밴드들의 뚜렷한 특징이다. 신솔이와 김란우(Shin and Kim 2013)는 음원 차트 데이터 분석을 통해 1990년대 중후반 케이팝의 등장과 맞물려 힙합과 댄스음악이 한국 음악 씬을 지배하게 됐음을 보여주는 연구 결과를 발표했다. 1990년대 초반 댄스음악의 양상은 오늘날의 케이팝과는 완전히 다르다. 케이팝이 발전하면서 아이돌 그룹은 모든 멤버가 완벽하게 호흡을 맞추는 "잘 조화된 춤" 혹은 "칼군무"로 알려지게 되었다(Shin and Kim 2013). 이러한 댄스 퍼포먼스들도 미국 흑인 대중음악의 댄스 스타일을 인용한 것이다.

미국 흑인 대중음악은 1980년대 MTV 뮤직비디오의 대중화에 영향을 미쳤던 것처럼 케이팝 아이돌 뮤직비디오의 안무에도 영향을 미쳤다. 시브룩(Seabrook 2012)은 MTV가 SM엔터테인먼트 창업자 이수만에게 끼친 영향에 주목했다.

그는 신생 케이블 채널 MTV의 핵심 요소인 뮤직비디오에 매료되었다. 만약 80년대의 비디오 중 나중에 케이팝에 두드러지게 영향을 준 것 하나를 고르라면 그것은 바비 브라운의 1988년 히트작 "My Prerogative"이다. 으스대듯 깡충대다가 백댄서들과 함께 엉덩이를 격하게 휘젓는 브라운의 춤 동작은 케이팝의 DNA에 파고들었다.

R&B와 힙합의 뮤직비디오는 MTV의 애초 의도와는 다른 새로운 종류의 영상 미학을 표현했다. MTV는 초기에 흑인들을 배제했다. MTV의 초창기 음악 프로그램 감독인 버즈 브라인들Buzz Brindle은 한 인터뷰에서 1983년 마이클 잭슨의 "Billy Jean" 이전에 MTV에서 흑인 뮤직비디오가 부족했던 것에 관해 설명한다.

MTV는 개국 당시 록에 치우친 채널이었기 때문에 흑인 아티스트를 찾기가 어려웠다(Christian 2006).

굿윈(Andrew Goodwin 1992)은 MTV의 장르와 프로그래밍 간 상관관계 분석을 통해 브라인들의 의견에 동의한다.

MTV는 흑인을 배제하는 방식으로 "록"을 정의한 음악산업의 관행을 따랐다. MTV는 록과 어번 컨템퍼러리(흑인 아티스트에 의해 프로듀싱 되는 댄스음악)를 양립할 수 없는 것으로 여겼던 미국 라디오의 "내로캐스팅narrowcasting" 원칙에 근거해 플레이리스트를 만들었다. 결과적으로 흑인은 MTV 화면에서 거의 찾아볼 수 없었다(133).

이후 SM엔터테인먼트의 이수만이 MTV를 접했을 때, 그는 채널의 다른 프로그램보다 흑인 뮤직비디오의 댄스 미학에 더 흥미를 느꼈다. 케이팝에 영감을 준 뮤직비디오 유형은 안무를 동반하는 댄스음악이었다. SM엔터테인먼트의 베테랑 프로듀서 유영진은 작곡과 무대 연출을 하나로 바라본다.

내가 곡을 만드는 일은 무대와 곡이 일체화되는 작업이다. 노래라고 표현하지만, 뮤지컬처럼 눈과 귀 모두를 충족시키는 음악을 하고 싶다([INTERVIEW], "Record Producer Yoo Young-jin" 2010a).

유영진은 또한 음악과 춤의 강한 연관성에 주목한다.

어떤 곡은 음악만 들었을 때는 이해가 안 될 수도 있다. 무대를 같이 보면서 만들어진 음악이니까([INTERVIEW], "Record Producer Yoo Young-jin" 2010a).

특히 아이돌 그룹의 경우가 그러하다. 케이팝 그룹 2NE1의 댄스 루틴을 만든 안무가 마리엘 마틴Mariel Martin은 안무를 만들 때 보컬과의 연관성을 중시한다는 점을 강조하며 다음과 같이 말한다.

멤버들은 각기 다른 타이밍에 노래하게 되지요. 어떤 파트에서 한 멤버는 노래를 부르고, 다른 멤버는 춤을 추고, 또 다른 멤버는 잠시 쉬며 노래할 준비를 합니다("ML | Adventures with YG Entertainment" 2011).

유영진은 또한 R&B 요소에 바탕을 둔 독특한 공연 스타일을 구축했다.

리듬에도 음정이 분명히 있고, 그런 음의 연결이 기본적으로 어떤 코드의 진행이라고 생각하면 멜로디는 무한히 나올 수 있다. 리듬은 멜로디의 서브가 아니라 곡의 메인이다. 어떤 사람은 음악을 만들 때 가사를 중요시하고, 또 다른 이는 멜로디를 중요하게 생각하듯이 나는 리듬을 먼저 생각한다. 그다음 편곡으로 살을 붙인다([INTERVIEW], "Record Producer Yoo Young-jin" 2010a).

유영진의 영향력은 SM 퍼포먼스 사운드에서 확인할 수 있다. 푸어 (Fuhr 2016)는 유영진과 같은 프로듀서들의 "무대 퍼포먼스, 비주얼 상상력, 흑인음악에 대한 감각이 케이팝의 곡 구성에 엄청난 영향을 미쳤다"는 점에 주목한다(83).

음악과 퍼포먼스의 뚜렷한 결합은 흑인 대중음악 연주자들의 주요 특징이라 할 수 있는데, 이는 모타운의 촐리 앳킨스의 루틴을 떠오르게 한다. 사이크스(Charles Sykes 2006)는 모타운의 음악이 "아티스트들이 라이브 퍼포먼스를 할 때 의상을 잘 맞춰 입듯 매끈한 음악 편성을 특징으로 한다"고 지적했다. 무대 루틴은 주류 관객들이 수용할 수 있도록 "격조" 있고 "세련"된 분위기로 구성되면서도, "젊음", "멋짐", "흑인", "어번", "디트로이트"(432)가 느껴지는 미묘한 개성이 있었다. 안무와 무대 매너는 R&B 스타일의 보컬에 잘 어울렸다. 1960년대에 이 공식을 템테이션스보다 더 멋지게 소화한 그룹은 없었다. 멤버들은 공연에서 코디가 잘된 의상을 입었는데, 종종 정장으로 차려입었다. 앳킨스의 몇몇 테크닉을 통합한 이들의 공연은 매우 역동적이었다. 다섯 멤버 모두가 보컬리스트인 이 그룹은 때로 리드보컬만을 내세운 노래도 발표했다. 템테이션스의 멤버들은 자신들이 노래하지 않을 때도 역동적인 안무를 선보였다. 리드보컬이 관객들의 관심을 끄는 동안 나머지 멤버들은 노래를 부르지 않는 부분에서 백업 사운드를 정확히 내기 위해 다이내믹한 안무를 펼쳤다. "The Way You Do the Things"를 부를 때 멤버들은 벌스와 코러스에서 간간이 하모니를 넣는다("The Temptations" 2012). 그러는 사이에 멤버들은 바닥에 앉았다 일어서기도 하고 스탠딩 마이크로 되돌아가는 동작을 선보인다. 브레이크다운 동안 네 명의 백업 보컬리스트는 일렬로 늘어서서 복잡한 풋워크를 동시에 행한다. 템테이션스는 "My Girl"과 같은 느린 트랙의 연주에서도 일치된 안무를 정교하게 수행했다("The Temptations" 2016). 느린 템포에도 불구하고, 이 안무는 템테이션스의 특징인 부드러운 움직임과 인상적이고 일치된 팔 동작을 보여준다.

이후 흑인 연예인들은 이러한 안무를 더욱 발전시켰다. 1970년대에 잭슨 5The Jackson 5는 군무의 수준을 높였을뿐더러, 리드보컬도 댄스에 참여함으로써 보컬 연주와 댄스의 융합을 한 차원 더 끌어올렸다. 1973년 텔레비전 프로그램《소울 트레인Soul Train》에 나와 "Dancing Machine"을 부른 잭슨 5의 리드보컬 마이클 잭슨은 곡의 각 부분에 딱 맞춰 정확하게 움직이는 로봇춤을 선보였다. 솔로 가수로 활동하게 된 이후 마이클 잭슨의 안무는 더욱 정교하고 복잡해졌다. 관객들은 문워크를 추는 그의 몸동작 하나하나에서 시선을 뗄 수 없었다.

안무를 잘 수행해내는 솔로 아티스트와 그룹 멤버들의 칼군무 루틴은 케이팝 아이돌 퍼포먼스의 바탕이 되었다. 박길성(Park 2013)은 SM엔터테인먼트의 노래와 춤의 핵심은 마이클 잭슨을 모델로 삼은 것이라고 주장했다. 그에 따르면 "[마이클 잭슨은] MTV의 다양한 뮤직비디오를 통해 노래와 춤 실력의 혁신적인 조합을 꾸준하게 선보였다"(22). 마이클 잭슨의 댄스 퍼포먼스는 개인의 보컬 능력을 돋보이게 하는 안무라는 새로운 개념을 만들었다. 한국의 팝그룹을 묘사하는 "기계적"이란 표현은 마이클 잭슨의 스타일을 제한된 춤 동작의 레퍼토리에 불과하다며 깎아내리고, 그의 실력을 폄하할 때에도 사용되었다. 해머라(Hamera 2012)는 잭슨의 뛰어난 재능은 높은 직업 정신에 기초하며, 이는 그의 창의성과 노력 측면 모두에서 드러

난다고 지적한다. 그의 춤 실력은 기계적으로 정확한 동작의 실행에
만 집중하는 댄서들의 차원을 뛰어넘는다.

그는 공연의 노동성을 증명하며 춤을 노동 그 자체로 정의함으로써
거장은 완벽한 인간이라는 낭만적 상상에 기반한 이미지를 거부한다
(Hamera 2012: 760).

잭슨의 안무는 퍼포먼스를 앞세운 케이팝 음악의 완벽한 본보기였
다. 다수의 멤버로 구성된 한국의 팝그룹들은 창의적인 움직임을 수
행하기에 적합하다. 공연의 핵심인 안무는 팬들과의 상호작용에도
중요한 역할을 한다. 그룹들은 종종 팬들에게 리허설이나 댄스 연습
영상을 제공해 시청자들이 루틴 연습의 전 과정을 볼 수 있도록 하는
데 이는 결국 커버 댄스를 하는 팬들에게는 선물이 되었다.
　한국의 대중음악 공연자들은 안무를 구성할 때 미국 흑인 대중음
악의 여러 퍼포먼스 요소들을 끄집어내어 자신들의 뮤직비디오에 활
용한다. 비를 포함한 남성 가수들은 1990년대 남성 R&B 가수들의
부드러운 퍼포먼스와 역동적인 퍼포먼스 사이를 오간다. 비는 데뷔
앨범 《나쁜 남자》(2002)로 솔로 활동을 시작했고, 2집 앨범 《RAIN
2》(2003)와 히트 싱글 "태양을 피하는 방법"을 발매하며 인기를 얻
었다. 2집 앨범의 성공에 따라 비는 미국을 포함한 월드투어에 착수
했다. 이후 《It's Raining》(2004), 《Rain's World》(2006), 《Rainism》
(2008), 《RAIN EFFECT》(2014) 등 여러 장의 앨범을 발매했다. 그는

2007년 자신의 독립 에이전시인 제이튠엔터테인먼트를 통해 인기 아이돌 그룹 엠블랙MBLAQ을 데뷔시켰다. 제이튠엔터테인먼트는 JYP 엔터테인먼트에 인수되었지만, 비는 2015년 다시 자신의 에이전시인 레인컴퍼니를 설립했다. 비는 음악을 넘어 성공적인 연기 경력을 쌓아감으로써 다재다능한 아이돌의 길을 개척했다. 그는 드라마《풀하우스》(2004)와 박찬욱 감독의 영화《싸이보그지만 괜찮아》(2006)에 출연했다. 박찬욱은《공동경비구역》(2000)과 복수 3부작《복수는 나의 것》(2002),《올드보이》(2003),《친절한 금자씨》(2005)를 통해 비평가들의 호평을 받은 바 있다. 비는 미국에서 2006년에 인기 코미디쇼《콜베어 리포트The Colbert Report》에 출연해 댄스를 선보임으로써 미국 주요 방송에 자신을 알렸다. 또한 2007년『피플People』지의 "세계에서 가장 아름다운 사람들" 목록에 올랐고 할리우드 영화《스피드 레이서》(2008)와《닌자 어쌔신》(2009)에 출연했다.

학자들은 종종 비를 전 지구화된 아시아인 이미지와 연관시킨다. 신현준(Shin 2009)은 "적어도 2004년 이후 비는 아시아의 팝을 세계에 알렸다. [...] JYP는 비의 '아시아성'을 부정하고 비를 특별한 상품으로 내세우려 한다"(515)고 지적한다. 정선(S. Jung 2011)은 비의 싱가포르 팬들이 "비가 미국 대중문화를 완벽하게 재현할 수 있는 '아시아 아티스트'이고, 미국 팝 아이돌 못지않은 실력자이기 때문에 그에게 호감을 느끼고 있다"는 점에 주목하며, "이는 미국 대중문화가 비의 공연을 통해 아시아화되고 있음을 팬들이 인식하고 있다는 뜻"이라고 말한다(107). 비의 이미지를 세계화와 관련해서만 논의하는 것은 비의 음악성을 좌우하는 미국 흑인문화 요소를 무시하는 것이다. 싱가포르 팬들은 어셔와 같은 R&B 가수들이 비에 영향을 끼쳤음을 인정하면서도, 이것을 미국 대중문화의 영향으로만 규정한다(S. Jung 2011: 107).

하지만 비는 미국 흑인음악 뮤직비디오에서 차용한 여러 퍼포먼스 미학을 선보인다. 비의 사운드는 박진영의 영향을 받았다. 박진영은 오마리온, 타이레스 등의 R&B 아티스트에게 곡을 주었을 뿐만 아니라 그들의 뮤직비디오를 제작했고, 또한 "미국 흑인음악에 대한 개인적 선호를 드러낸 바 있다. [...] JYP 레이블은 소울, 휭크, 디스코, R&B의 영향을 받아 혼종적 사운드의 성격을 갖게 되었다. 박진영은 인터뷰에서 이를 '케이팝 필을 지닌 흑인음악'이라고 표현했다"(Fuhr 2016: 69). 비의 안무는 흑인음악을 바탕으로 한다. 이를 통해 비는 흑인 남성 R&B 가수들의 이미지를 드러낸다. "It's Raining"(2004)의 뮤직비디오는 비만의 독창적 스타일을 확실히 담아냈다. 오토바이의 호위를 받으며 이동하는 세미트럭이 등장하면서 뮤직비디오가 시작되는데, 이 장면은 이어 비의 모습과 교차한다. 영상 속 비는 양 벽이 옷으로 가득 찬 탈의실에서 가슴을 드러낸 셔츠를 입고, 검은색 타일 벽 아래 놓인 밝은 흰색 소파에 앉아 있다. 다음 장면에서 카메라는 배기구를 통해 빠르게 이동해, 높이 솟은 무대 위에 있는 DJ와 춤추는 사람들로 가득한 클럽을 내려비춘다. 카메라는 다시 탈의실로 돌아와, 공연을 위해 셔츠를 벗는 비를 향한다. 트럭 뒷문이 열리며, 검은색으로 맞춰 입은 비의 모습이 나타난다. 가죽 재킷, 은색 단추가 달린 민소매 가죽조끼, 검은 바지, 검은 모자, 그리고 커다란 은색 버클이 달린 벨트. 보안요원이 민첩한 동작으로 파파라치 무리를 뚫고 비를 클럽으로 재빨리 안내한다. 클럽에서는 음악이 멈추고, 비는 샹들리에가 달린 원형 천상 아래 무대에 오른다. 아치형 출입구로 둘러싸인 무대 위에서 비는 솔로 댄스를 시작하고, 곧이어 백업 댄서들이 합류한다. 안무는 절도 있으면서도 역동적이다. 카메라는 비에게 빠져드는 여성들의 모습을 비춘다. 비의 백업 댄서 중 여성들은 비의 양옆에서 중요한 안무를 수행한다. 노래가 끝날 무렵 천장에서 무대 위로 물이 떨어지며 볼거리를 더한다. 공연은 관객들의 열렬한 환호로 막을 내린다. 영상의 마지막 부분에서 비는 탈의실로 돌아와 하얀 소파에 앉아 휴식을 취한다.

이 영상은 어셔를 비롯한 1990년대 흑인 남성 아티스트들의 뮤직비디오를 인용한다. 어셔의 뮤직비디오 "Yeah!"(2004)는 레이저 불빛이 비치는 무대 한가운데에서 춤을 추는 어셔와 클러버들 사이로 걸어가는 그의 모습을 교차하여 보여주는 것으로 시작한다("Usher—Yeah!" 2015). 춤을 추는 그는 청바지에 운동화, 흰색 티셔츠와 줄무늬 칼라 셔츠 위에 커프스단추가 달린 흰 블레이저를 입고 목걸이를 착용했다. 그는 검은색 바지와 가슴을 열어젖힌 검은색 드레스 셔츠를 입고 걸어가면서 모자 끝을 만지곤 사람들에게 아는 체를 한다. 한 여자가 어셔 옆에 잠깐 앉았다가 댄스 플로어로 간다. 어셔가 따라가고, 그들은 서로 교감하듯 춤을 추기 시작한다. 곧이어 또 다른 남녀 백업 댄서들도 이들 옆에서 춤을 추며 묘한 분위기를 풍긴다. 비는 클럽 비디오의 고전인 이 영상의 퍼포먼스 요소를 인용한다. 비의 뮤직비디오의 의상 또한 어셔의 것과 흡사하다. 비의 퍼포먼스 자체는 섹시하지만, 비의 무대는 어셔의 무대보다 덜 관능적이다. 비는 여자들과 춤을 추지 않고, 여성 백업 댄서들의 의상 또한 도발적이지 않다. 하지만 뮤직비디오 속 여성들의 반응은 비가 어셔의 뮤직비디오에서만큼이나 섹시하다는 것을 드러낸다.

비는 또한 남성 R&B 가수들이 부르는 느린 곡의 퍼포먼스도 인용한다. "태양을 피하는 방법"(2003)의 뮤직비디오는 도시의 빌딩 숲에서 떠오르는 태양과 함께 시작한다("Rain 2nd" 2012). 이어서 비가 도시의 거리를 달리는 모습을 느린 화면으로 비춘다. 비는 태양에 쫓긴다기보다 태양을 피하려고 하는 것 같다. 이 드라마틱하고 역동적인 장면들은 느린 템포를 바탕으로 어쿠스틱 기타 사운드와 함께 배치된다. 비는 지하 차고로 들어가고 백업 댄서들이 합류한다. 그는 양털 가죽점퍼를 가죽 재킷으로 갈아입는데, 누더기가 된 탱크톱을 통해 그의 잘 다듬어진 팔이 드러난다. 그는 조종사 선글라스로 외모를 완성한다. 안무는 "It's Raining"의 역동성과 달리 부드러우며, 팔다리의 유혹적인 움직임이 느린 템포와 잘 어울린다. 댄스 시퀀스는 희미한 불빛의 방에서 비가 화가 난 듯 액자를 던지고, 책상 위 물건들을 쓸어내고, 텔레비전을 부수는 장면들과 교차한다. 모두 슬로모션이다. 영상 후반부는 랩 벌스를 쏟아내는 비를 클로즈업한다. 전반부의 부드러운 움직임은 힙합스러운 동작으로 대체된다. 이 퍼포먼스는 어셔의 "You Make Me Wanna"(1997) 뮤직비디오와 유사하다. 라틴 기타 리프가 돋보이는 중간 템포 트랙인 이 뮤직비디오는 의상을 바꿔 입은 어셔의 여러 모습으로 시작한다("Usher" 2009). 탱크톱과 멜빵으로 평상복 차림을 보여주기도 하고 실크 셔츠와 드레스 팬츠를 입은 포멀한 모습을 보여주기도 한다. 어셔는 바닥을 미끄러지듯 달려가는 변형된 문워크를 수행한다. 어셔의 백업 댄서들은 모두 모자를 쓰고 트랙슈트를 입고 운동화를 신은 캐주얼한 모습이다. 비와 마찬가지로 어셔의 안무도 절도 있고 역동적이며, 브레이크다운에서 팔 동작과 발놀림이 뚜렷하고 곡 전반에 걸쳐 매우 우아한 흐름을 가진다.

비의 두 뮤직비디오는 모두 흑인 남성 R&B 비디오에서 뚜렷이 드러나는 퍼포먼스 요소를 인용한다. 이를 통해 비는 아시아 남성들과 연관된 전형성을 뛰어넘는 이미지를 만들어낸다. 정은영(Eun-young Jung 2010)에 따르면 아시아 남성들의 공통된 이미지는 "악의적 의도로 만들어진 무성적 아시아 남성 고정관념"(예를 들어, 무술로 악당을 응징하지만 영어는 못하는 쿵푸 고수, 모든 음악에 통달해 있지만 정작 연애에는 맹탕인 컴퓨터 천재 등)에 머물러 있다고 한다(221). 비는 1990년대 흑인 남성 R&B 아티스트들의 섹시함을 바탕으로 한 퍼포먼스 스타일을 각색했는데, 이러한 섹시함은 아시아 남성들과는 거의 연관이 없다고 인식되곤 했다. 비의 뮤직비디오도 흑인 남성 R&B 가수들의 스타일링과 안무에 영향을 받아 다른 차원의 남성성을 드러낸다. 비는 흑인의 공연 미학을 받아들임으로써 한국 남성과 연관된 비주얼 요소와는 차원이 다른 남성성을 선택한 것이다.

글래머러스한 여성 아이돌: 원더걸스

비가 흑인 남성 가수들의 공연 미학을 인용한 반면, 원더걸스는 아시아 여성들의 환원주의적 이미지에 반대되는 이미지로서 1960년대 흑인 걸그룹의 복고풍 스타일을 추구했다.

학자들은 케이팝 걸그룹들이 내세우는 이미지에 관심을 갖는다. 일부는 이들의 과한 여성성에 초점을 맞춘다. 정은영(Jung 2010)은 한국 걸그룹이 "귀엽고 섹시하며 이국적인 아시아 여성 이미지"(229)라는 제한된 범위의 콘셉트에 기초하고 있다고 지적한다. 다른 이들은 여성적 규범에 반하는 이미지에 초점을 맞춘다. 말리앙카이(Maliangkay 2015)는 2NE1의 "내가 제일 잘나가" 뮤직비디오에서 차용한 펑크 요소가 반항을 의미한다고 지적한다.

저항적이고 거친 보컬 스타일과 안무에 더해 레이디 가가를 흉내 낸 글램펑크[29] 패션과 무대 세트는 뮤직비디오의 2분 25초부터 전환된다. 소녀들은 과한 분장과 가짜 속눈썹, 세련된 금속성 스파이크와 완벽하게 손질된 펑크 헤어스타일에도 불구하고 이때부터 매우 "스트리트펑크"[30]스럽다(99).

---

29 "글램펑크 룩"은 진한 메이크업과 럭셔리한 프린팅, 전위적인 패션, 반짝이 등 화려함의 극치를 보여주는 스타일이다.

30 펑크punk는 권위적이고 상업적으로 변한 68운동 세대에 반기를 든 1970년대 하위문화이자 운동으로, 펑크록과 연계돼 전개되었다. 스트리트펑크는 패션펑크fashion punk와 달리 보다 거칠고 저항적인 태도를 지닌 펑크의 서브 장르를 가리킨다.

엡스타인과 턴볼(Stephen Epstein and James Turnball 2014)은 케이팝 걸그룹 비디오가 드러내는 남성의 눈요기로서의 여성 이미지가 여성의 수동성을 강조하며, 계속해서 여성성을 남성과의 관계 속에서만 규정하고 있음을 지적한다(318). 하지만 이 학자들 중 어느 누구도 미국의 흑인 걸그룹이 케이팝 걸그룹에 미친 영향에 주목하지 않는다.

케이팝 걸그룹들은 처음부터 미국 흑인 걸그룹의 비주얼과 퍼포먼스를 차용했다. 1세대 케이팝 걸그룹 S.E.S.는 데뷔곡 "I'm Your Girl"(1997)의 뮤직비디오에서 하얀색과 검은색의 헐렁한 바지를 번갈아 입고 흥겨운 노래를 부르며 웃으며 안무를 수행한다("S.E.S─Im Your Girl" 2010). 핑클의 "Blue Rain"(1998) 뮤직비디오에서 멤버들은 커다란 바지를 입고 두왑 스타일을 상기시키는 느린 템포의 노래를 집 앞 현관 계단 위에서 부른다("[MV] Fin.K.L" 2019).

1세대 케이팝 그룹들은 1990년대 미국 흑인 걸그룹 TLC의 비주얼과 스타일을 흉내 냈다. TLC는 몸매를 드러내는 의상 대신 도시적인 의상을 선보여 인기를 끌었으며, 남성들을 위한 공연이 아닌 자신들끼리 즐기는 퍼포먼스를 추구했다. 1992년 히트곡 "What About Your Friends"의 뮤직비디오는 이러한 특징을 잘 보여준다. 비디오는 불빛이 희미한 방 안에서 몸에 꼭 맞는 캣슈트와 미니스커트를 입고 하이힐을 신은 채 패션쇼장의 무대를 걷는 여성들의 몽타주로 시작된다. 곧 빨간색의 "NOT!"이라는 텍스트가 이 이미지들 위에 겹쳐지고, 뮤직비디오는 헐렁한 청바지, 검은색 멜빵, 흰색 티셔츠를 입은 백업 댄서들이 춤을 추는 화려한 도시를 비춘다. TLC 멤버들은 밝은 색상의 오버사이즈 청바지에 상의를 겹쳐 입고 등장한다. 다른 장면에서 멤버들은 낙서로 가득한 흰색 작업복을 입고 춤을 춘다. 구달(Goodall 1994)은 "'하이패션'(여성의 몸매를 돋보이게 하는 미니스커트와 힐 또는 타이트한 의상으로 구성된)이 여성성을 가장 많이 드러내는 버전임을 인식한 이 그룹은 그 한계 안에 갇혀 있기를 거부하고 야구모자와 헐렁한 바지를 입는다"(88)고 말한다. 1세대 케이팝 걸그룹 뮤직비디오가 활기찬 도시 여성을 표상한 것은 TLC 등 미국 흑인 걸그룹들이 제시한 이미지에 영향 받았기 때문이다.

1세대 케이팝 걸그룹들이 1990년대 흑인 걸그룹의 밝은 도시적이미지를 따랐다면, 원더걸스와 같은 2세대 걸그룹들은 더 이전 흑인 걸그룹의 비주얼을 모방했다. 정은영(Jung 2010)은 원더걸스의 싱글 "Nobody"의 콘셉트는 "전형적인 '차이나 돌China doll'을 떠올리게 하며, 모든 아시아 여성들이 '닮았다'는 은유로 읽힐 수 있다"(227)고 말한다. 하지만 원더걸스의 "Nobody" 뮤직비디오는 1960년대 흑인 걸그룹 스타일을 그대로 모방했다. 팬 비평가들은 이 뮤직비디오와 1960년대 흑인 걸그룹 간의 연결고리를 찾아낸다. 애스크지버스(Askjeevas 2009)는 "Nobody"를 "영화《드림걸스》가 그려낸, 장식용금속 단추가 달린 드레스를 입고 소울풀한 노래를 불렀던 걸그룹의전성기를 떠올리게 하는 복고풍 R&B 넘버"라고 설명한다. 케이팝사이트 숨피에서 Motoway065(2008)는 이 노래를 "60년대와 70년대의 업비트 모타운 사운드"라고 규정했다.

"Nobody" 뮤직비디오는 박진영이 1950년대 스타일의 무대에서 자신의 백업 밴드와 함께 자작곡 "Honey"를 공연하는 것으로 시작하는데, 원더걸스는 그의 백업 코러스로 나온다("Wonder Girls-Nobody" 2008). 다음 장면에서 박진영이 무대에서 휴식을 취하는 동안 원더걸스는 뒤에서 안무를 연습한다. 이때 신곡 "Nobody" 악보를 손에 든 두 남자가 박진영에게 다가온다. 피아니스트가 악보를 쳐보고 박진영은 멜로디를 흥얼거린다. 하지만 공연 직전에 화장실에 들어가 일을 보던 박진영은 화장지가 없는 황당한 상황에 부닥친다. 매니저들은 무대 뒤에서 쩔쩔매고, 원더걸스는 마이크를 무대 중앙으로 옮겨 박진영 대신 "Nobody"를 부른다. 원더걸스는 몸에 착 달라붙는 반짝이는 가죽 드레스를 입고 팔꿈치까지 오는 이브닝 글러브를 끼고 있다. 그들은 관객들이 멤버 모두를 볼 수 있도록 두 줄로 엇갈려 서서 준비된 안무를 공연한다. 관객들은 열광적인 박수를 보내고 무대 뒤 매니저들은 기쁨에 겨워 어쩔 줄 모른다. 박진영은 뒤늦게 무대에 도착해 환호를 즐기는 우스꽝스러운 상황을 연출한다. 뮤직비디오는 다음 장면으로 DJ의 흥분된 칭찬, 음원 차트에서의 높은 성적, 언론의 대서특필 등을 보여줌으로써 원더걸스가 그 공연으로 성공을 거뒀음을 시사한다. 이어서 원더걸스는 보라색 배경의 1960년대 텔레비전 프로그램에서 과감한 원피스와 컬러 스타킹에, 당시 유행하던 스타일의 귀걸이와 힐을 착용하고 노래를 부른다. 뮤직비디오는 텔레비전을 보면서 춤을 추는 작은 소녀의 장면으로 바뀌고, 이어서 원더걸스의 다른 공연 무대를 비춘다. 이들은 프린지가 달린 반짝이는 원피스를 입고 있다. 양옆으로 반짝이는 커튼이 드리우고 가운데 커다란

"W" 자가 조명을 받는 무대에서 원더걸스는 계단을 내려간다.

뮤직비디오에서 보여주는 패션은 슈프림스와 같은 1960년대 흑인 걸그룹들의 스타일링을 떠올리게 한다. 워윅(Jacqueline Warwick 2007) 은 1960년대 흑인 걸그룹들이 인종주의 담론에 발목 잡혀 있었음을 지적한다.

> [상류 계급] 사회로 진입하는 것은 모타운 레코드 소속 모든 아티스 트들의 명백하고 중요한 목표였으며, 그 외에도 유색인종으로 구성된 모든 걸그룹은 '자기보호본능'을 통해 주류 사회에 동화했다(80).

특히 흑인 걸그룹은 "남부에서 전개된 흑인민권운동 시기에 교외에 거주하는 백인 중산층 소녀들을 상징"했다(Warwick 2007: 8). 그러한 표상성은 대안적인 비주얼 이미지를 표방한 원더걸스에게도 같은 방 식으로 기능한다. 원더걸스의 의상 변화는 슈프림스의 패션에 반영 된 함의를 드러낸다. 많은 이들이 슈프림스의 우아한 무도회 드레스 만 기억할 뿐, 1964년부터 1967년까지의 영국 투어에서 그들이 모드 족[31] 패션을 소화했다는 사실은 잘 모르는 듯하다. 그레이그(Charlotte Greig 1989)는 "메리 [윌슨]도 짧은 플라스틱 소재 드레스와 큰 귀걸 이를 편하게 여겼던 것" 같다며 다이애나 로스Diana Ross의 "날씬한 몸 매는 패션의 완성이었고, 그녀는 무슨 옷을 입어도 멋졌다"고 회고

---

31 모드mod족은 1960년대 영국 청년 하위문화의 하나로, 말쑥한 줄무늬 양복에 스프레이로 짧은 머리 를 부풀리는 스타일이 특징이다.

한다. 하지만 흑인 여성들이 그 시대의 유행을 받아들여 자신만의 스타일로 만들었다는 사실은 시사하는 바가 크다. 그들은 트렌디한 캐주얼 복장으로부터 특징적인 반짝이 드레스로 쉽게 갈아탔다. 원더걸스는 흑인 걸그룹들이 유색인종 여성들도 스타일리시 할 수 있다는 것을 보여주었던 1960년대의 다양한 가능성들을 인용했다. 인종차별과 인종적 고정관념이 횡행했던 당시의 시대적 배경을 잊어서는 안 된다. 원더걸스는 '차이나 돌'로 대표되는 고정관념에서 벗어나기 위해 1960년대 흑인 걸그룹들의 다양한 스타일을 모방하고 흑인의 매력을 차용했다.

이미지, 음악적 품질, 글로벌 크로스오버

이미지와 음악적 품질에 초점을 둔 프로모션으로 한국 팝그룹들은 상호텍스트성을 더욱 획득한다. 케이팝의 캐스팅과 트레이닝 방식은 모타운의 설립자인 베리 고디와 같은 미국 흑인음악 제작자들이 활용한 개발 전략과 유사하다. 케이팝과 흑인음악 모두 제작 가치가 높은 음악과 함께 관객에게 어필하는 이미지를 정교하게 만들어냈다. 이를 통해 케이팝 아이돌 그룹은 글로벌 크로스오버를 실행한다.

이미지와 음악적 품질

한국 연예기획사 CEO들은 고디가 이미지와 음악의 질을 높이기 위해 캐스팅과 트레이닝 과정에서 활용한 방식을 그대로 따른다. 한국 연예기획사 CEO들은 오랜 음악 창작 경험으로 고품질의 음악을 생산할 수 있었다.

앞서 논의한 바와 같이, 한국의 연예인들은 치밀한 캐스팅과 고강도 트레이닝 프로그램을 거친다. 연습생으로서 이들은 보컬, 안무, 외국어 등을 학습하는 것에 더해, 음악 외 활동에 필요한 기술인 이벤트 진행, 텔레비전 출연, 제품 홍보, 잡지 사진 촬영 등을 익힌다. 연습생 숫자와 비교하면 아이돌 그룹으로 데뷔하는 이들은 적고, 몇 년에 걸쳐 성공적인 경력을 쌓는 그룹은 더욱 드물다. SM엔터테인먼트가 개척하고 YG엔터테인먼트와 JYP엔터테인먼트, 그리고 수많은 소규모 기획사들에 의해 완성된 한국의 트레이닝 시스템은 연습생들이 "노래와 춤, 그리고 스타답게 행동하는 법"(Shin and Kim 2013)을 익히도록 한다.

케이팝 캐스팅과 트레이닝 시스템을 일본의 '아이도루ア イ ド ル, idol' 시스템과 비교하는 사람들이 꽤 있다. 자니스사무소ジャニーズ事務所, Johnny & Associates, Inc.의 제작 과정이 일본 '아이도루' 훈련 시스템의 핵심이라 할 수 있는데, 여기에서 '노래와 연기를 병행하는 사람'을 가리키는 '아이도루'는 노래에 주력하는 '아티스트'와는 다르게 분류된다(Jung and Hirata 2012). 이 시스템은 1960년대 이래 스맙SMAP과 아라시Arashi 같은 장수 그룹을 포함하여 많은 보이그룹을 배출했다. 이는 10대 멤버들로 구성된 새로운 그룹을 활용해 10대 관객을 공략하는 방식이다.

틴에이지 팝 음악의 관객과 공연자는 상호 교환적이다. '아이도루'와 그들의 팬덤은 무대의 반대편에 있지만 같은 공간을 공유한다(Brasor and Tsubuku 1997: 59).

베번(Bevan 2012)은 케이팝의 캐스팅과 트레이닝 시스템을 "자니스가 처음 사용한 방식의 수정본"이라고 말한다. 반면 한국 CEO들이 보다 체계적인 인재 관리 시스템을 도입해 일본식 모델을 개선했다고 주장하는 이들도 있다(Jung and Hirata 2012). 그러나 한국의 아이돌에 적용된 홍보와 제작 전략은 1960년대 모타운 레코드의 베리 고디가 수행한 것과 유사하다. 언론은 한국 연예기획사와 모타운 레코드의 트레이닝과 마케팅 전략을 연결 짓기 위해 '공장' 은유를 자주 사용한다. 시브룩(Seabrook 2012)은 SM엔터테인먼트 창업자인 이수만이 "보다 정교한 개발 시스템을 채택함으로써 베리 고디가 모타운에서 만든 스타 공장 시스템을 마치 구멍가게처럼 보이게 만들었다"고 말한다. 마쓰모토(Jon Matsumoto 2012)는 "연습생들의 준비 과정은 60년대 베리 고디의 모타운 레코드가 사용한 엄격한 아티스트 개발 방식을 연상시킨다"고 언급한다.

1960년대, 베리 고디는 할리우드식 캐스팅과 트레이닝 시스템을 모타운에 적용했는데, 이미지의 중요성을 강조한 것은 동일했다. 유대인 영화감독들이 구축한 할리우드식 캐스팅과 트레이닝 시스템은 이미지 창출을 중심으로 움직였다. 홍보팀은 전 부서가 한 목표를 향해 유기적으로 움직이게 하면서 스타들의 평판 관리와 인터뷰 조율을 포함한 마케팅 전략을 개척했다. 또한 홍보팀은 영화 촬영 외에도 패션 이미지 제작과 미술 작업을 통해 화려한 분위기를 만들어냈다 (Davis 1993: 154). 미국의 영화제작사 MGM의 의상 담당자 앤 스트라우스Ann Straus와 같은 사람들은 스타들이 잡지 표지와 기사에 어떻게 등장하고 배치되는지를 관리했다.

스트라우스는 진짜 보석과 아름다운 옷의 가치를 잘 알았다. 그녀의 스타일링으로 패션숍과 디자이너들의 공로는 돋보였고, 그녀는 대여했을 때와 똑같은 상태로 옷을 돌려줌으로써 그들의 신뢰를 얻었다 (Davis 1993: 155).

고디는 자신이 관리한 흑인 아티스트들의 재능을 보여주기 위해 할리우드 모델을 차용했다. 그는 차밍스쿨과 모델 에이전시의 운영자였던 맥신 파웰Maxine Powell과 같은 사람들을 트레이닝 과정에 동원해, "걷는 법, 말하는 법, 마이크를 잡는 법, 그리고 세련되고 매력적인 태도로 연기하는 법을 가르침으로써 가수들이 다양한 장르로 나아갈 수 있게끔 했다"(Early 2004: 116).

한국의 CEO들도 고디처럼 이미지 구축에 초점을 맞추어 아티스트들을 양성했다. 그들은 아이돌이 음악을 뛰어넘어 활동할 수 있도록 매우 다양한 이미지를 만들어낸다. 이는 2000년대 들어 한국 연예산업이 구조적으로 변화한 데 부분적으로 기인한다.

1세대 아이돌 그룹을 탄생시켰던 주요 연예기획사들은 제작과 매니지먼트뿐 아니라 스타의 계발과 훈련을 통합한 종합 엔터테인먼트 회사로 발전했는데, 이들의 전략은 "원소스 멀티유즈one source multi-use"였다(Kim 2012: 101).

연예기획사들은 티저 이미지(프로모션에 수반되는 실제 콘셉트 이미지와는 전혀 다를 수 있다), 음원 발매 버전에 따라 다르게 바뀌는 다양한 콘셉트 이미지, 일본 시장을 위한 새로운 이미지, 앨범의 리패키지에 따른 콘셉트 이미지 등과 같은 한국적인 홍보 방식을 이용해 밴드에 대한 팬들의 기대감을 높인다. 예를 들어, SM엔터테인먼트는 아이돌 그룹 슈퍼주니어의 2011년 앨범《Mr. Simple》의 홍보를 위해 컬러풀한 재킷을 입은 멤버 열 명 각각의 티저 이미지를 공개했다. 하지만 뮤직비디오에서는 멤버들이 상당히 톤 다운된 의상을 입고 조각으로 이루어진 흰 벽을 배경으로 춤을 춤으로써 시크한 콘셉트 이미지를 만들었다.《Mr. Simple》발매 후에는 이를 리패키지한《A-Cha》를 냈는데 완전히 다른 콘셉트가 되었다. 리패키지 앨범에는 오리지널 트랙과 함께 추가곡 및 원곡의 리믹스 버전이 포함되어 있다.《A-Cha》의 티저 이미지는 사진을 주제로 하여, 각 멤버들이 카메라를 들고 있는 모습을 보여준다. "A-Cha" 뮤직비디오의 추가 버전은 흡사 터널 같은 배경 앞에서 안무를 수행하는 멤버들의 모습을 흔들리는 화면의 셰이키 캠 기법으로 담았다("Super Junior 'A-Cha'" 2011). 케이팝은 하나의 음반에 둘 이상의 이미지 콘셉트를 담아 홍보한다.

음악 이외의 활동은 새로운 이미지를 추가하는 기회가 된다.

한국의 CEO들과 고디는 모두 세심하게 창조된 이미지와 높은 수준의 음악을 결합했다. 프로듀서들의 노력으로 이뤄진 양질의 음악 제작이 모타운의 특징이었다. 음악계의 거물이 되기 전에 고디는 재키 윌슨과 같은 아티스트에게 곡을 준 작곡가였으며, 음악 제작의 여러 요소뿐만 아니라 홍보에도 정통했다(Early 2004: 51). 얼리(Early 2004)는 "고디는 직관력이 뛰어난 사람이었다. 그는 어떤 레코드가 히트할지를 예측하고 기대하는 게임에 탁월했다."라고 말한다. 고디는 그러한 경험으로 사람들이 음악에 대해 무엇을 기대하는지 이해할 수 있었고 이를 통해 모타운의 음악 제작에 자신의 역량을 더욱 발휘할 수 있었다. 고디는 탁월한 음악적 직관을 이용해 의심할 여지 없이 뛰어난 음악을 창작했다. 모타운의 음악은 대중음악의 판도를 바꿀 정도로 혁신적이었다.

한국 CEO들은 고디가 그랬듯 음악 창작과 프로모션에서 쌓은 경험을 바탕으로 수준 높은 음악을 만들어내고 있다. SM엔터테인먼트의 이수만도 팝스타 출신이다. 포크 듀엣 '4월과 5월'로 데뷔한 그는 1970년대에 10대 가수상을 받을 정도로 솔로 가수로서도 성공을 거두었다. 또한 라디오 프로그램《비바팝스》와 텔레비전 토크쇼《이수만과 함께》의 진행을 맡아 대중의 음악 취향을 파악하는 기회도 얻었다. 러셀(Mark James Russell 2008)에 따르면, 이수만은 "디제이 활동이 자신의 음악적 취향을 폭넓게 유지하고 청취자들의 기호에 발맞출 수 있게끔 했다고 생각한다"고 한다(151). 박진영은 JYP엔터테인먼트의 CEO와 아티스트라는 두 역할을 병행한다. 1994년에 솔로 가수로 데뷔한 박진영은 '아시안소울'이라는 예명으로 한국에서 많은 히트곡을 냈다. 박진영은 또한 한국에서 가장 성공한 솔로 가수 중 한 명인 비의 프로듀싱을 맡았고, 자신의 레이블에 소속된 god, 2PM, 비, GOT7 등의 초기 히트곡들을 작곡했다. 서태지와 아이들의 전 멤버이자 YG엔터테인먼트의 창업자인 양현석은 회사의 모든 음악 제작에 관여했다. 양현석은 『KSTAR 10』과의 인터뷰에서 "저는 제 경험 덕분에 제 아티스트들과 토론을 할 수 있을 만큼 음악에 대해 잘 알고 있습니다. 서태지와 아이들 시절부터 많은 경험을 쌓았기 때문에, 그들에게 무대 공연에 관해 지도할 수 있어요. 많은 것들을 포기하고 잃어버린 것은 사실이지만, 아티스트와의 소통과 음악 창작 자체를 포기할 수는 없어요."(Lennon 2013)라고 말했다. 한국 CEO들은 이러한 경험을 통해 대중의 음악적 취향을 예민하게 파악할 수 있다.

한국 기획사들은 다양한 음악적 요소를 끌어들이기 위해 외국 음악 프로듀서들을 활용하지만, 프로덕션의 최종 결정은 모타운처럼 사내에서 이루어지고 이는 결국 한국인 프로듀서들이 총괄한다는 뜻이다. 크리스 리Chris Lee에 따르면 SM엔터테인먼트의 이수만은 "작곡가들에게 음악을 아웃소싱하고 단순히 녹음만 하는 것에 불만을 느끼고 있다. 그는 음반 프로덕션이란 곡을 다듬고 바꾸고 완성하는 모든 꼼꼼한 과정이라고 믿고 있다"(Park 2013: 24). 이런 과정을 거쳐, "원래의 창작물은 계속 수정되고, 청자가 누구이건 어디에 있건 그들 사이에서 더 입소문을 타게 된다"(Park 2013: 24). SM엔터테인먼트의 유영진 이사는 자신이 어떻게 노래를 변형시켜 한국 청중에 어필하는지 설명한다.

일단 나는 외국 곡을 그대로 쓰지 않는다. 그쪽 친구들은 멜로디, 가사, 편곡이 모두 굉장히 심플해서 나는 거기에 우리나라에서 필요하다고 생각되는 부분을 더한다. 어떤 경우에는 원곡에서는 서브로 깔린 멜로디를 메인으로 만들기도 하고, 아예 멜로디를 새로 만들기도 한다. 곡의 전체적인 흐름은 좋지만 클라이맥스가 약한 곡은 그런 부분을 만들어준다([INTERVIEW], "Record Producer Yoo Young-jin" 2010a).

한국의 음악 프로듀서들은 스스로를 중요한 참여자로 본다. 이들은 자신을 "톱니바퀴의 톱니" 정도가 아니라, 음악에 정통할뿐더러 새로운 음악을 만드는 데 진지한 장인으로 여긴다. 유영진과 테디 같은 몇몇 한국 음악 프로듀서들은 전직 아티스트이기도 하다. 그들은 대중이 소비하기 위한 음악을 만들고 있지만, 또한 자신들이 음악적 전통에, 특히 흑인음악의 전통에 참여하고 있음을 잘 알고 있다. 유영진은 흑인음악에 대한 자신의 포부를 다음과 같이 설명한다.

맞다. 문화는 충격이니까. 마이클 잭슨이 "Billie Jean"을 부르고 문워킹을 했을 때 전 세계의 흐름이 바뀌지 않았나. 언젠가는 그런 순간을 만들고 싶다([INTERVIEW], "Record Producer Yoo Young-jin"

2010b).

한국 가요의 제작에는 신중한 기획 과정이 수반된다. 무엇보다 프로
덕션 전략은 철저히 한국적이다. 박길성(Park 2013)은 케이팝의 핵심
인 음악의 아웃소싱과 리믹스도 "겉보기에 불가능해 보일지라도 글
로벌 프로듀서들을 집요하게 설득함으로써 창의성을 아웃소싱해내
는 한국적 직업윤리를 반영하고 있다"(31)고 지적한다.

한국 기획사의 인력풀은 가수, 작곡가, 프로듀서는 물론 댄서를 아
우르고 있어 음악의 유기적 창작과 생산이 수월하다. 양질의 퍼포먼
스를 끌어내기 위해서는 집중적인 트레이닝 과정이 필요하다. 박길
성(Park 2013)은 SM엔터테인먼트가 성공적인 트레이닝 프로그램으
로 "뛰어난 재능을 지닌 아티스트들을 지속적으로 공급"할 수 있었
다고 말한다.

케이팝 아티스트는 혼자서도, 그룹의 멤버로서도, 춤과 노래를 특출
나게 잘해야 한다(25).

캐스팅과 트레이닝 시스템을 거치며 미래의 스타들은 다양한 음악
레퍼토리를 습득한다.

'아카데미'라고 불리는 특정한 트레이닝 및 교육 시스템이 바로 이
과정의 핵심이다. 가수, 댄서, 배우 지망생뿐만 아니라 엔터테인먼트

회사에서 일하기를 원하는 사람들도 구내 연습실에서 관련 교육을 받는다(Shin 2009: 510).

연습생들은 앞으로 참여하게 될 산업과 그 음악적 유산에 대해 배운다. 그들은 자신들을 위해 만들어진 노래뿐 아니라 이전에 인기를 끌었던 다른 팝그룹의 노래들도 익힌다. 예를 들어 H.O.T.의 "Candy", (1996)는 많은 후속 그룹들이 필수적으로 배웠던 곡이다. 인피니트는 데뷔한 해인 2010년에 "Candy"를 커버했다. 보이프렌드도 2011년 데뷔 당시《뮤직뱅크》에서 H.O.T. 멤버들이 입던 복장으로 노래와 안무를 선보였다. 후배 여성 아이돌 그룹들은 1세대 걸그룹 핑클의 "Now"(2000)를 공연했다. 2007년 데뷔한 소녀시대는 2009년《뮤직뱅크》에서, 2010년 데뷔한 걸스데이는 2014년 MBC Music 채널의《피크닉 라이브 소풍》에서, 2012년 데뷔한 피에스타는 2015년《콘서트 7080》에서 이 노래와 안무를 선보였다. 한국 팝그룹들은 미국 팝과 R&B뿐만 아니라 동시대의 한국 팝도 배운다. 이러한 방식으로 한국 연예인들은 자신들의 음악을 형성하는 음악 전통에 대한 지식을 획득하고 음악의 발전을 꾀한다. 음악의 품질, 프로모션, 제작 전략에 대한 강조는 더 큰 게임을 위한 필수 요소다.

크로스오버

세계 시장을 겨냥하는 고디의 크로스오버 전략은 한국 CEO들의 전 지구적 유통 목표에도 잘 맞아떨어졌다. 고디와 한국 CEO들의 크로스오버를 단순히 이윤 극대화를 위한 것이라고 비판하기도 하지만, 이 전략은 음악 씬에 전례 없는 수준의 발자취를 남겼다.

베리 고디는 미국 흑인의 이미지를 대중의 인식 속에 새롭게 형성하기 위해 장르적 교차를 시도했다. 개러팔로(Reebee Garofalo 1993)는 크로스오버를 "컨트리 웨스턴, 라틴 또는 리듬앤블루스와 같은 하위 시장의 아티스트와 앨범이 주류 또는 '팝' 시장에서 '히트'하는 과정"으로 설명한다. 얼리(Early 2004)는 고디가 이익 추구 이외에 또 다른 동기가 있었음을 언급한다.

고디는 사실 프티부르주아 사업가가 되는 것에 거의 관심이 없었거나 혹은 그의 기질이 이를 받아들이지 못했던 것 같다. 그는 단순히 대중의 욕구를 충족시키기 위해 상품을 공급했던 것이 아니라, 어떻게든 취향과 음악에 영향을 미치고자 했다(53).

모타운은 미국의 인종 분리주의 시대에 출현했다. 개러팔로(Garofalo 1993)는 팝 음악의 여명기라 할 1950년대 미국에서 '인종 음반'이 등장했다고 분석한다.

인종 음반 산업은 현실 사회에서 흑백이 여전히 법적으로 분리되어 있던 시기에 자본력이 부족한 하위 시장으로 발전하기 시작했다. 흑인 예술가들은 몇몇 눈에 띄는 경우를 제외하고는 라디오 출연뿐만 아니라 '백인 공연'이라고 명시된 곳에서의 라이브 출연이 제도적으로 금지되었다(235-236).

인종 음반은 연주자, 관객, 그리고 음악의 종류도 규정했다. 인종 분리는 음악산업 내 차별을 맥락화했다. 얼리(Early 2004)에 따르면 모타운의 모토인 "젊은 미국의 사운드"는 겉으로 보기에는 "순수 오락"을 표방하는 것처럼 보였지만, 실제로는 "무언가 전복적이고 비뚤어진" 것을 의미했으며, 미국 주류 사회에 대한 영리한 조롱이었다. 1950년대의 '인종 음반'과 1960년대의 소울 및 블랙팝은 음악적 매력이 뚜렷하여 크로스오버를 가능케 했다. 고디는 하퍼(Phillip Brian Harper 1989)가 말한바, "청중을 구분해온 인종적 경계도 뛰어넘는 매력"을 가진 '크로스오버'(102)를 추구했다. 고디는 크로스오버가 일상화되지 않았던 당시, 높은 음악성과 이미지 구성을 바탕으로 흑인 아티스트들이 주류 관객들에게 인정받게끔 했다.

고디의 크로스오버는 미국이란 경계에 갇히지 않았다. 국내 시장만을 겨냥한 융합 전술이라고 한 비평가들의 평가는 고디의 글로벌한 야심을 간과한 것이다. 플로리(Andrew Flory 2014)는 탐라 모타운 Tamla Motown[32]사가 그에게 끼친 영향에 주목한다.

1963년과 1965년 사이, 영국 엔터테인먼트 산업과 비즈니스 관계를 구축하고자 한 모타운의 노력은 1965년 5월에서 6월 대규모 영국 투

---

32 탐라 모타운은 모타운 레코드사의 첫번째 레이블로서 1959년에 설립되었다. 1965년 이래 모타운 레코드사의 해외 사업을 대표하는 레이블로 자리 잡았다. 2021년 현재 유니버설 뮤직 그룹의 계열사이다.

어로 정점을 찍었다. 이 시기 모타운의 많은 작업은 탐라 모타운 감상회Tamla Motown Appreciation Society의 활동을 통해 지원되었는데, 이 감상회는 회원 이벤트와 뉴스레터를 통해 흑인음악과 흑인 아티스트에 대한 정보를 알리는 데 주력했다(114).

탐라 모타운사는 모타운 소속 아티스트들의 유럽 투어를 기획하는 등 고디의 글로벌 전략의 발판이었다.

이와 마찬가지로 한국의 CEO들은 글로벌 차원의 크로스오버를 위해 이미지와 음악을 결합하는 전략을 구사한다. 이러한 크로스오버 전략은 한국의 크리에이티브 및 비즈니스 전략이 일본의 아이도루 시스템과 차별화되는 지점이다. 즉, 케이팝의 핵심은 글로벌 열망이다. 한국의 팝그룹들은 트위터, 유튜브, 인스타그램 등 소셜미디어를 활용해 동아시아와 전 세계에 진출했다. 월드투어 또한 모스크바, 헬싱키, 바르샤바, 이스탄불, 산티아고, 부에노스아이레스 등을 포함해 전 세계로 범위가 넓어졌다. 2018년 SM타운은 아랍에미리트의 두바이에서 SM의 모든 아티스트가 참여한 '패밀리' 콘서트를 개최했다. 이와 달리 일본 대중음악산업은 자국 무대에만 초점을 맞춘다. 외국의 제이팝 팬들은 아이튠즈와 같은 디지털 플랫폼에서 음악을 접하는 데 어려움을 겪는다. 한국 아티스트에 관한 팬 동영상과 달리, 팬들이 만든 일본 아티스트 동영상은 SNS에서 재빨리 내려간다. 제이팝의 글로벌 팬들은 일본에서 발매된 음반을 구입하거나 좋아하는 그룹의 텔레비전 출연 영상을 보기 위해 꽤 큰 노력을 들여야 한다.

2000년대 초반만 해도, 일본의 팝스타들은 동아시아 순회공연도 거의 하지 않았다. 이런 점에서 보더라도 한국의 CEO들은 일본 대중음악산업을 모방했다기보다는 고디의 글로벌한 비전을 수용했다고 할 수 있다.

고디와 한국의 CEO들이 이윤 추구만을 위해 크로스오버를 추구했다고 지적하는 이들이 있다. 김창남(Kim 2012)은 한국의 캐스팅과 트레이닝 시스템이 "10대 초중반의 어린 연습생을 선발하고 조련하여 수익을 챙긴다"는 점에 문제를 제기한다. 이와 비슷하게 고디도 자신이 고안한 미학과 전략을 미국 주류 청중의 환심을 사기 위해서만 이용했다는 비난을 종종 받았다. 조지(George 1988)는 모타운을 "흑인이 소유했으나 백인 관객 공략에만 몰두하는, 비밀스럽고 엄격한 위계질서를 갖춘 조직"으로 보고 있으며, 고디를 주류 사회의 기준에 집착하는 인물로 바라본다.

그의 메시지는 "걱정하지 마세요. 난 단지 당신처럼 되고 싶을 뿐이에요."였다. 이것이 그가 할리우드와 라스베이거스로부터 인정받고자 한 꿈이었다. "젊은 미국의 사운드"라는 슬로건은 주류 사회와의 소통만을 의도한 것이다(88).

또한 고디는 이윤 추구를 위해 자신의 아티스트들을 착취했다는 비난을 받았다. 조지(George 1988)는 고디의 작업을 천민자본주의의 한 사례일 뿐이라고 깎아내렸다.

고디는 자신의 목표가 주류 사회 진입이라고 분명히 말한 바 있다. 이 목표를 위해 그는 부를 축적하고 사업을 확장했다(88-89).

반면 얼리(Early 2004)는 "인종차별적 사회 속에서 보기 드물게 주류에 진입한 흑인 음반사가 짊어진 도덕적 의무감과 인종적 헌신", 그리고 "백인 청중의 취향에 맞추어 상업적 성공을 거두려는 강박적 열망"(31, 32) 간의 긴장을 꿰뚫어본다. 주류 사회 공략은 이윤 추구 동기의 일부이기도 하다.

인종·사회·문화의 경계를 뛰어넘은 모타운의 성공은 음악과 공연 스타일 모두에서 입증되었듯이 흑인성을 희생함으로써 이뤄냈다는 편협한 비판을 불러일으켰다(Sykes 2006: 440).

스티븐스(Stephens 1984)는 "상업적 성공에 대한 집착은 소울의 발전적인 진화에 악영향을 끼친 몇 가지 요인 중 하나였다. 한때 흑인성으로 정의된 독립 레이블이 음반을 발매하던 전통은 이제 주류 청중의 취향, 비용 편익 분석, 메이저 음반사의 장악력에 직접적인 영향을 받게 되었다"(38)고 지적한다. 그 결과, 이윤을 창출하는 상품으로서의 음악만 두드러지기 시작했다.

어떤 이들은 크로스오버의 성공이 음악의 질을 훼손했다고 주장한다. 조지(George 1988)는 리듬앤블루스의 쇠락은 흑인 아티스트들이 흑인음악 레이블이나 흑인음악 친화적 레코드사를 떠나 백인에 의해 통제되는 대중(즉 백인) 지향적인 레이블로 이동했기 때문이라고 분석한다. 그는 이러한 변화가 더 광범위한 인기를 불러일으켰음에도 불구하고 디스코의 경우에서처럼 결국 음악의 품질에 부정적인 영향을 미쳤다고 주장한다.

1976년과 1980년 사이 두 음악적인 흐름이 합쳐져 디스코를 망가뜨렸다. 내용 없이 반복되는 미숙한 가사를 가진 사운드로 추락한 디스코는 사실상 R&B를 짓눌러버렸다(153).

비록 1980년대에 마이클 잭슨과 프린스가 배출되었지만 코브(Cobb 2007)는 다음과 같이 말한다.

1980년대가 되자 R&B는 겉모습만 흑인일 뿐인 가수들의 황무지가 되었다. 인종적 중립과 동화가 시대정신이 됨에 따라 마이클 잭슨, 프린스 그리고 심지어 코모도스의 전 멤버였던 라이어넬 리치Lionel Richie마저 흑인임을 상업적으로 활용하는 페르소나를 추구했다(55).

하지만 크로스오버는 음악 씬을 다채롭게 한다. 모코에나(Tshepo Mokoena 2017)는 크로스오버가 대중의 상상 속에서 R&B 음악의 폭을 넓힌다고 말한다.

흑인음악의 화이트워싱[33]을 촉진하는 데 이바지한 비논리적인 인종주의적 구분은 계속해서 미래 세대를 제약할 것이다. 백인 주류를 소울, 펑크, 재즈, R&B, 랩, 심지어 컨트리 음악으로부터도 분리하는 이런 방식의 인종주의적 태도로 인해 수많은 장르가 주변화되었다. 실제로는 팝이 이 장르들에 크게 빚졌으면서도 말이다.

브래킷(Brackett 2005)이 지적한 바와 같이, "비흑인들은 이 범주[R&B]로 분류된 음악을 즐겨 구입하고 소비하고 청취했다. 마찬가지로 흑인들도 R&B에 속하지 않는 음악을 녹음하고 구입하고 소비하고 청취했다"(75). 가장 유명한 음악 아이콘인 마이클 잭슨, 프린스, 비욘세의 음악에도 분명히 R&B 요소가 포함되어 있다. 아티스트나 청중의 인종적 정체성에만 초점을 맞추면 음악에 대한 이들의 영향력을 제한적으로 검토하고 평가하게 된다. 음악이란 청취하는 대중과 공명하는 것이다.

사람들은 음악을 느낄 때 인종을 따지지 않는다. 우리는 음악의 리듬, 멜로디, 하모니, 그리고 비트와 연결된다. 장르에 이름을 붙이고, "천박하고 상업적인" 팝을 "저항적이고 진정성 있는" 록 언저리에 자리잡도록 위계를 정하는 것은(반면 마이너 아티스트들은 먼발치에 놓인다.) 이제 우리 사회에서 별 의미가 없다. 후크, 벌스, 코러스를 3~4분 안에 깔끔하게 패키징해 곡을 구성하는 것이 팝의 유일한 규칙이 되었

---

33 화이트워싱은 연극이나 영화를 제작할 때 원작의 유색인종 캐릭터를 백인으로 바꾸는 행위를 가리키며, 미디어 산업의 인종차별적 관습의 대표적인 사례이다.

다(Mokoena 2017).

사실 팝 음악은 흑인음악의 미학에 늘 영향 받아왔다. 피츠제럴드 (Fitzgerald 2007)는 "새로운 크로스오버 음악은 특정한 가스펠 음악의 테크닉, 리듬 요소와 리듬 구조를 어떻게 구성하는가로 특징지어진다. 수적으로 적었던 백인 작곡가들도 리듬을 곡의 중심 요소 혹은 구조의 뼈대로 삼았다"(136)고 지적한다. 크로스오버 음악인들은 흑인 대중음악 미학을 보다 폭넓은 청중에게 확산시킴으로써 대중음악 사운드의 판을 바꾸었다.

문화작업과 세계화된 R&B

고디와 한국 연예기획사 CEO들이 활용한 크로스오버는 이미지와 음악성을 활용해 청자의 인식을 형성하는 문화작업 전략으로 기능한다. 고디는 자신이 구축한 새로운 인종 이미지를 프로모션하기 위해 할리우드 캐스팅 모델을 활용했다. 한국 CEO들은 글로벌 이미지를 형성하기 위해 비슷한 전략을 사용한다. 문화작업의 실천은 한국 팝 그룹들을 글로벌 R&B 전통의 일부로 만든다.

한국 CEO들은 문화작업에 참여하며 역동적인 이미지와 수준 높은 음악 프로덕션 전략을 사용한다. 스트룹(Craig Stroupe n.d.)은 문화작업을 "글이나 그림이 한 문화권의 감정·사고·행동의 현재적 구조를 강화하거나, 혹은 역사적 필연성에 의해 만들어진 감정·생각·행동의 새로운 패턴을 한 문화권의 개인이 익힐 수 있게 하는 과정"이라고 정의한다. 문화 생산이 문화작업으로 기능할 때 그것은 개인들의 인식 방식에 영향을 주며, 때로는 인식 자체를 변화시킨다. 문화 생산은 새로운 전략이나 전략의 재배치를 통해 그러한 변화를 이끈다. 한국 CEO가 활용하는 캐스팅 및 트레이닝 시스템은 재현에 변화를 준다. 이 또한 문화작업의 일부다.

한국 대중음악이 문화작업에 관여한다는 생각은 대중음악이 단지 짧은 유행을 추구한다는 지배적인 관념에 도전하는 것이다. 많은 사람에게 대중음악이란 특정한 공식을 따르는 노래일 뿐이다.

멋진 리듬, 귀에 쏙 들어오는 멜로디. 기억하기 쉽고, 따라 부르기 쉽다. 대중음악에는 보통 몇 번이고 반복되는 코러스와 두세 개의 벌스가 있다. 대부분의 대중가요는 2분에서 5분 사이이다("What Is Pop Music?" n.d.).

기억하기 쉽다는 속성은 곡의 인기에 이바지한다. 인기도는 음반 판매와 라디오 방송 횟수를 기준으로 한 차트에 의해 측정되는데, 최근에는 음원 다운로드와 스트리밍이 기준이 된다. 인기는 또한 기술 발전으로 촉진되어 음반, CD, 디지털 음악으로 진화하면서 더 많은 사람이 대중음악을 접할 수 있게 되었다. 개러팔로(Garofalo 1993)는 최고 권위의 음악 차트인 『빌보드』지에 쓴 글에서 "팝은 가장 중요한 범주다. 그것은 주류 문화를 정의한다. [...] 음반은 주류 아울렛을 통해 유통되고 판매된 후에야 팝 차트에 오른다"(235)고 지적한다. 그 결과 '팝 음악'은 장르를 가리킬 뿐만 아니라, 대중의 취향을 좇는 특정 마케팅 전략에 따른 음악 방식을 말하게 되었다. 셔커(Shuker 2001)는 "대중을 상업적인 오락문화와 동일시하고 시장을 대중문화의 필수 요소로 여긴다"(3). 팝 역시 취향이 수시로 바뀌는 청소년 문화를 겨냥한 상업적인 비즈니스이기에 일회용이라는 평가를 받는다. 셔커(Shuker 2001)는 나이에 따른 선호도 차이를 지적한다.

어린 청소년들, 특히 소녀들은 "커머셜 팝"(예를 들어 브리트니 스피어스, 에스 클럽 세븐S Club 7)을 선호한다. 좀 더 나이 든 청소년들은 "진보적인" 성향을 갖춘 아티스트(유투U2, 홀Hole)에 더 큰 관심을 표현한다. 소녀들이 소년들보다 차트에 오르는 팝 음악을 더 즐기는 것은 세분화된 시장을 반영한다(199).

젊은 청자들은 음악적으로 더 진지한, 장수하는 아티스트에 관심이 없다. 대중성과 대량생산과의 연관성으로 인해, 일부는 대중음악을 "음악에 대해 거의 알지 못하거나 혹은 더 복잡한 음악을 음미하지 못하는 사람들이 쉽게 듣고 즐기는 '단순화된' 음악의 가장 조악한 유형으로 본다"(Wall 2003: 2). 단순한 음악이 대중에게 어필하는 반면, 복잡한 음악은 좀 더 분별력 있는 취향이 필요하다는 논리다. 팝 음악은 전자를 가리킨다.

크로스오버 전략을 구사하는 한국 대중음악은 단순한 유행 이상이다. 한국 대중음악은 고디가 활용한 원조 할리우드 모델과 매우 흡사한 방식으로 이미지를 구축해왔다. 할리우드의 유대인 영화계 거물들은 사람들이 원하는 것을 보여주기 위해 이미지를 사용했다.

반짝이는 불빛이 있는 천장, 두꺼운 카펫, 이국적인 벽감, 상아 코끼리가 있는 웅장한 계단 입구에서 화려한 유니폼을 입은 안내원이 벨벳으로 치장된 지정좌석으로 안내하는 바로크 양식의 영화 궁전에서 미국인들은 스크린에 비친 매혹적인 배우들의 모습을 보고 싶어 했다 (Davis 1993: x).

개블러(Neal Gabler 1989)는 이 이미지가 문화산업 너머에까지 영향을 미쳤다고 지적한다. 유대인 영화 거물들은 "자신들이 받아들여진 것에 그치지 않고 이제는 통치도 할 수 있는 새로운 나라, 말하자면 자신들의 제국을 만들었다. [...] 자신들을 부유한 미국인이라는 이미지로 가공했듯, 그들은 미국의 이미지로 자신들의 제국을 만들어냈다. 그들은 이 제국의 가치와 신화, 전통과 원형을 창조했다"(6). 유대계 거물들은 자신들이 미국 사회에 진입하는 데 걸림돌이 되었던 민족적·문화적 요소들을 제거한 이미지를 미국 대중에게 되팔았다. 할리우드 캐스팅 시스템은 민족 요소를 지우는 이미지의 능력을 이용한다.

고디는 할리우드 공식을 활용한 아티스트 계발이라는 문화작업을 통해 크로스오버 효과를 내려 했다. 흑인들은 화려한 이미지와 경이로운 공연이라는 쇼맨십을 통해 고정관념에 도전하는 아티스트로 부각되었다.

모타운과 몇몇 레코드사에서 활동하던 흑인 아티스트들은 각 잡힌 모헤어 슈트와 화려한 실크 가운을 입은 자신들을 자부심과 기쁨에 겨워 바라보며, 이를 초라한 시작에 비해 자신들이 얼마나 성공했는지를 보여주는 상징이라고 여겼다. 모타운은 백인의 전유물이라 여겨졌던 성공과 존경을 흑인도 누릴 수 있도록 진지한 노력을 기울였다 (Ward 1998: 267).

이러한 이미지 작업은 다른 소수 인종에게도 효과적으로 작용했다. 쳉(Anne Anlin Cheng 2011)은 "인정의 정치학으로서의 명성, 개성의 정치학으로서의 화려함"이 "인종화된 육체와 재현에 대한 뿌리 깊은 통념을 수정할 수 있었다"고 말한다(1023).

팝 음악 자체를 변화시킨 모타운의 리듬앤블루스는 문화적 변화를 불러일으킨 문화작업의 한 예다. 리듬앤블루스는 애초 대중음악의 반대편에 있었다. 1950년대의 대중음악은 프랭크 시나트라Frank Sinatra 나 토니 베넷Tony Bennett 등의 노래를 가리키는데, 베일스(Martha Bayles 1994)는 이러한 스타일을 "오케스트라를 배경으로 한 매끄럽고 세련된 보컬 음악 세트"(108)라고 설명한다. 반면 리듬앤블루스는 "흑인 지향적" 음악을 대표했는데, 스윙과 블루스의 요소를 가스펠 스타일의 보컬과 섞은 것이다(Bayles 1994: 111). 이 새로운 형태의 음악은 당시의 대중음악을 위협했다. 1955년 『버라이어티^{Variety}』지에는 다음과 같은 기사가 실렸다.

주류 팝 보컬리스트들은 최근 음악 비즈니스에서 리듬앤블루스 음악의 부상을 녹록지 않은 상황으로 바라본다. [...] 인기 DJ들은 r&b[sic] 공식을 이해하기가 쉽지 않음을 깨달았다. 반면 젊은이들은 곡조와 비트뿐만 아니라 R&B가 수행한 원곡의 해석도 좋아하는 것 같다(Brackett 2005: 77).

리듬앤블루스는 색다른 음악 형식이었을 뿐만 아니라 로큰롤의 토대를 마련했고, 춤과 안무를 촉진하는 소울풀한 보컬과 리듬 중심의 트랙을 선보임으로써 오늘날까지 대중음악을 변화시키고 있다. 피츠제럴드(Fitzgerald 1995)는 대중음악 발전의 혁신가로서 모타운이 어떤 역할을 했는지 설명한다. 그에 따르면, 모타운에 소속된 홀랜드도지어홀랜드 작곡팀은 "리듬을 새로운 구조적 지위로 승격시킴으로써 혁신적인 스타일의 대중가요"를 창조했는데, 이를 통해 "멜로디와 가사를 받쳐주던 숨겨진 구조적 장치였던 훅이 더욱 리드미컬하게 되었다"(8). 이제 R&B의 기여를 인정하지 않고는 대중음악에 관해 이야기하는 것이 거의 불가능해졌다. 이제 R&B는 흑인만의 것이 아니다. 리듬앤블루스가 팝 음악에 상당한 영향을 미침에 따라 "1963년 말 『빌보드』지는 리듬앤블루스 차트를 1년간 중지했다. 왜냐하면 대중적인 핫

100 음악 차트와 중복될 정도로 비슷했기 때문이다"(Ripani 2006: 81).
팝은 여러 이름으로 불릴 수 있지만, 상당수의 곡은 여전히 팝의 맥락
안에서 R&B 요소를 띠고 있다. 워드(Ward 1998)는 모타운이 "지역,
인종, 심지어 세대의 경계를 넘나들며 어필하는 유연한 하우스 음악
스타일을 만들었다"(262)고 한다. 이를 통해 모타운은 주류적 성공을
거두었을 뿐만 아니라 음악 제작 이면에 감춰진 흑인들의 수완을 인
정받게끔 했다.

　이와 마찬가지로 케이팝의 사운드를 만드는 한국의 음악 프로듀서
들도 수준 높은 음악을 제작하는 것으로 알려져 있으며, 이미지를 결
합해 문화작업을 수행한다. 박길성(Park 2013)은 한국의 음악 제작 방
식은 한국이라는 지역적 방식에 기댄다고 말한다.

　스페인과 한국 가수들만이 세계적인 "트랙가이[대중음악을 창조하
　는 멜로디 작곡가]"에 의존하지 않고도 폭넓은 성공을 거둘 수 있었
　다. 이는 이 두 나라가 다른 나라들이 쉽게 모방할 수 없는 방식으로
　자신들의 음악을 현지화했다는 것을 의미한다(29).

국내 연예기획사들의 음악 캠프에 참석한 외국 프로듀서들도 한
국 대중음악의 독특한 형식에 담긴 가치를 인정한다. 로드니 "칙" 벨
Rodnae "Chikk" Bell은 음악 제작 방식에 있어서 미국과 한국의 차이를 다
음과 같이 묘사한다.

미국 노래는 평균적으로 네 개 혹은 다섯 개의 멜로디로 구성된다. 반면 케이팝의 멜로디는 평균 여덟 개에서 열 개이다. 또한 한국 노래는 하모니가 매우 두텁다(Leight 2018).

케빈 랜돌프Kevin Randolph는 덧붙인다.

루프34가 하나밖에 없는 비트는 한국에서 작동하지 않는다. 더 많이 늘려야 한다. 어떤 스타일의 음악도 그렇게 많은 파트를 갖고 있지 않다(Leight 2018).

수준 높은 음악성은 케이팝 아티스트들의 이미지와 불가분의 관계에 있다. 이들은 모타운에서 수행된 것과 같은 종류의 문화작업에 참여한다. 한국의 캐스팅과 트레이닝 시스템은 아티스트들이 양질의 음악에 기반해 이미지를 더욱 활용할 수 있게 이끌었다. 이러한 시스템을 통해 양성된 아티스트들에게 정부 기관과 비영리 단체들은 긍정적인 한국의 이미지를 만들어내는 활동에 참여할 것을 요청한다. 2015년 아이돌 그룹 몬스타엑스MONSTA X가 한국 걸스카우트의 홍보대사로 발탁된 것은 이미지 덕분이다.

우리는 몬스타엑스가 가진 다양한 재능과 매력 때문에 이들을 홍보

---

34 루프loop는 한 곡 내에서 4마디 혹은 8마디 등 일정한 마디를 계속 돌리는 것을 말한다.

대사로 선정했습니다. 이들의 활동적이고 건강한 모습은 걸스카우트의 이미지와 잘 어울립니다(K.Do 2015).

아이돌 그룹 BTS는 유니세프의 제너레이션 언리미티드Generations Unlimited 프로그램의 일환으로 유엔에서 연설했다. 이미지와 음악성에 대한 집중은 이러한 성취를 가능케 했다.

고디와 마찬가지로 한국 기획사 CEO들은 타인에 의해 강요된 이미지보다는 자신들이 만들어가는 이미지를 추구한다. 일제 식민주의와 같은 역사적 경험을 고려할 때, 이는 매우 필요한 일이었다.

> 일제시대 교육의 경험은 자신[한국인들]의 언어, 역사, 문화에 대해 양가적인 감정을 불러일으켰다(Eckart et al. 1990: 263).

윌슨(Rob Wilson 1991)은 오리엔탈리즘적인 수사학으로 구성된 한국의 왜곡된 이미지와 과소 재현의 사례를 다수 열거했다.

> 아시아가 서구 오리엔탈리즘에 의해 반복적으로 왜곡된 커다란 지역이라면, 한국은 극단적으로 망각된 장소로 남겨져 있다. [...] 후기 근대를 사는 오늘날의 미국인들에게 한반도는 여전히 금기시되고 잊힌 전쟁의 풍경으로 남아 있다(239).

즉 한국인들은 세계사적인 맥락 속에서 타인이 만든 왜곡된 이미지

안에 갇혀 있다. 따라서 한국인들에게 이미지는 그들 자신의 새로운 버전을 만들기 위해 중요한 수단이다. 시브룩(Seabrook 2012)은 다음과 같이 지적한다.

한류는 마늘과 김치 냄새가 진동하는 거친 개발도상국이라는 한국의 이미지를 번영과 코스모폴리탄의 이미지로 대체했다.

이는 종종 소프트파워로 설명되지만, 또한 민족적 색채가 구체적으로 투영된 문화작업이기도 하다. 한국 기획사들은 고디의 전략을 따라 한국인의 이미지를 회복하고자 노력한다. 이수만 같은 한국 CEO 들은 한국을 제대로 보여주고자 한다.

제가 제시한 것은 "문화 우선, 경제 다음"이라는 아이디어였습니다. 저는 한 나라의 문화가 외국인들에게 먼저 알려지면 경제는 자연스레 번영할 것이라고 믿습니다. 아티스트, 동료 직원, 스태프들과 함께 나누었던 똑같은 꿈이 더는 단순한 꿈이 아닙니다. 이제 우리의 꿈은 마침내 현실이 되었습니다("Korean Entertainment Agency Takes Its Acts Globally" 2011).

한국의 CEO들, 그리고 이전 세대 고디와 같은 흑인음악 프로듀서들은 크로스오버를 만들어내기 위해 캐스팅과 트레이닝 시스템을 사용하고 음악 제작의 수준을 높였다. 크로스오버는 이미지의 영향력과 관련된다. 이는 환원주의적인 이미지를 직업윤리와 기술적 완성도를 지닌 고품질의 퍼포먼스와 음악으로 대체하는 것을 포함한다. 한국 대중음악은 수준 높은 음악을 창작하고 공연할 수 있는 재능 있고 성실한 아티스트들의 이미지를 통해 정치적으로 불안정하며 리더십이 취약한 약소국이라는 한국에 대한 인식을 불식했다. 한국의 연예기획사 CEO들은 문화를 이용해 자강 이미지를 세계 무대에 투사했다. 이는 수십 년 전 모타운이 성공적으로 수행한 것처럼, 창의적이고 상업적인 문화 생산을 국가 이미지와 결부한 문화작업 방식이라 할 수 있다. 한국의 CEO와 팝 아티스트들은 R&B 전통을 모방하는 동시에 발전시키며 글로벌 R&B의 한 지류를 형성한다.

3장

"Soul Breeze"[1]
한국 R&B 그룹과 솔로 가수들

---

1 2010년에 발매된 브라운 아이드 소울의 앨범 《BROWNEYED SOUL》에 수록된 곡

한국의 아이돌 그룹 1세대인 신화의 재결합은 초기 아이돌 그룹들의 연이은 재결성과 컴백을 알리는 신호탄이었다. R&B 듀오 플라이 투 더 스카이도 2014년 5년간의 공백 끝에 아홉번째 앨범 《CONTINUUM》을 들고 돌아오면서 그 대열에 합류했다. 앨범의 첫 싱글 "너를 너를 너를"을 뮤직비디오와 함께 발표한 후, 플라이 투 더 스카이는 같은 해 5월에 콘서트 "CONTINUUM: The Return"을 3일 모두 매진시키며 열광하는 팬들 곁으로 돌아왔다. 8월에는 샤이니, 소녀시대, EXO, 동방신기 등 SM엔터테인먼트의 대표적 팝그룹들과 함께 서울에서 열린 "SM타운 라이브 월드투어 4"에서 라이브 공연을 펼쳤다.

재결합 이후 플라이 투 더 스카이가 한국 팝그룹들과 보여준 상호작용은 한국 R&B가 케이팝이라는 더 큰 우산 아래에 어떻게 자리매김하고 있는지 보여준다.

한국의 R&B 아티스트들은 R&B 연주 기법과 가스펠 보컬을 구사하는 것에 더해, 다양한 R&B 장르와 보컬 스타일을 가져와 R&B의 전통을 강화함으로써 상호텍스트성을 드러낸다. 이들의 뮤직비디오는 미국 흑인 가수들의 역동적인 퍼포먼스와 독특한 스타일을 소환한다. 이러한 상호텍스트성을 통해 한국 R&B 아티스트들은 흑과 백의 이분법적 인종 구분을 넘어 R&B의 음악적 유산을 확장함으로써 글로벌 R&B 전통에 가담한다.

아이돌부터 R&B 아티스트까지: 플라이 투 더 스카이와 포맨

한국 R&B 아티스트들은 그들 또래의 다른 가수들보다 더 진지해 보이지만, 몇몇은 아이돌로 커리어를 시작했다. 이는 케이팝이라는 포괄적 범주 안에서 연결되는 두 음악 스타일의 관계를 보여준다. 플라이 투 더 스카이와 포맨은 10대 팬들에게 어필하는 외모에 초점을 맞춘 아이돌 그룹에서 보컬에 중점을 둔 느린 템포의 노래를 많이 부르는 R&B 아티스트로 점차 변모해갔다.

한국 R&B는 한국의 팝그룹들과 함께 발전했다. 김창남(Kim 2012)은 한국인들이 R&B 영향이 강한 팝 음악을 통해 R&B를 접했음을 상기시킨다.

한국 대중음악의 발전이 영국과 미국의 팝과 록으로부터 심대한 영향을 받았고, 특히 미 흑인들이 팝 음악의 명백한 선구자였다는 사실을 고려한다면, 미 흑인음악가들의 영향력은 실로 한국 대중음악의 전반적인 역사를 관통하고 있다고 할 수 있다(33).

서태지와 아이들로부터 확산되기 시작한 케이팝은 확실히 R&B 사운드를 특징으로 한다. R&B는 초기 한국 팝 아티스트들에게 지속적으로 영향을 끼쳤다. 존 리(Lie 2014)는 "R&B적인 음악과 팝 발라드에 새로운 트렌드를 매끄럽게 녹여 넣은 서태지와 아이들의 뒤를 이어 등장한" 김건모를 한국 R&B의 주요 인물로 지목했다. 존 리에 따르면 김건모는 "한국의 스티비 원더로 불린다"(82). 이준, 김조한, 정재윤으로 구성된 그룹 솔리드는 케이팝 씬에서 R&B를 하나의 장르로 확립했다는 평가를 받는다.

몇몇 케이팝 아티스트들이 솔리드의 출현 이전에도 R&B를 시도했지만, 누구도 솔리드만큼 R&B에 전념하지는 않았다. 좋은 목소리와 (압도적이라 할 수는 없지만) 상당한 재능으로 솔리드는 R&B를 한국에서 하나의 장르로 대중화하는 데 성공했다("50 Most Influential K-pop Artists" 2010).

솔리드는 1990년대 R&B 사운드에 영향을 받은 후배 팝그룹들에게 길을 열어주었다. 이들 팝그룹에는 적어도 한 명 이상의 멤버가 흑인 보컬을 모방하는 특징이 있었는데, 이는 "1992년 이전 한국에 사실상 R&B가 존재하지 않았다"는 점을 고려할 때 새로운 상황 전개였다 (Lie 2014: 82).

한국 아이돌과 R&B 아티스트들이 모두 R&B 음악 미학의 영향을 받았기에, 둘 간의 경계는 항상 유동적이다. 게다가 아이돌을 육성·관리하는 한국의 대형 연예기획사들은 R&B 아티스트들도 거느리고 있다. 플라이 투 더 스카이는 최초의 성공한 남자 아이돌 그룹 H.O.T.를 탄생시킨 SM엔터테인먼트에서 경력을 시작했고 R&B 듀오로 전환한 이후에도 한동안 SM에 머물렀다. 여성 R&B 보컬 그룹인 빅마마도 전 세계적으로 성공한 아이돌 그룹인 2NE1과 빅뱅을 거느린 YG엔터테인먼트 소속이었다. 베테랑 R&B 가수인 박효신도 아이돌 그룹 빅스VIXX, 구구단과 함께 젤리피쉬엔터테인먼트에 적을 두고 있다.

한국 R&B 그룹들은 '아이돌'과 연결되어 있지만, 또한 대중음악의 한 양식을 뚜렷하게 대표한다. R&B 아티스트들은 R&B를 전문으로 하는 소규모 레이블에 자리를 잡기도 한다. 보통 한국 R&B 가수는 아이돌과 같은 정도의 언론 주목은 받지 못한다. 그 결과, 그들의 음악은 전 세계 팬 비평가들로부터도 활발한 비평적 반응을 끌어내지 못한다. 그럼에도 불구하고 글로벌 케이팝 팬들은 한국 R&B 아티스트들을 잘 알고 있다. 유튜브에는 한국 R&B 대표곡 모음뿐만 아니라 개별 R&B 아티스트들의 곡을 모아놓은 플레이리스트가 넘쳐난다. 글로벌 팬들이 한국의 R&B 아티스트들과 이들의 음악을 열정적으로 팔로우하고 있다는 사실은 댓글에서 잘 드러난다.

아이돌에서 R&B 듀오로 변신한 플라이 투 더 스카이의 진화는 한국의 R&B가 한국 팝과 어떻게 다른지를 잘 보여주는 예다. 플라이 투 더 스카이는 한국인 환희(황윤석)와 한국계 미국인 브라이언Brian Joo으로 구성되었는데, 1999년 SM엔터테인먼트에서 앨범명과 같은 이름의 중간 템포 싱글 "Day By Day"로 데뷔했다. 2001년 두번째 앨범《약속》을 발표했지만, 세번째 앨범《Sea of Love》(2002)부터는 미국 흑인 R&B 가수 브라이언 맥나이트가 작곡한 프로모션 트랙 "Condition of My Heart"로 R&B로의 전환을 알렸다. 이어서 두 개의 앨범《Missing You》(2003)와《Gravity》(2004)를 발표하고, 2004년에 SM엔터테인먼트에서 피풀엔터테인먼트로 이적했다. 정규 앨범 《Transition》(2005), 《No Limitations》(2007), 《Decennium》(2009)을 발표한 이후, 브라이언과 환희는 각자 솔로의 길을 걷다가 2014년 《CONTINUUM》을 출시하며 그룹 활동을 재개했다. 그 이후 《Love & Hate》(2015), 《너의 계절》(2017), 《i》(2018) 등 몇 개의 미니 앨범을 발표하며 활동을 이어갔다.

플라이 투 더 스카이는 다른 초기 아이돌과 마찬가지로 팝그룹으로 시작했다. 브라이언과 환희는 모두 오디션을 거쳐 SM엔터테인먼트에서 연습생 생활을 시작했다. 그들은 "체계화된 연습생" 프로그램에 편입되어 "노래, 춤, 랩, 작곡, 악기, 외국어 및 매너에 이르기까지 다양한 주제의 교육을 받은 아티스트"였다(Shin and Kim 2013). 이들은 R&B 댄스 장르와 힙합의 영향을 받은 사운드로 자신의 이미지를 대중화하며 10대 관객을 공략하기 시작했다. 데뷔 앨범 《Day By Day》의 타이틀 트랙은 그들의 후기 커리어의 음악적 토대가 되는 R&B 발라드와 유사점을 찾아보기 어렵다. 이 곡은 80년대식 프롬 파티에 잘 어울릴 법한, 신디사이저 효과와 드럼 머신의 규칙적 비트를 가진 중간 템포의 노래다. 듀오는 벌스 부분에서 번갈아 가며 노래하다가 코러스 부분에서 한목소리로 부른다. 플라이 투 더 스카이의 사운드는 휘트니 휴스턴과 보이즈 투 맨Boyz II Men과 같은 90년대 팝을 많이 모방한다. 이들은 빠른 템포의 노래를 출시해 다른 아이돌 그룹처럼 댄스도 선보였다. 횡키한 기타 리프로 시작하는 2001년 앨범 《약속》의 "What You Want"는 싱커페이션 된 베이스 연주와 박수 소리가 어우러진 가스펠적인 백보컬로 이어진다. 플라이 투 더 스카이가 2001년 《인기가요》무대에서 이 노래를 불렀을 때, 그들은 백업 댄서들의 움직임과 팬들의 응원 구호가 딱 맞아떨어지는 폭발적인 에너지의 댄스를 선보였다("Fly to the Sky—What U Want" 2019). 환희와 브라이언은 둘 다 은목걸이에 검은색 트레이닝복을 입었다.

다른 아이돌들과 마찬가지로 이들은 뮤직비디오 외에도 텔레비전 출연과 같은 음악 외적인 활동을 통해 이미지를 부각했다. 언론 인터뷰뿐만 아니라 텔레비전 프로그램에 출연하며 신작을 홍보했다. 환희는 연예인들을 커플로 묶어 가상의 결혼 생활을 보여주는 예능 프로그램《우리 결혼했어요》첫 시즌에 출연했다. 플라이 투 더 스카이는 라디오 프로그램《텐텐클럽》의 진행도 맡았다. 또한 주로 여성으로 구성된 자신들의 팬덤에 어필하는 뮤직비디오를 만들었다. "Day By Day"의 뮤직비디오는 도시의 모던한 아파트에서 생활하는 이들 듀오의 일상을 내러티브 없이 담고 있다("Fly to the Sky—Day by Day" 2009). 멤버들의 생활에 초점을 맞춘 뮤직비디오는 샤워 장면을 느린 동작으로 편집하는 등 뮤직비디오의 전형을 보여준다. 영상은 멋지게 차려입은 두 사람의 외모를 클로즈업으로 부각한다. 플라이 투 더 스카이의 초기 작품의 미학은 젊은 팬층의 취향에 부합한다. 멤버들의 잘생긴 외모를 돋보이게 하는 비주얼과 스타일 구성에서 아이돌 프로모션의 방식이 발견된다.

그러나 2002년 앨범《Sea of Love》를 기점으로, 플라이 투 더 스카이는 외모보다는 보컬에 더 중점을 두기 시작했다. 플라이 투 더 스카이의 R&B 전환은 느린 템포 곡의 증가뿐만 아니라 90년대 R&B 의 정교하고 세련된 곡에서 사용되는 보컬의 활용에서도 알 수 있다. 리파니(Ripani 2006)는 '어번' 또는 '어번 컨템퍼러리'를 랩과 구별되는 음악 범주로 설명하면서, "콰이어트 스톰 스타일의 부드럽고 소울풀한 발라드뿐만 아니라 업템포 댄스 및 휭키한 노래도 랩의 우산 아래에 포함된다"고 말했다(134). 플라이 투 더 스카이의 여러 노래는 환희의 약간 허스키하고 강렬한 목소리와 브라이언의 중간 톤 보컬과 랩 실력이 자아내는 역동적이고 감성적인 긴장감 위에서 작동한다. 2008년 리메이크 앨범《Recollection》에 수록된 브라이언의 "세상 끝에서의 시작"은 R&B 팝과 랩에 경도된 그의 음악성을 반영한다. 이 중간 템포의 노래는 팝 친화적인 기타 릭으로 시작하다가 피아노뿐만 아니라 다른 기타도 합세한다. 음조의 변화가 거의 없는 이 20초간의 인트로 연주 후에 브라이언의 목소리가 등장한다. "우우"와 "아아"로 부드럽게 코러스를 넣는 백보컬이 브라이언의 노래를 받쳐준다. 같은 앨범의 "소원"에서 환희의 소울풀한 목소리는 피아노 연주로만 보완되고 인트로에서 핑거스냅 정도가 있을 뿐이다. 이어 현과 종소리가 부드럽게 울려 퍼진다. 환희는 보컬의 음역을 더 넓게 활용하는 화려한 테크닉으로 통상적인 벌스-코러스 구조를 깨뜨린다. 그는 벌스 마지막 부분에 멜리스마를 활용해 보컬을 정점으로 끌어올려 코러스로 이어간다. 강렬한 감정과 화려한 보컬을 선호하는 환희의 성향은 듀오의 트랙 "Sea of Love"에서도 잘 드러난다. 오리지널 버전에서 브라이언과 환희는 그들의 전형적인 보컬 구성을 실연하며 벌스와 코러스에서 번갈아 가며 노래한다. 환희 버전에서는 보컬의 화려함이 더해진다. 리샤(Rischar 2004)는 이러한 보컬 미학이 R&B 발라드 가창의 특징이라고 주장하면서 "R&B 발라드곡에서 흔히 보이는 음색은 '흑인성'을 나타낸다. 프레이즈의 첫 단어에서 목구멍을 긁는 소리라든가, 화성음에서 카덴차² 를 마친 후 음을 한 단계 올리는 것 등이 여기에 포함된다"고 말한다(424-425).

브라이언과 환희는 인터플레이를 통해 R&B 사운드의 보컬을 함께 만든다. 김동률은 2008년 앨범《Monologue》에 수록한 "취중진담"으로 인기를 끌었다. 원곡은 느린 템포와 소울풀한 기타 인트로를 배경으로 김동률의 강한 보컬 능력을 드러낸다. 플라이 투 더 스카이는《Recollection》앨범에서 이 곡을 리메이크하는데, 이 리메이크 버전은 R&B 보컬 테크닉과 목소리의 인터플레이를 특징으로 한다. 이 버전은 전주 없이 낮은 음역으로 부르는 환희의 멜리스마 창법의 장식적 보컬에 두왑 스타일의 백보컬이 어우러진다. 두번째 벌스에서는 브라이언의 감미로운 목소리가 같은 두왑 스타일의 백보컬 위에 얹힌다. 노래가 이어지면서 환희는 보컬 파트에서 더 많은 멜리스마 기법을 활용하고, 드럼, 베이스 기타, 키보드의 연주가 사운드를 채운다. 노래가 끝날 때까지 브라이언과 환희의 인터플레이가 이어진다. 대체로 아카펠라 분위기의 노래이지만 이 곡은 환희와 브라이언의 보컬 스타일의 차이를 이용해 노래에 내적인 역동성을 만들어

---

2 곡의 마무리 부분에서 독창자가 화려하게 기교를 부리며 노래하는 짧은 악구를 말한다.

낸다. 2007년 앨범《No Limitations》의 "결혼하지 마"는 이들의 독특한 역동적 보컬을 보여주는 또 하나의 느린 템포 트랙이다. 이 곡에서는 애수에 찬 피아노와 부드러운 현악 연주가 환희의 멜라스마적 보컬을 감싸고, 이어서 브라이언의 절제된 보컬이 들어온다. 마치 고독한 피아노에 반향을 불러일으키듯, 브라이언의 보컬은 환희의 보컬과 번갈아 가면서 벌스에서 셈여림의 완급을 조절한다. 후반부에 타악기가 가담하며, 상승과 하강으로 교차되는 보컬의 강도는 두 가수가 동시에 다른 가사를 부르는 마지막 절정에서 극적으로 해소된다. 이러한 상승과 하강의 교차는 두 사람의 목소리가 다르기에 가능하다.

매우 세련된 연출을 배경으로 한 플라이 투 더 스카이의 소울풀한 인터플레이는 미국의 R&B 듀오 케이시 앤드 조조의 공연을 연상시킨다. 케이시(세드릭 헤일리Cedric Hailey)와 조조(조엘 헤일리Joel Hailey)는 R&B 그룹 조데시Jodeci의 일원이었지만 이후 조데시의 투박하고 선정적인 음악에서 탈피했다. 핸더슨(Alex Henderson 2003)은 케이시 앤드 조조의 1997년 앨범 Love Always에 끼친 올드 알앤비old R&B 장르의 영향력을 지적하며 "그들이 이 음반을 만들 때, 위대한 1970년대 소울이 케이시 앤드 조조의 영혼에 깊이 새겨졌음이 분명하다"(382)고 말한다. 플라이 투 더 스카이의 노래에는 이들 듀오의 R&B 보컬 스타일이 잘 드러난다. 케이시 앤드 조조의 2000년 앨범 X에 대한 리뷰에서 핸더슨(Handerson 2003)은 다음과 같이 언급한다.

헤일리 형제들의 보컬 기술은 전혀 의심할 여지가 없다. 많은 어번 컨템퍼러리 아티스트가 이미지만으로 승부를 걸지만, 케이시 앤드 조조는 상당히 넓은 음역대를 가지고 있다(382).

흑인 잡지 『에보니Ebony』에 쓴 글에서 키넌(Joy Bennett Kinnon 1998)은 그들의 보컬 중심 스타일이 가스펠 가수였던 부모 덕분이라고 주장한다.

헤일리 형제의 강한 가스펠적 뿌리는 이들의 소리를 담금질했다. 한마디로 말해 이들은 멋지게 목소리를 내지른다. 이들은 여러 겹의 층을 가진 목소리와 강한 보컬 하모니를 한 노래에 담는다(178).

플라이 투 더 스카이는 특유의 보컬 인터플레이를 자신들만의 스타일로 만들어 케이시 앤드 조조의 보컬 역동성을 드러낸다.

R&B 그룹 포맨도 플라이 투 더 스카이와 마찬가지로 아이돌로 시작했지만 이후 R&B 발라드로 명성을 쌓았다. 포맨은 플라이 투 더 스카이보다 1년 전인 1998년 해피페이스엔터테인먼트를 통해 데뷔한 이후 몇 년간 멤버가 교체되었다. 원년 멤버는 윤민수, 정세영, 한현희, 이정호로, 윤민수는 2006년 그룹을 떠났고 같은 해 제이원J1으로 교체되었다. 얼마 후 남아 있던 멤버들이 모두 떠나고 신용재, 김영재, 김원주 등 세 명의 신입 멤버가 합류했다. 많은 멤버 교체에도 불구하고 포맨은 1998년부터 2017년까지 다음과 같이 총 여덟 장

의 중요한 음반을 발표했다: 《Four Men》(1998), 《이렇게 천일 동안 모으면 이별이 사라진다고 했다》(2000), 《Andante》(2006), 《The 3rd Generation》(2010), 《Sorry》(2010), 《The Artist》(2011), 《1998》(2014), 《Remember Me》(2017).

포맨은 아이돌 콘셉트로 시작했지만 보다 세련된 R&B 스타일을 완성했다. 초기 앨범의 표지만으로는 이 그룹과 한국의 다른 팝그룹을 구분할 수 없다. 첫 두 앨범은 멤버들의 모습을 부각했는데, 특히 《이렇게 천일 동안 모으면 이별이 사라진다고 했다》의 표지 이미지는 당시 10대들이 좋아하던 스타일이었다. 화려하고 몽환적인 이미지를 배경으로 편안한 옷차림을 한 멤버들이 나란히 서 있다. 흰색 티셔츠 위에 체크무늬 셔츠를 걸쳐 입었으며, 야구모자를 쓰거나 선글라스를 착용했다. 당시 이들은 팝 발라드를 주로 불렀다. 예를 들어, 1998년에 발매된 데뷔 앨범 《Four Men》의 "나만의 너"는 전자악기 비트가 강한 음악으로 80년대 청소년들의 댄스를 연상시킨다. 하지만 2006년부터 2009년까지의 앨범에는 멤버들의 모습이 드러나지 않으며, 그 이후의 앨범들에서는 멤버들이 성숙한 스타일로 등장한다. 앨범 《The Artist》의 표지에는 흑백 사진 속 세 명의 멤버가 등장한다. 멤버 전원이 정장을 입었는데 어떤 멤버도 카메라를 주시하지 않는다. 이 앨범의 음악은 R&B 보컬로 사뭇 다른 분위기를 만들었다. "상사병" 트랙의 구슬픈 피아노 연주 인트로는 노래에 자연스러운 느낌을 자아낸다. 부드러운 타악기와 핑거스냅은 성숙한 스타일의 보컬을 잘 받쳐준다. 아르테아가(Arnold Arteaga 2011)는 다음과 같이 평한다.

"상사병"은 이들과 이미 콘서트를 함께한 적이 있는 보이즈 투 맨의 부드러움을 떠올리게 한다. 이 곡은 "다듬어진" 트랙이고, 포맨의 다른 곡들에 비해 덜 격정적이다. 전체적으로 부드럽고 화려한 느낌을 주는 이 곡을 앨범에 삽입한 것은 적절한 선택이었다.

이 곡은 기악 인트로에서 호른의 밝은 사운드가 분위기를 장악하며 보컬로 이끄는 같은 앨범의 중간 템포 곡인 "수수께끼"와 또 다르다. "상사병"의 부드러움과 달리 "'수수께끼'는 상쾌한 멜로디와 밝은 하모니로 감정을 노래하는 포맨을 멋지게 드러낸다. 빠르고 가벼운 세레나데로 시작하는 이 노래는 점차 사랑의 감정을 격렬하게 드러내는 보컬의 향연으로 나아간다"(Arteaga 2011). 포맨은 자신들의 스타일이 R&B에서 비롯됐음을 고백한다.

한국 가수들도 R&B와 소울 음악을 잘 이해하고 있음을, 그리고 케이팝 열풍이 시작되기 전에도 한국 전통 발라드뿐 아니라 R&B 정서를 지닌 케이소울K-soul이 인기를 끌었음을 팬들이 알게 되기를 바란다 (Nini 2015).

포맨과 플라이 투 더 스카이는 둘 다 팝에서 시작해 R&B 사운드로 전환했지만, 이 두 그룹은 서로 다르다. 플라이 투 더 스카이가 서로 다른 두 목소리 간의 협주에 기대는 반면, 포맨은 여러 독자적인 보컬과 그룹 하모니에 의존한다. 다른 한국 R&B 그룹들은 모방을 통해 한국 R&B의 광범위한 상호텍스트성을 계속해서 보여준다.

소울 연주와 가스펠 보컬의 모방: 브라운 아이드 소울과 빅마마

한국의 R&B 아티스트들은 R&B 전통을 따르지만, 모두 같은 방식으로 인용하지는 않는다. 일부 한국 R&B 그룹은 소울 편성으로 하모니를 이루지만, 가스펠의 영향을 받은 여성 보컬을 구사하는 그룹도 있다.

소울 미학: 브라운 아이드 소울

한국의 R&B 그룹 브라운 아이드 소울은 복잡한 음악적 편곡을 통해 1960년대와 1970년대 소울 기악법과 하모니를 결합함으로써 R&B 전통을 모방한다. 흐름을 앞세운 기악법에 보컬을 활용하는 이 그룹은 어스 윈드 앤드 파이어, 슬라이 앤드 더 패밀리 스톤과 같은 R&B 밴드를 연상시킨다. 브라운 아이드 소울은 한국 R&B 가수이자 뮤지션이며 또 다른 한국 R&B 듀오 브라운 아이즈Brown Eyes의 멤버였던 나얼의 구상에서 시작되었다. 그룹의 음악 스타일은 물론 그룹의 이름도 미국 흑인 대중음악에서 따왔다.

"브라운 아이드 소울"은 백인들이 부르는 흑인음악을 지칭하는 "블루 아이드 소울"에서 "블루 아이(푸른 눈)"를 동양인을 뜻하는 "브라운 아이(갈색 눈)"로 바꾼 말이다("Brown Eyed Soul Interview" 2007).

일관된 R&B 사운드에 더해 이러한 의도적인 작명은 R&B 전통을 따르고 개척하려는 이 그룹의 의지를 보여준다. 브라운 아이드 소울은 2003년 나얼이 보컬리스트 정엽(안정엽), 성훈(성훈), 영준(고영준)을 불러 모아 출범해 《Soul Free》(2003), 《The Wind, The Sea, The Rain》(2007), 《BROWNEYED SOUL》(2010), 《Thank Your Soul》(2014), 《SOUL COOKE》(2015) 등 여러 앨범을 출시했다. 멤버들은 아이돌처럼 TV에 자주 출연하지는 않지만, 드라마 OST 작업을 통해 다른 아티스트들과 협업한다. 이 중 나얼의 활동이 가장 두드러진다. 나얼은 솔로 앨범 세 장과 미니 앨범 세 장 외에도 힙합 듀오 다이나믹 듀오, 싱어송라이터 윤하, 그룹 JYJ의 멤버이자 동방신기의 전 멤버였던 팝 가수 김준수와 협업했다.

브라운 아이드 소울의 특징적인 스타일은 보컬과 소울 요소의 결합이다. 많은 사람이 소울을 1960년대와 1970년대 흑인 커뮤니티의 문화적 시대상과 연관 짓는다. 닐(Neal 1999)은 "1960년대 소울은 흑인 공동체의 자부심을 높이는 요소가 되었다. 소울은 흑인권력운동 Black Power Movement 및 민권운동과 연결되면서 이러한 운동을 뒷받침한 (다소 본질주의적인 측면이 있긴 하나) 진정한 흑인성을 대변하게 되었다"고 말한다(94). 어떤 이들은 소울이 흑인성을 빈껍데기 시장 상품으로 전락시켰다고 보기도 한다(Neal 1999: 95). 하지만 동시에 소울은 R&B 내에 자리한 풍성한 음악 전통이기도 하다.

소울은 반복적이지만 독창적인 베이스, 드럼, 피아노, 기타와 호른 연주의 단단한 반석 위에 세워진, 멜로디와 하모니의 유연한 흐름과 자신감 있게 진행되는 리듬 간의 훌륭한 결합을 보여준다. 그러나 무엇보다도 소울은 가스펠로부터 놀랄 만한 표현의 자유를 따와, 이를 최고 수준의 솔로와 그룹 보컬리스트에게 선사했다(Ward 1998: 184).

"소울 특유의 거칠지만 관능적인 노래 스타일"은 한국의 음악적 상상력을 확장시켰다(Kim 2012: 33). 소울에는 또한 포용적 충동inclusive impulse이 담겨 있는데, 이 점이 바로 브라운 아이드 소울이 소울을 그들의 음악 스타일의 기본으로 받아들이는 이유다. 켈리(Kelley 1997)는 소울을 유연한 개념으로 본다.

소울 덕에 흑인권력운동의 절정기에도 미국 흑인들의 도시 문화가 매우 유연하고 혼종적이며 다국적일 수 있었다(25).

어떤 곡이든 브라운 아이드 소울의 보컬은 다채로운 R&B 미학을 활용한 그룹 하모니뿐만 아니라 멤버 개개인의 목소리를 통해 항상 빛난다. 나얼의 보컬을 분석해보면 그는 "다양한 장르의 곡들을 아울러 음악적 메시지를 제대로 전달하기 위해 자신의 목소리를 연주하고 제어하는 방법을 알고 있는 가수이다. 그는 음악적 아이디어, 작곡 능력, 하모니에 관한 지식 측면에서 두각을 보일 뿐만 아니라 R&B와 소울, 발라드, 횡크, 가스펠 음악에서 자신만의 틈새를 찾아내는 보컬리스트이다"("브라운 아이드 소울 보컬 분석" 2015). 이러한 음악적 전문성은 그룹 특유의 하모니로 재현된다. 기막힐 정도로 아름다운 그룹 하모니는 "Love Ballad(Piano Version)"(2010)에서 핑거스냅이 만들어 내는 사운드 정경의 단조로움을 보완한다. 이 피아노 버전은 벌스가 아닌 코러스로 시작된다. 은은한 피아노가 어느 한순간 배경음으로 스며들며, 단순한 벌스-코러스 형식의 곡은 보컬의 힘으로 강렬해진다. 노래의 막바지 즈음 백보컬 파트에서 리드보컬이 등장해 화려한 보컬 기교와 장엄한 가스펠 보컬로 더 큰 강렬함을 선사한다. 이 노래는 드물게 오케스트레이션을 사용함으로써 보컬에 더 관심을 집중시키고, 코러스의 보컬 하모니뿐만 아니라 벌스에서 멤버 각자의 보컬을 더 돋보이게 한다.

이러한 시그니처 보컬에는 종종 호른 반주가 곁들여져 1970년대 소울 사운드를 연상시킨다. 2007년 앨범 《The Wind, The Sea, The Rain》에 수록된 "꿈"은 경쾌한 호른 연주로 시작되어 현악 오케스트레이션과 횡키한 리듬이 함께한다. 도입부는 경적을 울리는 듯한 호른 연주로 시작해 피아노 연주로 이어진다. 벌스에서 보컬 음은 호른 소리와 번갈아 가며 화음을 이룬다. 호른 연주는 코러스에서도 그룹 하모니를 돋보이게 한다. 호른은 2010년 앨범 《Browneyed Soul》

의 "비켜줄게" 같은 느린 템포의 곡에서도 활용된다. 최소한의 오케스트레이션에 차임 소리의 에코가 신디사이저와 절묘하게 어울려 곡의 보컬이 더욱 돋보인다. 벌스로 이어지는 부분에서 호른과 차임 소리로 곡은 더욱 밝아진다. 부드러운 그룹 하모니와 뚜렷해진 드럼 소리로 리듬이 풍부해진 코러스에서 호른은 한층 강렬해진다. 코러스의 보컬이 강해질수록 호른도 거세진다. 그룹 하모니 위에 리드보컬의 애드리브가 흐르는 코러스가 반복되다가, 호른과 베이스 연주의 아우트로가 이어지며 노래는 끝을 맺는다.

"꿈", "비켜줄게"같이 호른 연주를 활용한 브라운 아이드 소울의 곡들은 1970년대에 미국에서 등장한 소울 가득한 사운드를 모방한다. 대표적으로 재즈에 음악적 뿌리를 둔 어스 윈드 앤드 파이어(EWF)와 같은 R&B 그룹을 들 수 있다. 이 그룹의 창립자인 모리스 화이트Maurice White는 스튜디오 뮤지션으로 경력을 시작했으며 1960년대 후반 체스레코드Chess Records사에 소속된 램지 루이스 트리오Ramsey Lewis Trio의 드러머로 활동했다. 화이트는 1970년에 어스 윈드 앤드 파이어를 결성하기 위해 트리오를 떠났다. 빈센트(Vincent 1996)는 어스 윈드 앤드 파이어를 "폭넓은 타악기 연주를 특징으로 하는 재즈 팝 그룹으로서, 슬라이 스톤의 비주얼에 멤피스에 뿌리를 둔(실제로 부커 T. 존스Booker T. Jones[3]와 같이 성장했다.) 멜로디와 아프리카 리듬을 합친"(186) 스타일의 음악을 한다고 묘사한다. 특징적인 타악기

---

3   부커 T. 존스는 미국 멤피스에서 태어난 작곡가이자 프로듀서로, 다양한 악기를 다루는 연주자로도 이름을 날렸다. 부커 T. 앤드 더 M.G.'sBooker T. & the M.G.'s의 리더로 잘 알려져 있다.

스타일 외에도 이 그룹은 "뚝뚝 끊기는 무수한 리듬의 싱커페이션" 과 "쿨 앤드 더 갱에 비교될 만큼 스펙터클한 호른 연주를 활용하는 것"으로도 유명하다(Vincent 1996: 187). 재즈 리듬과 호른 간주의 조합은 어스 윈드 앤드 파이어를 특징짓는 사운드가 되었다.

제임스 브라운이나 스택스Stax 밴드가 주로 강조나 끝맺음을 위해 호른을 사용했다면 EWF는 보조적인 멜로디 라인을 부드럽게 연주하다가 급작스레 전면에 등장시키는 등 호른을 자유자재로 사용했다. EWF의 사운드는 쿨 앤드 더 갱이나 코모도스 같은 동시대 밴드들의 초기 레코딩과 함께 슬레이브스Slaves나 브라스 컨스트럭션Brass Construction 같은 디스코 시대 직전, 호른을 주로 사용한 R&B 계열의 모든 그룹의 형성에 지대한 영향을 미쳤다(Light 2008).

이러한 기악법은 호른 연주를 강조하는 EWF의 업템포 트랙 "In the Stone"(1979)에서 확인할 수 있다.

몇 개의 호른과 오버더빙을 사용해 화이트는 시카고 재즈클럽에서 작업했던 것과 같은 완전한 호른 파트를 재현할 수 있었다(Light 2008).

인트로는 현악 오케스트라가 받쳐주는 선명한 호른으로 장엄하게 열린다. 긴 인트로가 끝나면 호른은 빠지고 기타와 신디사이저, 퍼커션과 베이스 기타가 활기차게 연주된다. 호른 소리가 벌스의 보컬을 띠

워주며 노래의 묘미를 더한다. 코러스에서 그룹 하모니는 팔세토 창법으로 노래하고 호른이 이를 뒷받침한다. 간주에서 노래는 미묘하게 시작되다가 점점 강도가 더해지는 호른을 반주로, 다르게 반복되는 여러 세트의 코러스로 차츰 바뀐다.

1975년 동명의 앨범에 수록된 "That's the Way of the World"는 단순하지만 효과적인 전자 키보드와 드럼, 베이스로 시작하다가, 호른 소리가 명료해지며 곡의 분위기가 고조된다. 호른 소리는 새로이 등장하는 당김음과 대조를 이룬다. 이 트랙의 전반적으로 편안한 바이브는 리드 싱어 필립 베일리Philip Bailey 특유의 팔세토 창법과 보컬 하모니, 그리고 대위법의 배경이 된다. 이 곡의 느슨한 구조는 규칙적인 벌스 없이 보컬에게 더 많은 즉흥성을 부여한다. 이는 팝송의 전형적인 특징이다. 호른은 EWF의 느린 템포 곡들에서 자주 사용되었다.

부드러운 스튜디오 발라드들은 끈적한 색소폰 솔로로 길게 이어지고, 필립 베일리와 모리스 화이트의 리드보컬은 시원하게 고음을 뽑아내며, 풍부한 타악기는 섬세한 레이스 장식처럼 정교하게 연주되었다(Vincent 1996: 187).

EWF 사운드의 특징이라 할 호른의 사용은 브라운 아이드 소울의 음악에서도 확인된다.

브라운 아이드 소울은 EWF 특유의 1970년대 소울 사운드 외에 슬라이 앤드 더 패밀리 스톤의 1960년대 사운드도 흉내 냈다. 이 그룹은 리드 싱어 슬라이 스톤(실베스터 스튜어트Sylvester Stewart의 예명)과 밴드 멤버 프레디 스톤Freddie Stone, 로즈 스톤Rose Stone, 신시아 로빈슨 Cynthia Robinson, 그레그 에리코Greg Errico, 제리 마티니Jerry Martini, 래리 그 레이엄으로 구성되었다. 성별과 인종이 고루 섞인 독보적인 라인업을 선보인 것이다. 얼와인(Stephen Thomas Erlewine 2003)에 따르면 이 그룹의 독창적인 사운드는 록 음악뿐 아니라 소울 음악에도 중요한 공헌을 했다.

패밀리 스톤의 곡들은 의외의 보컬과 당김음 리듬, 간명한 호른, 팝 멜로디로 가득 찬 독창적인 음악이었다. 듣기에 즐거웠다(624).

"Dance to the Music"(1968)과 같은 노래들은 이 그룹 특유의 사운드를 드러낸다.

이 레코드 이전에는 누구도, 심지어 패밀리 스톤도 소울을 이처럼 눈부신 멜로디와 변화무쌍한 편곡, 따로 떼어놓을 수 없는 인터플레이, 교묘하고 빠른 리듬을 가진 사이키델릭한 태양빛처럼 다루지 못했다 (Erlewine 2003: 624).

동시에 이들의 사운드는 "대담하게 섞인 소울풀한 보컬들과 라틴음악풍의 호른, 사이키델릭 록의 번성"을 부각했는데, 이는 EWF의 재즈풍 하모니와는 대조적이었다(Ward 1998: 358). 빈센트(Vincent 1996)

는 호른과 기타의 합주가 어떤 사운드를 만들어냈는지 자세히 설명한다.

제리 마티니의 색소폰 샤우팅은 블루스 분위기를 최상으로 끌어올리고, 그와 신시아가 합주하는 호른의 삐쭉빼쭉한 스타카토는 동시에 비밥bebop⁴ 감성을 자아냈다. 프레디 스톤의 기타 초핑은 제임스 브라운 밴드 특유의 독특하고 가벼운 느낌으로 튕기듯 울렸고, 래리 그레이엄의 펄싱pulsing, 팝핑popping, 펀칭punching과 결코 들어본 적 없는 퍼즈 베이스fuzz bass, 그리고 슬라이의 천재적인 오르간 텐션은 곡 전체의 바이브를 만들어냈다(Vincent 1996: 89).

브라운 아이드 소울은 패밀리 스톤 특유의 소울도 흉내 낸다. 2003년 앨범《Soul Free》에 수록된 "Brown City"는 그루비한 호른 연주로 시작한다. 노래는 호른 독주로 이어지고, 베이스와 간헐적인 기타 연주는 약간의 스캣과 함께 리듬을 강화한다. 벌스의 심플한 연주는 호른을 강조하는 코러스의 더 복잡한 연주와 대조를 이룬다. 노래가 진행될수록 벌스의 상대적으로 간단한 리듬과 코러스의 더 복잡한 리듬이 교차하며 곡이 더욱 다채로워진다. 이어지는 벌스에서 호른과 일렉트릭 기타가 강조되며 슬라이 앤드 더 패밀리 스톤 스타일의 사

---

4   비밥은 "코드 전환을 바탕으로 한 자유로운 즉흥 연주"가 특징인 재즈의 서브 장르다. 백인의 춤곡으로 변모한 스윙에 대한 반동으로, 1940년대 전후 흑인 뮤지션들에 의해 "감상하는 음악"으로 만들어졌다. 비밥의 "4~6인 악단의 자유로운 즉흥연주"라는 개념은 이후 모던재즈의 특징으로 이어졌다.

운드를 자아낸다. 2010년 앨범《BROWNEYED SOUL》에 수록된 "Can't Stop Loving You"는 밝은 호른과 업템포의 변화무쌍한 리듬으로 시작된다. 이는 슬라이 앤드 더 패밀리 스톤을 연상시킨다. 벌스 내내 호른이 연주되는 동안 간혹 기타 소리가 강조되고 베이스 기타는 변주된다. 코러스는 그룹 하모니와 리드보컬 사이의 "주고받기 형식을 기본으로 보컬들의 즉흥적인 팔세토 창법이 펼쳐진다. 악기 연주가 끝난 간주 이후, 음악은 화려한 기타 솔로로 이어지다가 호른 연주가 다시 도입되며 노래는 서서히 끝난다.

브라운 아이드 소울이 미국 소울 밴드들의 영향을 받았다면 다른 한국의 R&B 아티스트들은 또 다른 미국 흑인 R&B 보컬의 전통을 따른다.

여성 가스펠 전통: 빅마마

빅마마는 가스펠의 영향을 받은 독특한 흑인 여성 보컬로부터 영향을 받았다. 즉 샘 쿡Sam Cooke이나 레이 찰스 같은 남성 소울 가수보다는 아레사 프랭클린 같은 여성 소울 가수들의 전통을 계승한다.

빅마마는 브라운 아이드 소울이 데뷔한 해인 2003년 YG엔터테인먼트가 만든 여성 R&B 그룹이다. 신연아, 이영현, 이지영, 박민혜로 구성된 이 4인조 여성 그룹은 단단한 R&B 보컬로 단숨에 명성을 쌓았다. 9년간의 활동 기간 중《Like the Bible》(2003),《It's Unique》(2005),《For the People》(2006),《Blossom》(2007),《5》(2010)를 포함한 여러 장의 앨범을 발표했다. 빅마마의 보컬 테크닉과 보컬 에티켓은 아레사 프랭클린과 휘트니 휴스턴, 머라이어 캐리, 아니타 베이커뿐 아니라, 흑인 보컬의 전통적 스타일을 통합한 1990년대 여성 보컬 그룹 엔 보그En Vogue의 영향을 받은 것이다. 팔리스(Jon Pareles 1992)는 엔 보그의 싱어 네 명 모두가 실력파 가수들이라고 말한다.

약간 쉰 듯한 존스Jones의 알토부터 헤론Herron의 화려한 고음 구사, 그리고 엘리스Ellis의 부드럽게 펼쳐지는 멜리스마까지, 이 그룹에는 성량이 부족한 가수가 없다. 거의 모든 곡에서 한 사람이 벌스를 맡으면 나머지 세 명은 아름나운 하모니의 코러스를 넣어 귀를 즐겁게 한다.

엔 보그의 데뷔 앨범 *Born to Sing*(1990)은 두왑, 가스펠, 어번 컨템퍼러리를 특징으로 한다.

빅마마는 가스펠의 영향을 받은 보컬 테크닉을 구사한다. 리샤(Rischar 2004)는 "곡의 끝에서 코러스와 프레이즈가 무한히 반복되는 동안 솔로 가수가 즉흥적으로 노래하는 부분"인 드라이브 섹션은 "표현력과 즐거움을 확대하여 음악적 질감을 두텁게 하는"(433) 기능을 수행한다고 설명한다. 가스펠은 '드라이브'를 사용하여 감정적 역동성을 자아내는데, 그 "반복되는 사이클은 독창자에게 감흥을 부여하고, 합창단과 청중의 반응을 드높인다. 솔리스트의 감정은 점차 고조되어가고, 시간이 흐르며 모든 청중을 더 높은 차원의 종교적 흥분으로 이끈다"(Ripani 2006: 45). 음악적 표현은 비탄에서부터 환희에 이르기까지 다양하다. 리파니(Ripani 2006)는 가스펠 보컬은 "낮은 단계의 감정에서 시작해 높은 지점까지 감정을 점점 고조시키는"(144) 요소를 갖고 있다고 설명한다. 한민족 특유의 감성적인 음악 외에도 한국 음악에는 가스펠의 영향을 받은 음악적 전통이 있다. 흑인 교회 음악은 한국 교회음악에서도 존재감을 드러낸다. 헤리티지 매스 콰이어The Heritage Mass Choir가 그러한 예 중 하나이다. 비어드(Sonya Beard 2010)는 "한국의 커크 프랭클린Kirk Franklin"[5]으로 알려진 이 합창단의 지휘자 김효식과 80인조 합창단을 "R&B의 영향을 받은 힙합풍의 가스펠 합창단"이라고 소개한다. 실력 향상을 위한 노력의 일환으로 할렘가와 미국 남부를 여행한 이들의 이야기는 다큐멘터리《블랙 가스펠》(2013)의 소재가 되었다. 헤리티지 매스 콰이어 합창단은 헤리티지 콰이어스쿨을 통해 "흑인 가스펠의 테크닉과 가스펠 음악의 역사를 배우며" 가스펠의 미학과 맥락을 이해하고자 노력한다(Beard 2010). 블로거 밴텀(Gail Song Bantum 2009)에게 이러한 융합은 놀랄 만한 일이 아니다.

미국 흑인 가스펠의 수용이 어떤 사람들에겐 이례적이겠지만, 이는 여러 면에서 한국인과 미국 흑인의 신앙생활을 연결하는 자연스러운 귀결이다. 서로에게 무지함에도 불구하고 말이다. 나는 어려서는 오순절 계통의 한인 교회를 다녔고 조금 커서는 미국 흑인 교회에서 예

---

5 커크 프랭클린은 미국 흑인 가스펠 가수로서, 커크 프랭클린 앤드 더 패밀리 밴드를 결성해 가스펠 음반 역사상 최초로 100만 장의 판매고를 올린 바 있다. 현대적인 재즈와 R&B, 힙합을 결합하여 가스펠 장르를 다양화시킨 공로로 수차례 그래미상을 수상했다.

배를 드렸는데, 항상 두 곳 모두에서 예배와 숭배와 찬양의 깊고 절절한 감동을 느낄 수 있었다.

빅마마와 같은 한국 R&B 그룹은 "His Eye Is On The Sparrow"와 같은 흑인 영가를 부르며 가스펠 전통에 적극적으로 참여했다.

젠더 또한 흑인 대중음악이 빅마마에게 영향을 미쳤음을 알려주는 단서이다. 미국 흑인들의 전통에서 레이 찰스와 샘 쿡 같은 남성 가수들은 가스펠 감흥을 대중음악으로 옮기는 데 중요한 역할을 했다. 피츠제럴드(Fitzgerald 2007)는 1963년부터 1966년의 흑인 팝송에 대한 음악 및 텍스트 분석을 통해 "새로운 크로스오버 음악은 분명한 가스펠 테크닉과 리듬 요소 및 백인 작곡가들이 구사한 리듬 구조에 초점을 맞춘 뚜렷한 변화를 특징으로 한다"는 사실을 확인한다(136). 레이 찰스는 이러한 변화를 이끈 인물로 평가받는다.

레이 찰스가 전형적으로 구사한 가스펠 보컬 스타일은 블루스 스케일 노트, 피치블렌드pitch blends, 글리산도glissando[6], 멜리스마, 긁는 듯한 보컬 스타일과 극한의 음역(팔세토와 풀 보이스[7]) 등 블루스 음악의 다양한 특징들로 구성된다(Ripani 2006: 73).

마찬가지로 샘 쿡은 가스펠 요소를 팝 음악에도 널리 적용해 "멜리스

---

6 글리산도는 높이가 다른 두 음 사이를 급속한 음계에 의해 미끄러지듯이 연주하는 방법을 말한다.

7 풀 보이스full voice는 발성에 필요한 근육 전체를 조화롭게 활용해 진성을 내는 창법을 가리킨다.

마적인 전환과 뛰어난 감정 전달로 유명했던 자신의 가스펠 실력을 대중음악계에서도 유감없이 발휘했다"(Ripani 2006: 74). 백인 작곡가 겸 프로듀서들이 흑인 팝 공연자들을 위해 노래를 만들고 흑인음악 스타일 요소들을 사용했던 것과 달리, "흑인 팝 크로스오버 음악의 신진 세력인 모타운은 흑인음악 전통(특히 가스펠)을 폭넓게 경험한 흑인 프로듀서들이 만든 노래를 흑인 가수들에게 제공했다"(Fitzgerald 2007: 129). 가스펠 배경을 지닌 남성 R&B 가수들은 가스펠과 블루스의 전통에서 나온 음악적·성악적 요소를 사용하여 미국 주류 사회의 입맛에 맞는 사운드를 만들었다. 스티븐스(Stephens 1984)는 다음과 같이 지적한다.

[모타운은] "팝" 음악 요소를 능숙하게 활용해 백인 추종자들을 대거 사로잡았으며, 가스펠 요소와 R&B 리듬을 발전시킴으로써 흑인 커뮤니티에서도 동등한 인기를 유지했다(30).

동시에 아레사 프랭클린과 같은 여성 가수들은 여성 보컬 전통으로부터 분명한 영향을 받았다. 프랭클린의 음악 스타일은 음악성과 젠더의 측면에서 찰스나 쿡과는 달랐다.

아레사는 R&B 선배나 동시대 가수들처럼 리듬감이 강한 보컬을 구사할 수 있을 뿐만 아니라, 힘들이지 않고 고음을 냄으로써 멜로디의 경계를 확장하는 예민한 감각을 갖고 있다(Davis 1992: 22).

이러한 요소들을 체화한 그녀는 흑인음악 전통의 새로운 갈래를 만들어냈다. 그녀는 홍수처럼 쏟아진 당대의 수많은 걸그룹 중에서도 두드러진 여성 가수였다. 데이비스(Thulani Davis 1992)는 다음과 같이 지적한다.

70년대에 흑인 여성 작가들이 대거 등장하기 전, 아레사는 흑인 여성들이 말하지 못했던 것을 강력하고도 서정적인 목소리로 이야기하는 디바였다. 그녀는 재즈의 디바인 세라와 엘라[8]보다, 그리고 슈프림스나 모타운의 새침하고 수줍은 소녀들보다 확실히 더 멋지고 진지하고 솔직했다(21).

아레사 프랭클린은 이러한 여성적인 관점과 주체성으로 오티스 레딩 Otis Redding의 "Respect"를 원작과 확실히 다르게 만들었다.

그녀는 오티스 레딩의 "Respect"를 속속들이 바꾸어 더 깊이 있고 강하게, 그리고 다층적 의미를 부여함으로써 자신만의 고유한 창작물로 만들었다(Wexler and Ritz 1992: 16).

선구자로서 그녀는 또한 독특한 스타일을 만들었다.

---

8 세라는 세라 본Sarah Vaughan, 엘라는 엘라 피츠제럴드Ella Fitzgerald를 가리킨다. 빌리 홀리데이Billie Holiday와 함께 3대 여성 재즈 보컬로 손꼽힌다.

아레사는 스탠더드팝을 부를 때, 노래의 원래 의미를 잃지 않으면서도 영혼을 불어넣은 더 멋진 노래를 만들어냈다. 아레사는 항상 강한 집중력을 가지고 노래했고, 가사를 자신의 것으로 만듦으로써 이전에 그 노래를 불렀던 모든 사람을 기억에서 지워버렸다(Wexler and Ritz 1992: 23).

많은 이들이 아레사의 훌륭한 목소리를 칭찬하지만, 웩슬러와 리츠(Wexler and Ritz 1992)는 그녀의 백업 코러스로 활동했던 보컬 그룹 스위트 인스퍼레이션스the Sweet Inspirations와 아레사와의 상호작용에도 찬사를 보낸다. 씨씨 휴스턴Cissy Houston[9], 에스텔 브라운Estelle Brown, 실비아 심웰Sylvia Shemwell, 머나 스미스Myrna Smith로 구성된 스위트 인스퍼레이션스는 "파트와 하모니에 대해 본능적이고 창의적인 감각을 갖고 있었다"(13). 아레사는 여성들이 거의 모든 장르에서 멋진 목소리를 뽐낼 수 있도록 길을 열었다.

"소울의 여왕"이라는 칭호는 아레사 프랭클린에게 다소 불공평하다. 마치 그녀가 오직 한 장르만 지배했다는 것처럼 보이기 때문이다. 그녀는 사실상 당대 모든 음악을 섭렵했고, 모든 장르를 평정했다(Marsh 1992: 25).

---

9 씨씨 휴스턴(1933~)은 휘트니 휴스턴의 어머니이자 디온 워윅Dionne Warwick(1940~)의 이모로도 잘 알려져 있다.

빅마마는 아레사 프랭클린을 따라 가스펠 요소를 흡수했다. 2005년 앨범《It's Unique》에 수록된 "시작"은 멤버들의 가스펠 샤우팅으로 시작해 손뼉과 베이스 기타의 가스펠 리듬으로 이어진다. 모든 멤버가 보컬로 참여한 업비트(상박)의 코러스는 때로 즉흥적인 리드보컬의 합창단 역할을 한다. 이 트랙은 또한 신음 창법 등 가스펠의 또 다른 보컬 요소들을 특징으로 한다. 같은 앨범의 느린 템포 트랙인 "그 빛에 감싸여"에서는 가수들이 보컬 테크닉을 사용해 각자의 목소리를 어떻게 켜켜이 쌓아가는지 보여준다. 이 노래는 차임벨 소리와 함께 멜리스마 기법의 솔로 보컬과 피아노의 성긴 연주로 시작한다. 노래가 계속됨에 따라 리드보컬은 몇 옥타브를 넘나드는 보컬 테크닉과 애드리브를 구사하고, 주고받기 방식을 반복하면서 강렬함을 더해간다. 아레사 프랭클린처럼 빅마마는 가스펠 합창단의 깊이 있는 보컬과 애드리브를 구사하며 가스펠의 영향을 받은 다채로운 보컬 실력을 선보인다.

다양한 장르의 적용을 통한 R&B 전통 강화: 박효신, 린, 자이언티

한국의 R&B 아티스트들은 한국 음악 프로덕션의 특징인 다양한 스타일과 장르를 가져와 R&B 전통을 강화한다. 한국의 R&B 아티스트들은 R&B 발라드나 슬로우잼으로부터 확장된 스타일과 장르의 영향을 받았다. 박효신은 마이클 맥도널드와 케네스 "베이비페이스"

에드먼즈 등 다른 색깔의 보컬 스타일을 흉내 낸다. 린이 재즈나 힙합 같은 장르의 영향을 받았다면 자이언티는 클래식 R&B와 힙합을 넘나든다.

박효신

박효신은 발라드의 영향이 짙은 탄탄한 실력의 보컬리스트로 정평이 나 있다. 박효신은 《해줄 수 없는 일》(1999), 《Second Story》(2001), 《Time Honored Voice》(2002), 《Soul Tree》(2004), 《The Breeze of the Sea》(2007), 《Gift: Part 1》(2009), 《Gift: Part 2》(2010), 《I am A Dreamer》(2017) 등 여러 장의 앨범을 발매했다. 《The Breeze of the Sea》를 기점으로 그는 청중들의 귀를 사로잡는 새로운 노래 스타일을 선보이기 시작했다.

비브라토 창법의 일종인 일명 "소몰이 창법"을 창시한 그는 이 창법을 과감히 버리기로 했다. 이는 한국식 리듬앤블루스가 한국 음악계를 지배했던 그의 데뷔 시절로부터 만 7년 만의 결정이었다("Park Hyo Shin's Interview" 2007).

하지만 그는 R&B 보컬 전통에 한결같이 충실했다. 화려한 보컬 테크닉과 기악법을 특징으로 하는 박효신의 R&B 곡들은 R&B의 영향을 받지 않은 그의 다른 발라드와는 뚜렷하게 구별된다. 2001년 앨범 《Second Story》에 수록된 "사랑 그 흔한 말"은 전형적인 박효신표 발라드이다. 피아노 독주로 시작한 오케스트라 연주가 그의 보컬이 나오기 전까지 화려하게 펼쳐진다. 이어지는 벌스에서 피아노는 그의 낮은 음역을 돋보이게 하고, 이어서 베이스와 드럼이 가미된다. 코러스가 진행되며 그의 힘찬 목소리는 점점 더 빛을 발한다. 이때만 해도 그의 보컬에서는 화려한 기교를 찾을 수 없었다. 이와는 대조적으로 2002년 앨범《Time Honored Voice》의 "It's Gonna Be Rolling"은 R&B 기악법과 보컬을 모두 보여준다. 경쾌한 흐름과 당김음, 그리고 박효신의 보컬 애드리브로 시작되는 인트로에서 이미 R&B 전통이 잘 드러난다. 벌스는 일렉트릭 기타로 방점이 찍히고 흐름으로 보완된다. 코러스에 이르면 가스펠 합창단 스타일의 보컬이 그의 노래를 지원한다. 기타 솔로와 보컬 브리지가 끝난 후, 박효신은 보컬 애드리브를 계속하고 노래는 차츰 잦아든다.

박효신은 여러 미국 흑인 R&B 보컬리스트를 연상시키는 다양한 보컬 스타일을 보여준다. 그의 앨범《The Breeze of the Sea》(2007)에 수록된 "Now & Forever"는 1990년대 R&B 트랙이다. 이 곡의 인트로에서 박효신은 부드러운 일렉트릭 피아노에 박자감이 돋보이는 박수 소리를 배경으로 자신의 화려한 보컬 기교를 펼친다. 여기에서 박효신은 여러 아티스트와의 작업으로 잘 알려진 케네스 "베이비페이스" 에드먼즈와 매우 흡사한 중간 음역의 톤으로 노래한다. 에드먼즈의 "Everytime I Close My Eyes"를 들으면 "Now & Forever"의 보컬 스타일이 느껴진다.

"Everytime I Close My Eyes"의 판에 박힌 듯 애절한 감정은 세련된 배경음악 편곡으로 듣기 좋아진다. [...] 에드먼즈는 때로는 달콤하고 때로는 거칠기도 한 가볍고 허스키한 보컬을 지니고 있다. 그의 부드러운 목소리는 은은하게 흐르는 백보컬을 휘감아, 악기 연주와 어우러지며 천상의 느낌을 자아낸다(Vincent Stephens 2001: 133).

반대로 박효신은 《Time Honored Voice》에 수록된 "You and Me"에서 저음역대의 거친 사운드로 노래한다. 마이클 맥도널드 분위기의 보컬 기교는 섬세한 라틴 기타 리프와 잘 어울린다. 두비 브라더스의 리드 싱어였던 맥도널드는 솔로 활동을 통해 "I Keep Forgettin" (1982), 제임스 잉그램과의 콜라보레이션으로 "Yah Mo B There" (1983)과 같은 히트곡을 냈다. 맥도널드는 자신의 거칠게 울리는 저음의 독특한 노래 스타일을 R&B 덕분이라고 말한다.

나는 항상 목청껏 R&B를 노래하고 싶었다. 하지만 내가 제임스 브라운 같은 소리를 계속 내려고 노력한다면 오래 노래하지 못하리라는 것을 일찍이 깨달았다. 그러다 보니 결국 내 목소리는 오늘날과 같은 R&B 테너 스타일이 되었다(Lewis 2018).

박효신은 한 노래 안에서도 여러 보컬 스타일을 구사한다. 2017년 앨범 《I am A Dreamer》에 수록된 "Wonderland"의 인트로에서 여성 백보컬의 지원을 받는 그가 부드럽게 읊조리는 보컬 스타일은 몽환적인 분위기를 만들어내고, 이어서 전자 키보드와 리듬 기타는 그루비한 리듬을 끌어낸다. 이 부드러운 보컬 스타일은 재즈 크루너 냇 킹 콜 Nat King Cole의 보컬을 연상시킨다. 노래가 코러스로 들어가면서 박효신의 보컬은 더욱 화려해진다. 두번째 코러스 부분에서 리듬은 바뀌고, 가스펠의 느낌이 더욱 짙어진 그의 보컬은 백보컬과 주고받는 형식의 브리지로 나아간다. 노래의 후반부에서 R&B 백보컬이 이어지는 동안 박효신의 애드리브는 더 현란해진다. 여기에서 박효신의 보컬은 재즈에 영향을 받은 크루너 스타일보다 컨템퍼러리 R&B 보컬에 더 가깝다.

린

아마도 미국 흑인 대중음악 스타일을 가장 폭넓게 활용한 한국의 R&B 가수는 린일 것이다. 린(이세진)은 2000년 데뷔한 이후《My First Confession》(2000), 《Have You Ever Had Heart Broken?》(2002), 《Can U See the Bright》(2004), 《One and Only Feeling》(2005), 《The Pride of the Morning》(2007), 《Let Go, Let In, It's a New Day》(2009), 《$6\frac{1}{2}$ New Celebration》(2009), 《6th Part 2 'Candy Train'》(2010), 《Le Grand Bleu》(2014), 《9X9th》(2015), 《#10》(2018) 등의 앨범을 냈다. 이 앨범들에는 여러 장르의 영향을 받은 그녀의 음악적 특색이 드러난다. 린은 팝으로 편곡된 발라드에서도 R&B 보컬을 구사한다. 2009년 앨범《Let Go, Let In, It's a New Day》의 "사랑… 다 거짓말"은 기타 사운드가 포함된 현악 위주의 곡이다. 여기서 린은 보컬 기

교를 거의 사용하지 않지만, 여전히 흑인 팝 사운드를 만들어낸다. 한 비평가는 린의 이런 보컬을 "머라이어 캐리만큼의 음역대는 아니지만, 매우 유사한 스타일을 낼 수 있는 달콤한 소프라노"라고 말한다 ("Lyn Preaches Love" 2013). 또한 린의 노래에는 한국의 팝 감성이 드러난다. 2015년 앨범 《Le Grand Bleu》의 "Breakable Heart(feat. 용준형)"에서는 그룹 비스트(후에 "하이라이트"로 재결성)의 멤버가 랩을 불렀다. 린은 발라드 가수로 잘 알려져 있지만, 힙합 편곡을 자주 선보이고 자신의 노래에 객원 래퍼들을 초빙하곤 한다. 앨범 《Have You Ever Had Heart Broken》의 "Fly High"와 "New Day"는 힙합 그룹 CB Mass가 피처링했는데, 이 그룹의 구성원들은 훗날 그룹 에픽하이와 다이나믹 듀오의 멤버가 된다. CB Mass는 "Fly High"의 랩 인트로와 "New Day"의 인트로 및 랩 벌스를 맡았다. 래퍼들의 공격적인 플로우는 린의 관능적인 목소리와 대조를 이루며 곡의 완성도를 높인다. 이 조합은 '힙합 소울의 여왕'으로 잘 알려진 R&B 가수 메리 제이 블라이즈Mary J. Blige의 음악을 연상시킨다. 린의 목소리는 블라이즈의 "자신감 있는 태도로 멜로디를 다루는" "당당하고 어두운 음색"과 매우 다르지만, 둘 다 힙합 아티스트와 작업하는 경향이 있다.

[블라이즈는] MC들과 편하게 작업한 최초의 R&B 가수 중 한 명이다. [...] 1995년 래퍼 메소드 맨Method Man과의 듀엣곡 "I'll Be There for You/You're All I Need to Get By"에서 블라이즈는 무심한 듯 부드럽게 노래한다. [...] 그러나 보이지 않는 곳에서 그녀는 마치 라디오

에서 흘러나오는 노래를 흥얼거리는 것처럼 들릴 듯 말 듯 애드리브를 던진다(Frere-Jones 2008).

마찬가지로 린은 이 두 트랙에서 힙합 바이브를 만들어낸다.

힙합 아티스트들과의 협업 외에도 린은 자신의 R&B 보컬을 배경으로 어쿠스틱 악기를 사용하여 가공하지 않은 듯한 느낌을 만들어내고 어번 컨템퍼러리의 세련된 분위기를 혼합하는 등 음악의 다양성을 추구한다.《Can U See the Bright》앨범의 "Time Enough" 트랙에서 린의 보컬 기교는 절제되는 반면, 어쿠스틱 기타 사운드는 더욱 강조된다. 개방적인 느낌을 주는 벌스와 함께 코러스는 어번 컨템퍼러리의 특징을 띠며 더 밀도 높은 연주를 한다. 백보컬들은 사운드의 흥취를 더하고 베이스 기타는 곡에 리듬을 강화한다. 기타 연주는 더욱 현란해진다. 이런 기악법은 린의 보컬 기교를 더욱 빛낸다.

린은 동시대의 여러 스타일을 추구하면서도 보컬 지향적인 흑인 팝의 올드 스타일을 버리지 않는다. 그녀의 2015년 앨범《9X9th》는 거의 모든 트랙에서 재즈 악기를 사용함으로써 그녀의 평소 스타일과 다른 커다란 변화를 드러냈다. "이별주"는 재즈 기타와 타악기, 그리고 코러스와 피아노 솔로를 이끌어가는 스윙 리듬을 특징으로 한다. 린의 보컬은 자신의 R&B 스타일의 노래에서 자주 했던 기교를 부리지 않고 고음을 내면서도 보다 재즈적인 발성을 활용해 리듬을 탄다. "나를 봐요"는 존 배리John Barry가 작곡한 007 영화 테마곡의 느린 재즈 버전처럼 현악기, 피아노, 호른과 기타를 조합한다. 이 앨범에서 린은 재즈풍의 보컬을 마음껏 활용한다. 중간 템포의 쿨 재즈곡 "Only You"에서는 색소폰과 대비되는 경쾌한 목소리가 돋보인다. 노래 중반에 린은 스캣을 구사하기도 한다. 린의 음악 경력을 보면 한국 R&B 아티스트들에게서 찾아볼 수 있는 음악적 변화를 확인할 수 있다. 그녀는 R&B 음악 전통의 다양한 장르를 힘들이지 않고 구사한다. 장르의 다양성을 특징으로 하는 한국 대중음악은 청자로 하여금 R&B 장르를 새로운 맥락에서 즐길 수 있도록 한다. 린의 디스코그래피를 섭렵하는 청자는 팝, 힙합, 재즈 등 다양한 맥락에서 해석되는 R&B 보컬을 즐기는 호사를 누릴 수 있다.

자이언티

여러 장르를 넘나드는 R&B 보컬리스트 린과 달리, 힙합 보컬리스트 자이언티는 뚜렷한 음악적 공간을 차지한다. 그는 자신을 R&B와 확실하게 연결 짓는다.

내가 음악계에 처음 등장했을 때 사람들은 내 음악성보다는 특이함에 주목했다. 당시에는 힙합 R&B 보컬리스트가 많지 않았기 때문에 내가 그 영역의 거의 유일한 보컬리스트였다. 그래서 다른 뮤지션들이 나와 함께 작업하려고 했다("[SS Interview] Zion.T" 2017).

글래스비(Taylor Glasby 2017)는 자이언티를 딘, 박재범, 크러쉬와 같은 한국 R&B 아티스트 세대로 규정한다. 이들은 "대체로 독립 레이블

또는 자회사 레이블과 계약을 맺어 그들의 선배 세대 및 동시대 팝 가수들보다 좀 더 자유롭다. 사운드 면에서뿐만 아니라 누구와 함께 작업할 것인지에 대한 제약이 덜하다고 할 수 있다." 이들은 혁신적이고 창의적인 힙합의 풍토와 기존의 R&B 음악 스타일을 결합하는 특징을 공유하며, 또한 서로 협력한다. 딘은 여러 R&B 아티스트뿐만 아니라 퍼렐 윌리엄스Pharrell Williams, 언더독스The Underdogs, 팀벌랜드Timbaland와 같은 음악 프로듀서로부터도 영향을 받았다고 한다(Barnes 2016). 그는 R&B를 일찍부터 접했던 것이 자신의 음악에 큰 영향을 미쳤다고 말한다.

정확히 언제인지는 기억할 수 없지만 한 유명한 R&B 가수의 공연 비디오를 본 기억이 난다. 그가 공연하는 모습을 지켜보았고, 관중들의 뜨거운 반응을 보았다. 화면 속 모든 에너지가 그저 경이로웠고 내 안에서 뭔가 다른 것이 꿈틀거리는 것을 느꼈다(Brungardt 2015).

마찬가지로 크러쉬도 맥스웰Maxwell, 디안젤로D'Angelo, 에리카 바두Erykah Badu와 같은 최근 가수들뿐만 아니라 마빈 게이Marvin Gaye, 도니 해서웨이Donny Hathaway와 같은 R&B 보컬리스트들을 일찌감치 흠모했다고 술회한다(HP Cheung 2016). 동시에 이들은 힙합으로부터도 영향을 받았다. 딘은 키스 에이프Keith Ape와 함께 힙합 크루의 일원으로 경력을 시작했으며, 자신에게 가장 큰 영향을 끼친 힙합 가수 중 한 사람으로 카니예 웨스트Kanye West를 꼽는다. 크러쉬는 다이나믹 듀오가 만든 아메바컬쳐 레이블의 최연소 멤버로, 자신에게 가장 큰 영감을 준 그룹으로 다이나믹 듀오를 꼽는다(Sharon 2016). 랩에만 전념하는 MC들처럼 딘은 자신만의 스타일로 인정받고 싶어 한다.

나는 흔한 R&B 가수가 되고 싶지는 않다. 나는 나만의 특징을 추구한다. 나는 스타일과 음악에서 나만의 브랜드를 만들려고 노력해왔기 때문에 다르게 받아들여지는 것이 중요하다. 아티스트로서 나는 나만의 사운드와 스타일을 가지고 있고, 그것을 좋아하는 사람들을 확인할 수 있다. 나는 내 음악과 예술성을 통해 나만의 새로운 문화와 공동체를 창조한다(Brungardt 2015).

딘과 자이언티, 크러쉬는 힙합과 R&B를 의식적으로 연결함으로써 이 모두를 확장하려 한다. 딘은 "힙합과 R&B가 같은 뿌리를 가지고 있으므로 R&B, 소울, 그리고 다른 장르를 파고들 수 있었다"고 말한다(Lyon 2015). 이 보컬리스트들은 R&B 맥락 속에서 힙합 사운드를 다양한 장르와 혼합하고 재배합한다. 딘은 "아티스트로서 나만의 독특한 사운드를 만드는 데 더 관심이 있다. 90년대 R&B, 힙합, EDM, 개러지록, 인디록의 요소를 혼합해서 미래의 R&B 사운드를 만들고 싶다"고 고백한다(Brungardt 2015). 크러쉬는 또래 R&B 아티스트들이 기존 R&B의 경계를 뛰어넘는 점에 주목한다.

우리는 실험적인 음악을 많이 시도한다. 우리는 다양한 장르들을 시도하고, 그것들을 섞고, 다른 나라의 여러 R&B 아티스트들과도 콜라보한다. [...] 우리는 끊임없이 새로운 도전을 하고, 새로운 것, 새로운 장르를 찾고 있다. 우리는 이미 그렇게 하고 있고, 다른 사람들도 그래야 한다고 생각한다(Melendez 2016).

자이언티 같은 힙합 R&B 아티스트들은 얼터너티브 R&B에 관심을 기울인다. 현대 R&B의 몇몇 양식을 이전의 스타일과 구분 지어 평가하려는 시도가 지속돼왔다. 레이머(Miles Raymer 2014)는 얼터너티브 R&B기 싱입적이고 대중적인 R&B와 어떻게 다른지를 다음과 같이 짚어낸다.

장르 전반에 걸쳐 논란을 피하고 난해한 예술적 퍼포먼스를 지양하는 경향이 안전한 비즈니스 방식이자 전략적 태도였다. 이와 함께 메이저 레코드사들은 독립 레이블 소속의 전망 있는 아티스트들을 재빨리 낚아챘다.

다른 이들은 얼터너티브 R&B의 제작 구조가 새로운 스타일을 만드는 데 더 도움이 된다고 주장한다. 에이 터치 오브 재즈A Touch of Jazz 프로덕션을 이끄는 DJ 재지 제프Jazzy Jeff는 다음과 같이 말한다.

이제 우리는 더 뛰어난 제작 방식을 갖게 되었으며 훨씬 더 소울풀하고 의미 있는 노래들을 만드는 사람들과 함께한다. 우리에게는 새로운 테크놀로지가 있다. 멋진 일이다. 이제 70년대로 돌아갈 수는 없다. R&B 유행이 돌아올 때마다 옛 스타일과 함께 새로운 버전이 등장한다(G. Mitchell 2000: 41).

1990년대에 케다 마센버그Kedar Massenburg는 디안젤로가 만든 음악을 마케팅하기 위해 "네오소울"이라는 어휘를 창안했다. 미첼(Mitchell 2001)은 이에 대해 "소울은 소울일 뿐이다. 태양 아래 새로운 것은 없다. 하지만 마케팅 차원에서 음악을 분류함으로써 소비자들의 구매를 촉진시킬 수는 있다."(30)라고 말한다. 어떤 이는 얼터너티브 R&B의 핵심이 다른 장르와의 융합이라고 지적한다. 월터스(Barry Walters 2012)는 얼터너티브 R&B를 기치로 하는 음악들이 어떻게 "새로운 장르로서의 초기 한계를 뛰어넘어 다른 장르와 융합해 변모하면서 소수의 열정적인 인디음악 팬뿐 아니라 주류 팝 음악 소비자들도 사로잡았는지" 설명한 바 있다. 그러나 모든 이들이 얼터너티브 R&B에 대한 이러한 정의에 동의하지는 않는다. 예를 들어 클리프(Aimee Cliff 2014)는 이에 정면으로 반박한다.

그것은 장르가 아니다. 생색내기일 뿐이다. "얼터너티브"라는 접두사를 추가함으로써 결국 R&B란 실험적이지도, 확장적이지도, 지적이지도 않다고 비하하고 배제한다. 장르에 곁눈질하면서 스스로 가치 있는 것을 발견했다고 주장하는 꼴이다. 무엇인가를 "얼터너티브 R&B"라고 칭하는 것은 궁극적으로 음악적 조롱이다. "R&B가 혁신되었다"라고 말하는 것과 그리 다르지 않게 느껴진다. 호기심 많은 외부인이 "차별"적 시선을 유지한 채 발언하도록 유도하는 것이다. 결국, R&B를 열외의 공간에 영원히 가둔다.

자이언티는 박효신 같은 R&B 가수들과 비교해 좀 더 실험적인 가수다. 리드 아티스트로서의 첫 싱글인 "Click Me(feat. 도끼)"(2011)를 발매하기 전인 2011년 도끼, 사이먼 도미닉과 같은 힙합 아티스트의 트랙을 피처링했다. "Click Me"는 그의 첫번째 앨범《Red Light》(2013)에도 수록되었다. 그는 이어 두 개의 미니 앨범《미러볼》(2013)과《○○》(2017)를 발표했으며, 또한 "양화대교"(2014), "꺼내 먹어요"(2015), "No Make Up"(2015), "눈(feat. 이문세)"(2017) 등 여러 싱글을 발매했다. 자이언티는 이후 아메바컬쳐에서 YG엔터테인먼트의 서브 레이블인 더블랙라벨로 옮겼다. 많은 사람이 그의 보컬 스타일을 설명하기 어렵다고 말한다. 전형적인 스타일이 아니라는 데에는 동의한다.

나는 30분 동안, 어쩌면 더 많은 시간 동안 앉아서 자이언티의 전형적이지 않은 노래 스타일을 어떤 단어로 정의할 수 있을지 깊이 고민했다. 그의 노래 스타일은 이상하다. 그런데 유쾌한 방식으로 특이하다. 그의 독특한 목소리는 정상 범주에서 완전히 벗어나, 가볍고 경쾌한 콧노래와 리스너들의 즐거움을 위해 능숙하게 레이어드된 아주 깨끗한 하모니로 완벽한 음조를 전달한다(Joora 2014).

어떤 사람들은 그의 특이한 발음에 초점을 맞추지만, 또 어떤 사람들은 그가 만들어내는 보컬의 본질에 주목한다.

세련되고 훵키한 가수 자이언티는 케이팝에서 가장 독특한 목소리를 가진 사람 중 하나이다. 그의 테너 보컬은 타이트하고, 고음의 랩은 사악할 정도로 기막히게 타이밍을 맞추며, 경이로운 비음은 그가 어디에서 공연하든 알아볼 수 있는 사운드를 만들어낸다(Raine0211 2016).

자이언티의 개성 강한 목소리는 다른 보컬리스트와의 협업에서 뚜렷이 드러난다. 일렉트릭 키보드와 핑거스냅의 스타일리시한 무드로 시작하는 "뻔한 멜로디(feat. 크러쉬)"(2013)는 크러쉬에 비해 약간 콧소리가 나는 자이언티 보컬의 특성을 잘 보여준다. 자이언티와 달리 크러쉬는 보다 전형적인 R&B의 소울풀하고 부드러운 목소리를 가지고 있다. 이 둘은 플라이 투 더 스카이의 브라이언과 환희의 보컬 조합처럼 서로 잘 어울린다. 자이언티와 크러쉬의 콜라보는 앨범 《ZZZ》(2018)에 수록된 "눈"에서 자이언티가 이문세와 콜라보한 것과는 매우 다르게 들린다. 자이언티 특유의 보컬로 시작되는 이 느린 템포의 트랙은 부드러운 퍼커션을 기본으로 한 재지한 연주로 뒷받침된다. 로맨틱함은 다소 약하나 자이언티는 크루너 스타일로 노래를 부른다. 이문세의 더욱 묵직한 목소리는 자이언티와 대조를 이루며 노래를 이끌어간다. 리스너들은 그의 목소리에 매료됐다는 리뷰를 남긴다.

자이언티는 또한 자신의 독특한 보컬을 혁신적인 기악법과 결합한다. 그는 《미러볼》 앨범의 횡키한 트랙 "돌아버려"에서 더욱 고집스레 자신의 목소리를 살려낸다. 자이언티의 반복적인 보컬은 횡키한 리듬과 오르간 연주에 잘 맞아떨어진다. 강렬한 베이스와 일렉트릭 기타 사운드는 제임스 브라운 특유의 리듬을 연상시킨다. "노래"는 아마도 그의 곡 중에서 가장 팝 지향적인 트랙 중 하나겠지만, 음악적으로는 여전히 실험적이다. 닉(Nick 2017)은 다음과 같이 말한다.

피아노가 주도하는 이 따뜻한 연주는 모타운의 여러 장점과 프린스의 클래식한 소울에 이르기까지 많은 것을 연상시킨다. 우리가 예상할 수 있듯이 "노래"의 벌스에서는 끊임없이 진행되는 멜로디 라인과 의식의 흐름을 보여주는 보컬 프레이징이 구사된다("Song Review: Zion.T'").

로크(Kaito Locke 2017)는 자이언티의 보컬이 지닌 다양성을 다음과 같이 지적한다.

그의 랩은 귀여운 보컬 퍼커션("밥-밥-밥" 더빙)과 섞여 다른 래퍼들보다 약간 빠르며, 아름답고 선명한(그리고 유쾌한 비음의) 고음을 만들어낸다.

자이언티의 힙합 R&B는 보컬과 리듬이 중심이 되는 R&B의 장르적

특성을 확장하고 힙합의 창의적인 충동 creative impulse 을 활용한 결과물
이다.

퍼포먼스의 인용: 빅마마와 휘성

한국의 R&B 아티스트들은 팝 가수들만큼 미디어와 홍보에 노출되
지 않는다. 하지만 그들의 뮤직비디오는 미국 흑인 뮤직비디오의 퍼
포먼스와 스타일링을 인용함으로써 아시아인에 대한 고정관념에 도
전하는 대안적인 재현을 제시한다. 흑인 여성 보컬리스트의 스타일
링을 흉내 낸 빅마마는 여성의 몸에 관한 고정관념에 맞선다. 휘성은
팝 가수 비처럼 1990년대 남성 R&B 가수들의 안무와 스타일링을 활
용함으로써 한국 가수들 특유의 절제된 퍼포먼스 스타일을 거부한다.

여성, 재능, 그리고 재현: 빅마마

외모를 중시하는 여성 팝그룹이 지배하는 가요계에서, '평균' 체격의
여성들로 이뤄진 그룹 빅마마는 외모보다 목소리를 전면에 내세웠다.

여성 뮤지션들이 외모로 평가받는 현실에서, 빅마마는 엄청난 보컬
재능으로 세상의 이목을 집중시켰다. 하지만 안타깝게도 그들의 "푸
짐한 몸매"가 음악보다 더 많은 주목을 받았다("They Will Even Hear
Sound of Our Breath" 2007).

빅마마는 첫 앨범 《Like the Bible》(2003)에 수록된 히트곡 "Break Away"("Big Mama—Break Away" 2006) 뮤직비디오를 통해 여성에 대한 시각적 편견을 꼬집는다. 비디오의 오프닝은 뮤지션들에 둘러싸여 스핀을 도는 브레이크댄서를 스포트라이트로 비춘다. 카메라가 뒤로 물러나며 바를 비추고 클럽의 내부가 더 드러난다. 카메라에는 다른 무대에서 노래하는 네 명의 여성이 등장한다. 이 장면은 색소폰 연주자의 샷들과 교차편집 된다. 자세히 살펴보면 이 여성들이 빅마마의 실제 멤버가 아니라는 것을 알 수 있다. 이 여성들은 날씬한 몸매를 가진, 이상적인 여성 가수의 이미지를 반영한다. 여러 시퀀스에서 비디오는 이 여성들의 얼굴을 클로즈업하며 몸 전체를 드러내는 롱 샷을 담고 있다. 여성들은 몸매를 드러내는 다양한 형태의 드레스를 입고 있다. 한 사람은 은색 민소매 탱크톱에 미니스커트를 입고 있다. 다른 멤버는 무릎까지 오는 검은색 스커트에 끈이 없는 상의를 입고, 또 다른 멤버는 바닥에 거의 닿는 검은색 스커트에 홀터톱을 입고 있다. 이 여성들은 1950년대와 1960년대를 연상시키는 클래식한 형태의 마이크 앞에서 노래를 부른다. 연기가 자욱한 공간에서 주로 남성으로 구성된 관객들은 흡족한 표정을 짓고 있다.

뮤직비디오의 3분의 2 지점에서 카메라는 백스테이지를 돌아, 청중 앞에서 공연하는 커버 그룹을 위해 목소리를 제공하는 빅마마 멤버들을 보여준다. 커버 그룹과 달리 빅마마 멤버들은 캐주얼한 옷차림을 하고 있다. 그들은 청바지에 여러 색상의 니트 상의를 입었다. 그들의 의상은 색상에 맞게 코디가 되어 있지 않다. 그들은 무대 뒤

장비 사이에서 평범한 마이크를 앞에 두고 노래한다. 그러나 그들의 퍼포먼스는 커버 그룹보다 생동감 넘친다. 그들은 서로 마주 보며 노래를 부르고, 얼굴에는 환한 감정이 묻어난다. 노래가 끝남에 따라 뮤직비디오도 끝나지만 쿠키 영상은 공연이 끝난 후 클럽 밖의 빅마마 멤버들을 담아낸다. 코트에 스카프를 두른 그들은 클럽을 나서는 손님들에게 감사 인사를 한다. 그들은 심지어 커버 그룹의 한 멤버에게도 감사 인사를 전하는데, 그녀는 빅마마의 인사에 대꾸도 없이 무례하게 스쳐 지나간다.

이 비디오에서 가식적인 퍼포먼스와 진솔한 공연은 극명히 대조된다. 비디오는 저글러와 브레이크댄서, 그리고 커버 그룹으로 볼거리를 과도하게 강조하지만, 이들의 연기는 무대 뒤에서 빛나는 진정한 보컬 공연과 비교하면 가식적이다. 커버 그룹은 시선을 자극하고 감탄을 불러일으키는 차림새지만, 빅마마는 눈에 띄지 않는 외양이다. 뮤직비디오 속의 관객은 아시아 여성성의 대중적 이미지와 소울 가수들의 보컬 퍼포먼스에 만족하는 듯하다. 대다수 남성 관객들의 흡족한 표정은 빅마마 멤버가 아닌 다른 여성을 갈구하고 있음을 암시하는 듯하다. 끝부분의 쿠키 영상은 관객은 물론 커버 그룹의 부정적인 태도를 드러낸다. 빅마마 멤버들을 알아보지 못하는 관객의 태도를 보여줌으로써 뮤직비디오는 외모에만 이끌리고 그룹의 재능에 무관심한 대중을 비판한다. 영상은 여성 이미지의 다양성이 부족한 가요계를 꼬집는다. 특히 빅마마가 그 재능에도 불구하고 몸매로 인해 클럽 청중들에게 매력적인 가수로 받아들여지지 않는 점을 풍자한다.

빅마마의 다른 뮤직비디오들은 뮤직비디오의 일반적 기준에 맞지 않는 여성들도 보컬적 재능과 육감적 매력이 있음을 보여준다. 미국 흑인 대중음악의 역사에는 육중한 몸매에도 불구하고 재능과 매력을 함께 가진 가수들이 넘쳐난다. 게이너(Nichelle Gainer 2014)는 아레사 프랭클린의 여러 모습을 떠올린다.

아레사의 음악이 일상 속 "평범한" 흑인 여성에게 목소리를 부여했다면, 아레사의 스타일은 그녀가 옷을 잘 차려입었을 때 얼마나 매력적인지 보여준다. 스티븐 버로스Stephen Burrows 같은 흑인 디자이너가 만든 흐르는 듯한 드레스에 어울리는 (때때로 붉게 염색한) 아프로 헤어스타일.[10] 화장기 없는 얼굴에 손바느질로 만든 다시키 셔츠[11]를 입은 자연스러운 모습. 혹은 1970년대 패션 페어Fashion Fair 화장품 광고에 출연했을 때처럼 반짝이는 구슬 장식이 달린 목이 깊게 파인 무대의상에 매끄러운 고데 머리(163-164).

"Break Away" 뮤직비디오와 달리 "Nevermind" 뮤직비디오에서 멤버들은 마치 아레사 프랭클린처럼 풍만한 자태를 드러낸다("Big Mama-Nevermind" 2009). 비디오는 고장 나 문이 닫힌 자동차 안에 휴대전화를 두고 내린 여성, 약혼자와 식당에서 말다툼하는 여성, 멤버가 빠져나간 여성 록밴드 등 여러 여성이 등장하는 일련의 상황들로 시작한

---

10 아프로Afro 헤어스타일은 1970년대에 유행했던 흑인들의 둥근 곱슬머리 모양을 가리킨다.

11 아프리카 전통 의상에서 유래한 것으로 칼라가 없고 품과 소매가 풍성한 셔츠

다. 이 상황에서 빅마마는 대형 라디오처럼 생긴 세트에서 업비트의 트랙을 연주한다. 라디오의 앞부분이 열리고 빅마마 멤버들이 당당히 앞으로 걸어 나온다. "Break Away"에서의 캐주얼한 복장과는 달리 그들은 모두 세련된 공연 의상을 입었다. 두 사람은 어깨가 드러나는 상의에 검은색 팬츠를 입고 있다. 나머지 멤버들은 드레스를 입고 있는데, 그중 한 명은 반짝이는 금색 무늬가 있는 드레스를 입고 있다. 그들은 화려함을 강조하는 커다란 금귀걸이, 벨트, 목걸이 등의 액세서리를 하고 있다. 이 뮤직비디오는 멤버들이 노래 부르는 모습을 수시로 클로즈업한다. 공연 장면은 맨 앞에 등장한 여성들의 모습과 교차된다. 보컬 재능으로 이미 알려진 이들에게 의상 스타일링을 함으로써 그들이 매력적인 연예인이기도 하다는 무언의 메시지를 보낸다. 영상은 외모가 중요하지 않다는 것을 암시하기보다는, 매력이란 다양한 범주의 여성을 포함하는 것이어야 한다고 주장한다.

"진짜" 퍼포먼스: 휘성

가수 휘성(최휘성)은 여러 다른 퍼포먼스를 인용한다. 그는 박효신과 같은 해에 데뷔했지만 다른 목소리와 페르소나를 지닌 남성 R&B 아티스트다. 휘성은 아이돌 그룹 A4에서 커리어를 시작했지만, 곧 YG 엔터테인먼트의 자매 회사인 엠보트로 이적했고, 그곳에서 자신의 가수 이력을 규정하게 될 R&B 스타일을 받아들이면서 "리얼슬로우 Real Slow"라는 예명을 얻었다. 그는 《Like A Movie》(2002), 《It's Real》(2003), 《For the Moment》(2004), 《Love… Love…? Love…!》(2005),

《Eternal Essence of Music》(2007),《Vocolate》(2009)를 포함하여 여러 앨범을 발매했다. 그는 또한《With All My Heart And Soul》(2008), 《놈들이 온다》(2011),《The Best Man》(2014),《Transformation》(2016),《우주속에서》(2018) 등 여러 미니 앨범과 싱글을 발표했다.

휘성의 뮤직비디오는 그가 미국 흑인 문화로부터 두 가지 스타일링을 배웠음을 드러낸다. 그는 1990년대 R&B 가수들의 공연을 흉내 내는데, 가수 비가 자신의 섹시함을 부각하려고 이미지를 만들어내는 것과 흡사한 연출이다. 이러한 공연 전략은 기존의 한국 가수들과 달랐다. 존 리(Lie 2012)는 한국 음악이 "멜리스마 기법과 거친 발성을 강조하며, 가수는 공연 중에 가만히 서 있는다"고 묘사한 바 있다(360). 조용필과 같은 가수들은 "움직임 없이 노래를 부르고 멜리스마와 판소리 기법을 사용하며 외모보다는 보컬 실력에 의존해 스타덤에 올랐다"(Lie 2012: 345).

반대로 휘성은 앞서 2장에서 거론한 미국 흑인 가수 어셔의 스타일 및 안무와 동일한 공연 전략을 사용한다. 대부분의 한국 R&B 가수들은 아이돌 아티스트들만큼 비주얼을 강조하지 않기 때문에 휘성의 전략은 한국 R&B 씬에서 다른 반향을 불러일으켰다. 뮤직비디오는 무대 한가운데서 춤을 추는 휘성을 비추며 그의 몸을 부각한다. 이는 해리스(Keith Harris 1999)가 묘사한 미국 R&B 가수 디안젤로의 스타일과 유사하다.

이러한 이미지 반전으로 육체미에 대한 사람들의 관심을 확인할 수 있다. 몸을 드러내긴 하지만 기존의 젠더 이미지를 고착화하며, 자신을 표현하고자 하는 감각적인 남성들의 트렌드 속에서도 확고한 이성애적 남성성을 소환한다(66).

디안젤로처럼 휘성은 R&B 소울 가수의 보컬에 몇몇 미국 R&B 가수들이 펼치는 볼거리를 더한다.

"불치병" 뮤직비디오는 미국 흑인 퍼포먼스 특유의 안무와 스타일을 결합한 것이다("MUSIC VIDEO: Wheesung Incurable Disease" 2007). 이 뮤직비디오는 YG엔터테인먼트의 래퍼 마스타 우^{Masta Wu}의 랩 인트로로 시작된다. 그는 가죽 헌팅캡에 검정 블레이저를 입고 해머를 손에 쥔 채 랩을 한다. 다음 컷은 휘성으로 바뀌고 영상이 흐르는 동안 휘성은 여러 가지 의상을 갈아입는다. 이어지는 화면은 백댄서들과 함께 추는 댄스 샷과 함께 크게 쓰인 한자들이 벽에 걸린 복도를 배경으로 노래를 부르는 휘성의 솔로 샷으로 구성되어 있다. 그의 다양한 의상은 뮤직비디오의 핵심이다. 한 장면에서 그는 통이 넓은 바지에 같은 소재로 된 빨간색 반팔 상의를 입고 있다. 단추가 풀어진 셔츠 사이로 근육이 발달된 맨가슴이 드러난다. 반쯤 풀린 셔츠는 다분히 의도적이다. 또 다른 장면에서 그는 검은색 페도라에 한쪽 소매가 없는 니트 터틀넥과 검은색 바지를 입고 있다. 그의 백업 댄서들은 노래의 톤에 맞춘 유연한 안무에 어울리는 옷을 입었다. 또 다른 장면에서 휘성은 좀 더 아방가르드한 옷을 입고 있다. 민소매의 회색 가죽 홀터 조끼는 그의 맨가슴을 완전히 드러낸다. 이것은 가수 비가 자신의 뮤직비디오에서 1990년대 R&B 가수 어셔와 같은 스타일링을 모방했던 것과 유사한 패션 선택이다. 이러한 스타일링은 신체를 강조한다. 그러나 휘성은 외모보다는 보컬에 집중할 것으로 기대되는 한국 R&B 가수다.

"불치병" 뮤직비디오에서 휘성은 폭넓은 패션 스타일을 보여주었지만, "Night and Day" 뮤직비디오에서는 좀 더 품위 있는 이미지를 선택한다("휘성-Night and Day" 2014). 이 비디오에는 두 가지 유형의 시퀀스가 있다. 한 시퀀스는 한때 헤어졌으나 극적으로 재결합한 어느 커플의 서사를 따라간다. 다른 시퀀스에서는 휘성과 남녀 백업 댄서들이 모두 멋지게 차려입고 공연한다. 휘성은 이 영상에서 두 가지 의상으로 등장한다. 빨간 넥타이와 사각형 포켓이 강조된 검은색 슈트, 그리고 재킷 없이 밝은 회색 조끼에 흰색 셔츠와 빨간 넥타이. 휘성의 의상이 바뀜에 따라 백업 댄서들의 의상도 같이 바뀐다. 처음에 남성 댄서들은 정장을 입고 있다. 나중에 이들은 재킷이 없는 가는 세로줄 무늬 슈트, 페도라 스타일의 모자, 사각형의 흰색 포켓과 조화를 이루는 흰색 셔츠, 그리고 하얀 단추와 대조되는 조끼를 입는다. 비디오 시작 부분에서 여성 댄서들은 민소매 조끼, 검은색 반바지, 허벅지까지 올라오는 검은색 부츠를 착용하고 있다. 이어서 이들은 커다란 주름이 달린 밑단에 춤을 출 때마다 하얀색 안감이 드러나는 검은색 스커트와 조끼 스타일의 민소매 상의로 바꿔 입는다.

공연은 흐릿한 하늘을 배경으로 부서진 기둥들 사이에서 제단 위 의자에 앉아 있는 휘성을 중심으로 펼쳐진다. 휘성은 안무를 거의 하지 않기 때문에 시청자들의 시선은 그의 스타일리시한 패션에 사로잡힌다. 정장은 미국 흑인의 문화적 기호이다. 역사적으로 흑인 남성들은 특정한 방식으로 패션을 이용해왔다. 밀러(Miller 2009)는 "블랙 댄디즘"의 기원을 18세기로 거슬러 올라가 실명한다.

블랙 댄디는 인종주의와 남성성의 사이에 놓여 있는 연주자의 형상이다. 따라서 블랙 댄디는 서로 다른 시간과 장소에서 정체성의 규범적 범주를 전복하는 동시에 충족하는 모순적 존재이자 자기표현의 방식으로 이해될 수 있다(5).

유색인종 남성이 스타일에 그렇게 세심한 주의를 기울이는 것은 남성성의 특정한 수행으로 해석된다. 필자의 논문 "그건 내 남자야!: 한국 대중음악에서 남성성의 중첩That's My Man!: Overlapping Masculinities in Korean Popular Music"(2014)에서, 필자는 케이팝의 남성들이 "맞춤 의상과 섬세하게 매치한 액세서리로 옷맵시를 드러내고, 이를 기반으로 한 남성성에 기대고 있"으며 "품위 있는 옷차림은 멋 부리기와 구매 습관 같은 행동에 더욱 초점을 맞추는 동시대의 메트로 섹슈얼 남성성을 뛰어넘는다"(129)는 점에 주목한다. 휘성은 이 뮤직비디오에서 이런 방식으로 남성성을 수행한다.

한국 R&B 가수들은 흑인 라디오 방송국에서 자주 틀어줄 법한 특징적인 R&B 사운드에 몰두한다. 이런 유형의 노래를 자신의 주된 음악 장르로 삼기로 결정하는 것은 아무나 할 수 있는 일은 아니다. 왜냐하면 리파니(Ripani 2006)가 주장하듯 "미국 흑인 커뮤니티에 속하지 않은 사람이 만족스러운 흑인 보컬 스타일을 만든다는 것은 어려운 일"이기 때문이다(190). 하지만 한국 R&B 가수들이 R&B의 음악 미학에 충실할 때 그들은 일정 정도 진정성을 확보한다. 이들은 단순히 장르에만 의존하는 것이 아니라 보컬과 기악법에 관련해 다양한 R&B 스타일에 영향 받는다.

흑백을 넘어 글로벌 R&B로

R&B 전통을 모방하면서도 동시에 강화하는 상호텍스트성을 통해, 한국 R&B 아티스트들은 흔히 회자되는 흑백의 인종적 이분법 너머로 R&B의 범주를 확장하며 글로벌 R&B 전통에 참여한다. 백인 연주자들의 문화전유에 대한 비판이 제기되면서, 미국 흑인 대중음악의 한 장르인 R&B는 음악적 정통성과 소유권 논쟁의 중심에 놓이게 되었다. R&B에 대한 한국 가수들의 진정성 있는 관여는 비흑인, 비백인 연주자들도 R&B 전통에 본격적으로 참여할 수 있음을 보여줌으로써 기존의 논쟁을 더욱 복잡하게 만든다. 우리는 미국 흑인 문화를 넘어서는 R&B의 영향을 인식할 수 있다.

R&B의 진정성과 보컬 스타일은 비흑인들이 R&B 전통에 몰입할 때마다 항상 논의의 중심에 있었다. 백인들이 흑인음악을 제작하는 일은 문화전유와 절도의 일종으로 여겨지곤 했다. 재즈와 블루스의

초기 미국 흑인음악 전통에 대해 말하면서, 바라카(Amiri Baraka 1995)는 백인 재즈 비평가를 백인 재즈 음악가와 비교했다. 백인 재즈 비평가는 흑인음악 현상을 이해하고자 하는 사람이며, 백인 재즈 음악가는 "흑인음악을 자신들이 활용할 수 있는 표현의 수단으로 삼으려고 전유하는"(180) 이들로 간주했다. 그는 이 관계를 착취이자 불평등한 교환이라고 언급하면서, 비흑인들이 이러한 방식으로 흑인 문화 생산의 본질을 진정으로 획득할 수 있는지에 의문을 제기한다.

이 백인 뮤지션들은 궁극적으로 재즈에 전념하는 데 관심이 있다. 이는 인간 감정에 대한 심오한 표현으로서 음악을 생산하는 문화적 자세가 배움으로 가능하며, 혈통을 통해 은밀하게 전달될 필요가 없음을 전제한다. 흑인음악은 본질적으로 세계관의 표현이자 집합체이고 음악이 만들어지는 방식은 이차적인 태도일 뿐이다(Baraka 1963: 181).

이러한 비판은 R&B에도 적용될 수 있다.

그러나 이제 R&B는 마치 금광을 캐듯 이윤을 위해 [흑인의] 에너지를 착취하는 백인의 도움으로 겨우 명맥을 유지하고 있다. 백인들은 흑인음악이 무엇인지, 그리고 그것이 어떤 영향을 미치는지를 공허하게 "이해"할 뿐이며, 비틀스 이후로는 R&B가 백인의 삶에 관한 것이라고 그저 믿고 있다(Baraka 1966: 186-187).

바라카는 백인 음악인의 관여로 질 낮고 진정성이 없는 연주가 이루어지는 경우에 초점을 맞추고 있는 반면, 닐(Neal 2005)은 청중이 진정성 있는 공연으로 간주한 백인 연주자의 사례들을 다룬다. 그는 "화이트 초콜릿"이라는 메타포로 자신의 시각을 전달한다.

내가 말하는 "화이트 초콜릿"이란, 백인 R&B와 소울 연주자로서 누가 흑인음악을 부를 수 있는가에 대한 본질주의적 논쟁에 도전하는 아티스트를 의미한다. [...] 단순한 전유(그리고 최악의 경우 절도)를 넘어 합법적으로 흑인음악 전통에 참여하는 백인 연주자들을 예로 들 수 있다(372).

이런 연주자로는 티나 마리가 있다. 그녀는 1970년대 후반에 모타운 레코드와 계약을 맺은 백인 가수로, 그녀의 첫 앨범 *Wild and Peaceful*(1979)은 펑크 가수 릭 제임스가 프로듀싱했다. 앨범 표지에 그녀의 사진이 실리지 않은 데다 흑인 라디오 방송국을 판로로 했기 때문에 처음에는 많은 사람이 그녀가 백인인지 몰랐다. 더욱이 그녀의 강점인 목소리는 흑인음악의 진정성을 보증하는 듯했다.

그녀는 고음역을 뚫고 나오는 힘 있는 목소리로 R&B 가수로서 높은 신뢰를 얻었다. 많은 청자는 1980년에 그녀의 두번째 앨범 *Lady T*의 표지에 실린 사진을 보고서야 그녀가 백인이라는 사실을 알게 되었다. [...] 그녀는 R&B 청중들에게 사랑을 받았으며, 그녀의 노래 중 일부는 흑인음악 문화에 뿌리내렸다(Sisario 2010).

R&B의 진정성과 인종에 대한 논의는 미국이라는 맥락 안에서 이뤄지고 있다. 블루스, R&B, 힙합은 백인 아티스트들이 연주함으로써 주류 사회에 받아들여졌으며, 이 과정에서 원래의 본질이 거세되었다는 주장이 있다. 그러나 이러한 서사는 미국이라는 특정 역사의 맥락에서 백인 행위자들에 초점을 맞춘 것이다. 예를 들어, 바라카는 모든 흑인음악의 혁신에 대해 "원작 음악을 상업적으로 포섭한 후, 백인 중산층을 공략할 목적으로 백인 연주자들로 대체함으로써 음악적 희석이 이루어졌"고 평가한다(Rudinow 1994: 130). 바라카(Baraka 1996)는 인종주의적 영향 속에서 확립된 사회경제적 구조 내 백인 "가해자"뿐만 아니라 백인 청중들도 언급한다. 상업적 포섭은 오랜 노동 착취 역사의 일부이다. 이는 소작과 같은 불평등한 노동제도나 고용에서의 인종차별뿐만 아니라 국가의 기원과 노예제도의 형성으로까지 거슬러 올라간다.

그러나 한국의 R&B 공연자들은 미국 이외 지역의 비흑인, 비백인 공연자들의 R&B에 대해 생각할 거리를 제공한다. 미국 흑인의 경험과 유사한 정도의 차별을 겪은 한국 R&B 아티스트들의 경우는 단순히 흑백이라는 인종적 이분법으로 재단하기 어렵다. 한인 이민자들은 전쟁으로 폐허가 된 한국을 떠나 미국에 이민을 온 사람들이다. 이들은 이후 1965년의 개정 이민 귀화법의 혜택을 받았는데, 이 법안은 과거 동아시아 이민자 수를 제한했던 국적 기반의 쿼터제를 대체했다. 이 법안에 포함된 새로운 이민 수용 조건 중 하나는 전쟁 난민이었다. 그러나 한인 이민자들은 미국의 인종정치에 따라 백인으로 분류되지 않았다. '모델 마이너리티Model Minority(모범적인 소수민족)' 신화에도 불구하고 한인 이민자와 그 후손들은 반아시아 인종주의의 표적이 되어 백인에게 주어진 특권을 박탈당했다. 더욱이 한국에서의 미 제국주의는 한국인을 백인으로부터 배제시키는 요인이기도 하다. 나디아 김(Nadia Y. Kim 2006)은 백인에 대한 한국인의 인종적 시선에서 모순을 발견한다.

[한국] 미디어 속 백인들의 이상적인 재현은 한국인의 열등감에서 비롯된다. 내 연구의 인터뷰 대상자들은 백인들이 영화 속에서 자신을 더 멋지게 그리거나 스스로를 우상화한다고 비판했다. 그러나 북미 갈등 이슈에 대한 한국인들의 대규모 반미(반정부) 시위에서 알 수 있듯이, 미군의 존재는 한국인의 백인 우월주의에 대한 거부감을 더 강화하고 있다(391-392).

이러한 반미 정서는 한국인들이 자신을 백인처럼 여기지 않는다는 것을 드러낸다. 음악계에 종사하는 한국인들은 바라카가 지적하듯이, 백인 재즈 연주자들이 행한 도용과 왜곡의 역사를 갖고 있지 않다.

대신 한국 아티스트들은 R&B 보컬 전통에 진정성 있게 관여함으로써 그들 자신을 영국의 소울 가수들처럼 글로벌 R&B 전통의 비흑인 참여자로 자리매김한다. 영국의 소울과 관련해 랜들(Annie J.

Randall 2008)은 다음과 같이 말한다.

소울은 그것이 대표하는 문화와 그 문화를 만들어낸 역사로부터 떼어낼 수 없는 사운드이다. 실제로 로큰롤이 모방하고 백인화했던 R&B와 달리, 흑인 교회 전통의 즉흥적이고 독창적인 보컬로 인해 소울은 모방하거나 백인화하기가 상대적으로 어려운 사운드였다(43).

R&B를 진정성 있게 모방하고 강화하는 과정에서 한국 R&B 아티스트는 글로벌 R&B 전통의 새로운 분파를 만들어낸다.
한국의 R&B 아티스트들은 보컬 능력으로 전 지구적인 파급력과 영향력을 인정받아 R&B 전통에 연착륙한다. 홍보 전략과 가시성 측면에서 한국 팝 가수들과는 다르지만, 이들은 상호텍스트성을 공유한다. 한국 R&B 가수들은 R&B 연주와 그 특유의 보컬을 본받는다. 브라운 아이드 소울과 빅마마 같은 보컬 그룹들은 가스펠에서 1960년대 소울까지 모든 스타일을 망라한다. 박효신, 린, 자이언티를 포함한 가수들은 여러 스타일을 통합하여 전통을 강화한다. 빅마마와 휘성은 미국 흑인 퍼포먼스를 활용한 뮤직비디오를 통해 아시아인의 고정적 이미지에 도전한다. 이런 아티스트들은 음악과 비디오를 통해 진정성을 보여줌으로써 R&B 전통의 한 갈래가 된다.

4장

"다시 쓰는 이력서"[1]
한국의 주류 힙합 가수들

---

1 2007년에 발매된 다이나믹 듀오의 앨범 《Enlightened》에 수록된 힙합곡

한국 R&B 그룹 플라이 투 더 스카이의 궤적에서 알 수 있듯이 케이팝의 장르 간 경계는 상당히 유동적이다. 이러한 유연성 덕에 케이팝 아티스트들은 새로운 모습을 보여줄 수 있었다. 2PM에서 활동한 박재범도 그중 하나이다. 재미교포 래퍼 박재범은 원래 팝 그룹 2PM의 리더로 대중의 주목을 받았으나, 2009년에 그룹을 탈퇴했다. 이어서 그는 솔로 힙합 가수로 재출발했고, 자신의 레이블 AOMG를 설립했다. 2017년, 그는 힙합 거물 제이지가 설립한 락네이션과 계약을 체결했는데, 이는 한국 힙합이 본고장에서도 승인받았음을 의미했다. 하지만 박재범의 음악적 행보는 한국 힙합이 케이팝의 우산 아래에 있음을 보여준다.

한국의 언더그라운드 힙합 씬도 활발하지만, 이 장에서는 소셜미디어의 사용, 유명 팝그룹과의 상호작용, 유튜브에서의 존재감으로 인해 전 세계 팬들이 더 쉽게 접근할 수 있는 주류 힙합 아티스트를 중점적으로 다루고자 한다. 이들 힙합 밴드는 샘플링과 R&B 보컬리스트를 활용하며 R&B 전통을 따른다. 동시에 이들은 한국 음악 프로덕션의 전략이라 할 힙합 요소와 여러 장르와의 혼합 및 라이브 연주를 통해 R&B 전통을 제고提高한다. 이들은 또한 뮤직비디오를 통해 힙합의 폭력성과 저항성을 표현한다. 상호텍스트성과 인용실천에 힘입어 한국의 주류 힙합 아티스트들은 혁신적인 음악 미학을 고취하며 글로벌 R&B 전통에 참여한다.

팝과 힙합

주류 한국 힙합은 한국 팝의 기원과 제작, 테크놀로지의 활용과 밀접하게 관련된다. 그것은 또한 사회정치적 비평과 서사적 역량 및 진정성에 전념했던 미국 흑인 힙합을 반영한다.

주류 한국 힙합과 한국 팝

주류 한국 힙합과 한국 팝은 모두 미국 흑인 힙합이 대중화한 랩과 안무에 의존했고, 이러한 요소들을 광범위한 한국 관객에게 선사했다. 일부 비평가들은 한국 팝에 사회정치적 비판의식이 빠져 있으므로 한국 힙합과 팝은 뚜렷한 차이를 보인다고 지적한다. 그렇지만 한국 힙합 공연자들은 아이돌과 협업하고 프로모션 전략을 공유함으로써 둘 사이의 연계성을 드러낸다.

케이팝과 마찬가지로 한국 힙합의 기원은 1990년대 초반으로 거슬러 올라간다. 케이팝과 주류 한국 힙합은 모두 현진영(허현석)의 등장에 영향을 받았다. 그룹 '현진영과 와와'로 데뷔한 그는 한국에 힙합을 소개한 사람으로 평가받는다. 올케이팝에 게재된 한 기사는 1980년대의 맥락에서 한국 힙합의 등장을 설명한다.

당시 로저 래빗 댄스(토끼춤)가 매우 인기였는데, 이수만은 이런 음악에 맞춰 춤을 출 아티스트가 한국에 마땅히 없다는 것을 깨달았다 (GhostWriter 2016).

이때 현진영이 오디션에 합격했고, 당시만 해도 SM스튜디오로 불렸던 에이전시와 계약을 맺었다. 그는 1990년 "슬픈 마네킹"으로 데뷔했다. 이 곡과 뮤직비디오는 이후 등장한 한국 힙합이나 그가 모방했던 미국 흑인 힙합과는 근본적으로 다르지만, 힙합의 독특한 음악적 요소와 공연적 요소를 한국 대중의 머릿속에 각인시켰다. "그는 스웨그와 랩, 힙합을 한국에 처음으로 소개했다"(GhostWriter 2016). 비록 그의 첫 앨범은 성공하지 못했지만, 현진영은 이후 짧은 기간이나마 명성을 얻었다. 이후, 그의 백업 댄서들은 초기 한국 힙합에서 가장 영향력 있는 두 그룹을 결성하게 된다. 이현도와 김성재는 1993년 힙합 듀오 듀스가 되었고, 강원래와 구준엽DJ Koo은 1996년 그룹 클론을 결성했다.

현진영이 도입한 안무는 이후 세대 아이돌에 의해 열렬히 받아들여진다. 현진영은 힙합의 4대 핵심 요소 중 하나인 브레이크댄스를 안무로 활용했다. 글로벌 힙합의 중심이 되는 댄스는 케이팝을 특징 짓는 퍼포먼스 스타일의 핵심 요소로 자리 잡는다.

힙합에는 "사이퍼cipher"라는 개념이 있다. 래퍼나 댄서가 서로 즉흥적으로 겨룰 때 주변을 둘러싼 참가자와 구경꾼의 원을 뜻하는 사이퍼는 경쟁을 유발하는 동시에 커뮤니티로 기능한다. 용기를 내 사이퍼에 참가해 자신의 이야기를 들려주고, 무엇보다 자신의 개성을 보여주면 커뮤니티에 받아들여질 수 있다(Chang 2009: 60).

한국인들에게 힙합 춤은 세계화된 미국 흑인 문화에 발을 들여놓는 통로가 되었다. 제프 창(Chang 2008)은 초기 한국 비보이들이 "비트에 맞춰 흔들 줄 모르고, 댄스의 역사적 뿌리를 형성한 톱록top-rock과 풋워크² 같은 '기초적인 스킬'이 부족했기에 기계적"이라는 비판을 받았다고 지적했다. 하지만 "그들은 비보이 대결의 필수 요소인 앙상블 동작의 안무 루틴을 마스터했다. 음악과 리듬에 몰두했고, 비보잉과 힙합 문화의 역사를 공부했다"(Chang 2008). 그 결과 한국 비보이들은 글로벌 경연에서 경이로운 성공을 거둔다.

한국의 힙합 대중화 역사에 있어서 현진영의 공은 서태지와 아이들과 비교해 종종 가려지곤 하지만, 그는 이후 듀스, 클론, 터보, 지누션 등 힙합 그룹이 대거 등장할 초석을 마련했다. 타이거 JK(서정권)와 그의 그룹 드렁큰 타이거는 가장 꾸준하게 활동한 밴드로, 힙합이 한국에서 어떻게 발전하고 다양한 스타일을 만들어냈는지 잘 보여준다. 드렁큰 타이거를 결성한 해인 1999년에 발매한 앨범《Year Of The Tiger》의 "너희가 힙합을 아느냐?" 트랙을 통해 타이거 JK는 미국 힙합의 기본기를 뽐낸다. 곡은 살짝 동양적 분위기를 지닌 목관악기 인트로로 시작된다. 두드러진 베이스 리듬과 대비되는 오페라적인 보컬과 함께 비트가 시작된다. 이 노래는 래퍼들이 벌스를 번갈아 가며 노래하는 것이 특징인데, 래퍼들의 서로 다른 스타일은 트랙

---

2 톱록과 풋워크는 비보잉의 기본 스킬이다. 톱록은 서서 하는 동작으로, 비보잉에 들어가기 전에 비트에 맞춰 자기만의 스타일대로 스텝을 밟는 것을 가리키며, 풋워크는 손을 바닥에 짚고 스텝을 밟는 동작이다.

에 음향적 다양성을 부여한다. 시작 부분의 사운드 충돌은 미국 힙합 DJ들이 서로 다른 사운드를 조합하여 완전히 새로운 음악 구성을 만들어내는 방식을 반영한다. 《Feel gHood Muzik: The 8th Wonder》(2009) 앨범에 수록된 공격적인 트랙 "Monster"는 영어로 고함을 지르는 남성의 목소리와 드라마틱한 소리의 파동으로 시작되는데, 뒤따라 이어지는 성긴 기악법은 무거운 호른 리프로 강조된다. 타이거 JK가 그룹 MFBTY에서 윤미래, 비지Bizzy와 함께 작업할 즈음에는 사운드가 더 주류 친화적이고 팝 지향적이 되었다. 예를 들어, MFBTY의 2013년 앨범 《살사(The Cure)》의 동명 타이틀 트랙은 어쿠스틱 기타 인트로, 여성 보컬, 레게에서 영감을 받은 리듬, 싱커페이션 된 타이거 JK의 랩으로 구성되어 훨씬 부드럽고 은은한 사운드를 만들어낸다. 복잡한 비트를 지닌 업템포 트랙인 "방뛰기방방"(2015)에서 각자 뚜렷한 랩 스타일을 가지고 있는 윤미래, 타이거 JK, 비지가 번갈아 가며 부르는 랩은 시타르 연주와 잘 어울린다.

어떤 이들은 한국 팝과 주류 한국 힙합을 분명히 구분하고자 한다. 팝 음악이 사회정치적 논평을 거의 하지 않고 광범위한 청중에게 어필하고자 한다는 점에서, 이들은 케이팝과 한국 힙합 사이의 연관성에 거부반응을 보인다. 그들은 한국 힙합을 보다 진정성 있는 것으로 간주하며, 팝그룹을 단지 소속사의 꼭두각시로 여긴다. 힙합 아티스트들은 한국 팝그룹을 특징짓는 경쾌한 노래, 춤이 있는 밝은 분위기의 비디오와는 정반대의 거친 현실에 관심을 둔다. 또 다른 사람들은 케이팝이 랩과 패션을 포함한 힙합 미학을 사용하는 것을 비판한다.

하지만 한국 주류 힙합과 한국 팝은 기원이 같을 뿐만 아니라 팬과의 소통에 있어서도 동일한 전략을 쓴다. R&B 및 아이돌 그룹과 마찬가지로 한류의 일부인 한국 주류 힙합 그룹은 서구, 특히 미국 흑인 음악 스타일을 한국적인 감수성과 결합하고 기술과 인터넷, 소셜미디어를 사용하여 전 세계에 유행시킨다. 지누션, 마스타 우, 원타임을 포함한 초기 한국 힙합 공연자들 중 일부는 빅뱅, 2NE1과 같은 신예 팝 밴드와 함께 YG엔터테인먼트 소속이었다. 에픽하이는 YG엔터테인먼트로 옮겨오기 전 울림엔터테인먼트 소속이었는데, 인피니트, 테이스티 등 아이돌 그룹이 소속되어 있던 이 회사는 이후 SM엔터테인먼트 계열사인 SM C&C와 합병되었다.

팬과의 소통 측면에서 에픽하이뿐만 아니라 다이나믹 듀오 멤버들도 트위터 계정을 적극적으로 활용한다. 많은 아이돌 그룹이 공식 팬덤의 이름을 짓듯이, 에픽하이는 자신의 팬들을 하이스쿨High Skool이라 부른다. 다른 힙합 그룹들도 음악 외적인 활동에 참여하고, 홍보 활동의 일환으로 TV 오락 프로그램에 출연한다. 다이나믹 듀오는 로엔엔터테인먼트에서 만든, 팬들이 올린 질문에 연예인들이 직접 답하는 웹 예능 프로그램《ASK IN A BOX》에 출연했다. 타블로는 아내 없이 아이들과 함께 시간을 보내는 유명한 아빠들의 리얼리티 쇼《슈퍼맨이 돌아왔다》에 출연했다. 아이돌 그룹과 마찬가지로, 다이나믹 듀오와 에픽하이는 프로모션을 위해《SBS 인기가요》,《MBC 쇼! 음악중심》,《KBS 뮤직뱅크》와 같은 가요 순위 프로그램에 출연했다. 한국의 힙합 그룹은 그들과 대응관계에 있는 아이돌처럼 전 세계적으로 이름을 알리고 인기를 얻기를 열망한다. 한 인터뷰에서 힙합 듀오 지누션은 활동 기간 중 자신들의 팬덤을 세계적으로 넓히려는 욕구를 분명히 밝히기도 했다.

우리는 한국 이외에도 중국, 홍콩, 일본에 진출하려고 노력했다. [...] 앞으로 홍콩이나 중국, 일본 등으로 공연을 하러 가는 가수들을 자주 보게 될 것이다. 우리는 더 규모 있는 국제화를 위해 애쓰고 있다. 우리는 한국 밖으로 나아가려고 노력 중이다(Johnson 2003).

한국의 인디 랩과 상업적으로 다양한 활동을 펼치는 케이팝 간 경계는 그다지 뚜렷하지 않다.

한국 주류 힙합과 케이팝 가수들은 음악 자체로도 연결돼 있다. 에픽하이의 타블로는 자신이 팝과 힙합 양쪽 모두로부터 영향받았음을 인정한다.

한국 음악 전체가, 심지어 최근 케이팝도 우리에게 영향을 미친다. [...] 나는 미국의 언더그라운드 힙합에도 영향을 받는다. [...] 내 취향은 여기와 저기, 그리고 그 사이에 있는 모든 것을 넘나든다(Kim 2011).

송명선(Song 2014)은 힙합 아티스트 도끼의 《Thunderground》 앨범을 설명하며 그의 음악이 "언더그라운드도 오버그라운드(주류)도 아닌 그 사이 어딘가에 있다"고 묘사한다(139). 도끼는 현아, 김형준, 김현중 등 다수의 아이돌 아티스트들과 협업했으며 에픽하이와 프라이머리의 주류 힙합 트랙에도 참여했다. 이러한 활동이 그의 언더그라운드 힙합 명성에 흠을 낸 것 같지는 않다. 더욱이 K-드라마는 전 세계 시청자들을 케이팝에 노출시킨다. 다양한 장르의 아티스트들이 참여하는 K-드라마의 OST는 한국 힙합과 팝을 접할 수 있는 또 다른 창구 역할을 한다. 2016년 가장 인기를 끈 K-드라마《태양의 후예》의 주제곡은 여성 힙합 아티스트 윤미래가 불렀다. 이 사운드트랙에는 팝 보컬 케이윌, R&B 보컬 린, 록밴드 엠씨더맥스의 노래도 들어 있다.

더욱이 한국의 주류 힙합 그룹들은 자신들이 한국 팝의 대척점에 있다고 여기지 않는다. 케이팝 컨벤션의 하나인 KCON 2013에서 진행된 인터뷰에서 다이나믹 듀오의 개코는 자신들의 싱글 "BAAAM"의 인기에 기쁨을 표하며, 케이팝 덕에 그룹이 더 잘 알려지게 되었다고 말했다.

처음 데뷔했을 때는 미국에서 공연할 기회가 없었다. 케이팝 아티스트들이 수년 동안 노력한 덕에 우리는 오늘 이 자리에 오게 되었다 (Oak 2013).

타이거JK도 두 음악 스타일 사이에 적대감이 있다고 느끼지 않는다.

나는 음악산업에 반감을 지니고 있었다. 나는 상업적인 것을 무조건 싫어하던 "피 끓는 청춘"이었다. […] 하지만 지금은 받아들인다. "나는 대부야. 너희 모두에게 축복을 줄게."라는 식의 태도가 아니라, 이제 나이가 들어 이 분야에 오랫동안 있다 보니, 무슨 일이 일어나고 있고, 앞으로 케이팝 후배들이 어떤 일을 겪을지를 이해할 수 있게 되었다. 이 후배들은 열정적이고, 자신들의 목표에 도달하기 위해 정말 열심히 노력한다(Lena 2010).

미국《퓨즈 TV*Fuse TV*》와의 인터뷰에서 타블로는 다음과 같이 말했다.

우리가 케이팝 우산 아래에 있다는 게 나쁘지만은 않다. 자랑스럽지 않다거나 기쁘지 않다는 게 아니다. 케이팝은 꽤 멋지다. […] 많은 팬이 [보이그룹과 걸그룹을 통해] 케이팝에 들어와 우리와 여러 다른 그룹들을 발견한다. 우리는 케이팝에 매우 감사한다(Sherman 2015).

팬들도 주류 힙합 그룹을 케이팝으로 분류하는 것에 신경 쓰지 않는다. 한 팬은 케이팝과 한국 힙합을 구별하는 것이 적절하지 않다고 말한다.

나는 왜, 이른바 힙합 팬들과 내가, 팝이 "진짜" 음악인지 아닌지를 두고 아직도 논쟁을 벌이는지 모르겠어. DJ 프리미어*DJ Premier*도 크리스티나 아길레라*Christina Aguilera*를 위해 프로듀싱하지 않았던가? 팀

버랜드와 저스틴 팀버레이크도 함께 레전드 앨범을 만들지 않았나? 논쟁 끝, 이 바보들아! 이런 결론은 해외 케이팝 팬들에게도 적용된다고("Choice 37" n.d).

결국, 한국 음악산업은 힙합이 케이팝 우산 아래에 있다는 전제하에 작동한다.

> 정부와의 협력하에 한국 음악산업은 힙합을 케이팝의 일부라고 전 세계적으로 홍보해왔다. 언더그라운드 힙합 아티스트들의 창의적인 결과물들은 한국 음악산업에 있어 가치를 따질 수 없을 정도로 귀한 원천이며, 팬과 관객들에게는 이 장르가 청년 문화의 중요한 요소로서 개인과 사회적 정체성을 상징하는 기표이다(Um 2013: 61).

아이돌과 마찬가지로 한국의 주류 래퍼들도 테크놀로지를 활용해 국내외 팬층을 육성하고 관리해왔다. 주류 힙합 아티스트들은 팝 아티스트들이 하는 방식으로 자신의 팬들과 소통한다. 이들은 소셜미디어로 팬덤과 관계를 맺는다. 송명선(Song 2014)은 한국 힙합 아티스트들이 "전국 투어와 클럽 공연"뿐만 아니라 "유튜브, 트위터, 페이스북과 같은 소셜미디어 및 커뮤니케이션 채널을 통해 자신들을 홍보하는" 방식을 선택했다고 주장한다(137-138). 엄혜경(Um 2013)은 언더그라운드 래퍼조차도 네이버와 다음 같은 포털을 통해 팬덤을 만들고 관리하고자 인터넷을 사용한다고 지적한다(59). 한국 힙합은 한국 팝뿐 아니라 미국 흑인 힙합과도 연결된다.

한국 주류 힙합과 미국 흑인 힙합

한국 힙합은 한국 팝과 연결될 뿐 아니라, 진정성과 사회정치적 비평에 관여한다는 점에서 미국 흑인 힙합을 모델로 삼고 있다.

진정성은 한국 주류 힙합과 미국 흑인 힙합의 관계에서 매우 중요하다. 한국 힙합 아티스트들은 작사 능력과 랩 스킬, 특히 영어 랩 구사를 통해 진정성을 드러낸다. 그린월드(Jeff Greenwald 2002)는 "많은 연구자와 팬들은 가사를 힙합의 결정적인 특징으로 간주한다"고 주장한다(260). 『XXL 매거진XXL Magazine』은 "잘게 나눈 샘플과 퉁명스러운 랩을 구사하는" 딥플로우(류상구)가 "하드코어 힙합 팬들의 즉각적인 관심을 끌었다"고 평했다. 『XXL 매거진』은 또한 빈지노의 "유머러스한 스토리텔링 능력"을 높이 평가하며, 펀치 라인이 뛰어난 스윙스는 "타고난 재치와 멋진 기교로 동료들을 압도하며 예술을 놀이로 만든다"고 칭찬했다("15 Korean Rappers You Should Know That Aren't Psy" 2013). 영어가 이 장르의 선구자인 미국 흑인의 모국어이기에 영어로 쓰인 가사는 더욱 정통으로 여겨진다. 이신희(J.-S. Lee 2004)는 "케이팝 영어 가사에서 가장 눈에 띄는 점은 미 흑인 방언(AAVE^African American Vernacular English)의 사용인데"(434), 이는 "단순히 시선을 끌기 위한 스타일에서부터 자아 해방을 주장하고 표현의 자유를 실천하는 데 이르기까지 다양하게 활용된다"고 언급한다(446). 때로 영어는 힙합 특유의 사회정치적 메시지를 전달하는 역할을 한다. 에픽하이의 《Remapping the Human Soul》(2007) 앨범에 수록된 몇몇 곡들의 영문 제목은 "Runaway", "Slave Song", "Underground Railroad" 등으로 미국 흑인의 역사적 경험을 표현한다.

에픽하이는 곡 전체가 영어로 된 노래를 여러 곡 발표했는데, 영어 가사의 수준이 원어민이 듣기에도 어색하지 않을 정도로 손색이 없다. 2005년 앨범 《Swan Songs》에 수록된, MYK(김윤근)와 D-Tox가 피처링한 "Follow the Flow"는 겉멋으로만 랩을 구사하는 사람들을 비판한다. 덤파운데드와 MYK가 피처링한 "Maze"(2009년 앨범 《[e] motion》에 수록)는 삶의 선택에 대해 개인적인 묵상을 담은 느린 템포의 트랙이다. 급격한 산업화와 도시화를 경험한 한국 래퍼들은 미국 힙합에서처럼 도시 뒷골목 삶을 표현하기 위해 영어를 곧잘 사용한다. 에픽하이는 앨범 《Map of the Human Soul》(2003)의 "Street Lovin'(feat. Joosuc)"을 통해 도시에서 태어나 그곳에서 죽음을 맞이할 자신의 삶을 영어로 묘사한다(2003). 힙합에서 흔히 활용되는 비유도 영어로 표현한다. 에픽하이는 앨범 《High Society》(2004)의 "Sunrise"에서 미국 흑인 예술가 질 스콧헤론Gil Scott-Heron의 시 "혁명은 방송되지 않을 것이다The Revolution Will Not Be Televised"를 뒤튼 "혁명은 방송될 것이다the revolution will be televised"를 영어로 읊으며 사회 변화에 대한 꿈을 노래한다. 에픽하이는 또한 《魂: Map the Soul》(2009)의 수록곡 "Free Music"에서 상업적 성공을 거두기 위해 지름길을 택하는 래퍼들을 영어로 비판한다.

래퍼들은 곡 구성을 통해 자신의 스킬을 보여준다. 에픽하이의

2009년 앨범《[e]nergy》에 실린 "Supreme 100"은 드럼머신에서 나오는 것으로 보이는 반복적인 비트를 제외하고는 악기 소리가 거의 등장하지 않는다. 멀리서 들려오는 희미한 자동차 소리를 배경으로 타블로는 끊기지 않는 플로우의 솔로 랩을 하며, 흑인 인권운동의 아이콘 맬컴 엑스Malcolm X와 마틴 루터 킹Martin Luther King Jr.을 언급한다. 거리의 느낌을 자아내는 사운드는 미국 흑인 힙합이 탄생한 도시 뒷골목을 떠올리게 한다. 이와 비슷하게 다이나믹 듀오의 앨범《Taxi Driver》(2004)의 "Pride(feat. 버벌진트, 더블케이, 더 네임)"의 인트로에도 악기가 전혀 등장하지 않는다. 비트가 떨어지고 음악이 시작되기 전까지 래퍼 한 명이 라임을 내뱉는다. 가사의 의미를 알지 못하더라도 래피의 뛰어난 래핑 스킬을 보면 언더그라운드 래퍼의 정체성과 흑인 힙합 음악과의 연결성이 드러난다.

복잡한 라임과 플로우는 [...] "진지한" 언더그라운드 힙합 아티스트에게 필수적인 스킬이자 미학적 기준이다. 한국어로 수행된 복잡한 리듬 표현은 호평을 얻고 있다(Um 2013: 58).

한국 그룹은 또한 루프를 활용하고 노래 일부분을 반복하는 보컬 퍼포먼스로 주목을 받는다.

한국 힙합 아티스트들은 미국 흑인 힙합의 대담한 표현 형식을 채택함으로써 힙합의 진정성을 보여준다. 래퍼들은 확실히 남성적인 관점에 서서 거친 가사로 음산한 도시 현실을 묘사한다. 페니쿡

(Alastair Pennycook 2007)은 이러한 전달 방식에 "폭력, 마약, 갱스터에 관한 서사 혹은 거친 삶의 묘사에 본질적으로 진정한 무엇이 있다는 믿음"이 반영되어 있다고 지적한다(103). 이러한 미학은 일정 정도 휠러(Elizabeth Wheeler 1991)가 말한 "백인 문화의 질서, 중산층 예의범절과 법률을 따르지 않는" "나쁜 태도"로 설명되는데, "이 태도는 종종 실제 폭력에 휘말리곤 한다"(198). "무질서하고 잔인한 분노의 표현"(Perkins 1996: 19)인 갱스터랩은 이러한 전달 방식의 전형적인 사례다.

다이나믹 듀오는 이 형식을 앨범《DYNAMICDUO 6th DIGILOG 2/2》(2012)의 "오해(feat. Simon D, 행주 of 리듬파워)"에서 사용하는데, 이 트랙에 등장하는 여러 래퍼는 거친 랩과 속사포 같은 전달 방식으로 곡에 강렬함을 더한다. 마찬가지로 2006년《Enlightened》앨범에 실린 "독재자(feat. Sixpoint)"의 인트로는 보컬 없이 신디사이저 사운드로만 이루어져 있어 곡의 나머지 파트에서의 강한 랩과 대비된다. 비트가 떨어지면 비교적 단순한 악기 연주가 시작된다. 기본 비트에 흥취를 돋우는 리듬이 더해진다. 곡의 중심을 이루는 것은 보컬 퍼포먼스와 코러스에서의 샤우팅이다. 바틀릿(Andrew Bartlett 1994)은 다음과 같이 말한다.

청중은 반복적인 랩이 만들어내는 그루브를 따라 춤을 춘다. 샘플링된 랩으로 만든 변주는 베이스 기타가 반복 연주하는 깊은 사운드와 균형을 이룬다(645).

이런 연주는 에픽하이의 2007년 앨범 《Remapping the Human Soul》에 수록된 "백야"에서도 나타나는데, 반복되는 비트로 최소한의 음향적 흥취를 더하는 대신 현악 변주를 얹는다. 이를 통해 청중은 랩 퍼포먼스에만 주의를 집중하게 된다. 이러한 실천을 통해 한국 힙합 아티스트들은 일정 정도 진정성을 획득한다.

이들은 미국 흑인 힙합의 사회 비평도 공유한다. 모렐리(Morelli 2001)는 힙합의 영향을 받은 초기 케이팝 그룹들에게 정치 비판적 특성이 이미 있었다고 본다.

서태지와 아이들의 음악은 4집 앨범부터 좀 더 사회정치적 성향을 띠어, 10대의 가출 및 정치적 부패와 같은 문제들을 정면으로 다루었다(251).

2001년에 결성된 힙합 그룹 에픽하이의 리더 타블로는 다음과 같이 회상한다.

언어로 인해 검열을 당하지는 않는다. 우리는 추잡한 단어나 욕두문자를 늘어놓지 않는다. 하지만 사회적 이슈에 관해 이야기하면 검열을 받는다("Censors Attempted to Silence Hip Hop Group" 2007).

흥미롭게도 미국 흑인 힙합과 진정성 간의 연관성은 한국 힙합 씬에 약간의 긴장감을 불러일으킨다. 일부 한국 언더그라운드 힙합 아티스트들은 대중성을 추구하는 것이 힙합의 진정성에 배치된다고 생각한다. 송명선(Song 2014)에 따르면 언더그라운드 래퍼들은 자신들을 주류 음악 밖 "예술적 창의성이 넘치는 자유의 공간에 자리 잡고 있다"고 여기며, "주류는 순응성과 상업주의의 전쟁터를 상징한다"고 생각한다(137). 이들은 상업적 성공의 부재가 더 큰 진정성을 함의한다고 믿는다. 또 다른 이들은 속사포 랩과 같은 힙합 미학의 존재, 또는 사회정치적 비평을 진정한 힙합 음악의 유일한 특성으로 여긴다. 하지만 보다 절충적인 일부 힙합 아티스트들은 더 다양한 활동에 참여하고 있다.

힙합에는 여러 스타일이 있다. 특히 지금은 장르에 구애받지 않는다. 모든 것이 자유로이 흘러간다. 경계는 없다. 모든 것이 교차할 수 있다. 나는 단지 우리 자신을, 뭐랄까, 음악하는 사람들로 칭하고 싶을 뿐이다(Kim 2011).

타블로는 힙합이 융합과 변화의 개념으로 정의된다는 점에 주목한다. 변화의 충동을 긍정하는 타블로의 이러한 인식은 사회·역사적 현실을 강조하는 힙합 양식과 충돌할 수 있다.

미국 흑인 힙합과의 연계성을 기반으로 한국의 주류 힙합 아티스트들은 흑인 대중음악 전통의 다른 형식에도 관여한다.

상호텍스트성과 R&B 전통: 다이나믹 듀오, 에픽하이, 프라이머리

한국의 힙합 아티스트들은 보컬과 샘플링을 통해 R&B 전통을 모방하고, 한국 음악 프로덕션의 특징인 절충적인 음악 전략을 접목하여 이 전통을 제고한다.

'올드스쿨'의 인용: 다이나믹 듀오

다이나믹 듀오는 뚜렷한 R&B 연주 샘플링과 한국 R&B 보컬리스트의 활용을 통해 '올드스쿨'을 인용한다.

다이나믹 듀오는 개코(김윤성)와 최자(최재호)로 구성되어 있다. 두 사람은 다이나믹 듀오를 구성하기 전 2000년부터 2003년 사이 《Massmediah》(2000), 《Matics》(2001), 《Massappeal》(2003) 등 세 앨범을 발표한 힙합 그룹 CB Mass의 멤버였다. 개코와 최자는 2004년 다이나믹 듀오를 결성해 데뷔 앨범 《Taxi Driver》(2004)를 발표하고, 2005년 《Double Dynamite》를 출시했다. 듀오는 계속해서 《Enlightened》(2007), 《Heartbreaker》(2007), 《Last Days》(2008)를 발매했다. 2009년 동시에 군 복무를 마친 후에, 둘은 《Band of Dynamic Brothers》(2009), 《DYNAMICDUO 6th DIGILOG 1/2》(2011), 《DYNAMICDUO 6th DIGILOG 2/2》(2012), 《LUCKYNUMBERS》(2013), 《GRAND CARNIVAL》(2015)을 발표했다. 듀오는 2006년 음악 동료들과 함께 아메바컬처 레이블을 설립했다. 다이나믹 듀오는 아메바라는 상징을 통해 힙합의 창의성을

레이블의 미션으로 삼았다.

단세포 아메바. 단세포인 아메바가 세포분열을 하듯, 창의성과 상상력은 생각의 전환을 가능케 한다. 그 생각에 긍정직인 에너지를 더해 우리만의 "새로운 문화"를 만들어간다. 창의적이고 새로운 문화를 통해, 우리나라뿐만 아니라 국경을 넘어 널리 확산하는 생명력 있는 문화 콘텐츠를 만들고 싶다(Amoeba Culture n.d.).

이와 같은 오랜 경력으로, 듀오는 이제 한국 힙합의 베테랑으로 평가받는다.

다이나믹 듀오는 올드스쿨 R&B에 의존해 미국 흑인 대중음악을 인용한다. 조애너 디머스(Joanna Demers 2006)는 "올드스쿨"을 "제임스 브라운, 커티스 메이필드Curtis Mayfield, 아이작 헤이즈Isaac Hayes, 조지 클린턴과 같은 소울, 훵크, R&B의 엘리트 아티스트를 샘플링해" 구성한 "소울 레퍼토리"로 정의한다. 올드스쿨은 또한 힙합 음악이 인기를 끌기 전 옛날을 다소 낭만적으로 언급하는 "좋았던 그 시절"을 의미할 수도 있다.

올드스쿨은 돈 버는 데에만 관심을 기울이지 않고, 문화로서의 힙합을 육성하고 발전시키는 데 노력했던 브레이크댄서, DJ, MC와 그래피티 아티스트들로 구성된 보다 긴밀한 커뮤니티를 의미하기도 한다(McLeod 1999: 143-144).

힙합 음악은 종종 샘플을 사용하여 올드스쿨을 음악적으로 소환한다. 샘플링은 힙합 음악의 여명기에 등장했는데, 이 시절 DJ들은 음악의 가장 좋은 부분을 따로 떼어내 반복 재생함으로써 파티를 즐기는 사람들에게 새로운 음악을 접하고 참신한 댄스를 시도할 기회를 만들어주었다. 바틀릿(Bartlett 1994)은 "미국 흑인 힙합의 디지털 샘플링 기술은 사용 가능한 도구, 텍스트, 상황을 절묘하게 취사 선택해 공연에 활용한 흑인 디아스포라의 미학과 깊이 연결되어 있다"(639)고 말한다. DJ들은 테크놀로지를 사용해 "LP판, 광고 문구, CM송, TV 시트콤 테마곡, 영화 사운드트랙 등에서 샘플을 무한히 활용할 수 있었다. 샘플링과 믹싱으로 랩 음악은 자기 재생의 특성을 갖게 되었다"(Perkins 1996: 8). 힙합 아티스트는 이런 실천을 통해 더 이전의 R&B 장르에 접근했다.

여러 샘플, 특히 1970년대에 출시된 레코드판에서 가져온 샘플의 음색에는 최신 디지털 녹음과 뚜렷하게 구별되는 특징이 있다. 아날로그 녹음에 흔히 사용되는 음의 압축 및 변형은 종종 디지털의 "바삭함crispness"보다 선호된다(Schloss 2004: 70-71).

한국 힙합 아티스트들은 특정 의미를 상징하거나 특정 사운드를 참조하는 샘플링을 통해 아카이빙과 상호텍스트성에 모두 관여함으로써, 샘플링 작업을 미학의 수준으로 올려놓는다.

턴테이블에서 작업하는 것이 음악가의 고상한 실천과 크게 동떨어져 있지 않은 것임에도 불구하고 그동안 샘플링은 창조적인 행위가 아니라고 무시되곤 했다(Bartlett 1994: 647).

미국 흑인 힙합이 그러하듯이, 한국 힙합도 이런 방식을 통해 다양한 장르의 R&B에 관여한다. 한국 그룹 아지아틱스Aziatix의 프로듀서 정재윤은 "80~90년대의 클래식한 리듬과 멜로디, 가사가 오늘날 미국 힙합에서 부족한 부분"이라고 느낀다("한국 힙합: K-Hop 글로벌 진출" 2012).

다이나믹 듀오는 R&B의 샘플을 통해 올드스쿨을 인용한다. 다이나믹 듀오는 자신들의 2004년 앨범《Taxi Driver》에 수록된 "Ring My Bell"에 애니타 워드Anita Ward의 디스코 히트곡 "Ring My Bell" (1979)을 랩 배경음악으로 사용한다. 워드의 1979년 앨범 Songs of Love에 실린 이 오리지널 트랙은 일렉트릭 기타 및 벨소리와 대조되는 복잡한 베이스 라인을 특징으로 한다. 다이나믹 듀오는 자신의 버전에서 리듬을 더 강화했다. 오리지널 곡의 기본 요소를 가져오는 것에 그치지 않고 리듬을 더욱 두드러지게 만든 것이다. R&B 그룹 브라운 아이드 소울의 나얼이 부른 보컬에 듀오의 랩이 추가되며 곡은 한층 달라졌다. 기교 가득한 남성 보컬은 워드의 감미로운 목소리와 대조를 이룬다. 원곡의 코러스에 있는 워드의 경쾌하고 간드러진 목소리도 샘플링되었다. 다이나믹 듀오의 "Ring My Bell"이 업템포 댄스 리듬을 샘플링한 것이라면, 그들의 앨범《Enlightened》에 수록된

"다시 쓰는 이력서"에 사용된 플레이어[Player]3의 1977년 히트송 "Baby Come Back"의 샘플은 훨씬 느린 템포이다. "Baby Come Back"은 성긴 기악법에 엇박자 리듬의 노래로 시작한다. 원곡의 부드러운 벌스는 다이나믹 듀오가 샘플링한 코러스에 등장하는 뚜렷한 일렉트릭 기타와 대비된다. 다이나믹 듀오는 원곡 코러스의 상징적인 기타 리프를 따와 노래 전체에 반복한다. 이 단순한 리듬의 프레이즈 루프는 랩에 더 집중하게 만든다.

곡 구성에 샘플을 사용한 것에 더해 다이나믹 듀오는 한국 R&B 가수를 통해 올드스쿨 R&B 보컬을 인용한다. 다이나믹 듀오 곡들의 코러스 부분에서 이루어지는 가창은 벌스의 랩과 뚜렷이 대조된다. 벌스에는 때로 보컬이 등장해 색다른 맛을 더하는데, 이 전략은 R&B 랩에서도 사용되는 것들이다. 노플리트(Dawn M. Norfleet 2006)는 R&B 랩은 "종종 여성의 목소리로 부르는 코러스, 비음으로 부르는 멜리스마 기법의 고음 보컬 리프(1970년대 R&B의 목청껏 부르는 가스펠 스타일 가창과는 대조된다.), 하모니를 이룬 코러스, 뒷골목 '애티튜드'가 특징"이라고 말한다(364). 누가 R&B 보컬을 담당하느냐가 곡의 전반적인 분위기에 영향을 미칠 수 있다. 다이나믹 듀오의 래퍼 개코는 때때로 R&B 보컬을 담당한다. 앨범《Band of Dynamic Brothers》의 "죽일 놈"과 앨범《DYNAMICDUO 6th DIGILOG 2/2》의 "거기서 거기"는 모두 중간 템포의 부드러운 트랙인데, 최자의 랩과 대

---

3   플레이어는 1970년대 소프트록 밴드다. 미국 LA를 주무대로 활동한 이들은 빌보드 핫 100 차트 1위를 한 "Baby Come Back"을 포함해 여러 히트곡을 냈다. 해체와 재결합을 반복하며, 여전히 활동 중이다.

비되는 개코의 소울풀한 보컬을 특징으로 한다. "죽일 놈"은 인트로에서 통기타 악기 반주에 맞춰 기교를 부리는 개코의 보컬로 시작해, 곡 전체에 걸쳐 그의 코러스가 반복된다. 개코의 보컬 기교로 시작하는 "거기서 거기" 역시, 인트로는 그가 주도하고 백보컬이 받쳐주는 코러스로 전환된다. 다이나믹 듀오는 발라드에서 댄스곡에 이르기까지 다양한 장르에서 특색 있는 목소리를 지닌 한국 R&B 보컬리스트를 활용하기도 한다. 앨범《Enlightened》의 느린 템포 곡 "절망하지 맙시다"의 벌스는 공격적인 랩이 두드러지는데, 이는 R&B 음색으로 꽉 찬 백보컬의 하모니를 배경으로 펼쳐지는 버블 시스터즈 아롬의 강한 여성 보컬과 대비된다.

다이나믹 듀오는 또한 대규모의 보컬리스트도 곡에 활용했는데, 앨범《Enlightened》에 수록된 "Happy Day"와 같은 곡은 3장에서 거론한 대규모 합창단 헤리티지가 피처링한 것으로 가스펠송 "Oh Happy Day"의 구절을 삽입했다. 에드윈 호킨스 싱어즈Edwin Hawkins Singers와 머핼리아 잭슨Mahalia Jackson이 부른 이 가스펠 스탠더드 곡은 주고받기 구조를 특징으로 한다. 이 노래는 헤리티지 합창단 특유의 두드러진 여성적 사운드에 더해, 벌스에서 여성 솔로 보컬과 소그룹 하모니를 활용함으로써 R&B 보컬의 다양함을 선보인다. 가스펠적인 오르간과 기타 위주의 악곡 구성을 가진 이 노래는 대규모 합창단이 부르는 코러스에서 절정에 도달한다. 여성 합창이 만들어내는 하모니는 벌스의 남성 솔로 랩과 대조를 이루어 풍성한 사운드를 제공한다.

다이나믹 듀오가 샘플링과 R&B 보컬을 활용해 보다 익숙한 R&B 장르를 인용했다면, 다른 주류 힙합 아티스트들은 전혀 힙합스럽지 않은 방식으로 R&B와 힙합 음악 요소를 활용한다.

음악적 절충주의: 에픽하이와 프라이머리

다이나믹 듀오가 익숙한 힙합 원천에 의존하는 반면, 다른 주류 힙합 아티스트들은 힙합의 맥락에서 보면 이상하게 보일 수 있는 음악적 전략을 활용한다. 에픽하이는 리믹스를 애호하고, 힙합 트랙에 R&B 장르에 속하지 않은 보컬리스트를 활용하면서 다른 힙합 아티스트들과 구별되는 흥미로운 경력을 쌓는다. 반면에 힙합 프로듀서 프라이머리는 다양한 R&B 곡 구성을 활용해 자신만의 특징적인 사운드를 만든다.

주목할 만한 주류 힙합 그룹 중 하나인 에픽하이는 언더그라운드에서 활동을 시작해, 다이나믹 듀오 멤버가 포함되어 있던 CB Mass와 함께 작업하기도 했다. 타블로(이선웅), 미쓰라 진(최진), DJ 투컷(김정식)으로 구성되어 울림엔터테인먼트에 합류한 후, 2003년에 첫 앨범《Map of the Human Soul》, 2004년에《High Society》를 출시했다. 에픽하이는 "Fly"와 "Paris" 같은 히트곡을 담은 2005년 앨범《Swan Songs》를 계기로 성공한 힙합 그룹이라는 평판을 얻었다. 2007년 앨범《Remapping the Human Soul》은 좀 더 심각한 주제를 담고 있어 방송통신심의위원회의 주의를 끌기도 했다. 에픽하이의 인기는 후속 앨범《Pieces, Part One》(2008)과《LOVESCREAM》

(2008)으로 더욱 높아졌다. 에픽하이는 2009년 울림엔터테인먼트와 계약 만료 후 독립음반사 맵더소울Map the Soul을 설립했다. 이는 아티스트가 주도하는 음악 제작 환경을 만들고자 한 다이나믹 듀오의 노력과 유사하다.

이 레이블에서 에픽하이는 프로젝트 북 앨범《魂: Map the Soul》(2009), 그리고《[e]motion》과《[e]nergy》의 두 개의 CD로 구성된 6집 앨범《[e]》(2009)와 스페셜 음반《epilogue》(2010)를 발매했다. 멤버들의 군 복무 중 타블로는 2011년 YG엔터테인먼트와 계약을 맺고 솔로 작업을 했는데, 2012년에는 다른 멤버들도 YG와 계약했다. 이후 그룹은《99》(2012),《신발장》(2014),《We've Done Something Wonderful》(2017),《sleepless in ___》(2019)을 발표했다. 2015년 타블로는 YG엔터테인먼트 산하에 인디 레이블 하이그라운드HIGHGRND를 설립했다. 이 서브 레이블은 힙합의 혁신적인 충동innovative impulse을 확장하는 절충적인 라인업을 특징으로 한다.

[케이팝이] 여전히 지배적인 장르이지만 래퍼, R&B 크루너, 일렉트로닉 실험가, 그리고 소울풀한 가수도 여기서 찾을 수 있다. 귀에 착착 감기는 복고풍의 멜로디를 특징으로 하는 검정치마부터 감미로운 인디밴드 혁오, 코드 쿤스트와 인크레더블과 같은 뛰어난 래퍼까지 다양한 진용을 갖춘 하이그라운드는 장르의 재정의로 유명한 한국 음악의 모든 것을 갖춘 베이스캠프다(Lendrum 2017).

2017년에 타블로는 에픽하이 활동에 집중하기 위해 CEO에서 물러났다.

에픽하이는 절충주의(샘플링, 여성 보컬의 사용, 믹스, 힙합에서 일반적이지 않은 다양한 장르의 활용 등)를 통해 흑인 대중음악 전통을 강화한다. 이 그룹은 폭넓은 사운드를 만들어냈는데, 그중 일부는 사회 비판적인 가사와 샘플로 주로 정의되는 힙합 음악의 범주로 분류하기 어렵다. '메시지' 없이 절충주의를 실천하는 특정 그룹들은 비판의 대상이 되기도 한다. 예를 들어 디거블 플래닛츠Digable Planets, 더 루츠The Roots, 정글 브라더스Jungle Brothers, 드 라 소울, 어 트라이브 콜드 퀘스트 A Tribe Called Quest를 포함하는 힙합 집단 네이티브 텅스Native Tongues와 같은 그룹들은 힙합 역사에 이름을 올리지 못했다. 이들의 공통점은 다양한 장르와 제작 테크닉, 미학 전략을 통합하여 힙합의 경계를 확장하는 실험성이다. 테일러(Shawn Taylor 2007)에 따르면 "만화경처럼 변화무쌍하고 빛나는" 힙합 시대를 연 드 라 소울의 앨범 *Three Feet High and Rising*(1989)이 네이티브 텅스의 접근 방식을 잘 드러낸다.

드 라 소울은 80년대 후반 힙합 씬에 만연했던 굵은 금목걸이로 대표되는 과시욕, 여성 혐오, 총기 사용과 악의적 모방 대신, 타인의 시선을 의식하지 말고 개성과 자신감, 자존감을 갖추라고 리스너들에게 설파했다(8).

비슷한 맥락으로, 난해한 샘플링으로 유명한 어 트라이브 콜드 퀘스트는 사운드에 초점을 맞추었다.

그들은 당시에 흥행했던 횡크와 네이티브 텅스의 다른 멤버들이 자주 활용한 올드스쿨 소울 샘플에서 벗어나 로큰롤과 재즈를 적극적으로 수용했다. 그들은 사회적으로 유의미하고 당당한 흑인이었으며, 변덕스럽고 기발하고 자신감이 넘쳤다(Taylor 2007: 9).

이러한 미학적 선택은 힙합에 새로운 전망을 제시했다. 이들 그룹을 돋보이게 한 것은 바로 이 기발함이었다.

결국 이러한 절충주의는 힙합 미학의 일부가 되었다. 미국 힙합 그룹은 흑인 역사 아카이빙 프로젝트의 일환으로 1970년대 횡크와 소울 샘플링을 선호했는데 이는 항상 새로운 사운드를 추구하려는 동기에서 비롯되었다. 슐로스(Schloss 2004)에 따르면, 샘플이 발굴해내는 광범위한 음악 전통에 샘플링의 중요성이 있다.

그들이 추구하는 정통성은 인종·정치적 정체성보다 직업·예술적 자부심과 더 관련이 있다. [...] 특정한 음악적 제스처는 미학적 이유에서 가치가 있으며, 미학에 대한 이런 집착에 정통성이 부여된다. [...] 이러한 샘플링의 중요성은 그 기원의 다양성보다는 각 요소가 융합되는 방식의 독창성에 근거한다(64, 66).

슐로스(Schloss 2004)는 힙합 음악 아티스트들이 "백인 음악으로 간주되는"(64) 록 음악의 브레이크를 자주 샘플링했음을 상기시킨다. 힙합은 클래식 음악처럼 동떨어진 영역에서도 샘플링을 한다. 아프리카 밤바타Afrika Bambaataa가 스트라빈스키의 발레곡 "불새"의 일부를 페어라이트 CMIFairlight Computer Musical Instrument로 샘플링해 자신의 곡 "Planet Rock"에 사용한 것이 그 첫 사례다. 이 곡은 "아프리카 미래주의 문화 프로젝트의 맥락과 완벽하게 일치하는 연주"로 평가된다. "힙합 그룹 줄루 네이션Zulu Nation의 창시자"인 아프리카 밤바타에 따르면, 아프리카 미래주의 문화 프로젝트는 "자신의 '전율적인' 힙합의 논리적 결실인 하우스와 테크노 뮤직에 중요한 상상력을 제공했다"(Fink 2005: 350). 샘플링은 힙합의 핵심 요소이며 샘플이 절충적일수록 더 좋다. 알려지지 않은 음악의 한 단편을 샘플링하거나 다른 음악 장르를 소환하는 것은 "희귀하거나 절판된 바이닐 레코드판을 발굴하는 과정"인 "상자 뒤지기"의 결과물이다(Schloss 2004: 79). 에픽하이와 같은 한국 주류 힙합 그룹이 절충주의적인 음악 전략을 펼칠 때, "음악 실험이 익숙하지 않은 프로듀서들은 이러한 음악 스타일을 배울 수 있다. [...] 이러한 음악 실험을 통해 장르에 대한 지식뿐만 아니라 음악 제작에 대한 보다 구체적이고 다양한 전략 및 접근 방식을 축적할 수 있다"(Schloss 2004: 95). 이를 위해 에픽하이는 여러 음악 스타일을 호출해 절충주의적 방식으로 음악의 범위를 확장한다.

예술에 금기란 없으므로, 에픽하이는 리믹스에서 다른 장르와의 실험을 통해 여러 장르의 음악을 자유롭게 시도한다. 《Swan Songs》에 수록된 "Paris(feat. Jisun of Loveholic)"의 리믹스 버전에서는 라이브 연주를 사용하여 원곡의 특성을 획기적으로 바꾼다. 원곡은 지선의 변형된 보컬과 간단한 기타 반주로 시작된다. 비트가 떨어지면 업비트의 팝 리듬을 배경으로 랩이 시작된다. 그러나 리패키지 앨범 《Black Swan Songs》(2006)에 등장하는 리믹스 버전은 랩 코러스와 함께 서스펜스를 구축하는 극적인 악기 연주로 시작되고, 이어서 라이브 드럼 연주로 요란한 리듬을 발산한다. 라이브 악기의 사용은 사운드 에코의 여지를 만들고, 스타카토 랩을 돋보이게 함으로써 공간감을 형성한다. 악기 연주와 랩이 만들어내는 혼돈 속에서 지선의 보컬은 오아시스와도 같다. 마찬가지로 《Pieces, Part One》에 수록된 "One(feat. Jisun of Loveholic)"의 오리지널 버전은 경쾌한 신디사이저로 보강된 안정된 비트의 1980년대 스타일 팝 사운드로 관중들을 춤추게 만든다. 반주는 타블로와 미쓰라가 펼치는 빠른 흐름의 랩을 보완한다. 비트가 떨어지면서 래퍼들의 속삭임으로 시작되는 이 노래는 지선의 록 보컬로 팝적인 성격이 강조된다. 팬 비평가 예은(Yeeun 2008)은 "지선의 목소리는 남성 보컬의 거친 질감과 잘 어울린다"고 평했다. 그러나 같은 앨범의 비사이드B-Side 트랙 "One(Planet Shiver Mix)"은 4분의 4박자 비트, 전자악기 음의 강조와 축소된 보컬로 일렉트로닉 댄스뮤직의 성격을 갖는다. 타블로는 멜로디 도입부가 펼쳐질 때까지 단조로운 톤의 독백을 반복하고, 지선의 보컬은 댄스 비트로 이어진다. 아메바컬쳐 소속의 일렉트로닉 댄스뮤직 듀오 플래닛 쉬버Planet Shiver는 소속 아티스트뿐만 아니라 에픽하이에게 다양한 리믹스를 마련해줌으로써 일렉트로닉 댄스뮤직과 힙합 간의 결합

을 완성했다. 음악적 절충주의를 의식하는 에픽하이는 앨범의 부제
로 다음과 같이 선언한다. "No genre, just music (장르는 없다. 그냥 음악
이다.)"

에픽하이는 리믹스에 더해 R&B 장르를 넘어선 보컬 사용으로 절
충주의를 실천한다. 에픽하이가 여성 아티스트가 많지 않은 장르에
서 여성 보컬을 자주 사용한 것은 장르적 혁신의 또 다른 발현이다.
에픽하이는 R&B 범주 밖의 보컬리스트를 다양한 트랙에서 사용함
으로써 전통적인 힙합의 경계를 넘어선다. 《Pieces, Part One》의 "우
산"에서는 R&B 가수라고 할 수 없는 윤하가 피처링을 한다. 곡은 빗
소리와 애처로운 피아노 사운드를 배경으로 한 윤하의 보컬로 시작
된다. 이 노래는 랩이 뒤늦게 나오는 구조 때문에 전통적인 팝송처럼
들린다. 어쿠스틱 악기가 사용되는 이 중간 템포의 노래에서 보컬은
코러스 공간의 대부분을 차지한다. 감미로운 랩 스타일은 윤하의 경
쾌한 목소리와 잘 어우러진다.

또한 R&B 가수가 아닌 박지윤은 2009년 에픽하이의 앨범 《[e]
motion》에 수록된 곡 "선물"에 고음역 보컬을 더해준다. 이 트랙
의 빠른 템포와 재즈 스타일의 퍼커션은 싱커페이션 된 베이스와 하
이햇 심벌즈로 보완된다. 빠르지만 부드러운 랩은 심벌즈가 연주하
는 일정한 리듬과 공명한다. 《High Society》에 수록된 "My Ghetto"
의 직설적인 랩 스타일과 홀 앤드 오츠[Hall & Oates]의 *Daryl Hall & John
Oates*(1975) 앨범 수록곡 "Sara Smile"의 기타 리프와 유사한 샘플링
은 오래된 힙합으로 회귀하는 모습을 보여준다. 이 곡에는 R&B와

거리가 먼 남성 가수 김연우가 코러스에 등장한다. 그는 다재다능한 보컬리스트로서,《유희열의 스케치북》의 진행자로 잘 알려져 있으며 다양한 장르의 음악을 제작해온 유희열의 그룹 토이와 함께 작업해왔다. 김연우는 R&B 보컬에서 흔히 볼 수 있는 꾸밈음을 사용하지 않는 가수다. 힙합 트랙에 R&B를 부르지 않는 남성 가수가 피처링하는 것은 드문 일이라는 점에서 김연우의 경우는 독특하다. "My Ghetto"는 에픽하이가 오래된 형식의 힙합과의 연결을 유지하면서도 다양한 보컬 선택을 통해 힙합을 발전시키고 있음을 보여준다.

힙합의 절충주의를 반영하는 에픽하이와 달리, 다이나믹 듀오의 레이블인 아메바컬쳐의 음악 프로듀서 프라이머리(최동훈)는 여러 앨범을 통해 더욱 전통적인 R&B 기악법을 제대로 보여준다. 프라이머리는 서울재즈아카데미에 다니며 다이나믹 듀오와 협업했고, 2006년에는 프라이머리 스쿨^{Primary Skool} 프로젝트 밴드에 참가해 이후 자신의 트레이드마크가 될 상자 가면을 머리에 쓰고 등장했다. 2011년 프라이머리는 전설적인 미국 흑인 프로듀서인 퀸시 존스를 위한 헌정 앨범에 실릴 슈프림팀의 곡을 제작했다. 이 곡은 존스가 방한했을 때 그의 앞에서 공연되었다. 프라이머리는 이후《Primary and the Messengers》 시리즈를 발표했다. 다이나믹 듀오, 자이언티, 가리온, 매드 소울 차일드의 진실, 이센스, 도끼 등과의 협업을 담은 이 시리즈는《Primary and the Messengers Part 1》(2011),《Primary and the Messengers Part 2》(2012),《Primary and the Messengers Part 3》(2012),《Primary and the Messengers Part 4》(2012) 등의 싱글과, 이를 모은《Primary and the Messengers LP》(2012) 앨범으로 이루어져 있다. 2015년《Lucky You!》를 발매한 이후 프라이머리는《2-1》(2015), 《2-2》(2015),《2-3》(2015)을 포함하는 두번째 싱글 시리즈를 시작하여 앨범《2》(2015)로 완성했다. 이 프로젝트에 이어《신인류》(2017), 《Pop》(2017),《Do Worry Be Happy》(2018) 등 여러 미니 앨범을 발매했다.

라이브 연주를 통해 R&B 장르를 소환하는 프라이머리의 성향은 아마도 그의 재즈 배경에 기인하는데, 일부 사람들은 이를 힙합에 반하는 것으로 보기도 한다. 샘플링이 힙합의 중심이라고 생각하는 사람들은 라이브 연주를 진정성이 부족하다고 간주한다(Marshall 2006: 868). 이러한 긴장감은 더 루츠[4]와 같이 라이브 연주에 기대는 힙합 그룹에 대한 비판을 불러일으켜 그룹의 정통성에 의문을 제기한다.

진정성이라는 관점에서 볼 때, DJ나 샘플링을 활용하지 않는 더 루츠와 같은 라이브 밴드는 "진짜" 힙합을 생산할 수 있는지 그 능력을 의심받는다. DJ와 MC 듀오(즉 클래식 힙합 콤보)로 구성된 갱 스타 Gang Starr와 같은 그룹은 저절로 신뢰를 얻지만, 더 루츠의 경우 DJ도 없고 디제잉과 바이닐레코드의 사용을 통한 사운드도 없는 탓에 태생적으로 정통성을 얻지 못한다(Marshall 2006: 871).

---

4 더 루츠는 1987년 미국 필라델피아에서 결성된 힙합 밴드다. 다른 힙합 그룹과 달리 연주를 중심에 둔 이 밴드는 2009년부터 2014년까지 지미 팰런의《투나잇 쇼》의 하우스 밴드로 활동하기도 했다. 2009년 1월에 내한공연을 했으며, 당시 오프닝 게스트는 다이나믹 듀오였다.

그러나 힙합에는 라이브 연주의 유산이 있다. 많은 사람이 갱스터랩의 폭발적인 등장에 초점을 맞추었지만, 웨스트코스트 힙합 아티스트들은 라이브 연주를 통해 이스트코스트 힙합과 자신들을 차별화했다. 닥터 드레와 같은 아티스트는 샘플을 거의 사용하지 않고 라이브 뮤지션들과 녹음해, 자신의 커리어에 중요한 획을 그은 앨범 *The Chronic*(1992)을 만들었다. 마셜(Marshall 2006)은 더 루츠와 같은 그룹이 "당시 힙합 프로듀서들이 샘플링했던 두 마디 혹은 네 마디 훵크 리프와 재즈 코드 진행"을 포함하여 "힙합의 여러 독특한 음향적 특징"을 구현하고 있다고 지적한다(871). 또한 퀘스트러브[Questlove]는 아프리카 밤바타와 같은 힙합 베테랑을 인용하여 힙합의 라이브 연주 전통을 드러내는데, 아프리카 밤바타도 자신의 획기적인 곡 "Planet Rock"에서 크라프트베르크의 "Trans-Europe Express"를 샘플링으로 쓰지 않고 기술적으로 재생했다.

크라프트베르크의 멜로디는 샘플링한 것이 아니라 프로듀서인 아서 베이커[Arthur Baker]에 의해 스튜디오 수작업으로 재생된 것이다. 다만 이 곡의 다른 요소들, 특히 일부 퍼커션 루프는 샘플이다(Marshall 2006: 874).

더욱이 그린월드(Greenwald 2002)도 리듬에 대한 의존성을 고려할 때 라이브 연주가 중요하다고 주장한다.

힙합에서 드럼은 중요한 역할을 한다. 그루브를 형성하고 보컬 스타일을 강조할 뿐만 아니라 문화적 기표 역할도 한다. 드럼의 다채로운 소리와 스타일(스크래칭을 포함해)을 힙합에 부여함으로써 가사에 의미를 더할 뿐만 아니라 음악 자체에 폭과 다양성을 넓힌다. 힙합에서 드럼은 음악적 및 음악 외적인 요소만큼이나 음악을 정의한다(270).

비록 다양한 아티스트와 협업할지라도 프라이머리의 작업은 라이브 연주에 의존하는 성향을 드러낸다. 그는 다이나믹 듀오, 에픽하이 등 힙합 그룹뿐만 아니라 마마무, AOA 등과 같은 팝그룹, 그리고 혁오 등 인디그룹과도 협업해왔다. 그는 모든 작업에서 미래지향적인 R&B 감성을 구축한다. 프라이머리는 종종 신디사이저와 키보드를 사용하여 휭키 사운드를 생성한다. 예를 들어 《Primary and The Messengers》(2012) 앨범의 "하이엔드걸(High End Girl)"은 베이스로 보완되고 전자음이 강조된 90년대 스타일의 신디사이저로 시작되는 중간 템포 곡이다. 이 곡은 보컬 없이 16마디가 이어지기 때문에 연주곡으로 여겨지곤 한다. 이는 초기 힙합 아티스트들이 두 개의 턴테이블을 사용하여 만든 긴 댄스 브레이크와 같은 기능을 한다. 벌스와 코러스 사이에서 리듬이 바뀌고 오프비트 프레이즈가 증가한다. 이 트랙은 건반을 통해 리듬을 이끌어가는 반면, 다른 노래들은 호른으로 음향적 흥취를 더하여 프라이머리의 "전통적인 어쿠스틱 밴드 사운드"를 선보인다(Rhythm.Connection 2013). 같은 앨범에 수록된 "2주일"은 활기찬 사운드와 1960년대 스타일의 리듬으로 가득하다. 벌스는 오르간 건반으로 강조된 리듬을 특징으로 하지만, 코러스는 제임스 브라운 풍의 호른을 활용하여 음악적 재미를 선사한다.

R&B 연주를 일관되게 활용하는 프라이머리는 다양한 보컬리스트를 사용해 이에 변화를 준다. 팬 비평가들도 R&B 연주에 R&B를 부르지 않는 보컬을 얹는 프라이머리의 흔치 않은 방식에 주목한다.

내가 프라이머리의 음악에 진정으로 감탄하는 이유는 그가 함께 일하는 가수와 래퍼들의 재능을 잘 보여주면서도 각 노래의 핵심과 질을 잘 유지하기 때문이다. 그는 누가 봐도 아티스트다("First Listen—Primary" 2015).

사이비크나(Saivickna 2015)는 프라이머리가 R&B 트랙 "조만간 봐요"에서 가수 김범수를 피처링으로 썼다는 점에 주목한다.

이 곡의 소울훵크는 김범수의 보컬을 훌륭하게 보완한다. 김범수는 오랫동안 발라드 가수였지만 그의 목소리는 이 곡과 제법 잘 어울려서, 나는 솔직히 그가 이 장르를 계속했으면 좋겠다.

프라이머리와 에픽하이는 주류 한국 힙합 음악의 음악적 다양성을 실현함으로써 R&B 전통을 강화한다. 음악적 상호텍스트성을 보여주는 것 외에도 주류 한국 힙합 아티스트들은 미국 흑인 힙합 뮤직비디오의 비주얼을 차용한다.

퇴행과 진보의 퍼포먼스: 박재범과 윤미래

아이돌과 마찬가지로 한국의 남녀 주류 힙합 아티스트들은 뮤직비디오에서 미국 흑인 대중음악의 여러 공연적 요소들을 인용한다. 한국계 미국인 힙합 아티스트 박재범은 미국 흑인 힙합 비디오로부터 장난스러운 남성 스왜거와 여성의 수동적 이미지를 둘 다 가져온다. 반대로 베테랑 힙합 아티스트 윤미래는 여성의 행위성을 높이는 흑인 여성 래퍼들의 수사학을 인용한다.

힙합의 모든 음악적 창의성, 혁신성, 영향력에도 불구하고, 힙합 뮤직비디오는 상당한 비판을 받았다. 초기 힙합 비디오는 미국 흑인들의 도시 뒷골목 현실을 시각화하려고 시도했으나, 흑인 남성의 공격적인 이미지와 흑인 여성의 성적인 이미지로도 주목받았다. 해리스(Harris 1999)는 힙합 패션이 공격성의 표현이기도 하다고 지적한다.

여러 겹의 오버사이즈 의상, 반다나, 속옷을 드러내는 배기팬츠는 뒷골목 문화와 유행을 나타내는 공격적 패션이며, 결국 이는 프레타포르테의 세련됨과 트렌디함을 빌려 감옥과 갱 문화의 장치들을 찬양하는 것이다(66).

개머지(Marquita Marie Gammage 2015)는 자신의 연구에서 "인기 랩 뮤직비디오에 등장하는 흑인 여성 캐릭터는 과잉 성상품으로 환원된다. [...] 흑인 여성의 몸은 성을 팔고, 부유한 라이프스타일을 장려하며, 돈을 가진 남자가 무엇이든 살 수 있음을 설명하는 데 사용된다"
(49)고 주장한다. 레일턴과 왓슨(Railton and Watson 2011)은 뮤직비디
오에서 흑인 여성이 어떻게 다르게 표현되는지 지적한다.

흑인 여성이 과잉 성욕과 연관되는 것과 정반대로, 백인 여성은 성적
인 숭고함으로 정의된다. 반면 흑인 여성의 "과잉 성욕"은 그들을 아
니마anima, 원시성, "더러운" 것으로 연결 짓는 일련의 자연적 특성에
서 파생된 것으로 보인다(94).

박재범의 뮤직비디오는 한국의 주류 힙합 아티스트들이 미국 흑인
퍼포먼스를 인용하는 방식 두 가지를 잘 드러낸다. 우선 박재범은
2013년 "좋아" 뮤직비디오에서 친근한 소년 이미지에 힙합 스웨그
를 더한다. 이는 박재범이 이미 R&B 가수로서의 명성을 갖고 있기
에 가능한 것이다. 글래스비(Glasby 2018)는 "박재범은 왕성한 창의력
과 후크에 대한 놀라운 센스를 가지고 있어서, 어두운 비트에서 매끈
한 R&B와 장난기 넘치는 팝으로 쉽게 넘나든다"고 말한다. 이 비디
오는 화창한 날, 강변에 펼쳐진 도심 스카이라인을 와이드샷으로 비
추며 시작된다. 도심을 거니는 사람들 사이로 박재범의 클로즈업 샷
이 교차하는데, 그는 빨간 비니, 빨간색 백팩, 데님 재킷, 빨간색과 흰
색 격자무늬 셔츠 등 캐주얼하면서도 힙합스러운 의상을 걸치고 있
다. 이는 금목걸이, 팔찌와 운동화와 같이 힙합에서 영감을 받은 그
의 여러 캐주얼 복장 중 하나이다. 여기에서 박재범의 문신은 거의 보

이지 않는다. 영상은 그가 한 여성과 거리를 걷고 물가에 앉아 데이트하는 장면으로 가득하다. 그녀도 흰색 티셔츠와 청바지 같은 캐주얼한 옷을 입고 있다. 박재범이 선택한 이미지는 뉴 에디션의 1984년 "Cool It Now" 뮤직비디오와 같은 1980년대 블랙팝 R&B의 영향을 받은 것이다. 뉴 에디션의 뮤직비디오는 도시 한편의 농구 코트를 주된 배경으로 하고 있다. 이 뮤직비디오 또한 남녀의 귀여운 데이트 장면을 포착한다. 스타일링은 구식이지만, 박재범은 금목걸이에 최신 스타일의 길거리 패션으로 미국 흑인 패션을 뽐낸다. 노래와 뮤직비디오 모두에서 박세범의 랩이 부각된다. 박재범과 뉴 에디션의 뮤직비디오는 모두 팝적인 감성을 드러낸다.

반면에 박재범의 2015년 "몸매"의 뮤직비디오는 힙합 비디오들에서 두드러지는, 성적으로 대상화된 여성의 이미지를 많이 보여준다. 이 비디오는 여러 개의 스피커를 잠깐 비춘 후 박재범의 클로즈업 샷으로 빠르게 전환된다. 박재범은 빨간 모자와 민소매 체크무늬 셔츠, 그리고 모피 코트와 트레이닝복 등 여러 스타일의 패션을 선보인다. 한 무리의 여성들은 흰색의 청키 힐을 신고, 배꼽티 위에 카무플라주 패턴의 셔츠를 걸친 채 바닥에 도발적으로 누워 있으며, 엉덩이를 거의 드러내는 핑크색 팬티 위에 데님 끈팬티를 겹쳐 입었다. 이 장면들은 옷을 거의 입지 않은 여성이 가슴을 드러낸 박재범을 둘러싸고 있는 다른 장면들과 교차 편집된다. 이 영상에서 박재범은 온몸의 문신을 과감히 드러낸다. 침대 위에서 박재범과 여성들이 뒹굴고 있다. 비디오의 다른 장면에서 친구들과 게임룸에서 느긋하게 쉬던 박재범은 여성의 허리 위에 놓은 초밥을 집어 먹는다. 이것은 개머지(Gammage 2015)의 연구에서 언급된 미국 흑인 뮤직비디오의 과잉성애화의 한 유형이다.

남성은 옷을 입고 있는 데 반해 흑인 여성은 몸매를 드러낸다. 이러한 노골적이고 도발적인 성애화는 여성의 품위를 떨어뜨리고 인격을 폄하하는 행위다(45-46).

박재범의 뮤직비디오 속 여성들은 오로지 남성의 즐거움을 위해 존재한다. 이들 가운데 주인공은 없으므로 여성 모두가 조연이다. 힙합 비디오에서 "비디오 여우^{video vixens}"라고 불리는 이들은 "남성 래퍼의 과잉성애화 된 남자다움을 확인"하는 용도로 제시되고, "이러한 시각적 판타지 장르에서 성적 대상이자 소유물 외에 다른 어떤 것들로 표현되거나 정의된 적 없다"(Balaji 2010: 9). 행위성이 결여된 박재범의 뮤직비디오 속 여성들은 힙합 비디오에서 흔히 볼 수 있는 흑인 여성 재현의 전형성을 따른다. 이렇듯 박재범은 자신의 뮤직비디오에서 블랙팝과 힙합 퍼포먼스를 꾸준히 인용한다.

반대로 윤미래는 자신의 뮤직비디오에서 종종 더 진보적인 비유와 함께 흑인 여성 래퍼들을 인용한다. 미국에서 흑인 아버지와 한국인 어머니 사이에서 태어난 그녀는 1997년 데뷔 이래 래퍼이자 R&B 가수로 활발하게 활동해왔으며, 현재 한국에서 몇 안 되는 성공한 여성 래퍼로 손꼽힌다. 초기 미국 흑인 힙합이 남성에 의해 지배되었지만, 몇몇 여성 래퍼들은 점차 힙합의 형식을 통해 자신의 이야기를 들려주고 남성만큼이나 재능이 있음을 증명해 보였다. 록산느Roxanne가 등장하기 전까지 미국에서 힙합의 초기 혁신가는 대부분 남성이었다. 일부 크루들은 횡키 4+1Funky Four Plus One의 MC 샤록Sha-Rock과 같은 여성 MC를 피처링했다. 1984년 록산느 샨테는 디스 트랙인 "Roxanne's Revenge"(1988)로 남성 중심의 힙합 씬에 혜성처럼 등장했다. 1988년 MC 라이트MC Lyte는 여성으로서 정규 앨범 *Lyte as a Rock*을 출시한 최초의 솔로 래퍼가 되었다. 퀸 라티파Queen Latifah(데이니 오언스Dana Owens)는 1993년 "U.N.I.T.Y"를 히트시킴으로써 가장 인기 있는 여성 래퍼 중 한 명이 되었다. 이들 여성 래퍼들도 힙합 특유의 주제를 다루었지만, 특히 여성의 시선에서 문제를 파고들었다. 또한 여성 보컬리스트들은 힙합 씬에 등장해 랩송의 후크 파트를 담당했다. 널리 알려진 예로 메리 제이 블라이즈가 피처링한 메소드 맨의 "You're All I Need"(1994)가 있다. 그들은 또한 자신들의 독특한 목소리를 통해 색다른 미학을 선보였다.

윤미래는 미국 흑인 여성 래퍼들을 인용해, 박재범의 "몸매" 뮤직비디오에 나오는 여성들과는 다른 종류의 퍼포먼스를 구현한다. 윤미래의 "검은 행복"(2015) 뮤직비디오는 자신의 혼혈성에 대한 시각적 찬미이다. 윤미래의 어린 시절 생일 파티를 담은 흑백 영상으로 시작한 뮤직비디오는 그녀의 오래된 사진들을 몽타주로 보여준다. 그녀는 영상 안에서 검은색 오프숄더 팬츠슈트, 1990년대 힙합에서 흔히 볼 수 있는 메달이 달린 체인 목걸이, 달랑거리는 귀걸이, 헐렁한 청바지와 운동화에 스트라이프 민소매 터틀넥 스웨터 등 다양한 의상을 입는다. 코러스에서 뮤직비디오는 검정 바탕의 화면으로 전환되어, 머리카락을 휘날리며 슬로모션으로 노래하는 윤미래의 음영진 여러 얼굴 이미지를 오버랩해 보여준다. 이러한 이미지들은 그녀의 과거와 일상을 연결해 윤미래의 정체성을 부각한다. 이 뮤직비디오는 미국 흑인 여성에게 권능을 부여한 것으로 유명한 퀸 라티파의 뮤직비디오를 연상시킨다. 라티파는 "U.N.I.T.Y"와 "Ladies First" (1989)와 같은 강력한 메시지를 담은 노래에 걸맞은 뮤직비디오로 1990년대 힙합 씬에서 두각을 나타냈다. 라티파의 뮤직비디오는 흑인 커뮤니티와 흑인 문화에 대한 애정도 드러냈다. 1993년에 발표된 "Just Another Day"의 뮤직비디오 역시 윤미래의 비디오처럼 흑백으로 촬영되었으며, 폭력적인 환경에도 불구하고 도시 뒷골목의 삶을 찬미하며 긍정적으로 살아가는 흑인들의 일상생활을 담고 있다.

2018년 "가위 바위 보" 뮤직비디오에서처럼 윤미래의 스타일이 더욱 날카로워졌을 때에도 그녀는 미국 흑인 여성 래퍼들의 전략을 인용한다. 비디오는 버려진 아파트 건물에 투사된 폭동과 폭력의 이미지로 시작된다. 전면에 앉은 윤미래는 금목걸이와 빨간 립스틱으로 치장하고 아디다스로 맞춤한 까만 모자와 운동복의 어번웨어를 걸치고 있다. 다른 장면에서 그녀는 보라색 레게 머리를 하고 파란색과 흰색이 섞인 운동복을 입고 있다. 백업 댄서들은 도시 힙합 미학에 어울리는 다양한 의상을 하고 있다. 이들 대부분은 레깅스에 배꼽티를 걸치거나 티셔츠에 재킷이나 맨투맨 셔츠를 입고 있다. 다른 사람들은 반바지에 운동화를 신고 있다. 이들 모두 헐렁한 옷을 입고 있다. 또 다른 장면에서는 윤미래 뒤에 서 있는 댄서들이 주먹을 치켜들고 있는 모습이 나온다. 흑인 여성 래퍼를 인용한 윤미래의 비디오는 박재범의 "몸매"에서는 드러나지 않는 여성의 주체성을 보여준다. 에머슨(Emerson 2002)에 따르면, 몇몇 흑인 여성 래퍼들의 비디오는 "적극적으로 자기를 주장하는 연행의 중요성을 보여준다. 큰 소리로 말하고, 자기 생각을 표현하는 것은 일관된 주제이다. 노래와 뮤직비디오를 통해 목소리를 얻은 흑인 여성들은 사회 비평을 위한 공간을 확보할 수 있다"(126). 가사를 알지 못해도 우리는 건물에 투사된 영상과 윤미래의 치켜든 주먹을 통해 뮤직비디오가 저항이라는 시각적 암시를 만들어내고 있음을 알 수 있다. 뮤직비디오에서 여성 백업 댄서들은 대상화되지 않으며, 오히려 주먹을 들어 올림으로써 사회적 비평에 동참한다.

한국의 주류 힙합 아티스트들은 미국 흑인 대중음악과 퍼포먼스를 인용한다. 그렇게 함으로써 이들은 글로벌 R&B 전통에 참여한다.

글로벌 R&B와 음악적 혁신

많은 사람이 힙합을 사회정치적 비평에만 연관 짓는다. 반면 케이팝 우산 아래에 있는 아티스트들은 일반적으로 사회운동과 연관이 없다는 점으로 인해 힙합 연계성을 의심받는다. 하지만 이들도 음악적 혁신이라는 힙합의 유산을 이어가고 있기에 주류 한국 힙합 아티스트들은 글로벌 R&B 전통의 계승자라고 볼 수 있다.

어떤 이들은 힙합 미학을 오로지 사회정치적 비평과만 연관 지어 말한다. 그들은 사회학의 관점에서, 1970년대 후반 도시 슬럼가 미국 흑인들의 상황을 표현하기 위해 랩을 사용했던 초기의 힙합 아티스트들에 주목한다. 그 당시 뉴욕시의 브롱크스와 같은 구역은 경제적 기회는 부족하고 마약 거래가 만연한, 치안이 부재한 우범 지역이었다. 그랜드마스터 플래시 앤드 더 퓨리어스 파이브Grandmaster Flash & the Furious Five의 1982년 싱글 "The Message"는 도시 흑인들이 겪는 거친 환경을 그들의 관점에서 비판적으로 표현한 대표적인 힙합 곡이다. 이 곡은 힙합 역사에서 중요한 궤적의 시발점이 되었다. 다이슨(Michael Eric Dyson 2004)은 힙합의 정치적 충동으로, "랩이 흑인 사회에서 쉽게 볼 수 있는 마약 중독, 경찰의 폭력, 10대 임신, 물질적 결핍 등의 사회·경제·정치적 요인들을 설명하고 분석하기 시작했다"고 지적한다. 제프 창(Chang 2005)에 따르면, 이스트코스트 지역을 주무대로 한 힙합 그룹 퍼블릭 에너미Public Enemy는 "안락한 사회학의 허구성을 들춰내는" 작품들을 발표했다.

이 그룹의 곡 "You're Gonna Get Yours"는 제너럴 모터스의 올즈모빌 98Oldsmobile 98[5]에 대한 오마주로 만들어진 노래인데, "로버트

---

5   올즈모빌 98은 미국 자동차 회사 올즈모빌사가 1940년부터 1996년까지 생산한 자동차 시리즈로, 8기통 대배기량 엔진에 기다란 차체를 특징으로 한다. 광활한 국토와 잘 닦인 고속도로를 자랑하는 미국 자동차 문화를 상징하는 차로, 대중문화에 자주 소환된다.

모제스Robert Moses[6]가 구상한 도심 고속도로 시스템이 만들어낸 분리주의와 레빗타운[7]의 인종차별적 거주 정책이라는 역사적 맥락 속에서, 경찰의 인종차별적 검문에 대항하는 흑인 갱의 노래이기도 하다"(231-232). 웨스트코스트 지역에서는 힙합 그룹 N.W.A[8]가 1980년대 정치적 이슈에 대중의 이목을 집중시켰다.

이들의 노래를 들으면 세상이 변하고 있다는 것을 깨닫게 된다. 레이건 대통령의 남반구 외교 정책의 후폭풍이 국내에 미쳐 콘트라(니카라과 극우 게릴라 세력) 사업가들, 불법무기 거래상, 프리웨이 릭Freeway Rick 같은 마약 거래상들만 백만장자가 되었다(Chang 2005: 302).

암울한 정치·경제적 상황은 폭로와 비판을 목적으로 한 공격적인 힙합 스타일을 촉발했다.

그것은 마치 N.W.A가 경찰차를 뒤엎고 불 지르듯 전 세계 대중·문화

---

6   로버트 모제스(1888~1981)는 20세기 미국 고속도로 시스템을 설계한 뉴욕주 공무원으로, 결과적으로 흔히 서버브suburbs라 불리는 도시 외곽 중산층 거주지역을 활성화함으로써 인종분리정책에 이바지했다.

7   레빗타운Levittown은 미국의 "조립식 주택단지"를 가리키는데, 제2차 세계대전 후 연방정부의 허가하에 부동산업자 윌리엄 레빗William Levitt(1907~1994)이 건설했다. 주로 도시 외곽에 지어졌으며, 흑인에게 판매하지 않아 인종분리정책을 강화하는 결과를 낳았다.

8   N.W.A는 "Niggaz Wit Attitudes"("까칠한 흑인들" 정도로 번역이 가능하다.)의 약자다. 이지이Eazy-E, 아이스 큐브Ice Cube, 닥터 드레, MC 렌MC Ren, DJ 옐라DJ Yella로 구성된 N.W.A는 파티 음악에 불과했던 웨스트코스트 힙합에 갱스터랩을 결합했다. 1980년대 힙합 부흥을 이끈 전설적인 그룹으로, 2016년 로큰롤 명예의 전당 공연자 부문에 힙합 그룹으로는 다섯번째로 입성했다.

를 전복한 후, 포티[9]를 마시며 랩에 맞춰 춤을 추는 것 같았다(Chang 2005: 321).

그 결과, 심지어 힙합이 전 세계로 뻗어나가기 시작했을 때에도 정치적 메시지를 담은 힙합이 표준이 되었다. 미첼(Mitchell 2001)은 랩과 힙합이 "서로 다른 지역적 맥락 속에서 인종적 소수자들의 권리를 앞장서 주창하고 지역의 인종, 성, 실업 및 계급 문제에 대한 정치적 발언을 하기 위해 사용된다"고 말한다(10). 힙합의 비판적 기능은 전 세계적으로 호소력을 발휘하여 다른 국가에서도 사람들이 자신이 속한 사회에 대한 의견을 표현하도록 유도한다. 정치적 참여는 힙합의 진정성에 있어 주요 요소가 된다.

따라서 사회정치적 논평을 하지 않거나 공격적인 페르소나를 보여주지 못하면, 일부 사람들은 한국 힙합 아티스트의 진정성에 의문을 제기한다. 예를 들어 에픽하이가 2012년 YG엔터테인먼트와 계약했을 때 엇갈린 반응이 나왔다. YG엔터테인먼트가 마스타 우, 원타임, 지누션과 같은 초기 힙합 그룹을 육성했음에도 불구하고, 팬들은 이 기획사가 아이돌을 주로 양성해왔다는 점을 들어 의심의 눈길을 보냈다. 케이팝 사이트 서울비트는 에픽하이가 YG엔터테인먼트 소속으로 처음 발매한 앨범《99》(2012)의 타이틀곡 "UP"에 같은 소속사인 그룹 2NE1의 멤버 박봄을 기용하자 이를 "가치 없는 일"이라

---

9   포티forty는 싸구려 맥주를 가리키는 미국인들의 속어이다. 값싼 맥주가 일반적으로 40온스 병에 판매된다는 점에 착안해 만들어진 단어이다.

며 깎아내렸다.

박봄이라는 가수 자체를 반대하는 건 아니지만, 나는 YG가 소속 가수들의 노래에 박봄을 마구잡이로 (흠집을 내며) 집어넣는 것에 반대한다("How Epic Is Epik High's Comeback?" 2012).

또 다른 팬은 에픽하이의 이전 앨범과 다른 변화를 감지했다.

과거 그들의 모든 곡은 항상 깊고 열정적이며 의미 있는 노래로 가득했다. 하지만 《99》에서는 앨범 곡의 90퍼센트가 타이틀곡과 똑같다. 요란하게 화려하고 절대적으로 무의미하다("R.I.P Epik High 2003-2012 [RANT]" 2012).

두 팬 모두 에픽하이의 음악이 사회정치적 비평을 담지 못할 때 무의미하다고 평가한다.

물론 정치적 비평으로 특정한 가사를 전달하고 힙합적인 페르소나를 만들 수 있다. 그렇지 못할 때 가짜라는 혐의를 받을 수 있다. 지난 수십 년간 한국 힙합에서 주요 인물이라 할 드렁큰 타이거의 아홉번째 앨범《살자(The Cure)》(2013)는 타이거 JK의 질병과 아버지의 죽음에 대한 개인적인 경험을 노래해 지나치게 감정적이라는 부정적인 평가를 받았다.

"살자(The Cure)"의 주된 주제는 고난과 불행 앞에서 낙관주의를 고수하는 것이다. 이런 메시지는 학교, 시트콤의 매우 특별한 에피소드, 인사말 카드나 동기 부여 포스터 등에서 하도 많이 봐와서 탄탄한 음악적 근간이 없다면 우리를 설내 설득할 수 없다. 앨범의 9개 트랙을 들으며 가장 많이 느끼는 감정은 분노지 감동이 아니다("Drunken Tiger Loses Some bite with 'The Cure'" 2013).

이 비평가는 공격성을 힙합의 진정성을 정의하는 기준으로 삼는다. 아티스트가 대중의 인기를 구해도 같은 비판을 받을 수 있다. 아티스트는 인기를 얻으면 '장사꾼'으로 인식될 위험이 있다.

힙합 커뮤니티는 힙합 아티스트를 보호하려는 경향이 매우 강하기 때문에 진정성이 없다고 여겨지는 사람들을 재빨리 거부하는데, 그 결정 요인으로는 과도한 주류 미디어 노출, 웃는 사진, 광고 출연 등이 있다. 이러한 모든 행위는 "변절" 또는 "스트리트 정신을 포기"하는 것으로 인식될 수 있다(Norfleet 2006: 364).

"변절"은 단지 금전적 성공을 추구하는 것뿐 아니라 주류에 반대하는 입장에서의 힙합의 비판적 역할을 포기하는 것이기도 하다. 매클라우드(Kembrew McLeod 1999)는 "대중적 흥행"은 "아티스트의 음악과 페르소나를 독립적 유통 네트워크(언더그라운드 음악 씬)로부터 멀어지게 하고, 5대 다국적기업이 지배하는 미국 음악산업의 비즈니스 문화 안으로 아티스트를 재배치하는 결과를 낳는다"고 지적한다 (141, 142).

그러나 특정 정치적 비평이나 표현으로만 힙합을 규정하는 것은 힙합이 지닌 복합성과 진정성을 제한한다. 잭슨(John L. Jackson 2005)은 진정성이라는 말을 지나치게 제한적으로 사용하거나 "'너무 문자 그대로 기술하거나' 오용함으로써 사회적 불평등을 마치 절대적이거나 자연스러운 것처럼 보이게 할 수 있다. [...] 이러한 방식은 행위의 적절성, 구성원의 적법성, 사회적 통합이나 배척에 대한 지침을 제공한다"(13)고 꼬집는다. 일부 리스너들이 힙합이 정통성을 갖는 유일한 순간은 정치적이고 공격적일 때라고 주장한다면, 그들은 결국 힙합을 매우 좁게 정의하는 것이다. 펫쇼어(Emery Petchauer 2009)는 "대부분의 상업 매체들이 재현하는 힙합은 랩 음악과 동의어로서 좁은 음악 장르로 묘사된다"고 말하면서, 이런 경향은 "과거로부터 현재까지 힙합이 지닌 음악적, 주제적 장르의 다양성을 가린다"(946-947)고 덧붙인다. 페리(Perry 2004)는 "비평가나 청취자가 [힙합을] 가사와 곡 구성에서의 예술적 측면을 고려하지 않고 순전히 사회정치적 조건의 반영으로만 해석하는 것은 매우 위험하다. 사회과학적으로만 해석하게 되면 분석을 제한하고 환원주의로 몰아가게 된다"고 경고한다(39).

위와 같은 성격 규정은 힙합의 음악 미학에 대한 개념을 왜곡한다. 초기부터 힙합은 많은 사람으로부터 예술은 물론 음악의 자격조차 갖추지 못하고 있다고 평가받으며 미학적 근거를 의심받았다. 조지(George 1999)는 힙합이 샘플링을 자주 사용하는 것은 음악으로서 결격 사유라고 비판했다.

[작곡가 음투메Mtume는] 음악 작곡의 대안으로 샘플링을 사용하는 것에 반대했다. 그는 많은 힙합 프로듀서들이 이론에 내한 이해가 없고, 악기도 연주하지 못하면서, 다량의 레코드 소유를 음악 제작의 유일한 수단으로 여긴다는 사실에 분노했다(90).

힙합에 대한 비판은 R&B 외부에서도 나온다. 롤링스톤스The Rolling Stones의 키스 리처드Keith Richards는 힙합과 힙합의 청중을 호되게 비난한다.

랩이 한 대단한 일은 세상에 음치가 많다는 사실을 드러낸 것이다. 드럼 비트에 소리만 지르면 사람들은 행복해한다. 음정 구분도 못 하는 사람들을 위한 거대한 시장이 있다(Farber 2015).

음투메와 리처드는 모두 힙합은 사운드뿐 아니라 그 제작 방식으로 인해 음악적 미학이 부족하다고 주장한다. 그들은 이미 녹음된 음악의 재사용과 재배치를 독창적 음악 제작으로 간주할 수 없다고 비판한다. 이러한 사고는 샘플링을 도둑질과 동일시하는 법원의 논리를 반영한다(Schumaker 2004: 447).

적어도 힙합의 음악 미학을 인정해야만 정치적 메시지에 함몰되지 않고 힙합의 가치를 인식할 수 있다. 힙합은 다양한 스타일과 형식을 가지고 있으며, 이는 한국 힙합에서도 확인할 수 있다. 휠러(Wheeler 1991)는 초기 힙합 음악의 또 다른 주요 지류인 "국왕도 춤추게 만든 다는"(195) 록더하우스rock-the-house 서브 장르를 예로 든다. '메시지'가 지배하기 전 힙합 음악은 파티에서 음악이 계속 이어지게 하는 기술을 개발한 DJ들과, 흥과 기교에 오락적 요소를 더한 MC들이 주도했다. DJ 쿨 허크DJ Kool Herc는 댄스파티의 브레이크 타임에 주목했다.

댄서들이 정말로 열광하는 순간은 악기 연주가 멈추는 짧은 브레이크 타임, 즉 밴드가 물러나고 기본 비트만 깔릴 때다. 멜로디와 코러스와 노래는 잊어라. 중요한 것은 그루브다. 그루브를 만들고 계속 유지하라. 끈이론[10]가처럼 허크는 브레이크, 즉 레코드의 핵심인 기본 진동 루프에 초점을 맞췄다(Chang 2005: 79).

허크는 또한 "회전목마Merry-Go-Round" 테크닉을 개발한 것으로 잘 알려져 있다.

허크는 같은 레코드의 두 카피본을 이용해 작업을 시작했는데, 하나의 레코드가 끝날 때 다른 레코드를 브레이크 시작 지점으로 백큐잉하여 5초짜리 브레이크를 5분간의 루프로 연장함으로써 "격정적인 야유회의 순간"을 만들어냈다(Chang 2005: 79).

---

10 모든 것의 기본 요소가 점이 아니라 "진동하는 끈"이라는 물리학 이론

이 테크닉은 음악을 만들고 듣는 방식을 바꾸었다. 음악적 혁신이 었다. 바틀릿(Bartlett 1994)은 DJ들이 음악 창작에 관여하는 데 주목 한다.

턴테이블은 레코드를 힙합 퍼포먼스의 중심에 두고, 이미 녹음된 사 운드를 리듬뿐만 아니라 멜로디와 하모니로 활용해 음악 연주의 개 념을 전복한다(647).

힙합은 음악적 미학을 가지고 있을 뿐만 아니라 음악의 획기적인 발 전에도 이바지했다. 샘플링은 새로운 형태의 음악적 혁신이다. 바틀 릿(Bartlett 1994)은 샘플링이 "리스너들의 귀를 낚아채는 익숙한 팝 구절을 전유적으로 사용"하면서 힙합과 팝 간의 연결고리가 되고 있 다는 점을 지적한다. 미야카와(Felicia Miyakawa 2007)는 턴테이블을 "리듬과 멜로디적인 사운드를 생성하기 위해 레코드 바늘 아래 판을 빠르게 움직이는" 스크래칭이 가능한 "양손으로 연주하는 악기"라고 설명한다(82). 복수의 학자들은 힙합과 비밥의 미학적 연관성에 주목 한다. 바틀릿(Bartlett 1994)은 샘플링의 미학은 비밥 연주자들이 "작 곡 또는 퍼포먼스를 위해 다른 곡에서 곡조를 도용한"(648) 콘트라 팩트contrafact 기법을 상기시킨다고 지적한다. 싱커(Sinker 1992)는 힙 합 샘플링이 "가까이에 있는 테크닉과 재료의 사용을 부끄러워하지 않는 비밥의 위대한 혼합주의 전통" 안에 자리하고 있다고 설명한다 (31). 힙합은 또한 보컬을 혁신했다. 힙합의 네 가지 기본 요소를 언급하면서 알림과 페니쿡(H. Samy Alim and Pennycook 2007)은 랩핑을 "음악 비트 위에 라임을 미학적으로 배치하는 것"(90)이라고 설명한다. 바틀릿(Bartlett 1994)은 DJ 쿨 허크가 힙합에 가져온 혁신인 "'덥dub'과 '토크 오버talk over' 기술을 '중요한 미학적 테크닉'"이라고 정의한다 (646). 살람(Mtume ya Salaam 1995)은 랩 보컬 스타일이 "모노톤"부터 "매우 역동적이고 감성적인 것"에 이르기까지 다양하다고 지적하며, 플로우를 "리듬 카덴차로 전달되는" 리듬감과 타이밍 감각이라 설명한다. 그는 결국 한 래퍼와 다른 래퍼는 사운드로 구분된다고 말한다 (305-306).

힙합에서 확인되는 창작 충동creative impulse은 음악과 창의성을 타인에게 전달하는 아카이브 구축으로 나아간다. DJ들은 잘 알려지지 않은 레코드에서 샘플을 따와 자신의 기량을 과시하기를 좋아하지만, 또한 기존 흑인음악의 "소형 저장소나 방대한 대화형 역사 자료를 제공"하는 아카이브의 큐레이터 역할을 한다. 여기에서 "대화형 interactive"이라고 할 수 있는 이유는 "모든 아카이브 자료들이 말로 표현된 서사와 그에 동반된 비트와 음절을 주의 깊게 듣는 큐레이터들에 의해 다루어지기 때문이다"(Bartlett 2004: 647). 아카이브 맥락에 익숙한 DJ들은 샘플링을 통해 음악을 제작할 때 청중에게 새로운 지식을 전달하는 역할도 한다. 왜냐하면 그들은 전통적인 흑인음악의 요소들을 새롭고 지역적인 맥락에서 재해석하기 때문이다. 페리(Perry 2004)는 이를 음악적 상호텍스트성으로 설명한다.

힙합 음악가들이 이전 세대의 음악에 의존할 때 이들은 종종 유년 시절을 떠올린다. 그들은 음악을 재구성하고 이를 다시 대중에게 제공하면서 흑인음악 전통과 일종의 대화를 나눈다(34).

이러한 음악적 단편들은 의미가 있다. 한국 힙합 아티스트들이 같은 작업을 할 때, 이들은 미국 흑인들이 개척한 테크닉을 사용하여 현대 한국의 문화적 맥락에서 창조적인 행위에 관여한다.

테크놀로지의 사용은 힙합의 음악적 혁신의 핵심이다. 그랜드마스터 플래시는 기계에 대한 호기심이 어떻게 자신을 버려진 턴테이블과 스피커 부품을 사용하는 이른바 "턴테이블리즘" 개발로 이끌었는지 회고한다. 하고 싶은 것을 할 수 있는 장치가 없었기 때문에 그는 스스로 발명해야만 했다.

나는 전자공학을 공부하기 위해 직업학교에 다녔다. [...] [음악 믹싱에 필요한 두번째 턴테이블에 사용할] 단극쌍투 스위치, 이를 믹서에 연결하기 위한 접착제, 그리고 외장 앰프와 헤드폰을 구하기 위해 시내에 있는 부품 가게에 가곤 했다(Toop 2004: 237).

필요한 것을 만들면서 그는 완전히 새로운 음악 제작 방식을 개척하게 되었다. 샘플링, 보컬 스타일 및 기타 음악 기법도 포괄의 원칙에 기초해 이루어졌다. 흑인 문화의 산물인 힙합은 같은 의도를 가진 사람들이 그 창의적 충동에 참여할 수 있도록 하는 개방성을 안고 있다.

모건과 베넷(Marcyliena Morgan and Dionne Bennett 2011)은 힙합이 "정체성, 인종, 민족, 공동체, 미학 및 지식의 전통적 구성체를 초월"한 "국제적, 초국적, 다인종적, 다민족적, 다언어적 힙합 네이션"(140)의 가능성을 만들어내는 점에 주목한다.

미학에 집중하면 혁신을 알 수 있다. 에픽하이와 같은 한국 힙합 아티스트들은 능숙한 랩 기술을 넘어 음악적 탐구를 모색한다. 힙합은 디스코처럼 R&B의 아류로부터 벗어나 독립 장르가 되었다. 1970년대에 개발되었으나 더는 발전하지 못한 디스코와 달리, 힙합의 초기 개척자들은 러브 오케스트라Love Orchestra와 더 사운드 오브 필라델피아The Sound of Philadelphia와 같은 그룹이 도입한 풍부한 기악법과 복잡한 리듬뿐 아니라, 비트와 샘플을 제공한 R&B와 소울을 포용했다. 동시에 힙합은 아프리카 밤바타가 "Planet Rock"과 같은 노래에서 크라프트베르크의 샘플을 사용한다든가, 웨스트코스트 래퍼들의 라이브 연주를 도입한다거나, 어 트라이브 콜드 퀘스트가 재즈를 사용하는 것에서 볼 수 있듯 실험적 시도를 활발히 했다. 그럼에도 불구하고 R&B와 힙합은 일반적으로는 동종으로 인식돼왔다. 빌보드는 R&B와 힙합의 통합 차트를 유지한다. 힙합은 그 자체로 장르이지만, R&B 우산의 확장성을 고려할 때 여전히 R&B와 밀접한 관계를 유지하고 있다. 동일한 음악적 혁신에 참여하고 있는 주류 한국 R&B도 글로벌 R&B 전통의 한 부분으로 볼 수 있다.

음악 미학에 근거한 이러한 포용성이 한국 힙합 아티스트들의 참여를 이끌었다. 그들은 미국 흑인 힙합의 음악적 혁신을 계승하고 이에 참여한다. 그들은 전통에 대해 잘 알고 있다. 왜냐하면 이 장에서 논의했듯 그들은 미국 흑인 힙합 동료들과 같은 소재를 사용하기 때문이다. 동시에 힙합의 핵심인 음악적 혁신의 기치 아래, 그들은 여러 장르를 혼합하는 한국의 음악적 전략을 활용해 전통을 강화힌디. 결과적으로 주류 한국 힙합은 힙합 이외의 장르와도 협업하고, "힙합의 전형성"을 뛰어넘어 다양한 맥락에서 라이브 연주를 활용하는 등 그 특징을 드러낸다. 미국 흑인 아티스트들과 마찬가지로 한국의 힙합 아티스트들은 음악적 혁신을 추구하며 스스로 글로벌 R&B 전통의 한 지류로 자리매김한다.

나가며

2016년은 혁오밴드에게 기념비적인 한 해였다. 밴드 멤버 임동건, 임현재, 이인우와 리더 오혁은 주류 언론의 주목을 받았다. 허먼(Herman 2015)은 음악 전문 플랫폼 노이지Noisey에 기고한 글에서 이 밴드를 "인디 원더indie wonder"로 묘사하며 다음과 같이 썼다.

올여름 한국에서 가장 인기 있는 밴드는 기획사에 의해 마케팅된 케이팝의 새로운 총아나 오랜만에 복귀 소식을 알린 슈퍼 그룹이 아니었다.

모니카 김(Kim 2017)은 『보그Vogue』지 기사에서 혁오밴드를 한국의 "인디 씬을 대중화"한 그룹으로 평가하며, 주류 대중음악과 이들의 사운드를 비교한다.

혁오밴드의 음악은 그간 한국 음악을 지배해온 가벼운 팝과 힙합에 대한 신선한 대안이다.

언론은 이들을 한국 팝 음악에 만연한 상업주의와 결별한 그룹으로 정의한다. 허먼(Herman 2015)은 혁오밴드가 "익숙한 포크 기타 연주와 서프록surf rock 사운드를 혼합한 소프트록의 인디 쿼텟"이며, 대안 음악으로 분명히 자리한다고 평가한다. 혁오밴드 외에도 9인조로 시작되었으나 2012년에 박용인, 조현아, 권순일의 3인조로 재편성된 어반자카파도 상업화된 케이팝과 대비되는 인디 아티스트로 사랑받고 있다. 케이팝 사이트 서울비트의 한 비평가는 "떠나는 사람, 남겨진 사람"이라는 노래에 대해 "가사가 정말 좋다. 현재 아이돌 시장을 휩쓸고 있는 '후크'도 없고 오토튠도 사용하지 않은 노래인데도 꽤 중독성이 있다"고 평했다("K-pop's Indie Gem" 2011). 인디 매기진 『팝와 이어Pop Wire』의 기고자 알렉스(Alex 2017)는 어반자카파를 케이팝이 아닌 인디밴드로 평가했다.

시간이 꽤 흘러 드디어 한국 언더그라운드 음악이 제자리를 잡은 것 같다. 이들이 케이팝에 반기를 든 것은 아니지만, 비주얼에 대한 지나친 강조, 자극적인 안무, 과한 스타일링, 과도한 카메라 워크 등을 특징으로 하는 케이팝에 보완재가 될 것이다. 아, 물론 멤버들의 매력과 개성도 전 세계의 진지한 팬들을 불러 모으고 있다.

어반자카파는 K-인디 플레이리스트에 자주 등장한다. 즉, 이들은 아이돌 그룹만 존재한다고 여겨지는 케이팝과 구별된다. 서울비트의 한 기고자는 어반자카파를 케이팝 영역 밖에 있는 그룹으로 분류한다.

어반자카파는 스윗소로우를 떠올리게 하는데, 둘은 비슷한 음악적 하모니와 테크닉을 지니고 있기 때문이다. 이들은 지나치게 오토튠을 많이 사용하고 대량생산되는 케이팝에 비해 매우 신선하다. 하모니 말고도 이들의 노래에는 매우 감미로운 리듬과 중독성 있는 멜로디, 그리고 달달한 가사가 있어서 따라 부르고 싶어진다("K-pop Indie

Gem: Urban Zakapa" 2011).

이러한 리뷰들은 K-인디가 케이팝과 무관하다는 것을 강조한다. 하지만 본서 『케이팝은 흑인음악이다』는 케이팝을 1990년대 한국에서 등장해 전 지구적인 열망으로 외국, 특히 흑인음악의 문화적 요소를 한국 음악과 결합하는 "혼종성"을 추구한 음악 스타일로 규정한다. 따라서 이 책은 케이팝 우산 아래에 매우 다양한 아티스트들이 존재한다고 본다. 케이팝을 글로벌 R&B 전통의 일부로 간주하는 것은 음악 미학, 진정성, 세계화 논의에 중요한 시사점을 던진다.

케이팝 우산

케이팝을 글로벌 R&B 전통 내에 위치시키는 것은 흑인 대중음악에 광범위하게 영향 받은 다양한 스타일을 지닌 음악으로서 케이팝의 성격을 부각한다. K-인디의 존재는 흑인음악이 케이팝에 끼친 영향을 모호하게 하지만, '케이팝 우산'이라는 은유는 케이팝이 가진 음악 미학의 다양성을 잘 드러낸다. 특히 폭넓은 한국 대중음악 아티스트들이 펼쳐내는 상호텍스트적 표현 방식에 초점을 맞춤으로써 미국 흑인 대중음악이 케이팝에 얼마나 많은 영향을 주었는지 알 수 있다. 케이팝 아티스트들의 협업은 케이팝 내 장르 간 개방성을 더욱 잘 보여준다.

케이팝을 하나의 '우산'으로 바라보는 관점은 각 아티스트들이 공유하는 특징에 주목하는 동시에 장르적 다양성도 인식하는 것이다. 이 책은 1990년대 이래 글로벌한 열망과 함께 등장한 아티스트들과, 한국과 외국의 음악 문화를 결합해 혼종적인 대중음악을 제작한 프로듀서들을 함께 검토함으로써 케이팝을 폭넓게 고찰했다. 케이팝의 범주를 '아이돌' 너머로 확장하면 그 '우산' 아래 다양한 아티스트들을 포용할 수 있다. 팬들이 케이팝을 인식하는 방식도 실제로 그러하다. 많은 아티스트들이 미국 흑인 대중음악을 차용한다. 한국 힙합은 한국 팝 음악의 대척점에 있다고 여겨지지만, 이들은 모두 R&B 전통을 모방하고 또 강화한다. 다이나믹 듀오는 샘플링을 통해 R&B 곡 구성과 보컬을 인용하며, 에픽하이는 장르적 절충주의에 관여함으로써 힙합의 경계를 넓힌다. 글로벌 팬들은 이들을 케이팝 우산 아래에 두어 아이돌 그룹을 대하듯 소비한다.

케이팝과 인디음악 간 비교는 장르를 둘러싼 역동성을 더욱 부각한다. 인디는 장르로 인식되지만, 본디 독립적인 음악을 가리키는 용어다. 인디는 애초 그룹이나 솔로 아티스트들이 대규모 기업 레이블이 아닌 소규모 레이블과 맺는 관계나 제작 방식을 의미했다. 즉, 음악과 아티스트가 대형 레코드 레이블에서 생산되는지 혹은 좀 더 독립적인 제작사에 의해 생산되는지에 따른 것이었다. 그러나 애덤스 (Owen Adams 2007)가 영국《가디언Guardian》지에 기고했듯, 주류 밖 인디의 위치는 불분명하다.

메이저 레이블에 소속되건, 독립적으로 제작되건, 혹은 자비로 제작하건 간에 인디밴드 스트록스the Strokes 이후 거의 모든 신흥 밴드가 인디로 분류되면서 혼란이 가중됐다. 이들이 더 폴the Fall, 조이 디비전Joy Division, 더 스미스The Smiths[1]와 같은 "인디의 교과서"로부터 음악적 접근과 이미지를 배웠는지는 모르겠지만, 과거에 대중적이지 않던 음악이 이제 주류가 되었다.

이러한 변화는 인디의 분류 기준을 주관적인 것으로 바꾸었다. 혁오 같은 그룹은 인디라고 하지만 주변화되어 있지 않다. 2016년 혁오는 서울가요대상 공연문화상, 골든디스크어워즈 베스트 록밴드상, 가온 차트 가요대상 올해의 발견상(인디 부문), 한국대중음악상 신인상과 최우수 모던록 노래상을 수상했다. 이는 주류도 혁오의 음악을 인정했다는 것을 의미한다. 이 밴드는 많은 아이돌 가수들이 했던 것처럼 한국 텔레비전 드라마(《안투라지》)의 오리지널 사운드 트랙 작업에 참여했다. 한국, 중국, 미국의 수백만 시청자가 한국 드라마를 시청한다. 2015년 혁오는 YG엔터테인먼트의 서브 레이블인 하이그라운드와 계약을 맺었다. 한국의 인디밴드들도 팝그룹들처럼 적극적인 글로벌 팬층을 키운다. 어반자카파는 한 인터뷰에서 자신들 역시 한국 팝그룹의 홍보 전략을 사용해 글로벌한 팬덤을 갖게 되었다고 밝혔다.

---

1 더 폴, 조이 디비전, 더 스미스는 1970년대 후반에서 1980년대 초반 무렵 영국 맨체스터에서 결성되어 활동한 전설적인 인디밴드들이다. 이들은 포스트펑크와 뉴웨이브 역사상 가장 위대한 밴드로 평가받으며 1990년대 브릿팝을 비롯, 전 세계 아티스트들에게 상당한 영향을 미쳤다.

해외 팬들이 우리 음악에 성원을 보내주고 있기에, 전 세계 팬들이 음악 앱 바이닐(www.bainil.com)을 통해 우리의 새 앨범을 구매할 수 있게 됐다. 이제 팬들은 우리 음악을 더 쉽게 즐길 수 있을 것이다 (Konser 2014).

"인디"이기 때문에 케이팝에서 배제되는 것은 아니다.

인디라는 분류는 미국 흑인 대중음악이 혁오나 어반자카파와 같은 그룹들에게 미친 영향을 가릴 수 있다. 오혁의 목소리를 "약간 허스키하지만 따뜻하고 감성이 충만하다"고 표현한 모니카 김(Kim 2017)조차도 오혁과 흑인 대중가수들 간의 뚜렷한 보컬적 연관성을 놓치고 있다. 오혁은 힙합 프로듀서 프라이머리와의 협업에서 자신의 재지jazzy하고 R&B적인 보컬 사운드를 가미했다. 소울과 R&B 리듬의 오프비트 프레이징, 베이스 기타의 느린 템포와 대조를 이루는 뚜렷한 리듬 기타 사운드를 특징으로 하는 "Rubber"(프라이머리의 앨범《2》에 수록)에서 오혁은 자신의 소울풀한 보컬로 곡의 완성도를 높인다. 그의 소울풀한 음색은 혁오밴드가 커버한 스티비 원더의 "Isn't She Lovely"(2015)에서도 흘러넘친다("[피키라이브] 혁오— Isn't She Lovely" 2015). 그의 노래 스타일은 원곡의 보컬에 비해 화려함은 부족하지만, 이 둘이 같은 보컬 전통 아래 있음은 분명하다. 혁오밴드는 R&B 음악 미학의 요소들도 인용한다. 2015년 앨범《22》의 수록곡 "와리가리"는 어쿠스틱 기타 사운드와 리드 싱어의 차분한 목소리로 시작된다. 그러나 비트가 시작되면서 횡키한 기타 리프가 빠른 당김음의 리듬으로 전개되고, 베이스 라인은 예상치 못한 그루브를 제공한다. 어쿠스틱 사운드가 인디음악의 전유물은 아니다. 에리카 바두와 같은 아티스트들은 어쿠스틱한 곡 구성과 일상적 사물을 악기로 활용하는 R&B 스타일을 대표한다. 『롤링스톤』지에 쓴 기사에서 제니 엘리스쿠(Jenny Eliscu 2010)는 바두를 힙합 밴드 더 루츠, 소울 가수 디안젤로와 같은 부류에 넣으며 다음과 같이 평가한다.

바두는 더블베이스, 드럼과 로즈 키보드Rhodes keyboard2를 활용한, 흠 잡을 데 없이 뛰어난 라이브 연주를 통해 새로운 소울 그루브를 만들어내는 데 이바지했다.

케이팝 음악 미학에 집중하지 않는 레이블 소속이라 하여 인디로 분류하는 것도 문제가 있다. 장르 구분은 원래 음악을 구매하는 대중의 선택을 돕기 위해 고안된 것인데, 브래킷(Brackett 2005)은 이로 인해 장르 간에 인위적인 장벽이 발생했음에 주목하며 다음과 같이 말한다.

장르 구분의 유동적 성격으로 인해 하나의 음악 텍스트는 동시에 둘 이상의 장르에 속할 수 있다. 이는 장르 인식을 둘러싼 맥락의 변화 때문이거나, 해당 텍스트가 장르 구분에 관한 당대의 인식을 초월하

---

2   로즈 키보드 혹은 로즈 피아노는 1970년대에 특히 인기를 끌었던 전자 피아노이다.

는 혼종성을 띠고 있기 때문이다(76).

많은 이들이 아이돌 그룹을 예시로 들어 케이팝을 하나의 장르로 정의하는데, 이는 모든 케이팝 그룹은 잇비슷하고 케이팝은 획일적인 장르라는 인식으로 이끈다. 말리앙카이(Maliangkay 2015)는 "모든 케이팝 그룹이 사운드와 퍼포먼스에서 상당한 동질성을 가지고 있다"고 지적하면서, 특히 걸그룹의 경우 외모에 있어서 일정 정도 획일성을 지닌다고 주장한다(19). 그러나 한 그룹의 사운드를 그들의 경력 전체를 통틀어 검토하거나, 동시대에 등장한 여러 그룹의 다양성과 비교해 고찰해보면 각 그룹이 서로 다른 음악적 요소들을 각자의 방식으로 차용하여 각기 독특한 사운드를 만들어내고 있음을 분명히 알 수 있다.

아이돌과 한국 R&B, 한국 힙합의 협업으로 구성된 'SM 스테이션' 프로젝트는 '아이돌'만으로 케이팝을 정의하는 이들에 정면으로 도전한다. 지난 2017년 시작된 SM 스테이션은 최초의 성공적인 아이돌 그룹인 H.O.T.뿐만 아니라 소녀시대, 동방신기, 샤이니, EXO, NCT 등 대표적인 아이돌 그룹을 배출한 SM엔터테인먼트의 디지털 음악 프로젝트이다. 일주일에 한 번씩 새로운 디지털 싱글을 발표하는 이 프로젝트는 케이팝을 혁신하고자 하는 SM엔터테인먼트의 지속적인 노력을 대표한다.

우리의 목표는 SM의 아티스트 간 협업뿐 아니라 SM 레이블 밖의 아티스트, 프로듀서, 작곡가 및 심지어 다른 회사와의 협업을 통해 새로운 음악을 창조하는 것이다("SM Entertainment Is Branching Out" 2016).

SM 스테이션에는 처음부터 유명 아이돌이 대거 포진했다. 소녀시대 멤버 태연은 첫번째 싱글 "Rain"을, 역시 소녀시대의 유리와 서현은 듀엣으로 "Secret(시크릿)"을 불렀다. 그러나 이후 곡들은 아이돌과 R&B 및 힙합 아티스트와의 협업을 특징으로 하며, 이는 한국 아티스트 간의 경계가 유동적임을 드러낸다. 앨범《SM 스테이션 시즌1》(2017)에 실린 "썸타"는 R&B 듀오 바이브와 아이돌 그룹 EXO의 멤버 첸(김종대), 힙합 아티스트 헤이즈(장다혜)가 함께 불렀다. 이 업비트 트랙은 흥키한 신디사이저와 활기찬 기타 사운드를 특징으로 한다. 고음을 구사하는 첸의 보컬과 헤이즈의 랩이 어우러져 곡에 그루브한 느낌이 가득하다. 어떤 이는 2015년에 여성 래퍼들의 경연 프로그램인《언프리티 랩스타 2》로 데뷔한 헤이즈의 경력을 고려할 때, 이 공동작업이 어울리지 않을 것이라고 여겼을 것이다. 하지만 SM 스테이션은 다른 성격의 아티스트들을 불러 모아 하나의 케이팝 기획을 완성한다.

SM 스테이션의 협업은 잘 알려지지 않은 R&B 아티스트들의 재능을 선보이는 플랫폼으로 기능함으로써 흑인 대중음악의 영향을 드러냈다. 김민석과 정동환으로 구성된 듀오 멜로망스의 보컬과 기악법은 흑인 대중음악의 영향을 많이 받았다. 멜로망스는 소녀시대 태연과 함께 《SM 스테이션×0》(2018)의 "Page 0"를 작업했다. 곡은 가스펠의 영향을 받은 가벼운 피아노 사운드와 김민석이 부르는 고음의 장식적 보컬로 시작한다. 리듬은 벌스를 따라 고조되는데, 태연과 김민석은 두번째 벌스에서 잠시 주고받듯 노래한다. 코러스에서 이들의 노래는 마치 합창단 소리처럼 들린다. SM 스테이션은 또한 아이돌과 존 레전드[3] 같은 미국 R&B 가수들 간의 협업도 시도했다. 존 레전드는 2004년 자신의 히트 싱글 "Ordinary People"이 수록된 데뷔 앨범 *Get Lifted*로 미국에서 성공을 거두었다. 설리번(Caroline Sullivan 2004)은 영국 《가디언》지에 이 앨범이 "소울풀한 우아함"을 전달한다고 썼다.

지역 교회 성가대 지휘자로 9년간 일한 그의 경험 덕에, 절제된 피아노 기반의 곡 구성은 완성도가 높으며, 영적인 보컬과 매우 잘 어울린다.

레전드는 이러한 감성을 걸그룹 레드벨벳의 멤버인 웬디와의 SM 스테이션 콜라보 곡에 불어넣었다. 《SM 스테이션×0》에 실린 그들의 곡 "Written in the Stars"는 웬디의 경쾌한 고음 보컬로 시작하는, 어쿠스틱 기타 소리가 매력적인 곡이다. 웬디와 레전드는 프리코러스에서 함께 노래하는데, 레전드가 부르는 저음의 보컬 런은 메아리처

---

3 존 레전드(1978~)는 뛰어난 가창력으로 유명한 미국의 R&B 가수이자 싱어송라이터다. TV의 에미상, 음악의 그래미상, 영화의 오스카상, 연극의 토니상 등 미국 4대 엔터테인먼트 시상식에서 모두 수상한 EGOT클럽 멤버이며, 2020년 버클리 음대에서 명예박사 학위를 받았다.

럼 울리며 곡을 가득 채운다. 이들은 레전드가 이어받는 두번째 벌스 직전 짧은 애드리브에서도 같이 노래한다. SM 스테이션의 협업은 케이팝이 실제로 소비되는 방식을 드러낸다. 청취자 대부분은 기껏해야 유동적이고 느슨한 분류인 장르에 구애받지 않는다. 대신에 이들은 혼종적이고, 세계시장을 지향하며, 흑인 대중음악에 영향 받은 한국 대중음악의 특질에 이끌린다.

  이처럼 협업이 용이하다는 점은 글로벌 R&B 전통의 한 지류인 케이팝 내부의 시너지를 의미한다. 케이팝 우산 아래에 있는 많은 아티스트들은 R&B와의 관여를 통해 서로 연결된다. 이 책에서 보았듯이 가스펠 전통에서 파생된 R&B 보컬은 1세대 아이돌 그룹 god와 R&B 그룹 브라운 아이드 소울을 잇는다. 두 그룹 다 R&B 특유의 보컬 스타일을 계승했으며, 펑크로부터 1960년대 클래식 소울에 이르기까지 R&B 장르의 기악법을 따랐다. 일부는 힙합이 R&B에 부정적인 영향을 끼친다고 말하지만, R&B 힙합 보컬리스트 자이언티는 힙합 프로듀서 프라이머리와 곧잘 협업한다. 음악에 맞춘 화려한 댄스 퍼포먼스로 유명한 아이돌 아티스트들처럼 R&B 가수 휘성도 이러한 안무를 익숙하게 활용한다. 케이팝이 광범위한 음악을 아우르는 '우산'이라는 점을 인정할 때, 우리는 케이팝이 R&B 전통을 모방하고 포용하고 있음을 이해하게 된다.

진정성과 팬들의 비평

상호텍스트성에 더해, 글로벌 R&B 전통 내 케이팝의 위상은 팬들이 인증하는 진정성에 의해서도 확인된다. 팬들은 테크놀로지를 통해 여러 장르의 케이팝에 접근하고, 팬 커뮤니티를 만들며, 비평가이자 취향의 중개자로서 역할을 한다. 그들의 비평은 미국 흑인 대중음악이 케이팝에 미치는 영향을 일관되게 드러낸다.

아이돌 그룹 음악에 관한 비평, 그리고 아이돌에 대한 미국 흑인 대중음악의 영향력에 관한 분석은 팬 일반, 특히 팬 비평가의 중요성을 보여준다. 팝그룹들은 케이팝 우산 아래 다른 어떤 종류의 음악보다 팬들의 활발한 비평을 불러일으킨다. 팬들은 아이돌 음악과 R&B 스타일 및 아티스트 간의 관계를 지속적으로 지적해왔다. 이 책에서 확인했듯이, 아이돌은 여러 다른 R&B 스타일과 장르를 차용한다. god가 의존한 훵크 음악 스타일은 원더걸스가 인용한 1990년대 흑인 걸그룹의 어번 R&B와는 큰 차이가 있다. 신화가 20년이 넘는 활동 기간 내내 줄곧 시도했던 것처럼, 샤이니 역시 다양한 장르를 실험해 신곡을 내놓는다.

디지털 음악, 스트리밍, 유튜브, 인터넷 공유 사이트의 등장은 케이팝의 유통뿐 아니라 관객의 활동에도 영향을 미쳤다. 오인규와 박길성은 B2C 모델(기업과 소비자 간 거래)을 대체한, 케이팝 유통의 새로운 매체로서 유튜브의 중요성을 지적한다(369). 하지만 경제적 측면에 집중한 이들의 논문은 미국 흑인 대중음악을 한국 뮤지션과 프로듀서들에게 안내할 뿐 아니라 흑인음악에 영향 받은 케이팝을 글로벌 팬들에게 소개하는 뉴미디어의 기능을 간과한다. 이러한 디지털 사이트를 통해 팬들은 케이팝에 대한 대중적인 담론을 형성하며 서로 영향을 주고받는다. 이들 사이트는 대중음악 인기의 판도에도 변화를 일으킨다. 최근 한국과 미국의 인기 순위는 유튜브 조회수와 스트리밍 횟수에 더 큰 비중을 두고 있다. 팬들 간의 일상적인 접촉은 케이팝에 관한 관심을 드높인다. 새로운 음악을 찾는 팬들에게 아이돌 그룹과 케이팝 우산 아래 다른 장르의 아티스트를 구분하는 것은 큰 의미가 없다. 여러 사이트 내 케이팝 토론방은 팬들이 어떤 방식으로 정보를 교환하고 음악적 지식과 소양을 넓히는지 잘 드러낸다. 팬들은 자신들이 좋아하는 밴드와 비슷한 음악을 하는 그룹에 대해 질문을 던지고, 유튜브에서 인기를 끌지 못한 음악들도 공유한다. "신세계 속으로: 멀티 팬덤 활동은 케이팝 팬들에게 일상적이다Into the New World: Research Suggests Multi-Fandom the Norm for Veteran K-pop Fans"(2018)라는 논문에서 필자는 아이돌 그룹 팬들이 자신의 첫 케이팝 그룹을 찾아낸 뒤 새로운 케이팝 그룹들을 계속 발굴해가는 '가지 뻗기' 경향이 있다는 것을 밝혔다. 이러한 퀘스트quest 혹은 '탐구'는 '아이돌'에만 국한된 것이 아니다. 이는 '아이돌'을 처음 접한 팬들이 한국의 비주류 아티스트들로 확장해가는 과정이기도 하다. 또한 인기 있는 아티스트들이 관여하는 협업을 지켜보며 팬들은 케이팝에 관한 지식을 늘려간다. 예를 들어, 래퍼 빈지노의 팬이 빈지노와 어반자카파의 협업을 우연히 발견하는 경우를 생각할 수 있다. 어반자카파의 2015년 앨범《UZ》에 수록된 "Get"에서 빈지노의 힘찬 랩은 가스펠 스타일의 피아노를 보완하는 흐느끼는 기타 사운드와 효율적으로 어우러진다.

케이팝의 상호텍스트성에 대한 인증도 부분적으로 팬 비평가들에 달려 있다. 팬들은 종종 그들의 지나치게 열광적인 반응으로 인해 무시당한다. 하지만 전 세계 팬들이 케이팝에 끌리는 이유는 이들이 자국의 대중음악에 신물이 났기 때문이고, 또 케이팝이 미국 흑인 대중음악 장르들을 인용하는 방식 때문이기도 하다. 수많은 케이팝 팬들이 한국인이 아니라는 사실은 이 팬덤이 친과 모리모토(Chin and Morimoto 2013)가 말한바 "국적의 제약으로부터 해방된" 정동적인 초문화적 팬덤affective transcultural fandom이라는 점을 드러낸다.

이러한 팬덤은, 수용자는 월경하는 문화상품의 국적과 무관하게 그 텍스트로부터 친밀감이라는 주관적 순간을 경험할 때 팬이 된다는 우리의 주장을 강화해준다. [...] 민족에 기반한 차이점 혹은 유사성이 국경을 넘어 어필할 수 있다. 그렇기에 민족적 특질을 초월하는 캐릭터, 스토리, 심지어 팬의 주관성에 대한 정동적 투자는 초국적 수용자들을 매료시킬 수 있다(99).

팬 비평을 쓰는 이들은 케이팝 팬덤의 중요한 하위 그룹이다. 이들은 흔히 "광적인 팬"이라는 고정관념을 넘어, 팬이 음악을 해석하고 표현하는 뛰어난 능력도 있음을 보여주는 사례이다. 박길성(Park 2013)은 케이팝에 있어서 팬의 중요성을 다음과 같이 표현한다.

해석, 통합, 제도화의 중개자와 외부 커뮤니티는 그 수가 많고 다양할뿐더러 부지런히 활동한다. 이들은 판매 차트, 팬 블로그, 팬 활동, 콘서트 참여를 통해 주 단위로 노래를 평가한다(19).

이들의 비평에는 흑인 대중음악이 케이팝에 미치는 영향이 잘 드러난다. 이들은 지식 보존에 관여한다는 점에서도 중요하다. 이들은 자신들이 좋아하는 그룹에 대해 일반적인 음악 저널리스트보다 더 많이 알고 있다. 이러한 팬 지식은 가치 있다. 힐스(Matt Hills 2002)는 팬 비평을 다루는 팬 블로그가 과거의 팬진과 어떻게 다른지 다음과 같이 설명한다.

팬 블로그는 공공의 것이고, 전 세계적으로 접근 가능하며, 감시를 잠재적으로 허용하고, 여러 형태의 정보를 더 쉽게 취급하고 아카이브 할 수 있다(186).

비평이라는 팬 실천을 통해, 팬들은 흑인 대중음악의 영향력을 포함한 여러 음악 정보를 전달한다. 케이팝에 대한 흑인 대중음악의 영향력을 확인한 팬들의 이러한 비평적 행위는 케이팝의 상호텍스트성뿐만 아니라 글로벌 R&B 전통 내 케이팝의 위상을 인증하는 역할도 한다.

유튜브에 넘쳐나는 K-R&B 플레이리스트는 한국 R&B의 상호텍스트성에 대한 팬들의 인식을 입증할뿐더러 팬들의 지식도 드러낸다. 데이비드 오(David Oh 2017)가 흑인들의 케이팝 팬 리액션 비디오 연구에서 설명한 것처럼 팬들은 문화교환의 접점으로 기능한다.

흑인 케이팝 팬들의 한국 아티스트에 대한 관심은 백인성白人性의 시선 밖에서 인종 정체성을 상상하는 흑-한黑韓 다문화 연합에 참여하는 것이란 점에서 전복적이다(5).

이들은 케이팝을 한국 음악과 미국 흑인음악 문화가 융합되는 현장이자, 흑인의 음악적 영향력을 확인할 수 있는 장소로 인식한다. 케이팝은 그 자체로 독립체이지만, 동시에 미국 흑인 대중음악의 전통에 참여한다. 이는 진정성 있는 참여이다. 새로운 장르뿐 아니라 오래된 장르에 걸쳐 흑인 대중음악이 케이팝에 끼친 깊은 영향은 그러한 관여가 표면적이거나 우연이 아님을 보여준다. 한국의 음악 창작자들은 흑인 대중음악 전통의 학도學徒라 할 수 있다. 팬과 수용자는 케이팝의 확산에 이바지하는 동시에 케이팝과 흑인 대중문화 간 연관성을 확인한다. 이렇게 미국 흑인문화는 미국이라는 경계를 넘어 글로벌해지고 있다.

팬 비평가들은 케이팝 아티스트들이 R&B 장르에 진정성 있게 관여하기 위해서는 난해한 미학과 어려운 퍼포먼스를 제대로 수행해 낼 수 있는 능력이 있어야 한다고 인식한다. 케이팝 아티스트들 사이에 만연한 R&B 보컬 스타일은 2PM의 《No.5》(2015) 앨범에 수록된 "Good Man" 같은 R&B 발라드를 아이돌 그룹이 수행하는 경우

를 통해 확인된다. 아이돌이 노래한 많은 R&B 발라드처럼 이 트랙
은 튕기는 일렉트릭 기타, 고음의 보컬과 오르간 소리로 시작되는데,
이어지는 벌스에서의 낮은 보컬과 프리코러스에서의 하모니는 묘한
대조를 이룬다. 솔로 보컬들로 하모니를 만드는 이 슬로우잼은 R&B
발라드 특유의 강렬함이 돋보이는 곡이다. 곡은 화려하고 파워풀한
코러스로 마무리된다. 한 팬 비평가는 이러한 보컬 스타일과 기악법
을 오래된 미국 흑인 대중음악 장르와 연결 짓는다.

이 트랙은 빅 밴드 스타일의 재즈가 연주되는 담배 연기 자욱한 라운
지로 당신을 이끈다. 택연의 끈적한 랩을 포함해 이 그룹의 소울풀한
보컬은 이들이 어떤 장르든 소화해낼 수 있다는 점을 보여준다(Alona
2013).

이러한 수준의 진정성은 단순한 모방으로 성취될 수 없다. 한국 아티
스트들은 같은 종류의 퍼포먼스를 수행하는 흑인 동료들과 동일한 감
정을 표현한다. 이는 흑인 대중문화를 표현하는 방식이 인종race이 아
닌 민족성ethnicity에도 근거한다는 것을 보여준다. 루디나우(Rudinow
1994)는 인종이 아닌 민족성에 근거해 전통에 진입할 수 있다고 주장
한다.

민족성은 경험, 언어, 종교, 역사, 주거 등과 같이 문화적 의미를 지
닌 공유 항목에 기반을 둔 공통문화를 인정하는가의 문제이다. 민족

성은 기본적으로 사회적으로 부여된 지위이며, 공동체의 수용, 인정, 존중의 문제다(128).

이러한 관점의 민족성은 "백인을 포함해 다른 비흑인의 정당한 참여 가능성을 열어놓는다. [...] 문화적 표현으로서의 블루스를 인정하고 이에 따라 블루스 공동체란 개념이 가능하다면 말이다. [...] 블루스 공동체로의 진입은 짐작컨대 예술적 표현의 도구로서 블루스에 대한 적법한 접근도 수반한다"(Rudinow 1994: 134). R&B의 뿌리가 블루스에 닿는다는 것을 고려할 때, 비흑인에게 이러한 접근을 허용하는 것은 타당하다. 일부 백인 R&B 연주자들이 R&B의 적법한 수행자로 평가받듯이, 한국 아티스트들도 R&B 전통의 일부가 되고 있다. 케이팝 아티스트들은 여러 보컬에 기반해 다양한 R&B 장르를 수행할 수 있는 능력, R&B 기악법에 대한 일관된 관여, 한국 음악과의 전략적 통합을 통해 R&B 음악 전통의 활발한 한 지류로 자리 잡는다.

케이팝 영향력의 다양화

케이팝이 글로벌 R&B 전통 내에 위치한다는 사실은 케이팝이 전 지구적으로 다양한 영향을 받았음을 드러낸다. 학자들은 케이팝에 미친 영향을 논할 때 흔히 서구 혹은 미국의 세계화에 집중한다. 미국 흑인 대중문화가 케이팝의 상호텍스트성을 촉진한다는 사실은 미국 문화의 중요한 일부인 흑인 대중문화가 새로운 역동성을 만들어낸다는 점을 보여준다. 게다가 케이팝으로 인해 미국의 경계를 넘어 전 세계적으로 영향력을 행사하는 미국 흑인 대중음악의 가치에 대해 새롭게 주목할 수 있다.

'케이팝'에서 'K'를 강조하는 것은 음악과 그 문화에 한국이 기여했음을 지나치게 부각한다. 이는 또한 케이팝을 서구, 즉 미국(서로 구분되지 않고 쓰이는)과 나란히 놓는 결과를 가져온다. 존 리(Lie 2014)는 케이팝에 미친 외부의 영향을 고찰하기 위해 세계화 담론을 가져온다.

> 부유해진 아시아인들은 서구화된 음악적 감수성과 문화적 태도, 미국 대중음악에 대한 친밀감, 자유연애를 당연시하는 서사 속에서 성장하고 교육받았다. 금융 세계화의 필연적인 동반자는 글로벌 소비주의, 즉 소비의 세계화였다(169).

존 리는 서구와 미국 문화를 일반화해 한국 문화와 나란히 배치한다. 현기 김 호가스(Hyun-Key Kim Hogarth 2013)는 서구와 미국 모두를 외부 침입자로 본다.

> 19세기 말 식민주의와 함께 시작된 세계화는 대체로 비유럽인인 피지배자들이 지배자를 모방하는 서구 지향적 세계화였다(148).

서구를 단일체로 일반화해 간주하는 호가스는 미국을 단지 서구 강대국의 하나로 보고 있다.

미국은 내부 갈등과 국외 전쟁의 역사가 있다. 하지만 모든 미국인이 제국주의적 행위에 동의하거나 참여했던 것은 아니다. 그런데 케이팝은 미국의 민족문화인 흑인문화의 영향을 받아 상호텍스트성에 관여한다. 이 점은 케이팝에 미친 영향에 대한 논의를 복잡하게 만든다. 이상준(2015)은 다음과 같이 주장한다.

중심과 주변의 이분법적 시각은 오늘날의 글로벌 미디어 관계와 문화 다원주의를 설명하지 못한다. 한류는 역문화제국주의, 세계화의 재방향화 및 재중심화, 문화적 다원주의 이론과 함께 세계화 연구를 비판적으로 해체할 수단이 될 수 있다(12).

한류의 산물인 케이팝은 문화적 다원주의의 복합적인 영향을 분석하는 데 유용하다. 케이팝의 상호텍스트성은 서구에 근거한 미국 흑인 대중음악의 영향력을 전면에 내세우지만, 미국 흑인문화의 역사는 서구 문화에 비판적이고 역행했음을 보여준다. 미국 흑인 아티스트들은 리듬 기반의 노래를 도입해 미국 대중음악의 사운드를 근본적으로 바꿨으며, 케이팝의 혼종성을 구성하는 독특한 음악 미학을 만들어냈다. 케이팝을 글로벌 R&B 전통의 한 지류로 봄으로써, 케이팝을 균질화된 서구 혹은 미국 문화의 일부로 여기는 대신 케이팝에 영향을 미친 여러 요소를 검토할 수 있다.

케이팝의 상호텍스트성으로 미국이라는 지리적 경계를 넘어 영향력을 떨치는 미국 흑인 대중음악의 역동성을 확인할 수 있다. 이는 또한 R&B 음악의 사회사적 연구에 새로운 차원을 더한다. R&B에 기반을 둔 케이팝의 부상은 브리티시 소울British Soul[4]의 예와 마찬가지로 R&B 보컬의 세계화를 드러낸다. 블루스는 롤링스톤스와 애니멀스 the Animals 같은 전설적인 록 그룹을 낳은 영국의 리듬앤블루스 씬에 영향을 주었으며, 흑인 보컬들은 팝 히트곡 "I Only Want to Be With You"(1963)와 "Son of a Preacher Man"(1968)으로 잘 알려진 더스티 스프링필드Dusty Springfield[5] 같은 가수들에게 영향을 미쳤다. 랜들 (Randall 2008)은 "스프링필드가 다른 가수와 여러 스타일을 인용하고, 미묘하게 때로는 명백하게 같은 노래 속에서도 다양한 스타일의 창법을 구사함으로써" 영국 내 일반적 상식을 깼다고 말한다. 그럼에도 불구하고 스프링필드는 "자신만의 독보적인 독특한 음색으로 음악적 진정성을 인정받았다"(6). 리파니(Ripani 2006)는 이러한 보컬 미학을 "낮은 단계의 감정에서 시작해 높은 지점까지 감정을 점점 고조시키는 방식"(44)을 포함하는 리듬앤블루스의 "순환" 창법의 필수 요소라고 설명한다. 미국 흑인 종교전통에서 유래한 가스펠 형식은 휘몰이 창법으로 감정적 동력을 조성했는데, "반복적 순환 창법은 독

---

4 브리티시 소울은 영국 아티스트들의 소울 음악을 가리킨다. R&B와 소울은 1960년대 이래 모드, 스킨 헤드, 노던 소울 등 영국의 하위문화와 대중문화에 큰 영향을 미쳤다.

5 더스티 스프링필드(1939~1999)는 영국에서 4등급 대영제국 훈장(OBE)을 받고 미국에서 로큰롤 명예의 전당에 오를 만큼 당대를 풍미한 영국의 여가수다. 백인 음악가들에 의한 R&B와 소울 음악을 가리키는 블루 아이드 소울 장르의 대표적인 가수 중 하나다.

창자뿐 아니라 합창단과 신도의 응창應唱에서도 이루어진다. 점진적으로 고조되는 독창자의 감정은 시간이 흐름에 따라 모든 신도를 종교적 황홀경으로 이끈다"(Ripani 2006: 45). 랜들은 1962년 브래드퍼드 싱어즈Bradford Singers의 일원으로서 가스펠 뮤지컬《블랙 네이티비티Black Nativity》 공연을 위해 영국에 온 후 런던에 정착한 미국 흑인 가수 매들린 벨Madeline Bell[6]의 이후 활동을 검토하며, 스프링필드의 커리어도 당시 영국 내 가스펠 음반의 인기에 따라 조성된 브리티시 소울 붐의 맥락과 연결 짓는다. R&B 보컬 전통의 핵심 요소를 견지한 스프링필드는 영국인임에도 불구하고 미국 소울 보컬의 화신으로 인식되었다. 랜들(Randall 2008)은 다음과 같이 말한다.

누가 음악을 연주하건 [...] 가스펠 미학으로 대변되는 미국 흑인 문화야말로 소울 음악의 뿌리 깊은 핵심 요소다(2008: 43).

영국의 소울 음악은 주니어Junior, 샤데이Sade, 빌리 오션Billy Ocean에 의해 주도된 1980년대 "브릿팝 - 소울의 침략"과 함께 미국으로 역수입되었다. 올리슨(Rashad Ollison 2015)은 다음과 같이 말한다.

80년대에 주류 라디오가 자체적으로 분리를 함에 따라, 이름 없는 흑

---

6 브래드퍼드 싱어즈는 가스펠 싱어송라이터 알렉스 브래드퍼드Alex Bradford(1927~1978)가 이끈 합창단이다. 소울 음악 가수 매들린 벨(1942~)은 1960년대 이래 영국과 유럽을 주 무대로 해, 엘튼 존Elton John, 세르주 갱스부르Serge Gainsbourg 등 수많은 가수의 백보컬 혹은 듀엣으로 활동했다.

인 밴드들이 쉽게 빌보드 톱 10에 진입하게 되었다. 이 시기, 소울 음악에 이렇다 할 위기는 없었다. 아델Adele과 샘 스미스의 팝-소울에서 일정 정도 확인할 수 있듯이, 브리티시 소울은 세련된 도시적 감성을 불어넣으며 음악적 완성도를 높였다.

한국 R&B는 R&B 전통을 미국이라는 지리적 경계를 넘어 확장했다는 점에서 브리티시 소울을 상기시킨다. 하지만 브리티시 소울과 달리, 한국 아티스트들은 범국가적 세계화 기획의 일환으로 케이팝의 글로벌화에 참여한다.

영국 가수들처럼 한국 R&B 가수들도 R&B 보컬의 뚜렷한 특징을 흡수했다. 하모니에 뛰어난 보컬 그룹인 브라운 아이드 소울과 빅마마는 흑인 대중음악 전통의 영역으로부터 각기 다른 영향을 받았다. 브라운 아이드 소울은 1960년대 소울 음악의 기악법을, 빅마마는 흑인 여성 가스펠 전통을 떠올리게 한다. 이들의 많은 곡이 덜 조밀한 기악법을 특징으로 함에 따라 보컬이 더욱 화려해졌는데, 이는 라이브 공연에서 두드러진다. 한국 음악은 각기 다른 개성을 지닌 수많은 R&B 아티스트들을 배출했다.

한국은 영국보다도 R&B의 고향으로부터 멀리 떨어져 뿌리를 내렸다. 미국과 달리 한국은 영국의 식민지가 아니었으며, 영미의 언어와 문화적 전통을 공유하지 않는다. R&B는 한국에 이식됨으로써 훨씬 더 많은 발전 기회를 얻었다. 한국 아티스트들은 자국의 노래 문화와 강하게 연결된 음악 전통 아래 성장했다. 노동은(2003)은 한국 사회를 "노래 문화"로 규정한다.

한국인은 평생토록 노래하며, 노래와 어우러져 살아왔다. 그들은 상
황에 맞춰 노래를 새로이 만들어냈으며, 노래를 부를 때마다 춤을 추
고 곡을 연주했다. 오늘날에도 한국인은 노래 없는 인생을 마음껏
즐길 수 없다고 여긴다(75).

한국의 노래 문화는 가창력에 초점을 맞춘 TV 프로그램의 인기에서
확인된다.《복면가왕》에서 참가자들은 가면을 쓰고 자신의 정체를
감춘 채 오직 노래 실력으로 승부한다. 콘서트 포맷을 차용한《유희
열의 스케치북》은 탄탄한 가창력을 지닌 가수들의 경연장이다. 한국
의 색다른 노래 문화는 한국 아티스트들이 R&B의 보컬 중심 전통과
상호작용하는 데 크게 이바지했다.

혁오밴드의 음악과 밴드의 리더 오혁이 피처링한 여러 음악은 케
이팝과 글로벌 R&B 전통의 만남이 음악 미학, 진정성, 세계화에 어
떤 함의를 이끌어내는지 잘 보여준다. 인디로 시작해 주류에 진입한
혁오밴드는 이후 힙합과 팝으로 확장함으로써 흑인 대중음악과의 상
호텍스트성뿐 아니라 케이팝의 음악적 유연성도 밝힌다. 혁오는 케
이팝을 하나의 장르가 아닌, 다양한 장르를 아우르는 커다란 '우산'
으로 바라볼 것을 권한다. 게다가 오혁의 콜라보에 대한 여러 비평은
팬들이 케이팝의 R&B 관여를 진정성 있는 것으로 인식하고 있음을,
그리고 글로벌 R&B 전통 내에 케이팝의 위치가 굳건함을 일깨운다.

팬 비평가 SJP(2015)는 힙합 프로듀서 프라이머리가 제작한 오혁의 2015년 앨범 《Lucky You》의 타이틀곡 "Bawling"을 "오혁의 보컬 매력이 잘 드러나는 그루비한 R&B/재즈곡"이라 하며 "매우 흥미롭다"고 칭찬했다. 다른 팬 비평가들도 SJP가 주목한 R&B의 영향력을 자주 그리고 일관성 있게 재확인한다. 이렇듯 팬 비평은 케이팝의 R&B 전통 관여를 진정성 있는 것으로 인증한다. 혁오와 같은 케이팝 아티스트들을 글로벌 R&B 전통 안에 위치시키는 것은 미국 내 기존 논의에서 도약하는 것이다. R&B는 서구의 산물인 동시에, 백인 문명에 맞서는 문화적 생산이다. 케이팝과 R&B의 관계는 미국 흑인 대중문화의 글로벌한 성격을 인식하게 하는데, 이는 미국사의 특수성을 고려할 때 의미심장한 사건이다. 이에 더해, 케이팝과 R&B의 연결성은 케이팝의 매력과 영향력을 세계화라는 매우 복잡한 맥락 안에서 이해할 수 있게 도와준다.

감사의 말

이 책은 지난 수년간 케이팝에 바친 제 사랑의 결실이자, 주위의 수많은 분이 제게 베풀어준 응원의 결과물이기도 합니다. 우선 게리 오키히로 Gary Okihiro에게 감사를 표하고 싶습니다. 그는 제가 이 연구를 하도록 격려하고, 제 글의 가치를 확신시켜주었습니다. 우리 KPK: 케이팝 콜렉티브KPK: K-pop Kollective 크루, 특히 카트리나 데이비스 켄드릭Kaetrena Davis Kendrick과 공동 설립자인 퀼레인 하워드Kuylain Howard에게 감사드립니다. 이들은 저와 함께 케이팝에 관해 지치지 않는 대화를 나누었습니다. 제 연구를 발표할 수 있게끔 저를 초청해준 여러 대학, 그리고 제 작업 내용을 팬들과 나눌 수 있었던 KPOPCON과 KCON 행사의 조직위원들께도 감사드립니다. 또한 헬로케이팝의 동료들에게, 특히 제게 "케이팝의 모든 것"을 듣도록 권유한 배정에게 감사를 표합니다.

이 책은 제가 케이팝이라는 넓은 세계의 최신 동향을 업데이트할 수 있게 도와준 여러 팬과의 정기적인 교류 없이는 불가능했을 것입니다. 특히 "페이스북 레이디스Facebook Ladies"의 디 브라이앤 첸D. BryAnn Chen, 칼라 워커Carla Walker, 오 엘 윌슨O. L. Wilson에게 감사합니다. 저의 도전을 자극하고, 영감을 주었으며, 제게 발표 기회를 주었던 동료 학자들에게도 감사드리고 싶습니다. 특히 미셸 조Michelle Cho, 실파 데이브Shilpa Dave, 로버트 쿠Robert Ku, 야스에 쿠와하라Yasue Kuwahara, 제이드 킴Jade Kim, 심두보 Doobo Shim, 발렌티나 마리네스쿠Valentina Marinescu, 셰리 터 몰렌Sherrie Ter Molen, 로리 모리모토Lori Morimoto, 레이라니 니시메LeiLani Nishime, 데이비 드 오David Oh, 송명선Myoung-Sun Song, 타샤 오렌Tasha Oren에게 감사드립니다. 나의 영원한 서포터즈인 앤 초이Anne Choi, 에릭 애슐리 헤어스톤Eric Ashley Hairston, 재키 모데스티Jackie Modestie, 르네 닉Renee Nick, 그리고 조너선 페이지Jonathan Page에 이 자리를 빌려 큰 감사를 드립니다. 마지막으로, 음악에 대한 사랑을 키워줬으며, 곡이 항상 연주되는 집안 분위기를 조성해준 제 가족에게 진심으로 감사합니다.

주요 디스코그래피

김동률	(2008)《Monologue》. 안테나. Mp3.
김현중	(2013)《ROUND 3》. 키이스트. Mp3.
다이나믹 듀오	(2004)《Taxi Driver》. 갑엔터테인먼트. Mp3.
	(2007)《Enlightened》. 아메바컬쳐. Mp3.
	(2009)《Band of Dynamic Brothers》. 아메바컬쳐. Mp3.
	(2012)《DYNAMICDUO 6th DIGILOG 2/2》. 아메바컬쳐. Mp3.
동방신기	(2004)《Tri-angle》. SM엔터테인먼트. Mp3.
	(2006)《"O"-正.反.合.》. SM엔터테인먼트. Mp3.
드렁큰 타이거	(1999)《Year of the Tiger》. 도레미미디어. Mp3.
	(2009)《Feel gHood Muzik: The 8th Wonder》. 정글엔터테인먼트. Mp3.
	(2013)《살자(The Cure)》. 필굿뮤직. Mp3.
린	(2002)《Have You Ever Had Heart Broken?》. KM Culture. Mp3.
	(2004)《Can U See the Bright》. CJ E&M. Mp3.
	(2009)《Let Go, Let In, It's a New Day》. CJ E&M. Mp3.
	(2014) 《Le Grand Bleu》. Music&New. Mp3.
	(2015)《9X9th》. Music&New. Mp3.
박효신	(2001)《Second Story》. 신촌뮤직. Mp3.
	(2002)《Time Honored Voice》. 신촌뮤직. Mp3.
	(2007)《The Breeze of the Sea》. 나원엔터테인먼트. Mp3.
	(2016)《I am A Dreamer》. 글로브엔터테인먼트. Mp3.
브라운 아이드 소울	(2003)《Soul Free》. 갑엔터테인먼트. Mp3.
	(2007)《The Wind, The Sea, The Rain》. 갑엔터테인먼트. Mp3.
	(2010a)《BROWNEYED SOUL》. 산타뮤직. Mp3.
	(2010b)《Love Ballad/Never Forget》. 산타뮤직. Mp3.
비	(2003)《RAIN 2》. JYP엔터테인먼트. Mp3.

	(2004)《It's Raining》. JYP엔터테인먼트. Mp3.
빅마마	(2005)《It's Unique》. YG엔터테인먼트. Mp3.
	(2007)《Blossom》. YG엔터테인먼트. Mp3.
샤이니	(2013)《Everybody》. SM엔터테인먼트. Mp3.
	(2015)《Odd》. SM엔터테인먼트. Mp3.
세븐	(2016)《I AM SE7EN》. 일레븐나인엔터테인먼트. Mp3.
소녀시대	(2010)《'Oh!' The Second Album》. SM엔터테인먼트. Mp3.
	(2011)《Re:Package Album "Girls'Generation" ~The Boys~》.
	SM엔터테인먼트. Mp3.
슈퍼주니어	(2011)《Mr. Simple》. SM엔터테인먼트. Mp3.
신화	(1998)《해결사》. SM엔터테인먼트. Mp3.
	(2003)《Winter Story 2004−2005》. 굿엔터테인먼트. Mp3.
	(2012)《The Return》. 신화컴퍼니. Mp3.
어반자카파	(2015)《UZ》. 플럭서스뮤직. Mp3.
H.O.T.	(2000)《Outside Castle》. SM엔터테인먼트. Mp3.
에픽하이	(2003)《Map of the Human Soul》. 울림엔터테인먼트. Mp3.
	(2004)《High Society》. 울림엔터테인먼트. Mp3.
	(2005)《Swan Songs》. 울림엔터테인먼트. Mp3.
	(2006)《Black Swan Songs》. 울림엔터테인먼트. Mp3.
	(2007)《Remapping the Human Soul》. 울림엔터테인먼트. Mp3.
	(2009)《魂: Map The Soul》. 맵더소울. Mp3.
	(2009)《[e]motion》. 맵더소울. Mp3.
EXO	(2014)《중독(Overdose)》. SM엔터테인먼트. Mp3.
MFBTY	(2015)《WondaLand》. 필굿뮤직. Mp3.
원더걸스	(2007)《The Wonder Years》. JYP엔터테인먼트. Mp3.
	(2008)《The Wonder Years: Trilogy》. JYP엔터테인먼트. Mp3.
	(2012)《Wonder Party》. JYP엔터테인먼트. Mp3.
원타임	(1998)《One Time for Your Mind》. YG엔터테인먼트. Mp3.
자이언티	(2013a)《미러볼》. 아메바컬처. Mp3.
	(2013b)《Red Light》. 스톤뮤직엔터테인먼트. Mp3.
	(2018)《ZZZ》. 더블랙라벨. Mp3.

JYJ	(2010)《The Beginning》. 씨제스엔터테인먼트. Mp3.
	(2011)《IN HEAVEN》. 씨제스엔터테인먼트. Mp3.
	(2014)《JUST US》. 씨제스엔터테인먼트. Mp3.
지누션	(2001)《The Reign》. YG엔터데인민트. Mp3.
god	(1999)《Chapter 1》. JYP엔터테인먼트. Mp3.
	(2000)《Chapter 3》. 신나라레코드. Mp3.
	(2014)《Chapter 8》. 싸이더스HQ, CJ E&M. mp3.
2PM	(2009)《01:59PM》. JYP엔터테인먼트. Mp3.
	(2015)《No.5》. JYP엔터테인먼트. Mp3.
포맨	(1998)《Four Men》. MAJOR9. Mp3.
	(2000)《이렇게 천일 동안 모으면 이별이 사라진다고 했다》. MAJOR9. Mp3.
	(2011)《The Artist》. 해피페이스엔터테인먼트. Mp3.
프라이머리	(2012)《Primary and the Messengers LP》. 아메바컬쳐. Mp3.
	(2015)《2》. 아메바컬쳐. Mp3.
플라이 투 더 스카이	(1999)《Fly to the Sky》. SM엔터테인먼트. Mp3.
	(2001)《약속》. SM엔터테인먼트. Mp3.
	(2007)《No Limitations》. 피풀엔터테인먼트. Mp3.
	(2008)《Recollection》. 피풀엔터테인먼트. Mp3.
혁오	(2015)《22》. 두루두루amc. Mp3.
《SM 스테이션 시즌1》	(2017) SM엔터테인먼트. Mp3.
《SM 스테이션×0》	(2018) SM엔터테인먼트. Mp3.

Al B. Sure!	(1988) *In Effect Mode*. Uptown Records. Mp3.
Bobby Brown	(1988) *Don't Be Cruel*. MCA Records. Mp3.
The Chi-Lites	(1971) *(For God's Sake) Give More Power to the People*. Brunswick Records. Mp3.
Dr. Dre	(1992) *The Chronic*. Death Row Records. Mp3.
Earth, Wind and Fire	(2008) *The Eternal Dance*. Columbia Records. CD.
En Vogue	(1990) *Born to Sing*. Atlantic Records. Mp3.
The Floaters	(1977) *Float On*. ABC Records. Mp3.

Gap Band	(1982) *The Gap Band IV.* Total Experience. Mp3.
Hall & Oates	(1975) *Daryl Hall & John Oates.* RCA Records. Mp3.
Isley Brothers	(1977) *Go for Your Guns.* T-Neck Records. Mp3.
James, Rick	(1981) *Street Songs.* Gordy Records. Mp3.
K-Ci & JoJo	(1997) *Love Alway.* MCA Records. Mp3.
	(2000) *X.* Geffen Records. Mp3.
The Manhattans	(1976) *The Manhattans.* Columbia Records. Mp3.
MFSB	(1973) *Love is the Message.* Philadelphia International Records. Mp3.
Ohio Players	(1975) *Honey.* Mercury Records. Mp3.
Player	(1977) *Player.* Phillips Records. Mp3.
Run D.M.C.	(1984) *RUN-D.M.C.* Profile Records. Mp3.
TLC	(1992) *Oooooooohhh...On the TLC Tip.* LaFace Records. Mp3.
Ward, Anita	(1979) *Songs of Love.* Juana Records. Mp3.
Yaz	(1982) *Upstairs at Eric's.* Mute Records. Mp3.

참고 문헌

"[피키라이브] 혁오-Isn't She Lovely (Stevie Wonder)." 2015. YouTube. 2:22. Posted by
Piki-cast, July 12, 2015. https://youtu.be/bEq_HIQF3XY.

"박재범 Jay Park '좋아 Joah' [Official Music Video]." 2013. YouTube. 4:05. Posted by
JAY PARK, April 9, 2013. https://youtu.be/rMtCJC39SqU.

"박재범 Jay Park-몸매 (MOMMAE) Feat. Ugly Duck Official Music Video." 2015.
YouTube. 3:27. Posted by JAY PARK, May 21, 2015. https://youtu.be/gx_mg-
1WhWw.

"휘성 WheeSung-Night And Day Official MV." 2014. YouTube. 3:42. Posted by
GENIE MUSIC, May 11, 2014. https://youtu.be/napCk8ZVlpw.

"1TYM-1TYM M/V." 2008. YouTube. 3:48. Posted by YG Entertainment, October 2,
2008. https://www.youtube.com/watch?v=3eHi8VHKymo.

15 Korean Rappers You Should Know That Aren't Psy." 2013. XXL. February 12. http://
www.xxlmag.com/rap-music/2013/02/15-korean-rappers-you-should-know-
thats-not-psy/5/.

"50 Most Influential K-pop Artists: 47. Solid." 2010. *Ask a Korean*. September 12. http://
askakorean.blogspot.com/2010/09/50-most-influential-k-pop-artists-47.html.

"The 100 Greatest Boy Band Songs of All Time: Critics' Pick." 2018. *Billboard*. April 23.
https://www.billboard.com/articles/news/list/8362499/greatest-boy-band-songs-
of-all-time-top-100.

Abraca, Alejandro. 2015. "Album Review: SHINee's 'Odd.'" *KultScene*. May 26. http://
kultscene.com/album-review-shinees-odd/.

Adams, Owen. 2007. "What Makes Music Indie These Days?" *Guardian*.
August 24, https://www.theguardian.com/music/musicblog/2007/aug/24/
whatmakesmusicindiethesedays.

Adorno, Theodor W., with the assistance of George Simpson. 2000. "On Popular Music."
Soundscapes: Journal on Media Culture 2. http://www.icce.rug.nl/~soundscapes/

DATABASES/SWA/Some_writings_of_Adorno.shtml.

Ahn, Ji-hyun. 2014. "Rearticulating Black Mixed-Race in the Era of Globalization."
Cultural Studies 28 (3): 391–417. doi: 10.1080/09502386.2013.840665.

"Album Review—May: Shinhwa—The Return." 2012. *United Kpop*. June 1. http://www.
unitedkpop.com/2012/06/01/album-review-may-shinhwa-the-return/.

Alex. 2017. "Unpacking Korean Indie with Urban Zakapa." *PopWire*. February 8. http://
popwire.com.sg/unpacking-k-indie/.

Alim, H. Samy, and Alastair Pennycook. 2007. "Glocal Linguistic Flows: Hip-Hop
Culture(s), Identities, and the Politics of Language Education." *Journal of Language,
Identity, and Education* 6 (2): 89–100. doi: 10.1080/15348450701341238.

All About Cassiopeia. n.d. "About Us." Accessed September 19, 2019. https://
aacassiopeia.com/about/.

Alona. 2013. "Kmusic Review: 2PM's 'Grown' Album." *Officially KMusic*. May 15.
http://officiallykmusic.com/kmusic-review-2pms-grown-album/.

Amoeba Culture. n.d. "About AC." Accessed May 1, 2015. http://www.amoebaculture.
com/business/front/aboutAC/company.do.

"An Annotated Listening: 'Odd,' By SHINee." 2015. *Is This How You K-pop*. May 25.
https://isthishowyoukpop.com/2015/05/25/an-annotated-listening-odd-by-
shinee/.

Anderson, Crystal S. 2018. "Into the New World: Research Suggests Multi-Fandom the
Norm for Veteran K-pop Fans." *KPK: Kpop Kollective*. June 7. https://kpopkollective.
com/2018/06/07/multi-fandom-the-norm-for-veteran-k-pop-fans/.

Anderson, Crystal S. 2014. "That's My Man!: Overlapping Masculinities in Korean
Popular Music." In *The Korean Wave: Korean Popular Culture in Global Context*, edited
by Yasue Kuwahara, 117–31.

Anderson, Crystal S. 2013. *Beyond the Chinese Connection: Contemporary Afro-Asian
Cultural Production*. Jackson: University Press of Mississippi.

Anderson, Crystal S. 2012. "The 'K' in K-pop: Research Finds Korean Language,
Culture Appeals to Global Fans." *Kpop Kollective*. December 12. https://
kpopkollective.com/2012/12/11/the-k-in-k-pop-research-finds-korean-
language-culture-appeals-to-global-fans/.

Annett, Sandra. 2011. "Imagining Transcultural Fandom: Animation and Global Media Communities." *Transcultural Studies* 2: 164–88. doi: 10.11588/ts.2011.2.9060.

Arteaga, Arnold. 2011. "[Review] 'The Artist' by 4MEN." *allkpop*. June 22. https:// www.allkpop.com/article/2011/06/review-the-artist-by-4men.

Asakawa, Gil. 2012. "Psy Performs on the American Music Awards, and Racist Haters Come Out on Twitter." *Huffington Post*. November 21. http://www.huffingtonpost.com/gil-asakawa/psy-american-music-awards_b_2171451.html.

askjeevas. 2009. "Single Review: Wonder Girls—'The Wonder Years Trilogy.'" *A Song for XX*. December 13. https://askjeevas.wordpress.com/2009/12/13/single-review-wonder-girls-the-wonder-years-trilogy/.

Balaji, Murali. 2010. "Vixen Resistin': Redefining Black Womanhood in Hip-Hop Music Videos." *Journal of Black Studies* 41 (1): 5–20. doi: 10.1177/0021934708325377.

Bantum, Gail Song. 2009. "The Heritage Mass Choir—Authentic or Assimilated?" *Gail Song-Bantum*, May 15. https://gailsongbantum.wordpress.com/2009/05/19/the-heritage-mass-choir-authentic-or-assimilated/.

Baraka, Amiri. 1966. "The Changing Same (R&B and New Black Music)." 1966. In *The LeRoi Jones/Amiri Baraka Reader*, edited by William J. Harris, 186–209. New York: Thunder's Mouth Press.

Baraka, Amiri. 1963. "Jazz and the White Critic." In *The LeRoi Jones/Amiri Baraka Reader*, edited by William J. Harris, 179–86. New York: Thunder's Mouth Press.

Barnes, Ariel. 2016. "Korean Singer Dean is the New R&B Heartthrob." *Milkxyz*. May 5. https://milk.xyz/articles/korean-singer-dean-is-the-new-rb-heartthrob/.

Barry, Robert. 2012. "Gangnam Style & How the World Woke Up to the Genius of K-pop." *The Quietus*. December 18. http://thequietus.com/articles/11001-psy-gangnam-style-k-pop.

Bartlett, Andrew. 1994. "Airshafts, Loudspeakers, and the Hip Hop Sample: Contexts and African American Musical Aesthetics." *African American Review* 28 (4): 639–52. doi: 10.2307/3042229.

Bayles, Martha. 1994. Hole in Our Soul: The Loss of Beauty and Meaning in *American Popular Music*. Chicago: University of Chicago Press.

Beard, Sonya. 2010. "Gospel Choir Gives Expat Christians a Taste of Home."

Korea Herald. December 14. http://www.koreaherald.com/view.php?ud=
20101214000863.

Benjamin, Jeff. 2015. "2PM Are Subtle, Seductive Gentleman on 'No. 5': Track-by-
Track Album Review." *Billboard*. June 18. http://www.billboard.com/articles/
review/6598345/2pm-no5-track-by-track-album-review.

Benjamin, Jeff. 2014. "Girls' Generation—TTS on Why New 'Holler' EP Represents
Their 'Mind, Body and Soul.'" *Billboard*. September 16. http://www.billboard.com/
articles/columns/k-town/6251587/girls-generation-tts-holler-interview-video.

Benjamin, Jeff. 2013. "SHINee Unveil 'Symptoms,' Produced by the Underdogs:
Listen." *Billboard*. September 7. https://www.billboard.com/articles/columns/
k-town/5748129/shinee-unveil-symptoms-produced-by-the-underdogs-listen.

Beta, Andy. 2015. "Electronic Warfare: The Political Legacy of Detroit Techno."
Pitchfork. January 30. http://pitchfork.com/features/electric-fling/9588-
electronic-warfare-the-political-legacy-of-detroit-techno/.

Bevan, David. 2013. "A Year after 'Gangnam Style,' K-pop Continues to Make Its
Mark in America." *Washington Post*. November 8. http://www.washingtonpost.com/
entertainment/music/a-year-after-gangnam-style-k-pop-continues-to-make-
its-mark-in-america/2013/11/07/cb161c56-431f-11e3-a751-f032898f2dbc_
story.html.

Bevan, David. 2012. "Seoul Trained: Inside Korea's Pop Factory." *SPIN*. March 26.
http://www.spin.com/articles/seoul-trained-inside-koreas-pop-factory/.

"Big Mama—Break Away." 2006. YouTube. 4:40. Posted by insatiable, April 10. https://
youtu.be/8otPjC1-nuQ.

"Big Mama—Nevermind." 2009. YouTube. 4:06. Posted by HeavenlyHeart87, July 11.
https://youtu.be/2SymmvQREnQ.

Bogdanov, Vladimir. 2003. *All Music Guide to Soul: The Definitive Guide to R&B and Soul*.
San Francisco: Backbeat Books.

Brackett, David. 2005. "Questions of Genre in Black Popular Music." *Black Music
Research Journal* 25 (1-2): 73-92. http://www.jstor.org/stable/30039286.

Brackett, David. 2000. *Interpreting Popular Music*. Berkeley: University of California
Press.

Brasor, Philip, and Tsubuku Masako. 1997. "Idol Chatter: The Evolution of J-pop." *Japan Quarterly* 44 (2): 55–65.

"Brown Eyed Soul Interview." 2007. *Reika no Rakuen*. December 20. http://reikanorakuen.wordpress.com/2007/12/20/brown-eyed-soul-interview/.

"Brown Eyed Soul's Vocal Analysis." 2015. *K-pop Vocal Analysis*. December 25. https://kpopvocalanalysis.net/2015/12/25/brown-eyed-souls-vocal-analysis-naul-newly-updated/.

Brungardt, Leah. 2015. "An Interview with South Korean Singer, DEAN on Breaking into the American Market, Working with Songwriter Eric Bellinger and Much More!" *All Access Music*. September 22. https://music.allaccess.com/an-interview-with-south-korean-singer-dean-on-breaking-into-the-american-market-working-with-songwriter-eric-bellinger-and-much-more/.

Butler, Mark J. 2006. *Unlocking the Groove: Rhythm, Meter, and Musical Design in Electronic Dance Music*. Bloomington: Indiana University Press.

Cateforis, Theo. 2004. "Performing the Avant-Garde Groove: Devo and the Whiteness of the New Wave." *American Music* 22 (4): 564–88. doi: 10.2307/3592993.

"Censors Attempted to Silence Hip Hop Group." 2007. *Freemuse*. March 1. http://freemuse.org/archives/874.

Cha, Victor D. 1996. "Bridging the Gap: The Strategic Context of the 1965 Korea-Japan Normalization Treaty." *Korean Studies* 20 (1996): 123–60. Doi: 10.1353/ks.1996.0009.

Chace, Zoe. 2012. "Gangnam Style: Three Reasons K-pop is Taking Over the World." *NPR*. October 12. http://www.npr.org/sections/money/2012/10/12/162740623/gangnam-style-three-reasons-K-pop-is-taking-over-the-world.

Chang, Jeff. 2009. "It's a Hip-Hop World." *Foreign Policy* 163. October 12. https://foreignpolicy.com/2009/10/12/its-a-hip-hop-world/.

Chang, Jeff. 2008. "So You Think They Can Dance?" *Salon*. June 26. http://www.salon.com/2008/06/26/korean_hiphop/singleton/.

Chang, Jeff. 2005. *Can't Stop Won't Stop: A History of the Hip-Hop Generation*. New York: St. Martin's Press. (제프 창. 유영희 옮김. 2014. 『힙합의 역사: 멈출 수 없는 질주』. 음악세계.)

Cheng, Anne Anlin. 2011. "Shine: On Race, Glamour, and the Modern." *PMLA* 126 (4):

1022–40. Doi: 10.1632/pmla.2011.126.4.1022.

Cheung, HP. 2016. "Crush's Experimental Journey Beyond K-Pop & Rap." *Hypebeast*. May 18. https://hypebeast.com/2016/5/crush-interview.

Chin, Bertha, and Lori Hitchcock Morimoto. 2013. "Towards a Theory of Transcultural Fandom." *Participations:JournalofAudienceandReceptionStudies* 10 (1): 92–108.

Choi, JungBong. 2015. "Hallyu versus Hallyu-hwa: Cultural Phenomenon versus Institutional Campaign." In *Hallyu 2.0: The Korean Wave in the Age of Social Media*, edited by Sangjoon Lee and Abé Mark Nornes, 31–52. Ann Arbor: University of Michigan Press.

Choi, JungBong, and Roald Maliangkay. 2015. "Introduction: Why Fandom Matters to the International Rise of K-pop." In *K-pop: The International Rise of the Korean Music Industry*, edited by JungBong Choi and Roald Maliangkay, 1–18. New York: Routledge.

"Choice 37 Talks about G-Dragon & Big Bang on Gumship Interview!!" n.d. *BB: bigbangkpop*. http://www.bigbangkpop.com/2012/09/choice-37-talks-about-g-dragon-big-bang.html.

Christian, Margena A. 2006. "Why It Took MTV So Long to Play Black Music Videos." *Jet* 110 (14): 16.

Chua, Beng Huat and Koichi Iwabuchi. 2008. "Introduction: East Asian TV Dramas: Identifications, Sentiments and Effects." In *East Asian Pop Culture:Analysing the Korean Wave*, edited by Chua Beng Huat and Koichi Iwabuchi, 1–12. Hong Kong: Hong Kong University Press.

Cliff, Aimee. 2014. "FKA Twigs Is Right, 'Alternative R&B Must Die.'" *Fader*. September 12. https://www.thefader.com/2014/09/12/popping-off-fka-twigs-beyonce-alt-r-and-b.

Cloonan, Martin. 2005. "What Is Popular Music Studies? Some Observations." *British Journal of Music Education* 22 (1): 77–93. doi:10.1017/S02650517 0400600X.

Cobb, Jelani. 2007. *To the Break of Dawn: A Freestyle on the Hip Hop Aesthetic*. New York: New York University Press.

Condry, Ian. 2006. *Hip-Hop Japan: Rap and the Paths of Cultural Globalization*. Durham: Duke University Press.

Cooper, Brittney. 2014. "Do Only 'Haters' Think Miley Is Racist?" *HuffPostLive*. February 11. http://live.huffingtonpost.com/r/segment/miley-cyrus-w-magazine-ronan-farrow/52f0161702a7601cee000768.

Cosgrove, Ben. 2014. "K-Pop Pioneers: The Kim Sisters Take America." *Time*. November 8. http://time.com/3490883/k-pop-pioneers-the-kim-sisters-take-america/.

Davis, Ronald L. 1993. *The Glamour Factory: Inside Hollywood's Big Studio System*. Dallas: Southern Methodist University Press.

Davis, Thulani. 1992. "Aretha Franklin, Do Right Diva." Liner notes to *Aretha Franklin Queen of Soul: The Atlantic Recordings*, 19–23. New York: Atlantic Records.

Demers, Joanna. 2006. "Dancing Machines: 'Dance Dance Revolution,' Cybernetic Dance, and Musical Taste." *Popular Music* 25 (3): 401–14. https://www.jstor.org/stable/3877663.

Do, K. 2017. "Bang Shi Hyuk Talks about Why BTS Hasn't Created English Songs." *Soompi*. December 11. https://www.soompi.com/2017/12/11/bang-shi-hyuk-talks-bts-sings-korean/.

Do, K. 2015. "MONSTA X Named as Girl Scouts' New Ambassadors." *Soompi*. December 11. https://www.soompi.com/article/798011wpp/monsta-x-named-as-girl-scouts-new-ambassadors.

Dorof, Jakob. n.d. "Music Review: SHINee—Everybody." *Tiny Mix Tapes*. http://www.tinymixtapes.com/music-review/shinee-everybody.

Duffett, Mark. 2013. *Understanding Fandom: An Introduction to the Study of Media Fan Culture*. New York: Bloomsbury. (마크 더핏. 김수정·곽현자·김수아·박지영 옮김. 2016. 『팬덤 이해하기』. 한울아카데미.)

Dyson, Michael Eric. 2004. "The Culture of Hip-Hop." In *That's the Joint: The Hip-Hop Studies Reader*, edited by Murray Forman and Mark Anthony Neal, 61–68. New York: Routledge.

Early, Gerald. 2004. *One Nation under a Grove: Motown and American Culture*. Ann Arbor: University of Michigan Press.

Eckart, Carter J., et al. 1990. *Korea: Old and New: A History*. Seoul: Ilchokak.

Edogawa, Alice. 2013. "Gotcha!: [Review] SHINee 'Everybody' Album." *Aliceedogawa*.

November 9. http://aliceedogawa.blogspot.com/2013/11/review-shinee-everybody-album.html.

Eliscu, Jenny. 2010. "The Soul and Science of Erykah Badu." *Rolling Stone*, April 15. https://www.rollingstone.com/music/music-news/the-soul-and-science-of-erykah-badu-186821/.

Elliott, Emory. 2007. "Diversity in the United States and Abroad: What Does It Mean When American Studies Is Transnational?" *American Quarterly* 59 (1) (March): 1–22. https://www.jstor.org/stable/40068421.

Emerson, Rana. 2002. "'Where My Girls At?': Negotiating Black Womanhood in Music Videos." *Gender and Society* 16 (1): 115–35. https://www.jstor.org/stable/3081879.

Emmison, Michael. 2003. "Social Class and Cultural Mobility: Reconfiguring the Cultural Omnivore Thesis," *Journal of Sociology* 39 (3): 211–30. doi: 10.1177/00048690030393001.

Epstein, Stephen, and James Turnball. 2014. "Girls' Generation? Gender, (Dis) Empowerment and K-pop." In *The Korean Popular Culture Reader*, edited by Kyung Hyun Kim and Youngmin Choe, 314–36. Durham, NC: Duke University Press.

Eric_r_wirsing. 2016. "[Album & MV Review] Se7en—'I Am Se7en.'" *allkpop*. October 21. https://www.allkpop.com/article/2016/10/album-mv-review-se7en-i-am-se7en.

Eric_r_wirsing. 2015. "[Album Review] 2PM." *allkpop*. June 15. http://www.allkpop.com/review/2015/06/album-review-2pm-no-5.

Eric_r_wirsing. 2014. "[Album Review] EXO-K—'Overdose.'" *allkpop*. May 10. https://www.allkpop.com/article/2014/05/album-review-exo-k-overdose.

Erlewine, Stephen Thomas. 2003. "Sly & the Family Stone." In *All Music Guide to Soul*, edited by Vladimir Bogdanov, John Bush, Chris Woodstra, and Stephen Thomas Erlewine, 624–26. San Francisco: Backbeat Books.

Farber, Jim. 2015. "Keith Richards Blasts Heavy Metal, Rap in Interview." *New York Daily News*. September 3. http://www.nydailynews.com/entertainment/music/keith-richards-plenty-plenty-article-1.2346653.

Fifield, Anna. 2016. "Young South Koreans Call Their Country 'Hell' and Look for Ways Out." *Washington Post*. January 31. https://www.washingtonpost.com/world/

asia_pacific/young-south-koreans-call-their-country-hell-and-look-for-ways-
out/2016/01/30/34737c06-b967-11e5-85cd-5ad59bc19432_story.html.

Fikentscher, Kai. 2006. "Disco and House." In *African American Music: An Introduction*,
edited by Mellonee V. Burnim and Portia K. Maultsby, 315-29. New York:
Routledge.

Fink, Robert. 2005. "The Story of ORCH5, Or, the Classical Ghost in the Hip-
Hop Machine." *Popular Music* 24 (3): 339-56. doi: https://doi.org/10.1017/
S0261143005000553.

"First Listen—Primary '2-1' Mini-Album." 2015. *seoulrebels*. April 9. https://
seoulrebels.com/2015/04/09/first-listen-primary-2-1-mini-album/.

Fishkin, Shelley Fisher. 2005. "Crossroads of Cultures: The Transnational Turn in
American Studies: Presidential Address to the American Studies Association,
November 12, 2004." *American Quarterly* 57 (1): 17-57. http://www.jstor.org/
stable/40068248.

Fitzgerald, Jon. 2007. "Black Pop Songwriting 1963-1966: An Analysis of U.S. Top
Forty Hits by Cooke, Mayfield, Stevenson, Robinson, and Holland-Dozier-
Holland." *Black Music Research Journal* 27 (2) (2007): 97-140. http://www.jstor.org/
stable/25433786.

Fitzgerald, Jon. 1995. "Motown Crossover Hits 1963-1966 and the Creative Process."
Popular Music 14 (1): 1-11. https://www.jstor.org/stable/853340.

Flatley, Joseph L. 2012. "K-pop Takes America: How South Korea's Music Machine
Is Conquering the World." *The Verge*. October 18. http://www.theverge.com/2012/
10/18/3516562/k-pop-invades-america-south-korea-pop-music-factory.

Flory, Andrew. 2014. "Tamla Motown in the UK: Transatlantic Reception of American
Rhythm and Blues." In *Sounds of the City*, edited by Brett Lashua, Karl Spracklen, and
Stephen Wagg, 113-27. Basingstoke, UK: Palgrave.

"Fly to the Sky— 약속 + What U Want." 2019. YouTube. Posted by 황황황, July 6.
https://youtu.be/dTfxBdtuod0.

"Fly to the Sky—Day by Day." 2009. YouTube. Posted by doolielove, January 6. https://
youtu.be/uFhubvJhCKE.

Frere-Jones, Sasha. 2008. "Living Pains: Mary J. Blige's Chronic Brilliance." *New*

Yorker. February 3. https://www.newyorker.com/magazine/2008/02/11/living-pains.

Fuhr, Michael. 2016. *Globalization and Popular Music in South Korea: Sounding Out K-pop*. New York: Routledge.

Gabler, Neal. 1989. *An Empire of Their Own: How the Jews Invented Hollywood*. New York: Anchor Books.

Gainer, Nichelle. 2014. *Vintage Black Glamour*. London: Rockett 88.

Galloway, A. Scott. 2017. "The Isley Brothers—Go for Your Guns." *Radio Facts*. October 26. https://radiofacts.com/that-time-when-the-isley-brothers-created-their-second-perfect-album-and/.

Gammage, Marquita Marie. 2015. *Representations of Black Women in the Media: The Damnation of Black Womanhood*. New York: Routledge.

Garofalo, Reebee. 1993. "Black Popular Music: Crossing Over or Going Under?" In *Rock and Popular Music: Politics, Policies, Institutions*, edited by Tony Bennett et al., 229–45. London: Routledge.

Gates Jr., Henry Louis. 1998. *The Signifying Monkey: A Theory of African-American Literary Criticism*. Oxford: Oxford University Press.

Generasia. n.d. "Welcome to *generasia*." Accessed September 19, 2019. http://www.generasia.com/wiki/.

George, Nelson. 1999. *Hip-Hop America*. New York: Penguin.

George, Nelson. 1988. *The Death of Rhythm and Blues*. New York: Penguin Books.

GhostWriter. 2016. "Hyun Jin Young, The Very First SM Artist." *Allkpop*. May 11. https://www.allkpop.com/article/2016/05/way-back-wednesday-hyun-jin-young-the-very-first-sm-artist.

Glasby, Taylor. 2018. "Meet Jay Park, The Korean Hip Hop Polymath with America in His Sights." *Dazed*. February 15. http://www.dazeddigital.com/music/article/39032/1/jay-park-korea-hip-hop-r-b-interview.

Glasby, Taylor. 2017. "Meet Dean, the Rising Star Bringing Korean R&B to the World." *Hero Magazine*. March 6. http://hero-magazine.com/article/90012/meet-dean-the-multi-skilled-star-bringing-korean-rb-to-the-world/.

"G.O.D—Observation MV HD (지오디-관찰 뮤직비디오 HD)." 2012. YouTube. Posted

by GrooveOverDoseTV, June 15. https://www.youtube.com/watch?v= wifIwg-
XpLU.

Goldblatt, David. 2013. "Nonsense in Public Places: Songs of Black Vocal Rhythm
and Blues or Doo-Wop." *Journal of Aesthetics and Art Criticism* 71 (1): 101–10. doi:
10.1111/j.1540-6245.2012.01546.x.

Goodall, Nataki. 1994. "Depend on Myself: T.L.C. and the Evolution of Black Female
Rap." *Journal of Negro History* 79 (1): 85–93. doi: 10.2307/2717669.

Goodwin, Andrew. 1992. *Dancing in the Distraction Factory: Music Television and Popular
Culture.* Minneapolis: University of Minnesota Press.

Gordon, Larry. 2015. "Korean-Language Classes Are Growing in Popularity at U.S.
Colleges." *Los Angeles Times.* April 1. http://www.latimes.com/local/education/la-
me-korean-language-20150401-story.html.

Gracyk, Theodore. 2007. *Listening to Popular Music, or How I Learned to Stop Worrying and
Love Led Zeppelin.* Ann Arbor: University of Michigan Press.

Green, Michael Cullen. 2010. *Black Yanks in the Pacific: Race in the Making of American
Military Empire after World War II.* Ithaca, NY: Cornell University Press.

Greenblatt, Stephen. 2010. "Cultural Mobility: An Introduction." In *Cultural Mobility:
A Manifesto*, edited by Stephen Greenblatt, Ines G. Zupanov, Reinhard Meyer-
Kalkus, Heike Paul, Pal Nyiri, and Friederike Pannewick, 1–23. Cambridge:
Cambridge University Press.

Greenwald, Jeff. 2002. "Hip-Hop Drumming: The Rhyme May Define, but the
Groove Makes You Move." *Black Music Research Journal* 22 (2): 259–71. doi:
10.2307/1519959.

Greig, Charlotte. 1989. *Will You Still Love Me Tomorrow?: Girl Groups from the 1950s On.*
London: Virago Press.

Grossberg, Lawrence. 1992. "Is There a Fan in the House?: The Affective Sensibility of
Fandom." In *The Adoring Audience: Fan Culture and Popular Media*, edited by Lisa A.
Lewis, 50–65. London and New York: Taylor and Francis.

Grossberg, Lawrence, Cary Nelson, and Paula Treichler. 1992. "Cultural Studies: An
Introduction." In *Cultural Studies*, edited by Lawrence Grossberg, Cary Nelson, and
Paula Treichler, 1–16. New York: Routledge.

Ha, Jarryn. 2015. "Uncles' Generation: Adult Male Fans and Alternative Masculinities in South Korean Popular Music." *Journal of Fandom Studies* 3 (1) (March): 43–58. https://doi.org/10.1386/jfs.3.1.43_1.

Hamera, Judith. 2012. "The Labors of Michael Jackson: Virtuosity, Deindustrialization, and Dancing Work." *PMLA* 127 (4): 751–65. doi: 10.1632/pmla.2012.127.4.751.

Hamilton, Jack. 2016. "How Rock and Roll Became White." *Slate*. October 16. http://www.slate.com/articles/arts/music_box/2016/10/race_rock_and_the_rolling_stones_how_the_rock_and_roll_became_white.html.

Han, Geon-soo. 2003. "African Migrant Workers' Views of Korean People and Culture." *Korea Journal* 43 (1): 154–73.

Harper, Phillip Brian. 1989. "Synesthesia, 'Crossover,' and Blacks in Popular Music." *Social Text* 23: 102–21. doi: 10.2307/466423.

Harris, Keith. 1999. "'Untitled': D'Angelo and the Visualization of the Black Male." *Wide Angle* 21 (4): 62–83. doi:10.1353/wan.2004.0003.

Harvie, Charles, and Hyun-hoon Lee. 2003. "Export-Led Industrialization and Growth: Korea's Economic Miracle, 1962–1989." *Australian Economic History Review* 43 (3): 256–86. doi: https://doi.org/10.1046/j.1467–8446.2003.00054.x.

Hazzon, Dave. 2014. "Korea's Black Racism Epidemic." *Groove Korea*. February 11. http://groove-korea.com/article/koreas-black-racism-epidemic-0/.

"[HD] G.O.D—Dear Mother/to My Mother MV ENG SUB/ROM (지오디-어머님께 뮤직비디오 HD)." 2013. YouTube. Posted by GrooveOverSubs, July 1. https://www.youtube.com/watch?v=6vPzSt8muF4.

Henderson, Alex. 2003. "K-Ci & Jo-Jo." In *All Music Guide to Soul*, edited by Vladimir Bogdanov, John Bush, Chris Woodstra, and Stephen Thomas Erlewine, 382. San Francisco: Backbeat Books.

Hennion, Antoine. 1989. "An Intermediary between Production and Consumption: The Producer of Popular Music." *Science, Technology, and Human Values* 14 (4): 400–424. https://www.jstor.org/stable/689684.

Herman, Tamar. 2018. "SHINee Looks Back on Debut Song 'Replay' Ten Years Later." *Billboard*. June 21. https://www.billboard.com/articles/columns/k-town/8462058/shinee-replay-interview-ten-years-later.

Herman, Tamar. 2017a. "Every Wonder Girls Single Ranked from Worst to Best: Critic's Take." *Billboard*. February 9. https://www.billboard.com/articles/columns/k-town/7685988/every-wonder-girls-single-ranked.

Herman, Tamar. 2017b. "BTS and Steve Aoki Drop 'Mic Drop' Remix Feat. Desiigner: Watch." *Billboard*. November 24. https://www.billboard.com/articles/columns/k-town/8046914/bts-steve-aoki-k-pop-drop-mic-drop-remix-desiigner-edm.

Herman, Tamar. 2015. "Meet Hyukoh, the Indie Rock Band Topping the Korean Charts in a World of K-Pop." *Noisey*. August 13. https://noisey.vice.com/en_us/article/rpy3zk/hyukoh-22-comes-and-goes-south-korea-indie-rock-interview.

Herman, Tamar, Jeff Benjamin, and Caitlin Kelley. 2017. "The Best K-pop Songs of 2017." *Billboard*. December 14. https://www.billboard.com/articles/events/year-in-music-2017/8070355/best-k-pop-songs-of-2017-top-20.

Hills, Matt. 2002. *Fan Cultures*. Abingdon: Routledge.

Hip-Hop Evolution. 2016. "The Foundation." Episode 1. Season 1. Directed by Darby Wheeler. Netflix.

Hip-Hop Evolution. 2016. "The Birth of Gangsta Rap." Episode 3. Season 1. Directed by Darby Wheeler. Netflix.

Hirshey, Gerri. 1984. *Nowhere to Run: The Story of Soul Music*. Boston: Da Capo Press.

Hoffman, Heiko. 2005. "From the Autobahn to I-94." *Pitchfork*. November 28. http://pitchfork.com/features/articles/6204-from-the-autobahn-to-i-94/.

Hogarth, Hyun-key Kim. 2013. "The Korean Wave: An Asian Reaction to Western-Dominated Globalization." *Perspectives on Global Development and Technology* 12 (1–2): 135–51. doi: 10.1163/15691497-12341247.

Holcombe, Charles. 2011. *A History of East Asia: From the Origins of Civilization to the Twenty-First Century*. Cambridge: Cambridge University Press.

"How Epik Is Epik High's Comeback?" 2012. *seoulbeats*. October 29. http://seoulbeats.com/2012/10/how-epic-is-epik-highs-comeback/.

Howard, Keith. 2006. *Korean Pop Music: Riding the Wave*. Dorset, UK: Global Oriental.

"[Interview] Record Producer Yoo Young-Jin—Part 1." 2010a. *10asia*. June 11. http://www.asiae.co.kr/news/view.htm?idxno=2010061109310268065.

"[Interview] Record Producer Yoo Young-Jin—Part 2." 2010b. *10asia*. June 11. http://

www.asiae.co.kr/news/view.htm?idxno=2010061113544954123.

"[Interview] Shinhwa Members Say 'Shinhwa' Is Their Life-Long Career." 2015. *Korea.*
net. March 3. http://www.korea.net/NewsFocus/Daily-News/view?articleId=1101
&flag=2&lgroupId=A120200.

"Interview with Korea's g.o.d." 2001. *CNN.*com. http://edition.cnn.com/2001/
WORLD/asiapcf/east/06/27/korea.god/.

Iwabuchi, Koichi. 2010. "Undoing Inter-national Fandom in the Age of Brand
Nationalism." *Mechademia* 5: 87–96. https://www.jstor.org/stable/41510958.

Jackson, John L. 2005. *Real Black: Adventures in Racial Sincerity.* Chicago: University of
Chicago Press.

Jackson, Kennell. 2005. "Introduction: Traveling While Black." In *Black Cultural
Traffic: Crossroads in Global Performance and Popular Culture*, edited by Harry Justin
Elam Jr. and Kennell Jackson, 1–42. Ann Arbor: University of Michigan Press.

"The Jackson 5 Dancing Machine Live at Soul Train." 2014. YouTube. Posted by Marley
Jackson, August 2. https://www.youtube.com/watch?v= CuyOGuXiGAk.

Jara. 2015a. "'No. 5' Album Review." *FunCurve.* October 28. http://www.funcurve.
com/music/2pm-no-5-album-review/.

Jara. 2015b. "SHINee—'Odd' Album Review." *FunCurve.* October 19. http://www.
funcurve.com/music/shinee-odd-album-review/.

Jenkins, Henry. 2013. *Textual Poachers: Television Fans and Participatory Culture.* 2nd ed.
New York: Routledge.

Johnson, Jennie Alice. 2003. "Exploring Korea's Pop Culture: An Interview with the
Reigning Korean Hip-Hop Group, Jinusean." *Harvard Asia Pacific Review* 7 (1):
83–87.

Joora. 2014. "8 Artists with That 'Unique Voice.'" *allkpop.* April 19. https://www.
allkpop.com/article/2014/04/8-artists-with-that-unique-voice.

Journal of Popular Music Studies. n.d. "About." Accessed August 27, 2019. https://jpms.
ucpress.edu/content/about.

Jung, Eun-young. 2011. "The Place of Sentimental Song in Contemporary Korean
Musical Life." *Korean Studies* 35: 71–92. https://www.jstor.org/stable/23719454.

Jung, Eun-young. 2010. "Playing the Race and Sexuality Cards in the Transnational

Pop Game: Korean Music Videos for the US Market." *Journal of Popular Music Studies* 22 (2): 219–36. doi: 10.1111/j.1533-1598.2010.01237.x.

Jung Bae. 2012. "Album Review: Shinhwa—The Return." *hellokpop*. April 15. http:// www.hellokpop.com/review/album-review shinhwa-the-return/.

Jung, Sun, and Hirata Yukie. 2012. "Conflicting Desires: K-pop Idol Girl Group Flows in Japan in the Era of Web 2.0." *ejcjs* 12 (2).

Jung, Sun. 2011. *Korean Masculinities and Transcultural Consumption: Yonsama, Rain, Oldboy, K-pop Idols.* Hong Kong: Hong Kong University Press.

Katz, Mark. 2014. "What Does It Mean to Study Popular Music?: A Musicologist's Perspective." *Journal of Popular Music Studies* 26 (1): 22–27. https://doi.org/10.1111/ jpms.12057.

Kawaiineyo. 2008. "DBSK ["O"Jung.Ban.Hap] (Third Korean Album)." *Memories of Love.* September 18. https://memoriesoflove.wordpress.com/2008/09/18/dbsk-o-jungbanhub-third-korean-album/.

KOCCA. n.d. "Introduction." http://eng.kocca.kr/en/contents.do?menuNo=201433.

Kelley, Robin D. G. 1997. *Yo'Mama's Disfunktional: Fighting the Cultural Wars in Urban America.* Boston: Beacon Press.

Kim, Chang-nam. 2012. *K-pop: Roots and Blossoming of Korean Popular Music.* Seoul: Hollym.

Kim, Do Kyun, and Min-Sun Kim. 2011. *Hallyu: Influence of Korean Popular Culture in Asia and Beyond.* Seoul: Seoul National University Press.

Kim, Monica. 2017. "How Hyuk Oh, the Korean Indie Rock Star, Is Changing the Sound and Style of Seoul." *Vogue.* October 16. https://www.vogue.com/article/ hyukoh-korean-music-artist-anti-kpop-fashion-style.

Kim, Nadia Y. 2006. "'Seoul-America' on America's 'Soul': South Koreans and Korean Immigrants Navigate Global White Racial Ideology." *Critical Sociology* 32 (2-3): 381–402. doi: 10.1163/156916306777835231.

Kim, Rebecca. 2015. *The Spirit Moves West: Korean Missionaries in America.* Oxford: Oxford University Press.

Kim, Su-yeon. 2011. "Tablo Uncut: An Interview with Epik High's Charismatic Leader: Part IV." *MTV Iggy.* November 3. http://www.mtviggy.com/interviews/

tablo-uncut-an-interview-with-epik-high's-charismatic-leader/4/.

Kinnon, Joy Bennett. 1998. "K-Ci ＊ Jo-Jo: Music's Hottest Duo." *Ebony* 53 (12): 80, 82,
178.

KisforKARENX3. 2011. "SNSD to Greet Fans at Soshified Fanmeet at SM Town
NYC." *soompi*. October 21. http://www.soompi.com/2011/10/21/snsd-to-greet-
fans-at-soshified-fanmeet-at-sm-town-nyc/.

Konser, Relawan. 2014. "[Special] Interview with Urban Zakapa." *Relawan Konser*.
October 24. https://relawankonser.com/2014/10/24/interview-urban-zakapa-
october-2014/.

"Korean Entertainment Agency Takes Its Acts Globally." 2011. YouTube. Posted by
Stanford Graduate School of Business, May 12. http://youtu.be/bGP5mNh9zo8.

"Korean Hip-Hop: K-Hop Goes Global." 2012. *Newsweek*. January 23. http://www.
thedailybeast.com/newsweek/2012/01/22/korean-hip-hop-k-hop-goes-global.
html.

"K-pop Indie Gem: Urban Zakapa." 2011. *seoulbeats*. September 23. http://seoulbeats.
com/2011/09/k-indie-gem-urban-zakapa/.

Kpop Vocalists' Vocal Analyses. n.d. "F.A.Q." Accessed August 29, 2019. https://
kpopvocalanalysis.net/faq/.

Kwon, Seung-Ho, and Joseph Kim. 2014. "The Culture Industry Policies of the Korean
Government and the Korean Wave." *International Journal of Cultural Policy* 20 (4):
422-39. doi: 10.1080/10286632.2013.829052.

Lee, Jamie Shinhee. 2004. "Linguistic Hybridization in K-Pop: Discourse of Self-
Assertion and Resistance." *World Englishes* 23 (3): 429-50. doi: 10.1111/j.0883-
2919.2004.00367.x.

Lee, Mary. 2008. "Mixed Race Peoples in the Korean National Imaginary and Family."
Korean Studies 32: 56-85. doi: 10.1353/ks.0.0010.

Lee, Sangjoon. 2015. "Introduction: A Decade of Hallyu Scholarship: Toward a New
Direction in *Hallyu 2.0*." In *Hallyu 2.0: The Korean Wave in the Age of Social Media*, edited
by Sangjoon Lee and Abé Mark Nornes, 1-28. Ann Arbor: University of Michigan
Press.

Lee, Sangjoon, and Abé Mark Nornes. 2015. *Hallyu 2.0: The Korean Wave in the Age of*

Social Media. Ann Arbor: University of Michigan Press.

Legg, Andrew. 2010. "A Taxonomy of Musical Gesture in African American Gospel Music." *Popular Music* 29 (1): 103–29. doi: 10.1017/S0261143009990407.

Leight, Elias. 2018. "How American R&B Songwriters Found a New Home in K-pop." *Rolling Stone*. May 2. https://www.rollingstone.com/music/music-news/how-american-rb-songwriters-found-a-new-home-in-k-pop-627643/.

Lena. 2010. "Interview with Drunken Tiger." *KoME U.S.A.* March 3. http://www.kome-world.com/us/articles-9463-interview-with-drunken-tiger.html.

Lendrum, Alexander. 2017. "HIGHGRND: The Underground K-Pop Sub-Label That's Redefining the Genre." *Unrated*. January 4. http://unrtd.co/highgrnd-the-underground-k-pop-sub-label-thats-redefining-the-genre/.

Lennon. 2013. "[Interview] Yang Hyun-suk, CEO of YG Entertainment—Part 2." *Kstar10*. January 17. http://kstar10.tenasia.co.kr/?construct=K_newContent&fz=news&newCode=ARTS&gisaNo=27909.

Leonard, Marion, and Robert Strachan. 2003. "Dance." In *Bloomsbury Encyclopedia of Popular Music of the World: Volume II: Performance and Production*, edited by John Shepard, David Horn, Dave Laing, Paul Oliver, and Peter Wicke, 651–60. Continuum.

Lewis, Nate. 2018. "Michael McDonald Speaks from the Soul." *Blues and Soul Magazine*. July 24. http://www.bluesandsoul.com/feature/262/michael_mcdonald_speaks_from_the_soul/.

Lie, John. 2014. *K-pop: Popular Music, Cultural Amnesia, and Economic Innovation in South Korea*. Oakland: University of California Press. (존 리. 김혜진 옮김. 2019. 『케이팝: 대한민국 대중음악과 문화 기억상실증과 경제 혁신』. 소명출판.)

Lie, John. 2012. "What is the K in K-pop?: South Korean Popular Music, the Culture Industry, and National Identity." *Korea Observer* 43 (3): 339–63.

Light, Alan. 2008. "The Kalimba Story." Liner notes for Earth, Wind and Fire box set *The Eternal Dance*. New York: Columbia Records.

Lim, Hyun-chin, and Joon Han. 2003. "The Social and Political Impact of Economic Crisis in South Korea: A Comparative Note." *Asian Journal* 31 (2): 198–200. http://www.jstor.org/stable/23654666.

Lindsay. 2012. "K-pop Sub-genres: Get Retro with New Jack Swing." *seoulbeats*. October. http://seoulbeats.com/2012/10/k-pop-sub-genres-get-retro-with-new-jack-swing/.

Lindvall, Helienne. 2011. "Behind the Music: What Is K-Pop and Why Are the Swedish Getting Involved?" *Guardian*. April 20. http://www.guardian.co.uk/music/musicblog/2011/apr/20/k-pop-sweden-pelle-lidell.

Locke, Kaito. 2017. "[Album Review] Zion.T—OO." *United Kpop*. March 7. http://ukp.link/YAVAV.

Luo, Benny. 2017. "Meet the Most Famous Black Man in Korea." *Nextshark*. May 30. https://nextshark.com/sam-okyere-most-famous-black-man-korea/.

"Lyn Preaches Love in 'I Like This Song' and We Love It." 2013. *seoulbeats*. September 1. http://seoulbeats.com/2013/09/lyn-preaches-love-in-i-like-this-song-and-we-love-it/.

Lyon, Chris. 2015. "DEAN | HIPHOPKR Exclusive Interview." *Hip Hop Korea*. December 12. https://hiphopkr.com/interviews/d%ce%be%ce%b4n-hiphopkr-exclusive-interview-2/.

Madrid-Morales, Dani, and Bruno Lovric. 2015. "'Transatlantic Connection': K-pop and K-drama Fandom in Spain and Latin America." *Journal of Fandom Studies* 3 (1): 23–41. doi: https://doi.org/10.1386/jfs.3.1.23_1.

Maliangkay, Roald. 2015. "Uniformity and Nonconformity: The Packaging of Korean Girl Groups." In *Hallyu 2.0: The Korean Wave in the Age of Social Media*, edited by Sangjoon Lee and Abé Mark Nornes, 90–107. Ann Arbor: University of Michigan Press.

Malone, Jacqui. 1988. "'Let the Punishment Fit the Crime': The Vocal Choreography of Cholly Atkins." *Dance Research Journal* 20 (1): 11–18. doi: 10.2307/1478812.

Mark. 2013. "Aegyo Hip Hop: Cultural Appropriation at Its Messiest." *seoulbeats*. January 5. http://seoulbeats.com/2013/01/aegyo-hip-hop-cultural-appropriation-at-its-messiest/.

Marsh, David. 1992. "Gotta Find Me an Angel." Liner notes for *Aretha Franklin Queen of Soul: The Atlantic Recordings*, 25–30. New York: Atlantic Records.

Marshall, Wayne. 2006. "Giving Up Hip-Hop's Firstborn: A Quest for the Real after the Death of Sampling." *Callaloo* 29 (3): 868–92. doi: https://www.jstor.org/stable/4488375.

Matsumoto, Jon. 2012. "The K-pop Explosion." *Grammy.com*. May 3. http://www.grammy.com/news/the-k-pop-explosion.

Maultsby, Portia K. 2006. "Funk." In *African American Music: An Introduction*, edited by Mellonee V. Burnim and Portia K. Maultsby, 293–314. New York: Routledge.

McClure, Steve. 2001. "Japan Hits the Road." *Billboard* 113 (8): APQ1, APQ4.

McLeod, Kembrew. 1999. "Authenticity within Hip-Hop and Other Cultures Threatened with Assimilation." *Journal of Communication* 49 (4): 134–50. doi: 10.1111/j.1460-2466.1999.tb02821.x.0.

MCST: Ministry of Culture, Sports and Tourism. n.d. "Vision." http://www.mcst.go.kr/english/ministry/vision/vision.jsp.

Melendez, Monique. 2016. "Crush Talks Erasing Musical Boundaries at KCON New York 2016: Exclusive." *Billboard*. June 27. https://www.billboard.com/articles/columns/k-town/7416610/crush-interview-kcon-new-york-2016.

Meyer, Leonard. 1956. *Emotion and Meaning in Music*. Chicago: University of Chicago Press.

Miller, Monica. 2009. *Slaves to Fashion: Black Dandyism and the Styling of Black Diasporic Identity*. Durham: Duke University Press.

Ming, Cheang. 2017. "How K-Pop Made a Breakthrough in the US in 2017." CNBC. December 29. https://www.cnbc.com/2017/12/29/bts-and-big-hit-entertainment-how-k-pop-broke-through-in-the-us.html.

Mitchell, Gail. 2000. "Reinventing the Real: R&B Gets Its Groove Back." *Billboard*, June 3: 41, 47, 52.

Mitchell, Tony. 2001. "Introduction: Another Root—Hip-Hop Outside the USA." In *Global Noise: Rap and Hip-Hop Outside the USA*, edited by Tony Mitchell, 1–38. Middletown, CT: Wesleyan University Press.

Miyakawa, Felicia M. 2007. "Turntablature: Notation, Legitimization, and the Art of the Hip-Hop DJ." *American Music* 25 (1): 81–105. doi: 10.2307/40071644.

"ML | Adventures with YG Entertainment." 2011. YouTube. Posted by MovementLifestyle, February 7. http://youtu.be/iOCpvvNuOaY.

Mobius, J. Mark. 1966. "The Japan-Korea Normalization Process and Korean Anti-Ameri-canism." *Asian Survey* 6 (4): 241-48. doi: 10.2307/2642122.

Mody, Seema. 2017. "China Lashes Out as South Korea Puts an American Anti-Missile System in Place." CNBC. April 29. http://www.cnbc.com/2017/03/17/thaad-anti-missile-system-makes-china-lash-out-at-south-korea.html.

Mokoena, Tshepo. 2017. "Why Is Black Music Still Rarely Classified as Mainstream Pop?" Noisey. March 21. https://noisey.vice.com/en_us/article/z4k8aj/why-is-black-music-still-rarely-classified-as-mainstream-pop.

MoonSoshi9. 2012. "Writers Review February 2012: 'The Boys' and 'MR. TAXI' Repackages." Soshified. March 1. https://www.soshified.com/2012/03/writers-review-february-2012-the-boys-and-mr-taxi-repackages.

Moore, Allan F. 2012. *Song Means: Analysing and Interpreting Recorded Popular Song.* Farnham, UK, and Burlington, VT: Ashgate.

Moore, Allan F. 2002. "Authenticity as Authentication." *Popular Music* 21 (2): 209-23. doi:10.1017/S0261143002002131.

"[MV] Fin.K.L (핑클) _ Blue Rain." 2019. YouTube. Posted by 1theK (원더케이), May 23. https://youtu.be/PZ-rMQtWoTc.

"[MV] god_Saturday Night." 2018. YouTube. Posted by 1theK (원더케이), August 21. https://www.youtube.com/watch?v=srdN65F0ZSQ.

"[MV] Yoonmirae (윤미래) _ Black Happiness (검은 행복)." 2015. YouTube. Posted by 1thK, December 24. https://youtu.be/1DK-MPh7vKk.

"[MV] Yoonmirae (윤미래) _ KawiBawiBo (가위바위보)." 2018. YouTube. Posted by 1theK, April 20. https://youtu.be/gAzdJCPdkJ4.

Moorefield, Virgil. 2005. *The Producer as Composer: Shaping the Sounds of Popular Music.* Cambridge, MA: MIT Press.

Morelli, Sarah. 2001. "'Who Is a Dancing Hero?': Rap, Hip-Hop, and Dance in Korean Popular Culture." In *Global Noise: Rap and Hip-Hop Outside the USA*, edited by Tony Mitchell, 248-58. Middletown, CT: Wesleyan University Press.

Morgan, Marcyliena, and Dionne Bennett. 2011. "Hip-Hop and the Global Imprint of a Black Cultural Form." *Daedalus: Journal of the American Academy of Arts & Sciences* 140 (2): 176-96. doi: 10.1162/DAED_a_00086.

Motoway065. 2008. "Album Review—Wonder Girls—Nobody: The Wonder Years
Trilogy." soompi. December 1. https://www.soompi.com/2008/12/01/album-
review-wonder-girls-nobody-the-wonder-years-trilogy/.

Mukherjee, Roopali. 2006. "The Ghetto Fabulous Aesthetic in Contemporary Black
Culture: Class and Consumption in the Barbershop Films." Cultural Studies 20 (6):
599–629. doi: 10.1080/09502380600973978.

Murphy, John P. 1990. "Jazz Improvisation: The Joy of Influence." Black Perspective in
Music 18 (1–2): 7–19. https://www.jstor.org/stable/1214855.

"MUSIC VIDEO: Wheesung—Incurable Disease." 2007. YouTube. Posted by linhieee,
August 20. https://youtu.be/ptKqKYz9U_k.

Nakassis, Constantine V. 2013. "Citation and Citationality." Signs and Society 1 (1):
51–77. doi: 10.1086/670165.

Neal, Mark Anthony. 2005. "White Chocolate Soul: Teena Marie and Lewis Taylor."
Popular Music 24 (1): 369–80. https://www.jstor.org/stable/3877524.

Neal, Mark Anthony. 1999. What the Music Said: Black Popular Music and Black Public
Culture. Routledge: New York.

"New Edition—Cool It Now (Official Video)." 2009. YouTube. Posted by
NewEditionVEVO, October 7. https://youtu.be/RZUq6N7Gx1c.

Nick. 2017. "Song Review: Zion.T—The Song." Bias List. February 1. https://thebiaslist.
com/2017/02/01/song-review-zion-t-the-song/.

Nini. 2015. "[Inside the Music] VIBE and 4MEN Talk about 'K-Soul' and US Tour."
hellokpop. February 1. http://www.hellokpop.com/news/exclusive/inside-the-
music-vibe-and-4men-talks-about-k-soul-and-us-tour/.

Noh, Dong-eun. 2003. "Singing Culture of Koreans: A Multifaceted Soundtrack of
Life." Koreana: A Quarterly on Korean Art and Culture 17 (3): 72–77.

Norfleet, Dawn M. 2006. "Hip-Hop and Rap." In African American Music: An
Introduction, edited by Mellonee V. Burnim and Portia K. Maultsby, 353–89. New
York: Routledge.

Nye, Joseph, and Youna Kim. 2013. "Soft Power and the Korean Wave." In The Korean
Wave: Korean Media Go Global, edited by Youna Kim, 31–42. New York: Routledge.

Oak, Jessica. 2014. "EXO Keeps Their Astounding Momentum Going with 'Overdose.'"

Billboard. May 7. https://www.billboard.com/articles/columns/k-town/6077666/
exo-keeps-their-astounding-momentum-going-with-overdose.

Oak, Jessica. 2013. "Dynamic Duo Reflect on 14 Years in K-pop: Exclusive Q&A."
Billboard Korea. September 6. http://www.billboard.com/articles/columns/
k-town/5687190/dynamic-duo-reflect-on-14-years-in-k-pop-exclusive-qa.

Ock, Hyu-ju. 2017. "[Newsmaker] Why Koreans Want to Leave 'Hell Joseon.'"
Korea Herald. December 10. http://www.koreaherald.com/view.php?ud=
20171210000292.

Oh, Chang-hun, and Celeste Arrington. 2007. "Democratization and Changing Anti-
American Sentiments in South Korea." *Asian Survey* 47 (2) (March/April): 327–50.
doi: 10.1525/as.2007.47.2.327.

Oh, David. 2017. "Black K-pop Fan Videos and Polyculturalism." *Popular
Communication* 15 (4): 269–82. doi: 10.1080/15405702.2017.1371309.

Oh, Ingyu. 2013. "The Globalization of K-pop: Korea's Place in the Global Music
Industry." *Korea Observer* 44 (3): 389–409.

Oh, Ingyu, and Hyo-Jung Lee. 2013. "K-pop in Korea: How the Pop Music Industry
Is Changing a Post-Developmental Society." *Cross-Currents: East Asian History and
Culture Review* (9): 105–24. https://cross-currents.berkeley.edu/e-journal/issue-9/
oh-and-lee.

Oh, Ingyu, and Gil-Sung Park. 2012. "From B2C to B2B: Selling Korean Pop Music in
the Age of New Social Media." *Korea Observer* 43 (3): 365–97.

Ollison, Rashod. 2015. "Before Adele and Sam Smith: the British Pop-Soul Invasion
of the '80s." *Virginian-Pilot*. October 29. https://pilotonline.com/entertainment/
music/behind-the-groove/article_ceb5ac7b-672a-53db-a0e0-fc4a1e0aabdf.html.

Palmer, Joe. 2015. "SM Entertainment: The 'Brand.'" *KultScene*. April 20. http://
kultscene.com/sm-entertainment-the-brand/.

Pan, Deanna. 2012. "Is 'Gangnam Style' a Hit Because of Our Asian Stereotypes?"
Mother Jones. September 24. http://www.motherjones.com/mixed-media/2012/09/
gangnam-style-asian-masculinity%20.

Pareles, Jon. 1992. "Review/Pop; A Girl Group for a Changing World." *New York Times*.
September 17. https://www.nytimes.com/1992/09/17/arts/review-pop-a-girl-

group-for-a-changing-world.html.

Park, Gil-sung. 2013. "Manufacturing Creativity: Production, Performance and Dissemination of K-pop." *Korea Journal* 53 (1): 14–33.

"Park Hyo Shin's Interview @ Dong-A Ilbo." 2007. *Reika no Rakuen*. February 1. https://reikanorakuen.wordpress.com/2007/02/01/park-hyo-shins-interview-dong-a-ilbo/.

Park, Si-soo. 2014. "Anti-Hallyu Voices Growing in Japan." *Korea Times*. February 21. http://www.koreatimes.co.kr/www/news/nation/2016/09/386_152045.html.

Park Sun-young. n.d. "Shinsedae: Conservative Attitudes of a 'New Generation' in South Korea and the Impact on the Korean Presidential Election." *East-West Center*. http://www.eastwestcenter.org/news-center/east-west-wire/shinsedae-conservative-attitudes-of-a-new-generation-in-south-korea-and-the-impact-on-the-korean-pres.

Pennycook, Alastair. 2007. "Language, Localization, and the Real: Hip-Hop and the Global Spread of Authenticity." *Journal of Language, Identity, and Education* 6 (2): 101–15. doi: 10.1080/15348450701341246.

Perkins, William Eric. 1996. "The Rap Attack: An Introduction." In *Droppin' Science: Critical Essays on Rap Music and Hip Hop Culture*, edited by William Eric Perkins, 1–45. Philadelphia: Temple University Press.

Perry, Imani. 2004. *Prophets of the Hood: Politics and Poetics in Hip Hop*. Durham, NC: Duke University Press.

Petchauer, Emery. 2009. "Framing and Reviewing Hip-Hop Educational Research." *Review of Educational Research* 79 (2): 946–78. doi: 10.3102/0034654308330967.

Peterson, Richard, and Andy Bennett. 2004. "Introducing Music Scenes." In *Music Scenes: Local, Translocal and Virtual*, edited by Andy Bennett and Richard Peterson, 1–15. Nashville, TN: Vanderbilt University Press.

"Queen Latifah—Just Another Day." 2010. YouTube. Posted by UPROXX Video, December 15. https://youtu.be/YkGY5EzA-h4.

Railton, Diane, and Paul Watson. 2011. *Music Video and the Politics of Representation*. Edinburgh: Edinburgh University Press.

"[RAIN/비] 2nd—How to Avoid the Sun [태양을 피하는 방법] [Official MV-

2003.10.16.].ʺ 2012. YouTube. Posted by RAIN's Official Channel, July 15. https://
www.youtube.com/watch?v=VGa2_bAHeQ8.

ʺRAIN 3rd—Its raining M/V Full v. (2004.10.08).ʺ 2012. YouTube. Posted by RAIN's
Official Channel, July 9. https://www.youtube.com/watch?v= 9VqpPtb7RJg.

Raine0211. 2016. ʺThe 14 Most Unique Voices in K-pop.ʺ *soompi*. June 25. https://
www.soompi.com/2016/06/25/14-unique-voices-k-pop/.

Ramsey, Guthrie P. 2004. *Race Music: Black Cultures from Bebop to Hip-Hop*. Berkeley:
University of California Press.

Randall, Annie J. 2008. *Dusty! Queen of the Postmods*. Oxford: Oxford University Press.

Random J. 2010. ʺAlbum Review: 2PM—1:59PM.ʺ *Random JPop*. January 4. http://
randomjpop.blogspot.com/2010/01/album review-2pm-159pm.html.

Rashid, Sam. 2012. ʺEverything You Need to Know about Psy, the Man behind
Gangnam Style.ʺ *National Post*. October 2. https://nationalpost.com/entertainment/
everything-you-need-to-know-about-psy-the-man-behind-gangnam-style.

Raymer, Miles. 2014. ʺYes, Indie R&B Actually Exists.ʺ *Fortune*. June 6. http://fortune.
com/2014/06/06/indie-r-b/.

ʺ[Review] 'I Am the Best.'ʺ 2011. *allkpop*. https://www.allkpop.com/article/2011/06/
review-i-am-the-best-by-2ne1.

Rhythm.Connection. 2013. ʺBringing the Beat: Five Influential Producers in Korean
Hip-Hop.ʺ *Korea-Canada Blog*. June 17. https://korcan50years.com/2013/06/17/
bringing-the-beat-five-influential-producers-in-korean-hip-hop/.

ʺR.I.P Epik High 2003-2012 [RANT].ʺ 2012. *MyOppaIsBetterThanYours*. October 20.
https://myoppaisbetterthanyours.wordpress.com/2012/10/20/r-i-p-epik-high-
2003-2012-rant/.

Ripani, Richard J. 2006. *The New Blue Music: Changes in Rhythm and Blues, 1950-1999*.
Jackson: University Press of Mississippi.

Rischar, Richard. 2004. ʺA Vision of Love: An Etiquette of Vocal Ornamentation in
African American Popular Ballads of the Early 1990s.ʺ *American Music* 22 (3): 407-
43. doi: 10.2307/3592985.

Ritz, David. 1970. ʺHappy Song: Soul Music in the Ghetto.ʺ *Salmagundi* 12: 43-53.
https://www.jstor.org/stable/40546579.

Rivera, Nicole. 2012. "Big Bang—'Alive.'" *Pop Reviews Now*. February 29. http://popreviewsnow.blogspot.com/2012/02/big-bang-alive.html.

Rose, Tricia. 1994. *Black Noise: Rap Music and Black Culture in Contemporary America*. Middletown, CT: Wesleyan University Press.

Rosenstone, Robert. 1980. "Learning from Those 'Imitative' Japanese: Another Side of the American Experience in the Mikado's Empire." *American Historical Review* 85 (3): 572–95. doi: 10.1086/ahr/85.3.572.

"Roundtable: Thoughts and Experiences of Black K-pop Fans." 2015. *seoulbeats*. March 12. http://seoulbeats.com/2015/03/roundtable-thoughts-experiences-black-K-pop-fans/.

Rudinow, Paul. 1994. "Race, Ethnicity, Expressive Authenticity: Can White People Sing the Blues?" *Journal of Aesthetics and Art Criticism* 52 (1): 127–37. doi: 10.2307/431591.

Russell, Mark James. 2008. *Pop Goes Korea: Behind the Revolution in Movies, Music, and Internet Culture*. Berkeley, CA: Stone Bridge Press.

"S.E.S—Im Your Girl MV [HD Enhanced]." 2010. YouTube. Posted by bbvoxlover, May 9. https://youtu.be/WpmTLDtr4qY.

Saivickna. 2015. "Primary—2.0—Album Review." *Soju Wave*. September 15. http://sojuwave.com/2015/09/17/primary-2-album-review/.

Salaam, Mtume ya. 1995. "The Aesthetics of Rap." *African American Review* 29 (2): 303–15. doi: 10.2307/3042309.

Sanjek, David. 1997. "One Size Does Not Fit All: The Precarious Position of the African American Entrepreneur in Post–World War II American Popular Music." *American Music* 15 (4): 535–62. http://www.jstor.org/stable/3052385.

Schloss, Joseph G. 2004. *Making Beats: The Art of Sample-Based Hip-Hop*. Middletown, CT: Wesleyan University Press.

Schumaker, Thomas G. 2004. "'This is Sampling Sport': Digital Sampling, Rap Music, and the Law in Cultural Production." In *That's the Joint! The Hip-Hop Studies Reader*, edited by Murray Foreman and Mark Anthony Neal, 443–58. New York: Routledge.

Schwartz, Terri. 2012. "Psy and MC Hammer: The Story behind the Epic American Music Awards Mash-up." *Zap2it*. November 19. http://blog.zap2it.com/pop2it/2012/11/psy-and-mc-hammer-the-story-behind-the-epic-american-music-awards-mash-up.html.

Seabrook, John. 2012. "Factory Girls: Cultural Technology and the Making of K-pop." *New Yorker*. October 8. http://www.newyorker.com/reporting/2012/10/08/121008fa_fact_seabrook?currentPage=all.

Shapiro, Peter. 2005. *Turn the Beat Around: The Secret History of Disco*. New York: Faber and Faber.

Sharon. 2016. "Crush Reveals American and Korean Artists Who Inspired Him." *seoulbeats*. August 6. http://www.hellokpop.com/news/crush-reveals-american-korean-artists/.

Shephard, Julianne Escobedo. 2017. "Legendary New Jack Swing Producer Teddy Riley on His Legacy, Making Sexy Music for Women and K-pop." May 25. *Jezebel*. https://themuse.jezebel.com/legendary-new-jack-swing-producer-teddy-riley-on-his-le-1795546414.

Sherlock, Steve. 2014. *The Performativity of Value: On the Citability of Cultural Commodities*. Lanham, MD: Lexington Books.

Sherman, Maria. 2015. "Epik High Discuss 'Sad Fun' Hip Hop & K-pop at SXSW 2015." *fuse*. March 26. www.fuse.tv/2015/03/epik-high-interview-sxsw.

Shim, Doobo. 2006. "Hybridity and the Rise of Korean Popular Culture in Asia." *Media, Culture and Society* 28 (1): 25–44. doi: 10.1177/0163443706059278.

Shin, Hyun-joon. 2009. "Have You Ever Seen the Rain? And Who'll Stop the Rain?: The Globalizing Project of Korean Pop (K-pop)." *Inter-Asia Cultural Studies* 10 (4): 507–23. doi: 10.1080/14649370903166150.

Shin, Hyun-joon, Mori Yoshitaka, and Ho Tung-hung. 2013. "Introduction: Special Issue—East Asian Popular Music and Its (Dis)contents." *Popular Music* 32 (1): 1–5. doi: https://doi.org/10.1017/S0261143012000505.

Shin, Solee I., and Lanu Kim. 2013. "Organizing K-pop: Emergence and Market Making of Large Korean Entertainment Houses, 1980–2010." *East Asia* 10 (4): 255–72. doi: 10.1007/s12140-013-9200-0.

"SHINHWA (신화)—All Your Dreams." 2013. YouTube. Posted by SHINHWASubs& Cuts, November 30. https://www.youtube.com/watch?v=DKp-SEKAizI.

"Shinhwa—Hae Gyul Sah (Solver)[HQ]." 2010. YouTube. Posted by usakoMV, April

14. https://www.youtube.com/watch?v=8U_d0zTbUjI.

Sisario, Ben. 2010. "Teena Marie, an R&B Hitmaker, Is Dead at 54." *New York Times.* December 28. https://www.nytimes.com/2010/12/28/arts/music/28marie.html.

Shuker, Roy. 2017. *Popular Music: The Key Concepts.* New York: Routledge. (로이 서커. 장호연·이정엽 옮김. 2012. 『대중음악사전』[개정판]. 한나래.)

Shuker, Roy. 2001. *Understanding Popular Music.* London and New York: Routledge.

Sinker, Mark. 1992. "Black Science Fiction." *The Wire.* 96. https://www.thewire.co.uk/issues/96.

SJP. 2015. "Primary, OhHyuk (오혁): Lucky You!" *Korean Indie.* April 7. https://www.koreanindie.com/2015/04/07/primary-ohhyuk-lucky-you/.

"SM Entertainment Is Branching Out in 2016 with New Culture Technology." 2016. *Officially KMusic.* February 5, http://officiallykmusic.com/sm-entertainment-branching-2016-new-culture-technology/.

Son, Min-jun. 2006. "Regulating and Negotiating in T'ŭrot'ŭ, a Korean Popular Song Style." *Asian Music* 37 (1): 51–74. https://www.jstor.org/stable/4098488.

Song, Myoung-Sun. 2014. "The S(e)oul of Hip-Hop: Locating Space and Identity in Korean Rap." In *The Korean Wave: Korean Popular Culture in Global Context,* edited by YasueKuwahara, 133–48. New York: Palgrave Macmillan.

Sontag, Deborah. 2006. "A Strong Forecast for Korean Pop's Rain." *New York Times.* January 26. https://www.nytimes.com/2006/01/27/arts/a-strong-forecast-for-korean-pops-rain.html.

"[SS Interview] Zion.T 'Photosynthesizing from the Sun Named YANG HYUN SUK... Really Respect TEDDY.'" 2017. *YG-Life.* February 2. http://www.yg-life.com/archives/85732?lang=en.

Stachniak, Zander. 2015. "With 'Exodus,' EXO Prove They're Here to Stay: A Review." *Critical Kpop.* April 1. http://www.criticalkpop.com/2015/04/with-exodus-exo-prove-theyre-here-to-stay.html#sthash.OzW3bYkD.Ql5uznrY.dpbs.

Stephens, Robert W. 1984. "Soul: A Historical Reconstruction of Continuity and Change in Black Popular Music." *Black Perspective in Music* 12 (1): 21–43. http://www.jstor.org/stable/1214967.

Stephens, Vincent. 2001. "The Day (Music Release)." *Popular Music and Society* 25 (3–4):

132–34. doi: 10.1080/03007760108591804.

Sterling, Marvin D. 2010. *Babylon East: Performing Dancehall, Roots Reggae, and Rastafari in Japan*. Durham, NC: Duke University Press.

"Stop Calling EDM EDM!" 2015. *Magnetic Magazine*. October 7. http://www. magneticmag.com/2015/10/stop-calling-edm-edm-here-is-a-proper-definition/.

Stroupe, Craig. n.d. "Cultural Work." *Craig Stroupe*. https://www.d.umn.edu/ ~cstroupe/ideas/cultural_work.html. Accessed September 5, 2019.

Sullivan, Caroline. 2004. "CD: John Legend, Get Lifted." *Guardian*. December 9. https://www.theguardian.com/music/2004/dec/10/popandrock.shopping2.

Sung, Sang-yeon. 2010. "Constructing a New Image. Hallyu in Taiwan." *European Journal of East Asian Studies* 9 (1): 25–45. doi: 10.1163/156805810X517652.

"SUPER JUNIOR 슈퍼주니어 'A-CHA' MV." 2011. YouTube. Posted by SMTOWN, September 26. https://youtu.be/GvTaLTTanJc.

Sykes, Charles. 2006. "Motown." In *African American Music: An Introduction*, edited by Mellonee V. Burnim and Portia K. Maultsby, 431–52. New York: Routledge.

Taylor, Paul C. 1997. "Funky White Boys and Honorary Soul Sisters." *Michigan Quarterly Review* 36 (2): 320–36.

Taylor, Shawn. 2007. *A Tribe Called Quest's People's Instinctive Travels and the Paths of Rhythm*. New York: Continuum.

"The Temptations—My Girl." 2016. YouTube. Posted by Island Music, January 13. https://www.youtube.com/watch?v=C_CSjcm-z1w.

"The Temptations–The Way You Do the Things You Do (1965)." 2012. YouTube. 3:09. Posted by Abdul Jalil, May 20, https://www.youtube.com/watch?v=gjzBbYr4Eik.

"They Will Even Hear Sound of Our Breath." 2007. *Dong-A Ilbo*. August 29. http:// english.donga.com/srv/service.php3?biid=2007082953018.

"TLC—What About Your Friends (Album Version)." n.d. YouTube. Posted by TLC. https://youtu.be/92gHq1s6G-c.

Toop, David. 2004. "Uptown Throwdown." In *That's the Joint!: The Hip-Hop Studies Reader*, edited by Murray Forman and Mark Anthony Neal, 233–45. New York: Routledge.

Toussaint, Eric. 2006. "South Korea: The Miracle Unmasked." *Economic and Political Weekly* 41 (39): 4211–19. https://www.jstor.org/stable/4418764.

Um, Hae-kyung. 2013. "The Poetics of Resistance and the Politics of Crossing Borders: Korean Hip-Hop and 'Cultural Reterritorialisation.'" *Popular Music* 32 (1): 51–64. doi: 10.1017/S0261143012000542.

"Usher—Yeah! Ft. Lil Jon, Ludacris." 2015. YouTube. Posted by Usher, April 17. https://www.youtube.com/watch?v=GxBSyx85Kp8.

"Usher—You Make Me Wanna … (Official Video Version)." 2009. YouTube. Posted by Usher, October 25. https://www.youtube.com/watch?v=bQRzrnH6_HY.

Vecchiola, C. 2011. "Submerge in Detroit: Techno's Creative Response in Urban Crisis." *Journal of American Studies* 45 (1): 95–111. doi: 10.1017/S0021875810001167.

Vincent, Ricky. 2000. "Hip-Hop and Black Noise: Raising Hell." In *That's the Joint!: The Hip-Hop Studies Reader*, edited by Murray Foreman and Mark Anthony Neal, 481–92. New York: Routledge.

Vincent, Ricky. 1996. *Funk: The Music, the People, and the Rhythm of the One.* New York: St. Martin's Griffin.

Wall, Tim. 2003. *Studying Popular Music Culture.* London: Hodder & Stoughton Educational.

Walters, Barry. 2012. "Frank Ocean, Miguel, and Holy Other Usher in PBR&B 2.0." *SPIN.* August 22. https://www.spin.com/2012/08/frank-ocean-miguel-and-holy-other-usher-in-pbrb-20/.

Ward, Brian. 1998. *Just My Soul Responding: Rhythm and Blues, Black Consciousness, and Race Relations.* Berkeley: University of California Press.

Warwick, Jacqueline. 2007. *Girl Groups, Girl Culture: Popular Music and Identity in the 1960s.* New York: Routledge.

Weber, Lindsey. 2018. "No. 9: 'Palette,' IU: A Declaration of Womanhood, K-pop Style." *New York Times Magazine.* March 8. https://www.nytimes.com/interactive/2018/03/08/magazine/25-songs-future-of-music.html#/intro.

Werner, Craig. 1999. *A Change Is Gonna Come: Music, Race, and the Soul of America.* New York: Plume.

Werner, Craig. 1994. *Playing the Changes: From Afro-Modernism to the Jazz Impulse.*

Urbana: University of Illinois Press.

Wexler, Jerry, and David Ritz. 1992. "Listen at Her . . . Listen at Her!" Liner notes to *Aretha Franklin Queen of Soul: The Atlantic Recordings*, 7–17. New York: Atlantic Records.

"What Is Pop Music?" n.d. *English Club*. https://www.englishclub.com/vocabulary/music-pop.htm. Accessed September 5, 2019.

Wheeler, Elizabeth. 1991. "'Most of My Heroes Don't Appear on No Stamps': The Dialogics of Rap Music." *Black Music Research Journal* 11 (2): 193–216. doi: 10.2307/779266.

White, Shane, and Graham White. 1998. *Stylin': African American Expressive Culture from Its Beginnings to the Zoot Suit*. Ithaca, NY: Cornell University Press.

Wicke, Peter, David Liang, and David Horn. 2003. *Bloomsbury Encyclopedia of Popular Music of the World: Volume II: Performance and Production*, edited by John Shepard, David Horn, Dave Laing, Paul Oliver, and Peter Wicke, 181–206. London: Continuum.

Wilson, Rob. 1991. "Theory's Imaginary Other: American Encounters with South Korea and Japan." *boundary 2* 18 (3): 220–41. doi: 10.2307/303210.

"Wonder Girls 'NOBODY (Kor. Ver)" M/V." 2008. YouTube. Posted by wondergirls, December 14. https://youtu.be/QZBn1e9pr2Q.

Yeeun. 2008. "[Review] Epik High—Pieces, Part 1 (5th Album)." *yeeun2grace*. April 20. https://yeeun2grace.wordpress.com/2008/04/20/epik-high-5th-pieces-part-1/.

Yoo, Reera. 2015. "Kim Tae-woo Back on Center Stage." *KoreAm*. January 9. http://kore.am/kim-tae-woo-back-on-center-stage/.

Yoon, Sunny. 2009. "The Neoliberal World Order and Patriarchal Power: A Discursive Study of Korean Cinema and International Co-Production." *Visual Anthropology* 22 (2–3): 200–210.

옮긴이의 말

2020년 2월 10일은 한류 팬에게 잊지 못할 하루로 기억될 것이다. 이미 그 몇 년 전부터 보이밴드 BTS가 '21세기 비틀스'로 불리며, 어느 케이팝 아이돌도 가보지 못한 경지를 개척하고 있던 터에 영화 《기생충》이 아카데미상 시상식에서 6개 부문 후보에 오른 것이다. 결국 작품상, 감독상, 각본상, 국제영화상을 수상하며 한국 대중문화가 변방에서 세계 중심으로 이동했음을 알렸다. 실제로 BTS는 백인 남성이 주도해온 '강한' 남성성이 아닌, 페미니즘과 연대하는 '부드러운' 남성성을 표방했으며 인종적 다양성 등 보편적 가치를 옹호했다. 《기생충》은 한국의 빈부격차 현실을 극적으로 묘사했지만, 세계는 이 영화적 재현을 인류가 직면한 공통의 문제로 받아들였다.

각국 미디어는 연일 한국 대중문화 관련 기사를 쏟아냈고, 해외 학계는 한류 관련 세미나와 학술대회를 대대적으로 기획했다. 필자만 해도 그즈음 이탈리아의 학자로부터 5월 한 달간 이탈리아 내 여러 도시를 순회하는 한류 강연 시리즈를 함께하자는 제안을 받았다.

하지만 곧이어 전 세계를 덮친 코로나 바이러스는 BTS와 《기생충》이 만들어낸 해외 언론과 학계의 한류 열기를 급속히 식혔다. 어둡고 외로운 역병이 가시지 않았고, 외출이 어렵게 된 사람들은 넷플릭스를 시청하며 문화적 갈증을 채웠다. 흥미롭게도 넷플릭스에서 가장 인기 있는 콘텐츠로 한국드라마가 부상했다. 한드 속 다양한 캐릭터가 전달하는 서사와 위로의 메시지에 세계인들이 빠져들었다.

바로 이즈음, 크리스털 앤더슨 교수에게서 연락을 받았다. 본인이 오랫동안 준비한 책이 곧 나오는데 추천사를 써달라고 했다. 원고 파일을 읽으며 앤더슨 교수의 분석력에 감탄했다. 지난 30여 년간 발표된 케이팝의 주요 곡을 음악, 퍼포먼스, 가사의 측면에서 꼼꼼히 검토했으며, 이를 미국 흑인 대중음악의 역사와 연결 지었다. 간혹 그녀의 '흑인 중심적' 해석과 시각이 불편했으나, 조금씩 설복되는 '나'라는 독자의 변화를 감지할 수 있었다.

사실 지난 수년간 해외 팬들은 케이팝 뮤직비디오와 퍼포먼스에서 자국의 전통문화 요소가 정당하지 않게 차용되고 침탈되고 있다며 비난하기 시작했다. 무엇보다 미국 흑인 커뮤니티는 서태지와 아이들 이래 거의 모든 케이팝 밴드가 흑인음악을 인용했음에도 불구하고, 이를 '혼종성'이라는 추상적인 개념 수준에서 얼버무리고 있다며 불만을 표시했다. 더욱이 미국 내 한국드라마와 케이팝 팬덤에서 차지하는 흑인 팬의 비중이 다른 인종과 대비해 높음에도 불구하고, 한국 언론의 해외 한류 보도에서 흑인은 '보이지 않는' 존재라는 점에 대해 반발했다. 이러한 때 발간되는 앤더슨 교수의 흑인음악과 케이팝 간 친연성에 관한 분석서는 매우 시의적절하다.

필자가 앤더슨 교수를 처음 만난 때는 2013년 미국 워싱턴 D.C.에서 개최되었던 대중문화학회PCA: Popular Culture Association Conference에서였다. 그녀는 필자가 속한 세션의 청중석에 앉은 유일한 흑인이었다. 필자가 그간 참석한 세계 각지의 한류 관련 세미나 장소에서 흑인을 접한 것은 그때가 처음이었디. 필자의 발표 내내 미소를 띠고 고개를 끄덕이며 경청하던 앤더슨 교수는 세션이 끝나자 다가와 말을 걸었다. 대화가 길어질수록 나는 그녀가 한국드라마의 '어마어마한' 팬임을 알아차렸다. 이미 그때 그녀는 케이팝에 이바지한 흑인음악에 대한 저술이 없음을 아쉬워하며 이에 대한 연구계획을 이야기했다. 그 이후 앤더슨 교수는 학술지 "The Journal of Fandom Studies"(2015)의 한류 특집호 공동편집인을 필자와 함께 맡았고, 필자가 편집인이었던 학술지 "Asian Communication Research"(2015, 12: 2)에 북리뷰도 게재했다. 앤더슨 교수가 학교를 옮기게 되었을 때는 필자가 그녀를 위해 추천서를 쓰는 등 연구 동료로서 관계를 이어 나갔다.

이 책은 대중음악의 진정성, 그리고 세계화와 초국적 교류에 대해 성찰하게끔 한다. 통속성과 저급함이라는 오랜 낙인을 떨쳐내고 음악적 보편성을 획득하고자 한 한국 음악의 오랜 노력은 록과 발라드, 힙합과 댄스음악, 재즈와 트로트가 공존하고 융합하던 1990년대, 대중의 폭넓은 지지를 받으며 개화했다. 당시 음악인들이 영미권을 포함한 해외 뮤지션과의 동시대적 연대감 혹은 '코즈모폴리턴' 정서의 공유를 음악 미학의 원천으로 삼았다는 점은 의미 있게 되짚어볼 만하다. 왜냐하면 현재 한국 대중음악의 주류 장르인 케이팝이 1990년대 젊은 음악인들의 실험 정신과 기업가 정신에 뿌리를 두고 있기 때문이다. 이 책은 케이팝에 흑인음악의 지분이 상당하다고 주장한다.

하지만 책이란 또한 독자의 것이기도 하다. 미국 흑인문화와 케이팝 모두에 정통한 한 아카팬AcaFan, Academic+fan(학자팬)의 책을 통해 한국의 독자들이 그간 당연시했던 것을 새롭게 생각해본다면 좋겠다. 해석은 열려 있다.

칠레에서 오랜 기간 라틴문학과 한류 연구를 해온 민원정 교수, 방송작가를 거쳐 언론학자 겸 언론운동가로 활동하는 정수경 교수와의 공동 번역 작업은 내내 유쾌한 분위기 속에서 이뤄졌다. 근 1년 반 동안 서로의 부족한 부분을 채우고 많이 배울 수 있었던 시간이었다. 두 분께 진심으로 감사하다. 큰 이익이 없을 줄 알면서도 번역서를 출간하기로 결정했으며, 생각보다 오래 걸린 번역 작업에 불평 없이 기다려주었던 도서출판 눌민 정성원 대표와, 번역물이 출간에 적합한 모양새가 되도록 스타일, 문장, 용어 교정에 세심한 배려와 노고를 아끼지 않은 문유진 선생을 포함한 편집진께 진심 어린 감사의 말씀을 드린다. 이 책이 번역돼 출간되기까지 후원해준 방송문화진흥회에 깊은 감사를 표한다. 마지막으로, 그동안 격려와 도움을 아끼지 않은 가족과 친지 여러분과, 책을 읽는 모든 독자에게 고맙다는 말을 전하면서 두서없는 글을 맺는다.

2022년 5월,

옮긴이를 대표해 심두보 씀.

지은이 소개

크리스털 앤더슨CRYSTAL S. ANDERSON

크리스털 앤더슨은 미국 조지메이슨대학교 아프리카계 미국학과African-American Studies와 예술 대학에서 강의하며, 초국적 미국학, 흑인 국제주의, 글로벌 아시아학 및 대중음악을 연구한다. 자신의 첫번째 저서인 『중화 연결성 너머: 현대 아프로-아시아 문화 생산Beyond the Chinese Connection: Contemporary Afro-Asian Cultural Production』(2013)에서 이소룡Bruce Lee의 영화를 이용해 1990년대 이후의 소설, 영화, 애니메이션에서 표현된 흑인과 아시아인의 이문화異文化 간 역학 을 분석했다. 케이팝과 관련해서는 연구논문뿐만 아니라 여러 디지털 인문학 프로젝트를 수행 하고 있다. 예를 들어, KPK: 케이팝 콜렉티브KPK: K-pop Kollective는 2010년 세 명의 미국인 학 자들에 의해 설립된 가장 오래된 케이팝 공공 학술 사이트이며, 케이팝컬처KPOPCULTURE는 케이팝의 음악, 안무, 창작 인력에 대한 정보를 큐레이션하고 기록하는 교육용 사이트이다. 아 시아 대중문화의 베테랑 블로거이기도 한 앤더슨은 케이팝 뉴스 사이트인 헬로케이팝Hellokpop 의 부편집장을 역임한 바 있다.

옮긴이 소개

심두보

성신여대 미디어커뮤니케이션학과 교수. 미국 위스콘신(매디슨)대학교에서 언론학 박사학위를 받았으며, 싱가포르국립대에서 조교수로 근무했다. 그간 한류와 아시아 대중문화, 글로벌 미디어산업에 관한 연구를 수행했다. 미국 듀크대학교 방문학자, 한국소통학회 회장, 서울문화재단 이사, 성신여대 사회과학대학장을 역임했다. 저역서로 *Pop Culture Formations across East Asia*, 『미디어의 이해』 등이 있으며, "Hybridity and the rise of Korean popular culture in Asia", "케이팝(K-pop)에 관한 소고: 한류, 아이돌, 그리고 근대성" 등의 논문을 발표했다.

민원정

칠레가톨릭대학교 역사학과·아시아학센터 교수, 서울대학교 아시아연구소 한류연구센터 선임연구원. 호르헤 루이스 보르헤스Jorge Luis Borges의 텍스트 분석을 주제로 박사학위를 취득했다. 미국 미시간대학교 여름학기, 2017-2018년 가을학기 독일 베를린자유대학교에서도 한류에 대해 강의한 바 있다. 인문학적 텍스트 분석을 대중문화 텍스트에 적용, 스페인어권 화자들이 한류를 비롯한 아시아 대중문화를 수용·소비·재해석하는 양상을 식민 경험이 정체성 형성에 미친 영향과 인종·젠더·계급에 기반해 연구 중이다. *Transnational Hallyu: The Globalization of Korean Digital and Popular Culture*(공저), "The Perfect Man: The Ideal Imaginary Beauty of K-pop Idols for Chilean Fans" 등 한류 수용에 대한 다수 책과 논문이 있다.

정수경

국제법률경영대학원대학교 국제학과 조교수. 1990년대 중반부터 2010년대 초반까지 방송작가로 일하며 시사 및 역사다큐멘터리 제작에 참여했다. 한국 리얼버라이어티쇼 진화 과정을 통해 1990년대 이후 한국 방송산업의 구조적 변화를 천착한 논문으로 미국 조지아주립대학교에서 언론학 박사학위를 받았으며, 산업과 장르, 생산과 수용 간의 역동적 상호작용에 관심을 기울이고 있다. "Global Production, Circulation, and Consumption of Gangnam Style", "Networked audiences and cultural globalization" 등의 논문을 발표했다. 민주언론시민연합 정책위원장으로서 미디어제작 현장의 민주주의, 시민의 미디어권 확장에 일조하고자 애쓰고 있다.

케이팝은
흑인음악이다

1판 1쇄 찍음 2022년 6월 7일
1판 1쇄 펴냄 2022년 6월 12일

지은이   크리스털 앤더슨
옮긴이   심두보·민원정·정수경
펴낸이   정성원·심민규
펴낸곳   도서출판 눌민

출판등록 2013. 2. 28 제25100-2017-000028호
주소   서울시 은평구 가좌로11가길 30, 301호 (03439)
전화   (02) 332-2486   팩스   (02) 332-2487
이메일   nulminbooks@gmail.com
인스타그램·페이스북 nulminbooks

한국어판 ⓒ 눌민 2022

Printed in Seoul, Korea

ISBN   979-11-87750-62-8 03300